Crises de gouvernementalité en Afrique post Guerre froide

Japhet A. Anafak L. et Achille E. Bella

Crises de gouvernementalité en Afrique post Guerre froide

Une perspective pluridisciplinaire

academia
L'Harmattan

D/2018/4910/16 ISBN : 978-2-8061-0394-9

Grand'Place, 29
B-1348 Louvain-la-Neuve

www.editions-academia.be

Sommaire

Remerciements

Cet ouvrage est le résultat d'un colloque organisé à l'Université Libre de Bruxelles (ULB) les 16 et 17 juin 2016 par Japhet Anafak, chargé de cours à l'Université de Yaoundé I et chercheur associé au Centre d'études sur la vie politique (CEVIPOL) de l'ULB sous la supervision du professeur Jean-Michel De Waele, et Achille Elvice Bella, de l'Université de Yaoundé I, dans le cadre d'une convention cadre entre les deux institutions. Le professeur Jean-Michel De Waele a porté le projet auprès des institutions susceptibles de financer ce colloque et des autorités universitaires de l'ULB.

Grâce à son précieux soutien, ce projet a bénéficié des financements respectifs du Fonds National de la Recherche Scientifique (FNRS) de Belgique et de l'Agence Universitaire de la Francophonie (AUF). Nous témoignons notre reconnaissance à ces deux institutions pour leurs aides financières. Le CEVIPOL, l'hôte de ce colloque, a notamment apporté la logistique et la visibilité à ce projet. Le centre de recherche Mondes Modernes et Contemporains (MMC) de l'Université Libre de Bruxelles a contribué au financement de l'édition de cet ouvrage. Nous exprimons notre reconnaissance au professeur Sébastian Santander directeur du Center for International Relations (CEFIR) de Liège, pour avoir accepté une collaboration avec l'Université de Liège dans le cadre de ce projet pour le FNRS.

Nous remercions l'ensemble des membres du comité scientifique et de lecture de cette recherche, particulièrement le professeur Pieter Lagrou, directeur du centre MMC de l'ULB ; les professeurs Kenneth Bertrams, et Jean-Philippe Schreiber de l'ULB. Les docteurs Emmanuel Babissangana, Victor Fernandez Soriano et Pépin Tchouateu sont à remercier particulièrement pour leurs expertises. Nous témoignons notre reconnaissance à l'ensemble du comité d'organisation, notamment le docteur Ernest Messina Mvogo, le docteur Noumbissie Claude Désiré et la doctorante Ranèse Tchamba Ngotom. Nous remercions tous les chercheurs et académiques qui ont travaillé avec enthousiasme à la réalisation de cet ouvrage.

Nous témoignons de notre gratitude aux autorités de l'Université de Yaoundé I, notamment à son recteur, le professeur Maurice-Aurélien Sosso, et au doyen de la Faculté de Arts, Lettres et Sciences Humaines, le professeur Louis-Martin Ongéné Essono, pour leur soutien à ce projet.

Enfin, nous remercions les éditions Académia pour la publication de cet ouvrage.

Japhet Anafak et Achille Bella

Préface

La *gouvernementalité* et ses crises tentaculaires (crise de structures de base de la société, crise de l'État, crise des savoirs paysans, crise des médias publics, crise de libéralisation du secteur public, crise de religions dans l'espace public, crise du foncier, crise du climat, crise de migrations, crise des institutions, crise d'intégration régionale, crise des rivalités de puissances anciennes et émergentes, etc.), sont les deux termes structurant la trame des défis africains tels qu'ils surgissent des craquellements du monde global, sous la plume de chercheurs dont les contributions justifient cette publication collective. Dès lors, la tâche du préfacier consiste à scruter et décanter la singularité de cette grille de lecture appliquée à l'Afrique mondialisée, une fois n'est pas coutume, afin d'en dégager la substantifique moelle. À cette fin, il y a lieu de préciser ce que l'on entend par la *gouvernementalité* au sens de Michel Foucault d'une part ; souligner l'impact systémique des crises de *gouvernementalité* sur le champ sociétal et ses interactions avec le monde global d'autre part.

La *gouvernementalité* selon Michel Foucault

La *gouvernementalité* est un terme forgé naguère par Michel Foucault[1], dans un cours au Collège de France (1978-1979), par lequel il entendait mettre l'accent sur la manière dont l'État obtient d'autant plus facilement l'obéissance d'une population, qu'il est en mesure de lui inculquer un discours et des représentations, qui l'incitent à agir selon son intérêt. Dans cet ordre d'idées, la production du savoir, du discours, du pouvoir et des représentations, relève de la stratégie étatique de domination, destinée à obtenir de gré ou de force, l'obéissance des citoyens sans laquelle, toute gouvernance de l'agir devient hypothétique. Cette stratégie est pilotée par une technostructure mobilisant aussi bien les élites institutionnelles (pluralistes ou homogènes, managériales ou politiques), que les ressources de l'État-gendarme, l'État-gérant, l'État-savant, avec mission : l'anéantissement de toute vertu civile et politique.

L'État savant, s'il en est besoin, est le type idéal de reproduction de ce savoir, de ce pouvoir, de ce discours, de ces représentations, comme en témoigne Michel Foucault, lorsqu'il dit : « Il faut constater que le pouvoir produit du savoir ; que pouvoir et savoir s'impliquent directement l'un

[1] Michel Foucault, *Sécurité, territoire, population. Cours au Collège de France 1977-1978*, Paris, Gallimard/Seuil, 2004.

l'autre ; qu'il n'y a pas de relations de pouvoir sans constitution corrélative d'un champ de savoir ; ni de savoir qui ne suppose et ne constitue en même temps des relations de pouvoir[2] ». Appréhendé sous cet angle, ce savoir, ce pouvoir, ce discours et ces représentations, sont les variables dépendantes du contexte, de l'histoire, des rapports de forces en présence, qui donnent corps et signification au contenu, aux conditions de reproduction et de redistribution par la technostructure.

À la lumière de cette grille de lecture, il est plausible de constater, plusieurs années après la décolonisation, que l'application de cette stratégie de domination a été systématique dans l'ensemble d'États postcoloniaux d'Afrique, jusqu'à ce que l'on se rende compte, avec stupéfaction, que tout ceci n'a été qu'un leurre. En effet, cette entreprise de « colonisation des esprits » et de légitimation du pouvoir en Afrique, a fini par vider de sa substance les mythes fondateurs de l'État (souveraineté, indépendance, développement, identité nationale, parti unique, pouvoir fort, nationalisation, anticolonialisme, non-alignement, démocratie, bonne gouvernance, intégration régionale, économie de marché, bien-être social, etc.), officiellement invoqués pour justifier cette stratégie.

L'impact systémique des crises de *gouvernementalité* à l'interne et à l'international

L'entreprise surannée de reproduction et de redistribution par la technostructure, d'un savoir, d'un pouvoir, des représentations, d'un discours, en contradiction flagrante avec la réalité, a fini par obérer l'obéissance des citoyens en l'État autant qu'en ses mythologies nationales. Tant et si bien qu'en sapant le socle de l'obéissance civique et de légitimation de l'État, la crise de la *gouvernementalité* a entraîné, par ses métastases, des ruptures ou goulots d'étranglement, que résume le terme générique de crise, que celle-ci soit passagère ou permanente, totale ou partielle, nécessitant des solutions raisonnables.

La recherche des solutions raisonnables ou idoines, à ses crises multidimensionnelles, s'inscrit en la ligne de mire de la démarche pluridisciplinaire prônée ici, par les auteurs de cette publication, et dont le but cernant les problèmes saillants des sociétés africaines, censés produire un effet d'entrainement. Il s'agit, à titre indicatif, des secteurs de l'éducation, de l'emploi, de la ruralité et changement climatique, des médias, des traditions, d'intégrisme religieux et violences terroristes, des migrations et tragédies humaines, de la géopolitique des rivalités de puissances anciennes ou émergentes, etc. Tel est, nous semble-t-il, le canevas de l'effort intellectuel

[2] Michel Foucault, *Surveiller et punir*, Paris, Gallimard, 1975.

déployé ici, par les contributeurs à cette publication. Cet élan mérite soutien et encouragement, étant donné que, par les temps qui courent, nombre des jeunes universitaires écœurés par les désenchantements de l'Afrique, ont déserté le champ de la pensée critique et mis la clé sous le paillasson.

Mwayila Tshiyembe

Professeur ordinaire aux Universités de Kisangani et de Lubumbashi (RDC)
Directeur de l'Institut panafricain de géopolitique de Nancy (France)

Comité scientifique

- Pieter Lagrou, professeur d'histoire contemporaine à l'Université Libre de Bruxelles.
- Japhet Anafak, chargé de cours à l'Université de Yaoundé I et collaborateur scientifique à l'Université Libre de Bruxelles.
- Jean-Michel De Waele, professeur de science politique à l'Université Libre de Bruxelles.
- Kenneth Bertrams, professeur d'histoire contemporaine à l'Université Libre de Bruxelles.
- Sébastian Santander, professeur de politique internationale à l'Université de Liège.
- Achille Elvice Bella, chargé de cours à l'École Normale Supérieure de Yaoundé et collaborateur scientifique à l'Université Libre de Bruxelles.
- Emmanuel Noël Babissagana, chargé de cours à l'Université Catholique d'Afrique centrale et chercheur aux Facultés universitaires de Saint-Louis à Bruxelles.
- Pépin Tchouaté, docteur-expert en environnement et énergie, collaborateur scientifique à l'Université Catholique de Louvain et chef d'entreprise.
- Jean-Philippe Schreiber, directeur du Centre interdisciplinaire d'études sur la religion et la laïcité de l'Université Libre de Bruxelles.
- Kadony Nguway, professeur ordinaire de droit international à l'Université de Lubumbashi et Kisangani.
- Maurice Tsalefac, professeur de climatologie-environnement, doyen de la Faculté des Lettres et Sciences Humaines de l'Université de Dschang et expert international.
- Victor Fernandez Soriano, chargé de recherches au FNRS Belgique, Université Libre de Bruxelles
- Mazyar Khoojinian, collaborateur scientifique, Université Libre de Bruxelles, docteur en Histoire des Migrations.
- Ernest Messina Mvogo, directeur du Centre de recherche sur les dynamiques des mondes contemporains-CERDYM, Université de Douala-Faculté des Lettres et Sciences Humaines.

Comité de lecture

Avant-propos

Japhet Anafak

Cet ouvrage est le résultat d'un colloque organisé conjointement par le Centre d'Études de la Vie Politique (CEVIPOL) de la Faculté de Philosophie et Sciences sociales de l'Université Libre de Bruxelles et par la Faculté des Arts, Lettres et Sciences Humaines de l'Université de Yaoundé I, les 16 et 17 juin à Bruxelles. Il a permis de faire progresser les connaissances (et de les renouveler dans le cadre des recherches, de l'enseignement et de l'expertise) sur la gouvernabilité en Afrique. Il a rendu compte de l'état de la recherche, synthétisé les acquis et envisagé de nouveaux programmes heuristiques, de nouveaux paradigmes, et proposé d'autres alternatives possibles à l'impasse observée sur la question. Le but de cette publication est de rendre compte des débats, des controverses, des conclusions de ce colloque organisé à l'initiative de Japhet Anafak, Jean-Michel de Waele, Pieter Lagrou et Achille Elvice Bella. Dans le cadre de cette publication scientifique, seuls les articles ayant fait l'objet d'une acceptation par le comité scientifique ont été retenus après leurs expertises. Cet ouvrage vise alors à mettre en avant les débats, les thématiques et les controverses suivantes :

La crise de l'État en Afrique

Dans cette séquence, est traitée la faillite générale de l'État en Afrique, en mettant un accent particulier sur l'alternative des acteurs non-étatiques dans les politiques et la gouvernance des États africains. Sont abordées les défaillances du système démocratique observées çà et là en Afrique ainsi que les fléaux relatifs à la corruption, au favoritisme, à la mal gestion ou la mal-répartition des richesses, qui déstabilisent la gouvernance institutionnelle, économique, sociale et culturelle dans le continent africain.

Les tensions interreligieuses

Cette séquence traite des problèmes d'ordre religieux qui occupent une place importante dans la gouvernance en Afrique, au point que certains États se voient très souvent obligés de reproduire les projets de société issus des types et des obédiences religieuses dominantes, où parfois le degré de tensions interreligieuses est porté au paroxysme. Elle s'interroge également sur les origines et les conséquences des tensions interreligieuses en Afrique, de même que sur les rapports entre la nature de la gouvernance et la cohabitation interreligieuse dans les États africains.

Les questions climatiques et foncières

Cette séquence étudie l'impact des changements climatiques dans les pays africains. Après avoir examiné les conséquences des changements climatiques dans la vie économique et sociale des populations africaines, elle s'interroge sur le bien-fondé des politiques gouvernementales mises en œuvre pour protéger l'environnement autant que les générations actuelles et futures, et revisite la place de l'exploitation forestière dans le développement de l'Afrique.

L'Afrique et les mouvements migratoires

Cette partie traite du phénomène des mouvements migratoires tant à l'intérieur comme qu'à l'extérieur du continent africain. Ces migrations sont d'autant plus préoccupantes qu'elles nécessitent non seulement des interrogations sur leurs véritables tenants et aboutissants, mais également sur les stratégies gouvernementales élaborées par les différents États pour maîtriser ces mouvements migratoires. Il est question également de répertorier et d'évaluer les solutions internationales envisageables ou envisagées par les gouvernements africains pour résoudre le problème des migrations clandestines vers l'Europe et vers les autres États africains.

L'Afrique et les nouveaux enjeux géopolitiques

Cette séquence développe des thématiques relatives à l'ingérence étrangère dans les États africains, notamment celles qui traitent des obstacles exogènes à leur souveraineté politique, économique, sanitaire, culturelle, géostratégique notamment les accords et conventions, les textes, les lois, et autres dispositions défavorables à l'Afrique.

Introduction

L'Afrique post-Guerre froide et *gouvernementalité* : quel diagnostic ?

Japhet A. Anafak

Le monde post Guerre froide devrait, selon nombre de chercheurs, d'experts, de penseurs et singulièrement Francis Fukuyama, devenir *unipolaire*[1]. Une vingtaine d'années plus tard, Bernard Badié et Pascal Boniface constatent que le monde n'est ni bipolaire, ni unipolaire, ni même multipolaire[2]. Ils pensent plutôt qu'on soit en train d'assister à une tentative d'émergences de nouveaux pôles qui structureront le monde à venir.[3] L'Afrique, dans cette reconfiguration, a suivi, dans les années 1990, la chute du bloc communiste et a vu la mise en place des processus démocratiques aux contextes divers et aux résultats variés. Deux décennies après ces mouvements, la tendance est à la généralisation de la situation africaine, caractérisée par des crises, bien qu'elle reste spécifique à d'autres égards. Michel Foucault, dans les années 1980, a proposé de substituer l'étude classique du pouvoir – indûment pensé au singulier – dans le cadre de sa réflexion sur la souveraineté et la raison d'État par celle de la *gouvernementalité*.

Ce néologisme désigne, à en croire Pascale Laborier, un ensemble constitué par des institutions, des procédures, des analyses, des réflexions, des calculs et des tactiques qui permettent d'exercer cette forme bien spécifique, quoique très complexe, de pouvoir, qui a pour cible principale *la population,* pour forme majeure de savoir *l'économie politique,* et pour instrument technique essentiel *les dispositifs de sécurité.* La « gouvernementalité » est également la tendance, la ligne de force qui, dans tout l'Occident, n'a pas cessé de conduire, et depuis fort longtemps, vers la

[1] Francis Fukuyama, *La fin de l'histoire et le dernier Homme,* Paris, Flammarion, 1992, compte rendu, in https://www.forum.lu/wp-content/uploads/2015/11/2961_137_Campagna.pdf

[2] Bernard Badié, *Nouveaux mondes, Carnets d'après-Guerre froide,* Éditions du CNRS, le Monde.fr, Paris, 2012, in http://www.lemonde.fr/livres/article/2012/01/30/nouveaux-mondes-carnets-d-apres-guerre-froide-de-bertrand-badie_1636471_3260.html

[3] Pascal Boniface et Hubert Védrine, *Atlas du monde global,* Armand Colin / Fayard, in http://notes-geopolitiques.com/monde-global-monde-chaotique/

prééminence de ce type de pouvoir qu'on appelle le « gouvernement » sur tous les autres : souveraineté et disciplines, lesquelles ont amené, d'une part, le développement de toute une série d'appareils spécifiques de gouvernements et, d'autre part, le développement de toute une série de savoirs[4]. Le constat général au sujet de l'Afrique actuelle est celui d'une faible représentation centripète des États au profit d'une forte centralisation (pouvoir central concentré et détenu par un petit groupe s'appuyant sur la répression des forces armées).

L'effritement de la présence de l'État progressivement démantelé par les programmes d'ajustements structurels des années 1990, imposés par les institutions financières internationales, a conduit à l'abandon progressif des missions régaliennes de l'État au profit de nouveaux acteurs. Aussi, l'Afrique fait face à cette question de la faillite de l'État providence. Les changements climatiques entrainent des mouvements des populations fuyant l'avancée du désert à la recherche de terres cultivables, l'absence de régulation de l'État répressif, la corruption, le problème des droits de l'homme, l'instrumentalisation ethnique, la cristallisation du repli identitaire, des velléités de xénophobie et la question de la difficile cohabitation des religions constituent des problèmes récurrents qui affectent l'Afrique actuelle. Quelles sont donc les visages de la *gouvernementalité* de l'Afrique deux décennies et demie (1990-2015) après la fin de la Guerre froide ? Par ailleurs, comment tirer argument de cette évaluation pour mettre à plat les acquis en vue de se projeter vers de nouveaux modes de gouvernances ? Cette interrogation majeure constitue la question centrale de cet ouvrage en cinq parties.

[4] Foucault, *Sécurité, territoire, population*, Paris, Seuil, 2004, pp. 111-112.

L'Afrique post guerre froide et *gouvernementalité* en crises : Typologie de crises

Achille E. Bella

Cet ouvrage collectif, comporte cinq parties. De nombreux chercheurs et experts développent des thématiques fondées sur des visages divers de l'Afrique post Guerre froide.

La crise de l'État en Afrique

Le premier article est celui de Damien Kudada Banza. Il explique, de par une approche philosophique, les modifications de la structure de base de la société africaine lors de la colonisation. Il prend des exemples sur la République Démocratique du Congo pour montrer l'inadéquation de la forme de l'État en Afrique. Emmanuel Tchumtchoua développe un mécanisme de paix sociale dans les savoirs paysans et dans la promotion de la paix sur les hautes-terres de l'Ouest-Cameroun. Il prend le cas du « *Night Paddock Manuring Farming System* ». Ce système agraire, conçu de manière autonome par les paysans, vise non pas l'amélioration de la production, mais une solution au conflit agriculteur-éleveur dans cette région depuis des années. Ranèse Tchamba Ngotom montre les failles de la gouvernance économique en Afrique post Guerre froide par l'exemple du secteur de la poste, dans un article sur la libéralisation et le sort du secteur des postes au lendemain des années 1990 au Cameroun. Achille Elvice Bella, insiste sur la question de la gouvernance culturelle par un article sur l'université comme adjuvant méconnu et ignoré dans le processus d'intégration régionale en Afrique. Il montre le rôle que l'université devrait avoir dans le processus d'intégration en Afrique centrale et notamment entre le Cameroun et ses voisins. Cette coopération se fait sous le prisme des législations nationales, régionales et par les financements des organisations internationales à l'instar de l'UNESCO. Enfin, Lassané Yaméogo pointe la responsabilité de l'État dans la décrédibilisation de certains médias par l'étude des médias publics et le pouvoir politique en contexte de régime semi-autoritaire en Afrique francophone. Le cas du Burkina Faso permet de constater la difficulté des médias publics à l'impartialité du fait des pressions politiques, de la corruption et de la précarité des fragiles entreprises privées de presse.

Les tensions interreligieuses dans les sociétés africaines.

Dans cette séquence, Claude Désiré Noumbissie, par une approche psychologique, explique l'orthodoxie religieuse et fanatisme chez les chrétiens de la ville de Yaoundé. Il propose une nouvelle lecture scientifique du fanatisme et du terrorisme après une enquête de terrain. Nadeige Laure Ngo Nlend, explique l'intolérance du néopentecôtisme au Cameroun. Enfin, Moussa II parle de la cohabitation difficile entre musulmans et chrétiens par une mise en situation conflictuelle et pacifique en Afrique. Dans cet article, il tente une analyse réflexive de la nature de ces rapports et d'en montrer les fondements ainsi que des efforts entrepris pour encourager le dialogue entre musulmans et chrétiens.

Les questions climatiques, foncières et énergétiques

Boris Bertolt fait le lien entre les changements climatiques et les crises au Darfour. Il montre que la guerre au Darfour est aujourd'hui la plus longue guerre civile en Afrique depuis le début du XIXe siècle. Ce travail met en exergue la dimension relative aux changements climatiques en tentant d'établir une corrélation entre la détérioration des conditions climatiques et l'émergence de la conflictualité au Darfour. Zakaria Beine montre les enjeux et les défis de la déforestation et reforestation dans le bassin du Lac Tchad. Ces enjeux sont capitaux pour le Tchad menacé par l'avancée du désert.

L'Afrique et les mouvements migratoires

Ernest Messina Mvogo explique le traitement des immigrés lors de la crise socio-diplomatique Cameroun-Gabon de 1981 pour montrer le caractère historique de la difficile cohabitation entre les peuples voisins en Afrique, balkanisée par un découpage colonial incohérent. Dans un second temps, Hawa Coulibaly traite de la territorialité des pratiques de migration et de coopération décentralisée au Mali. Cet article explique le processus de mise en réseau des associations de migrants et des collectivités territoriales pour mettre en exergue les enjeux sociaux et politiques de la mobilisation des acteurs dans les territoires d'accueil et d'origine. Puis, Nicaise Mpegna revisite la diplomatie culturelle française après la Guerre froide et ses conséquences migratoires en Afrique francophone. Cet article insiste sur les conséquences migratoires inattendues de cette politique culturelle extérieure de la France en Afrique subsaharienne francophone.

Enfin, Mokeddem Khedidja analyse le phénomène de l'immigration africaine en Algérie. L'état des lieux de ce phénomène de migration africaine clandestine en Algérie suscite une forte préoccupation et nécessite une gestion concertée entre l'Afrique et les États d'Afrique noire. Une forte

présence de migrants africains clandestins dans l'espace public, devant les entrées des mosquées, au seuil des magasins, dans les gares routières et ferroviaires, quémandant de l'argent, s'intensifie en Algérie. Cet article essaye de cerner ce mouvement pour montrer comment ces migrants vivent leur présence sur le sol algérien. Il identifie les stratégies gouvernementales élaborées par l'État algérien pour maîtriser ce mouvement de mobilité illégal.

L'Afrique et les nouveaux enjeux géopolitiques

Daouda Kaboré traite des conflits d'intérêts des organisations régionales dans la recherche de la paix en Afrique de l'Ouest. Sa contribution analyse le jeu des États membres des organisations sous régionale et continentale, en l'occurrence la CEDEAO et l'Union africaine, dans la lutte pour une démocratie globale et effective des États africains. Xavier Aurégan, analyse la montée en puissance de la Chine en Afrique depuis 1949 par le prisme des enjeux géopolitiques africain. Il analyse la présence chinoise en Afrique depuis les années 1950. Si le continent africain est un faiseur de puissance, l'inverse est également vrai puisque la Chine populaire est bien le principal acteur de la reconfiguration géopolitique africaine. Leonel Kemtsop et Japhet Anafak analysent le rôle trouble des grandes puissances dans la géopolitique du golfe de guinée par le prisme de la lutte pour le contrôle des ressources pétrolières entrainant une décomposition sécuritaire. Enfin, Japhet Anafak, dans un article de conclusion, questionne la notion de puissance dans le monde post Guerre froide. Il redéfinit la puissance par les notions de « *soft-hart-smart power* », dans un contexte marqué par la fin de l'unipolarisation du monde, l'émergence des nouveaux pôles et la globalisation des économies, pour tracer des pistes de l'émergence d'une puissance africaine dans le monde.

1re PARTIE

La crise de l'État en Afrique

Chapitre I

L'Université : un adjuvant méconnu et ignoré dans le processus d'intégration en Afrique

Achille Elvice Bella

La construction nationale des néo-États africains, dans les années 1960, s'est accompagnée d'un ensemble d'initiatives d'intégration régionale et sous régionales des « Afriques » issues de la Conférence de Berlin. Les ressources de ce processus étaient essentiellement politiques et subsidiairement économiques. Quelques décennies plus tard, le résultat de ces institutions politico-économiques, mises en place par des leaders pour créer les conditions idoines d'intégration, est mitigé. L'intégration s'est plutôt réalisée et est perceptible dans l'économie informelle transfrontalière et le marché éducatif en général et celui de l'enseignement supérieur en particulier. L'objet de cet article est de montrer la puissance et la capacité de l'Université dans le processus d'intégration en Afrique.
Mots clés : université, État, Afrique, intégration, Cameroun

Introduction

La décennie 1960 est restée dans les annales d'histoire comme celle de l'Afrique. Au cours de cette décade, la quasi-totalité des pays de l'Afrique noire accèdent à l'indépendance, après un processus de décolonisation à la fois négocié et violent (Cameroun et Madagascar). Si le fait majeur de ce moment sans précédent dans l'histoire contemporaine de l'Afrique a été l'africanisation de l'espace public, il convient de souligner qu'au-delà de l'indigénisation du champ politique se profilait un ensemble d'initiatives et d'institutions qui concrétisaient cette reconnaissance internationale des néo-États de l'Afrique subsaharienne. Le développement du phénomène bureaucratique, la mise en place des institutions, le réajustement contextuel de l'espace urbain, créés par le colonisateur, sont quelques aspects des mutations que connurent les pays africains au lendemain de leurs indépendances.

Parmi les éléments symboliques de la ville post coloniale africaine figurent en bonne place l'Université, véritable instrument et lieu de fabrique à la fois de la nouvelle élite bureaucratique qui peuple les villes africaines et de gestion des savoirs et davantage le levain de la consolidation des unités nationales en construction. Après la structuration des ethos nationaux, ces États s'engagèrent dans la construction des espaces politiques et économiques sous régionaux (CCG, CEDEAO, CEEAC, CEMAC, CEN-SAD, COI, COMESA, EAC, SADC, SACU, UEMOA, UMA). Si des initiatives d'unité à l'échelle nationale furent globalement couronnées de succès, celles, essentiellement politiques et économiques, se rapportant à l'intégration régionale, sont laborieuses avec des résultats mitigés. L'intégration se réalise et se concrétise spontanément, au fil du temps, là où elle a été le moins pensée, notamment à l'Université et dans les grandes écoles. Ces symboles de la ville africaine postcoloniale que sont l'*alma mater* et les grandes écoles se sont progressivement distinguées comme facteurs déterminants de l'intégration régionale jusqu'à devenir l'espace concret de sa matérialité. La présente étude vise à mettre en évidence, à travers l'exploitation performative des données, le rôle de l'enseignement supérieur du Cameroun dans le processus d'intégration sous régionale en Afrique Centrale.

1. Les obstacles au processus d'intégration des pays africains

L'intégration en Afrique fait face aux obstacles historique, institutionnel et autre. La Conférence de Berlin est obstacle historique majeur, tandis que l'obstacle institutionnel est la charte de l'OUA. À ces deux obstacles s'ajoutent les mécanismes de mise en place des processus d'intégration et de plus en plus la xénophobie[1].

La Conférence de Berlin : obstacle historique au processus d'intégration en Afrique ?

Le XIXe siècle est une période de l'histoire au cours de laquelle le continent africain a connu des mutations importantes et inédites. Entre 1880 et 1914, à l'exception du Libéria et de l'Éthiopie, la quasi-totalité des vingt-huit millions de kilomètres carrés que constitue l'Afrique ont été conquis et partagés entre les puissances européennes engagées dans le *Scramble for Africa*. Le moment décisif de cet écartèlement de l'Afrique entre les puissances industrialisées et impérialistes occidentales fut la Conférence de Berlin du 15 novembre 1884 au 26 février 1885, qui réunit les plénipotentiaires de quatorze nations européennes. Celle-ci fut certes une instance de règlement pacifique des conflits entre les puissances engagées dans la colonisation de l'Afrique, mais davantage le cadre à partir duquel les puissances occidentales élaborèrent le cadre normatif du partage de l'Afrique. La Conférence de Berlin, véritable mensonge sur la magnanimité

[1] Dans ce travail, on va davantage insister sur les obstacles historique et institutionnel.

et utopie de pudeur de la part des puissances impérialistes, fut tout au moins une occasion de promotion des idéaux philanthropiques et humanitaires, en l'occurrence la lutte contre la traite négrière.

Tel fut le prétexte qu'utilisa le chancelier allemand Von Bismarck pour se réconcilier avec l'opinion et les groupes de pression allemands favorables à l'entreprise coloniale. L'acte que les représentants des puissances industrialisées de l'Europe ci-après : V. Bismarck, Bush, V. Kusserow, Szechenyi, Comte Auguste Von Der Straten Ponthoz, Baron Lambermont, E. Vind, Comte De Benomar, John A. Kasson, H.S. Sanford, Alph. De Courcel, Edward B. Malay, Launay, F.-P. Van Der Hoeven, Marquis de Penafiel, H. de Serpa Pimentel, Comte P. Kapnist, Gillis Bildt, eut une incidence pérenne sur l'avenir de l'Afrique. Ils confirmèrent la libre navigation sur les grands bassins fluviaux africains (Congo, Benoué, Niger et leurs affluents). La Conférence de Berlin fut le lieu de ratification et légitimation des procédures qui réglementaient l'annexion et l'occupation des territoires situés sur les côtes du continent africain :

En vertu de l'article 34 de l'Acte de Berlin, document signé par les participants à la Conférence, toute nation européenne qui, dorénavant, prendrait possession d'un territoire sur les côtes africaines ou y assumerait un « protectorat » devrait en informer les membres signataires de l'Acte de Berlin pour que ses prétentions fussent ratifiées. Ce fut la doctrine des « sphères d'influence », à laquelle est lié l'absurde concept d'hinterland. Cette dernière fut interprétée de la façon suivante : la possession d'une partie du littoral entraînait celle de l'hinterland, sans limite territoriale vers l'intérieur. L'article 35 stipulait que l'occupant de tout territoire côtier devait aussi être en mesure de prouver qu'il exerçait une « autorité » suffisante « pour faire respecter les droits acquis et, le cas échéant, la liberté du commerce et du transit dans les conditions où elle serait stipulée ». C'était là la doctrine dite « de l'occupation effective », qui allait faire de la conquête de l'Afrique l'aventure meurtrière.

La matérialisation de ces deux articles du chapitre IV de l'Acte de Berlin dessine la carte spatiale et géopolitique de l'Afrique contemporaine, composée des micro-États identifiables à partir de la langue de la puissance colonisatrice ou tutélaire. Ainsi mentionne-t-on désormais dans les conférences, les interviews, les ouvrages, les articles et les manuels, les dénominations suivantes : l'Afrique anglophone (colonies ou territoires d'abord sous mandat ensuite, sous tutelle britannique) ; l'Afrique francophone (colonies ou territoires d'abord sous mandat ensuite sous tutelle française ou belge) ; l'Afrique lusophone ; l'Afrique espagnole. En d'autres termes, c'est à Berlin qu'on a posé les jalons d'une Afrique divisée en micro-États politiquement, diplomatiquement et économiquement fragiles, qui à terme ont donné naissance « aux Afriques » sur les cendres de l'Afrique telle que pensée et envisagée par les panafricanistes.

Ce moment tragique de l'histoire de l'Afrique au cours duquel les plénipotentiaires des puissances industrialisées de l'Occident ont décidé de l'avenir économique et politique de l'Afrique, entendu comme entité spatiale, et des Africains sans les Africains a fait fi des réalités socioculturelles. Il a annihilé tout possible élan ou mouvement irrédentiste des peuples africains et fut la matrice historique autour de laquelle l'on va remettre en question toutes les initiatives porteuses d'un projet intégrationniste des néo-États africains au lendemain de leur accession à la souveraineté internationale. La Conférence de Berlin est la machinerie politique élaborée par l'occident pour balkaniser et saucissonner l'Afrique en micros-États crées en fonction des intérêts des Européens. Et c'est précisément ce découpage arbitraire que la charte de l'Organisation de l'unité africaine (OUA) entérina en 1963.

La charte de l'OUA comme obstacle institutionnel

Entre la fin du XVIIIe siècle et le début du XIXe siècle, la lutte contre l'esclavagisme des Noirs en Amérique a donné naissance à un mouvement idéologico-racial qui a considérablement influencé l'histoire coloniale et postcoloniale de l'Afrique : le panafricanisme. Ses pères fondateurs, en l'occurrence Booker T. Washington, le docteur W.E.B. Du Bois et Marcus Garvey, considéraient ce mouvement comme une plateforme qui à terme devait aboutir à une masse critique capable de rassembler et de susciter une dynamique en faveur du Noir dans sa globalité et, selon le Jamaïcain Marcus Garvey, de rassembler « *les peuples noirs dans le cadre d'un seul organisme* ». Son appropriation par des intellectuels et leaders négro-africains, formés en Occident en général et plus particulièrement aux États-Unis d'Amérique, avant les indépendances, plus précisément en 1935, en l'occurrence Casely-Hayford, Jomo Kenyatta, Kazumu Banda, Nnamdi Azikiwé et singulièrement Kwamé Nkrumah, donne au panafricanisme une résonnance et un contenu particuliers.

Le panafricanisme devient un mouvement à la fois politique et culturel, voire le levier idéologique de ses promoteurs Négro-africains, qui entendaient libérer l'Afrique et les Africains des affres et de l'ignominie coloniale. En d'autres termes, le principal instrument métasocial Négro-africain avait comme principaux objectifs la libération de l'Afrique et son unification en tant qu'entité géopolitique capable de rivaliser avec les grandes puissances occidentales. Le plus audacieux de ces promoteurs est incontestablement Kwamé Nkrumah, qui envisageait, à l'instar de la superpuissance américaine, la création des « *États-Unis d'Afrique* ». Il s'agissait pour ce panafricain d'aboutir à la création d'un État Africain grand et fort des points de vue politique, diplomatique, militaire, économique et culturel, au sein duquel vivraient tous les Africains et leurs descendants de la diaspora pour, comme l'a écrit Esebede : « *régénérer et unifier l'Afrique ainsi qu'a encouragé un sentiment de solidarité entre les populations du monde africain*[2] ».

Ce levain idéologique de la lutte contre le colonialisme est de facto de libération de l'Afrique de la domination et de l'impérialisme occidental. Parmi les trois phases caractéristiques du panafricanisme,[3] la deuxième ou « l'ère des indépendances » que l'on considère, avec le recul à tort, comme l'âge d'or du panafricanisme du fait de l'accession à la souveraineté de nombre de pays, jadis colonies ou territoires sous tutelle, à la souveraineté internationale, est la période hélas au cours de laquelle le projet des « *États-Unis d'Afrique* », cher à Nkrumah, devait prendre corps. Le premier Président du Ghana considérait le panafricanisme comme l'institution méta-sociale qui devait permettre aux Africains de réaliser l'intégration, voire l'unification politique, économique et culturelle de l'Afrique. Cette dynamique scinda les leaders des pays africains en deux blocs antagonistes. Ceux qui étaient favorables (le Ghana, la Guinée Conakry, le Mali, le Maroc, le gouvernement en exile d'Algérie, l'Égypte et la Libye) formèrent le groupe de Casablanca.

Lorsque les potentats africains des années de l'indépendance avaient pris l'option de constituer les nouveaux États à l'intérieur des anciennes délimitations coloniales, la logique commandait de les consolider en leur conférant les structures d'un Etat moderne et un fondement national vital à leur stabilité. Cette consolidation était préalablement subordonnée à la garantie de leur existence autonome. Elle postulait ensuite la sauvegarde de leur souveraineté. Les organisations interafricaines, en l'occurrence la plus importante l'OUA, essayerons de satisfaire cette préoccupation.

Cette orientation politique idéologique qui a sous-tendu la naissance des États africains actuels était proche de la vision du groupe de Monrovia, suscitée par l'Occident néocolonial capitaliste. Il regroupait les États néocoloniaux qui étaient sous le joug du projet élaboré par les grandes puissances occidentales consistant en de subtiles manœuvres de division, de

[2] P. O. Esebede, « The growth of pan-African movement », *Tarikh*, 1980, volume VI, n° 3, p. 14.

[3] D'une manière générale le panafricanisme se caractérise par trois moments : la lutte contre le colonialisme qui se situe entre 1935 et 1957, que l'on pourrait considérer comme son âge d'or ; l'ère des indépendances ; le panafricanisme des années postindépendances, entendu comme un instrument d'intégration.

concurrence et de compétition entre les pays africains afin de maintenir et de perpétrer ce que Coquery-Vidrovitch a appelé « *le statu quo de division et de faiblesse* » qui, comme elle, l'africaniste de nationalité française l'affirme, « *fait du continent africain le champ le plus vulnérable des concurrences internationales.* »[4]

Les dirigeants des pays africains sont confrontés à un dilemme : que privilégier entre l'intégration et la consolidation des États, qui doivent eux-mêmes faire face à un ensemble de difficultés internes inhérentes à leur condition d'émergence, en l'occurrence les problèmes de construction nationale, de la légitimité des leaders, du développement économique et social et les différends frontaliers[5]. Les nouveaux leaders s'activèrent dans l'affirmation de leur autorité à travers la construction d'un politique monopartite reposant sur le parti-État et l'élimination politique, voire physique, des opposants à leur régime, d'une part, et la consolidation de l'unité nationale en démantelant les obstacles nés des questions territoriales des divergences ethnoculturelles et régionales des groupes constitutifs de leur pays. Ils privilégièrent la consolidation de leurs États au détriment de l'intégration tant régionale que continentale[6]. Ces propos de Diaté l'illustrent avec précision :

> Le micro-nationalisme, déjà perceptible à la fin de l'époque coloniale, va s'affirmer plus nettement avec la constitution des « États-territoires » après les indépendances, et pousser au maintien de ceux-ci. Des lors, la nécessité d'assurer la stabilité des nouveaux États et le souci de préserver leur souveraineté fraichement acquise vont l'emporter sur l'aspiration à l'unité… Si bien qu'en Afrique l'intégration régionale, au-delà des définitions théoriques, se présente avant tout comme « un processus fonctionnel » qui, sans exclure la réalisation progressive et à long terme de l'unité africaine, tente de répondre aux problèmes immédiats de l'État et de la Nation tels qu'ils existent actuellement. Les résultats atteints montrent cependant qu'elle n'y parvient que partiellement.

Situé aux antipodes du groupe de Monrovia, le groupe de Casablanca regroupait les leaders panafricanistes : le Ghanéen Kwamé Nkrumah, le Guinéen Ahmed Sékou Touré, l'Égyptien Gamal Abdel Nasser, le Malien Modibo Keita, le roi du Maroc, Mohammed V, le roi Idris Ier de la Libye et le

---

[4] I. Diaïté, « L'intégration régionale – réponse aux problèmes de l'État et de la nation dans l'Afrique d'aujourd'hui. Aspects juridiques », *Présence Africaine* 1983/3 (n° 127-128), p. 364.

[5] *Ibid.*, p. 395.

[6] J. Lombard, « Mali : faire une nation avant l'intégration ? », *L'Espace géographique*, 2002/3 (tome 31).

gouvernement clandestin algérien, dirigé par Ferhat Abbas, étaient favorables à une approche panafricaine. Le groupe défendait l'ambitieuse vision intégratrice de Nkrumah d'une union politique de l'Afrique calquée sur le modèle des États-Unis, en un mot des États-Unis d'Afrique.[7]À la différence du pays de l'oncle Sam, capitaliste, les États-Unis d'Afrique était un vaste projet multisectoriel d'une grande nation fédérale socialiste : sur le plan idéologique, le groupe de Casablanca préconisait le non-alignement ; sur le plan économique, il prônait un développement économique centralisé ; sur le plan sécuritaire, il défendait l'idée d'un système de défense et sécurité à l'échelle continentale ; et enfin sur le plan culturel, il épousait le point de vue de Cheikh Anta Diop d'une unité culturelle africaine[8].

Dans le but de mettre un terme à l'antagonisme qui distançait le groupe de Casablanca de celui de Monrovia, Nkrumah, Sékou Touré et Hailé Sélassié organisèrent à Addis-Abeba une conférence au sommet des États indépendants africains en 1963 afin de créer une institution supra-étatique panafricaine. Au terme d'âpres discussions, négociations, propositions et contre-propositions, trente chefs d'États et de gouvernement indépendants signèrent la charte de l'Organisation de l'Unité Africaine (OUA), qui annihila le projet du groupe de Casablanca de voir émerger une seule et puissante nation africaine capable de négocier, sans complexe, avec les grandes puissances. La charte de l'OUA entérina la balkanisation de l'Afrique, effectuée à la fin du XIXe siècle à Berlin et que défendait le groupe de Monrovia, en arguant que le maintien des frontières héritées de la colonisation, indépendamment des réalités historiques et socioculturelles de l'Afrique, était l'unique option pour garantir la paix en Afrique. À ce sujet d'Almeida-Topor écrit :

> Le maintien des frontières, avalisé par les anciennes métropoles lors des transferts de souveraineté de même que par les Nations et par l'Organisation de l'Unité Africaine (OUA), paraissait alors le seul moyen susceptible de maintenir la paix dans le continent. Les pays constitutifs du groupe de Monrovia (l'Éthiopie, le Libéria, la Sierra Leone, le Nigéria et les anciennes colonies et territoires sous-tutelle française) étaient viscéralement inflexibles et intangibles sur les principes du respect de la souveraineté, de la non-ingérence et de l'intégrité territoriale des fragiles néo-États africains

---

[7]Il convient cependant de souligner quoiqu'ayant des points de vue divergents sur nombre de points, la libération de l'Afrique et le non-alignement étaient les deux points de convergence de ces deux groupes antagonistes.

[8]S.K.B. Asante, D. Chanaiwa « Le panafricanisme et l'intégration régionale », in A. Mazrui, *Histoire générale de l'Afrique. Histoire de l'Afrique depuis 1935*, Paris, UNESCO, 1985, p. 760.

néocoloniaux. Le principe de l'intangibilité des frontières, proclamé par l'OUA en 1963, devint ainsi un principe de base de la géopolitique africaine[9].

L'OUA enterra définitivement le projet panafricaniste. Sous les cendres d'une nation africaine forte, on imagina des regroupements, moribonds, sous régionaux politiques et économiques, sans réelle incidence sur le développement de l'Afrique et le bien-être des populations, que Mayda et Steinberg justifient par le niveau négligeable du revenu des pays du Sud et la modicité des marchés intégrés, peu favorables à un fonctionnement optimal des industries, presque inexistantes. Pour eux, la fragilité économique des pays du Sud et la faible création d'échanges s'expliquent par les effets pro-compétitifs pour les firmes locales, ainsi que les économies d'échelle dont profitent les Accords Commerciaux Régionaux qui existent dans et entre les pays industrialisés du Nord et qui n'existent malheureusement pas dans les accords entre pays du Sud.[10]

Quoique structurellement, politiquement, économiquement, militairement et diplomatiquement l'Afrique soit le continent le plus fragile, c'est paradoxalement le continent où l'on dénombre « le plus d'organisations continentales, régionales, sous régionales, sectorielles et commerciales[11]. » Malgré cette prolifération d'institutions supra-étatiques, et à rebours des unions régionales des autres continents qui se regroupent autour des espaces intégrés juridiquement, géopolitiquement, économiquement et culturelles pour peser davantage sur l'échiquier international, lui-même de plus en plus globalisé, les processus d'intégration et de régionalisation demeurent très superficiels et embryonnaires, voire virtuels.[12] Ce constat paradoxal pourrait s'expliquer par la colonisation et son rôle ambigu non seulement dans la naissance des États mais aussi dans la mise en place d'une intégration réelle en Afrique.

À l'instar des États, anciennes colonies pour la plupart, le processus d'intégration, pour ce qui était des colonies et des territoires contrôlés par la France, est également un legs colonial. En réalité, la plupart des pays constitutifs de la Communauté Économique des États de l'Afrique de l'Ouest (CEDEAO) et de la Communauté Économique et Monétaire des

[9] H. d'Alméida Topor, *La naissance des États Africains. XXe siècle*, Firenze, Casterman-Gunti Gruppo Éditoriale, 1996, p. 35.

[10] A.M. Mayda, C. Steinberg, « Do South-South Trade Agreements Increase Trade? Commodity-Level Evidence from COMESA », *UNU-CRISIS Occasional papers*, 200/19.

[11] A. Diouf, « Afrique : l'intégration régionale face à la mondialisation », in *Politique étrangère*, 2006/4, p. 786.

[12] *Ibid.*

États de l'Afrique Centrale (CEMAC) sont respectivement d'anciens territoires de l'Afrique Occidentale Française (AOF) et de l'Afrique Équatoriale Française (AEF). La CEDEAO est la fille de l'AOF tandis, la quasi-totalité des pays de la CEMAC sont issus de l'AEF[13]. L'AOF est la première unité administrative sous-régionale, placée sous l'autorité d'un gouverneur général, que la France, puissance coloniale, créa sur la côte occidentale africaine en 1895, non point pour poser les jalons d'un mouvement d'intégration réelle future mais pour s'assurer un contrôle effectif de ses huit possessions coloniales[14]. Ce régionalisme « horizontal »,[15] qui a pour corollaire un tissu économique extrêmement précaire, consacra le triomphe du projet néocolonial.

Tout en se contredisant à travers la négation et le rejet du supra-étatisme, le maintien des principes de non-ingérence, de l'existence autonome des États et du maintien du statu quo territorial et frontalier, que postule l'alinéa 3 de l'article 3 de sa charte (« le respect de la souveraineté et l'intégrité territoriale de chaque État et de son droit inaliénable à une existence indépendante »), l'OUA, institution africaine supra-étatique la plus importante, qui postulait un processus d'intégration par le haut, va s'avérer comme le principal obstacle structurel d'un processus d'intégration qui était déjà biaisé par le colonisateur et l'irrédentisme et les choix nombrilistes des leaders postcoloniaux et leur appareil bureaucratique dans un contexte caractérisé, comme l'a souligné Abdou Diouf, par la logique d'intégration qui se heurtait aux intérêts nationaux.

Cependant il convient de souligner que l'intégration en Afrique est une dynamique à plusieurs vitesses. En Afrique de l'Ouest, on note des évolutions significatives sur les plans sociaux, économiques et infrastructurels, tandis qu'en Afrique Centrale, elle est plus perceptible que lors des rencontres officielles pendant les sommets des chefs d'État. Ce retard observé en Afrique a été accentué par la xénophobie des États

---

[13] À l'exception de la Guinée Équatoriale, qui était une colonie espagnole. Quant au Cameroun, s'il n'était pas juridiquement une colonie française, il est considéré dans les faits comme une colonie si tant qu'il constituait, comme le souligne Daniel Abwa, la « mamelle nourricière de l'AEF », lire à ce sujet Daniel Abwa, *Commissaires et Hauts Commissaires au Cameroun. Ces hommes qui ont politiquement façonnés le Cameroun*, Yaoundé, PUCAC, 2000.

[14] M. Le Hunsec, « De l'AOF à la CEDEAO. La France et la sécurité du golfe de Guinée, un essai d'approche globale », in *Bulletin de l'Institut Pierre Renouvin*, 2009/2 (n° 30), p. 91.

[15] Diadé Diaw, Thi Anh-Dao Tran, « Intégration régionale et expansion du commerce Sud-Sud : le cas du Sénégal dans l'UEMOA », in *Revue Tiers-Monde*, 2009/3 (n° 199), p. 628.

pétroliers (Gabon et surtout la Guinée Équatoriale, considérée comme le nouvel *El Dorado* de l'Afrique Centrale). Si le bilan du processus d'intégration par le haut est mitigé par quelques institutions, de par leur nature et leur vocation, ces dernières sont devenues de véritables incubateurs du processus d'intégration. L'école en général et plus singulièrement l'université est le levain de l'intégration en Afrique centrale.

2. Université et intégration sous régionale en Afrique Centrale : un acteur insoupçonné ?

Le principal aspect de cette partie est l'analyse et la vérification concrète de la contribution de l'université dans la dynamique intégrative qui rythme le quotidien des États africains.

Institution ontologiquement et historiquement intégrative

L'université est, comme le reconnaît Chomsky, un instrument politique de l'État.[16]Un outil déterminant d'intégration réelle. De par sa nature et son contexte d'émergence au Moyen Âge, l'université est une institution libre et ouverte. Ces deux qualificatifs distinctifs du lieu par excellence de production et de diffusion des savoirs situent l'université au cœur des mutations sociales et à la base des processus de consolidation des unités nationales des États africains.

De par sa nature, comme espace de savoir et par conséquent d'ouverture, d'échanges et de rencontres, l'université peut devenir une technostructure politique du processus d'intégration, dans laquelle la société dans sa globalité se reconnait et se retrouve. Elle est capable de permettre aux États de maitriser et de parfaire la dimension sociale du processus d'intégration. L'université automatise l'intégration et constitue de ce fait, un modèle d'intégration spontanée et efficace qui se construit et consolide, au fil du temps, en marge des canons officiels définis par le politique. Incubateur en soi et catalyseur social de l'intégration régionale, sa capacité intégrative accélère le processus politique et permet de découvrir l'importance et la portée effective et concrète de l'intégration régionale. L'université est à la fois une autoroute et un échangeur qui doit être pris en compte dans les stratégies et la dynamique intégrative dans sa globalité ; entendue comme l'ensemble des mécanismes qui gouvernent les efforts d'intégration. Elle est donc à mesure de défaire le nœud gordien des pesanteurs qui minent l'intégration régionale en Afrique. Sa capacité naturelle à venir faire corps avec le processus politique permet d'accroitre sa fonction intégrative et fait

[16] N. Chomsky, *Réflexions sur l'Université. Suivies d'un entretien inédit*, Montréal, Liber, 2010, p. 70.

d'elle un outil et un espace dans lequel les stratégies d'intégration peuvent s'arrimer à la dimension politique d'un processus en panne en Afrique Centrale.

Lorsque les pays africains obtinrent la reconnaissance internationale, ils s'appuyèrent sur leurs universités pour, non seulement, produire les cadres dont ils avaient besoin mais également pour consolider l'unité nationale. De ce point de vue, elles devenaient des institutions d'*intérêt national* et de *service public.*[17]À l'échelle sous régionale la contribution principale de l'université a été de permettre une circulation des idées, des valeurs et des personnes d'un pays à l'autre. En Afrique Centrale, le Cameroun est le pays qui possède le système d'enseignement le plus élaboré qualitativement et quantitativement, avec des universités d'État, des institutions privées de l'enseignement supérieur (IPES) et des grandes écoles à vocation professionnelle.

Ce leadership régional justifie cet attrait des étudiants étrangers au Cameroun et le rôle déterminant du Cameroun dans le processus d'intégration universitaire sous régionale en Afrique Centrale. On retrouve des étudiants originaires des quatre coins de l'Afrique dans des universités camerounaises, les IPES et les grandes écoles à vocation professionnelle. D'une manière générale, les étudiants dont les pays sont situés aux confins méridional et oriental se retrouvent en grand nombre dans les universités situées dans le grand Sud-Cameroun (Douala et Yaoundé) : Gabon, Congo, Guinée Équatoriale, tandis que les universités du grand Nord, c'est-à-dire l'Université de Ngaoundéré et l'université de Maroua, plus dynamiques, dans le processus d'intégration accueillent majoritairement les étudiants tchadiens. Au Moyen Âge, Verger analysant la mobilité estudiantine, l'a appelé « *la mobilité interrégionale* ».[18]

En d'autres termes, l'internationalisme de l'université et la mobilité estudiantine ne sont pas un phénomène contemporain aux universités actuelles. Il remonte au Moyen Âge. Dès cette époque la mobilité interrégionale a été régie par un cadre normatif codifié. Comme le fait remarquer Gorochov en s'appuyant sur les travaux de Verger : « *Jacques Verger remarque que les premiers textes officiels, statuts, ordonnances concernant les universités visent le plus souvent à protéger les étudiants étrangers et établissent*

---

[17] N. Chomsky, *Réflexions sur l'Université. Suivies d'un entretien inédit, op. cit.*, p. 70.

[18] J. Verger, « La mobilité étudiante au Moyen Âge », in *Éducations Médiévales*, numéro spéciale de *la revue histoire de l'éducation*, 1991, pp. 65-90.

un équivalent entre étudiant et étranger. » Le premier texte de cette nature est la constitution Habita, signé par Fréderic Barberousse en 1158.[19]

À l'instar des universités de Paris et de Bologne au Moyen Âge,[20] les universités de Maroua et Ngaoundéré sont celles qui ont le plus grand nombre d'étudiants étrangers. Dans ces deux universités camerounaises, l'on retrouve de considérables « nations » estudiantines tchadiennes.[21] Pour illustrer la dimension intégrative de l'Université l'on va essentiellement s'appuyer sur les données de Universités de Ngaoundéré et de Maroua. Loin d'être subjectif, ce choix se justifie par un ensemble de raisons :

– La première est d'ordre scientifique. En effet, un travail scientifique a déjà été produit sur la population estudiantine d'origine tchadienne à l'Université de Ngaoundéré. L'essentiel des données chiffrées et factuelles se rapportant à l'université de Ngaoundéré ont été recueillies dans ce travail et voici ce que son auteur écrit pour montrer les universités du Nord sont les plus intégratives :

> Les universités camerounaises accueillent les étudiants africains en général et ceux de la sous-région en particulier. En ce qui concerne les étudiants ressortissants de la sous-région Afrique centrale, ce sont les étudiants tchadiens qui sont les plus nombreux dans les Universités camerounaises et en l'occurrence à l'Université de Ngaoundéré[22].

– La deuxième raison est que ces deux universités sont celles qui illustrent le mieux les capacités intégratives régionales de l'université camerounaise en Afrique centrale. À l'instar de ce que Nathalie Gorochov a relevé dans les premières universités européennes au XIIIe siècle[23], les étudiants tchadiens, dans la ville universitaire de Ngaoundéré et plus précisément dans la zone universitaire située à Dang, constitue un groupe majoritairement étranger à la ville, confronté à des problèmes de logement, à des problèmes juridiques et académiques et à un isolement que les corporations essaient de

[19] N. Gorochov, « Les conflits *Town and gown* au Moyen Âge. Essai de typologie », in P. Gilli, J. Verger, D. Le Blévec, *Les universités et la ville au Moyen Âge*, Leiden-Boston, Brill/Culture, 2000, 2007, p. 259.

[20] *Ibid.*

[21] La notion de « nation » a été analysée par Jacques Verger in J. Verger, *Les universités au Moyen Âge*, Paris, PUF, 2007. Il s'agissait des étudiants de nationalité étrangère qui vivaient en communauté dans une ville universitaire.

[22] Y. A. Nguembi N., « Les étudiants tchadiens dans les universités camerounaises : Étude historique du cas de l'Université de Ngaoundéré 1977-2008 », mémoire de DIPES II en Histoire, soutenu à l'ENS/Yaoundé, 2005, p. 40.

[23] N. Gorochov, « Les conflits *Town and gown* au Moyen Âge. Essai de typologie », *op. cit.*, p. 259.

solutionner avec plus ou moins de succès. La circonscription d'une étude, qui peut prendre en compte l'ensemble du paysage universitaire, aux deux universités situées dans la partie septentrionale du Cameroun requiert de mettre en évidence certains aspects caractéristiques qui constituent une grille explicative de cette réalité socio-historique assez complexe dans cette aire géographique. En d'autres termes qu'est-ce qui peut justifier cette dense et intense dimension intégrative des universités du Cameroun septentrionale ? Ces raisons socio-historiques et géo-historique sont consolidées par le cadre normatif et incitatif. Ce qui explique l'afflux massif des étudiants tchadiens au Cameroun.

Étude des cas du potentiel intégrateur sous régional des universités camerounaises

Au cours de l'année académique1992-1993, la communauté tchadienne de l'Université de Ngaoundéré est passée de huit à mille quarante-cinq étudiants au cours de l'année académique 2008-2009[24]. La raison de cette évolution démographique de la population estudiantine tchadienne à l'Université de Yaoundé est sans aucun le cadre normatif incitatif mis en place lors de l'unique conférence des recteurs de la CEMAC qui a fixé le taux des droits universitaires des étudiants originaires des pays de la CEMAC au même montant que les étudiants camerounais à savoir cinquante mille francs CFA par an. Cette harmonisation des droits universitaires dans l'espace CEMAC est à mettre à l'actif du politique qui a permis à l'Université de jouer son rôle en tant qu'acteur à part entière du processus d'intégration.

Le fossé qui existe entre le système académique camerounais et tchadien et l'attrait que le système universitaire camerounais, à travers ses institutions privées d'enseignement et plus singulièrement ses universités d'État, en l'occurrence l'Université de Ngaoundéré et de plus en plus celle de Maroua, exercent sur les étudiants tchadiens peuvent se justifier historiquement par l'écart considérable que la politique éducative du *Reich* dans ses colonies, plus souple et pragmatique que celle de la France, a permis au Cameroun d'être en avance sur les colonies françaises. Cet héritage allemand fut capitalisé par les autorités indigènes du Cameroun, au lendemain de son indépendance faisant du système scolaire et universitaire camerounais le plus performant et compétitif dans la zone CEMAC.

À cette raison historique, il convient d'ajouter et souligner, qu'à rebours du Cameroun, qui est politiquement stable, le Tchad se caractérise par une instabilité politique permanente de 1960 à 1990. Cette précarité des régimes

---

[24] ADIPD, Évolution des effectifs des étudiants tchadiens à l'Université de Ngaoundéré, information recueillie par Yves Aime Ngeubi Njombok.

politiques a été le principal facteur qui explique la fragilité du système éducatif tchadien. La récurrence des coups d'État a empêché à ce pays de développer une politique éducative stable et cohérence. L'évolution du Tchad a été freinée par la récurrence des coups d'État et le différend frontalier avec la Libye. Cette ancienne colonie accède à l'indépendance le 11 août 1960, avec comme Président François Tombalbaye, qui fut assassiné le 13 mars 1975. Il fut remplacé par le général Félix Malloum ; ce dernier succéda le 3 septembre à Goukouni Oueddei à la suite d'un coup d'État. Il fut, à son tour, renversé le 7 juin 1982 par Hissène Habré bouté du pouvoir et contraint à l'exil, le 1er décembre 1990 par le général Idriss Déby Itno, Président de la République du Tchad.

Du point de vue de la géographie, le Cameroun et le Tchad sont situés en Afrique centrale. Le climat tropical du Cameroun septentrional est le même que celui que l'on retrouve dans une grande partie du Tchad. Ces similitudes sont perceptibles tant au niveau du relief, essentiellement constitué des hautes terres et les basses terres ou plaines, des mêmes nuances climatiques (climat tropical avec des particularités propres à chaque pays), que de la flore, de la faune du régime hydrographique ; le Cameroun et le Tchad ont en commun le lac éponyme au dernier et les fleuves du Logone et du Chari.

Sur le plan humain, il existe un ensemble de peuples que l'on retrouve de part et d'autre de la frontière que Yves appelle « les peuples traits d'union entre le Tchad et le Cameroun » : les Moundang, les Massa, les Kotoko, les Mousgoum, les Moussey et les Toupouri[25]. L'auteur renchérit qu'ils représentent une passerelle nécessaire pour l'intégration en Afrique centrale. Voici ce qu'écrit Yves Nguembi Ndjombok à ce sujet :

> Ces peuples qui se trouvent à cheval sur la frontière des deux pays n'ont pas conscience de l'existence d'une délimitation quelconque. Par les sentiers et autres chemins, ils passent d'un côté à l'autre. Physiquement, aucun indice ne permet de faire la différence ou la distinction entre un Moundang de Boboyo au Tchad et celui de Leré au Cameroun. Ces populations prennent part à plusieurs activités qui se tiennent de part et d'autre de la frontière. Elles fréquentent les marchés des deux pays ; elles sont présentes aux différentes manifestations culturelles et sociales comme les deuils, les funérailles et les danses ; elles pratiquent les activités agro-pastorales communes des deux côtés. C'est ainsi que certains membres de ces groupes ethniques ont des plantations dans les deux pays.[26]

---

[25] A. Nguembi N., « Les étudiants tchadiens dans les universités camerounaises : Étude historique du cas de l'Université de Ngaoundéré 1977-2008 », *op. cit.*, p. 136.
[26] *Ibid.*

Cette identité ethnosociologique implique une identité culturelle. On a ainsi, à titre d'illustration, comme le souligne l'auteur susmentionné, des rites tels le Labana pratiqué par les Massa du Cameroun et Tchad ; les *laba, Gonogaye* ou *Goni et Foulda Biguida* pratiqués respectivement par les Mousgoum, les Toupouri et les Moussey que l'on retrouve de part et d'autre de la frontière tchado-camerounaise.[27] *Les* rites initiatiques *des* jeunes Massa, Toupouri, Moussey, Moundang, Kotoko, encadrés par les vieillards, sont les mêmes aussi bien au Cameroun qu'au Tchad[28].

Il existe d'autres fêtes qui rassemblent les communautés dispersées de part et d'autre des deux frontières, notamment les Arabes Choas, les Kotoko, les Massa, les Moundang et les Toupouri. Ils renforcent leur parenté culturelle et génétique. Les associations culturelles sont des cadres par excellence de consolidation de cette identité culturelle. Yves a cité les cas de *l'AS-SAO* qui regroupe tous les Kotoko, le *Tokna Massana* qui est l'association culturelle des Massa. Ce jeune chercheur a choisi un couplet de l'hymne du *Tokna Massana* comme une évidence du dépassement de cette frontière artificielle dressée par les puissances coloniales et réaffirmée par la charte de l'OUA : « *Massa du Tchad, Massa du Cameroun, levons-nous et unissons-nous car la politique ne nous séparera pas, les querelles ne nous séparerons pas, nous sommes avant tout des frères* »[29]. Ces liens culturels sont quotidiennement renforcés par une vieille tradition d'alliances matrimoniales qui reposent fondamentalement non pas sur la nationalité mais sur l'identité ou les similitudes culturelles. L'existence de ces peuples traits d'union se caractérisant par une identité culturelle laquelle est renforcée sur le plan social d'une part, par des liens matrimoniaux et, d'autre part, des institutions qui favorisent la mobilité des personnes, des valeurs et des idées telles que l'université, constituent le socle d'un processus d'intégration régionale réelle et naturelle que l'on pourrait désigner par l'expression « intégration régionale par le bas » à rebours de « l'intégration par le haut »[30]. La place et le rôle de l'université dans ce

---

[27] J. Domo, « Notes sur les pratiques et les représentations sociales chez les Massa du Nord Cameroun », in *Ngaoundéré Anthropos*, n° 5, pp. 87-106.

[28] J. Kouosseu, « Pratique initiatique et migrations transfrontalières entre le Cameroun et le Tchad », in *Les cahiers d'histoire et d'archéologie* de l'Université d'Omar Bongo, n° 5, p. 146.

[29] A. A. Gasisou, « La célébration des fêtes nationales et la coopération Tchad-Cameroun de 1960 à 2010 : cas des régions frontalières », in mémoire de master en Histoire, Université de Ngaoundéré, 2010, p. 79.

[30] L'observation indique que les gouvernements optent pour l'intégration par le sommet, c'est-à-dire une intégration qui est conçue par les tenants du pouvoir et qui doit se faire par paliers progressifs, des cadres des pays concernés jusqu'aux plus

processus d'intégration par le bas est quantitativement et qualitativement vérifiable.

Cette mesure favorisa une mobilité des étudiants tchadiens dans les universités camerounaises. Leviette Christelle Djedou Tchada, citée par Yves Nguembi Ndjombok, souligne à ce propos que l'Université de Ngaoundéré contribue à moyen et à long terme au dialogue interculturel, interétatique et à l'intégration régionale dans la zone Afrique Centrale. Selon les deux auteurs, la présence tchadienne à l'Université de Ngaoundéré permet de vérifier la réalité de la coopération Sud – Sud. On peut ajouter qu'elle donne une visibilité et une résonnance concrète aux clauses de la CEMAC qui préconisent la libre circulation des personnes et des biens. Le libre accès des étudiants aux différentes institutions universitaires des pays membres de la CEMAC, permet à leurs étudiants d'avoir accès à un enseignement de choix, et aux mêmes conditions que les étudiants originaires du pays d'accueil. Si Nguembi Ndjombok estime ce qui précède contribue à résoudre le problème de l'Enseignement supérieur des pays membres de la CEMAC[31], il n'est donc pas superfétatoire encore excessif d'y appréhender l'Université comme un catalyseur de l'intégration régionale en Afrique Centrale. Ce qui précède peut s'illustrer à travers cette évolution ces données recueillies par Ngeumbi Ndjombok : l'Université de Ngaoundéré passe de 47 étudiants tchadiens en 2000, à plus de 1000 en 2002[32]. L'Université de Maroua, de création plus récente, vint s'ajouter et renforcer l'université camerounaise dans sa posture d'instrument d'intégration régionale en Afrique Centrale.

3. Évolution des effectifs des étudiants tchadiens dans les Universités de Ngaoundéré et de Maroua

Les universités frontalières de la partie septentrionale du Cameroun constituent par leur situation géographique des institutions qui incitent les migrations massives des étudiants tchadiens. Mais ce dynamisme s'explique tout naturellement par la stabilité du système académique de l'enseignement supérieur.

---

basses couches sociales. C'est dans ce sens que des institutions comme l'OCEAC, l'ISSEA (Institut Sous régional de Statistiques et d'Économie Appliquée), ont été créés. Ces institutions font dans la formation des cadres et formulent des politiques et plans d'actions qui, très souvent, ne touchent pas directement la grande masse. Lorsqu'ils touchent directement la population, les gouvernements n'ont aucune contrainte de les appliquer. Cette option d'intégration ne peut qu'être lente.

[31] C. Djedou Tchada, « Accueil des étudiants étrangers et contribution de l'Université de Ngaoundéré au processus d'intégration sous-régionale : 1993-2002 », Rapport de licence, FALSH, Université de Ngaoundéré, 2004, p. 25.

[32] *Ibid.*, p. 23.

Croissance et dynamisme des universités camerounaises comme facteur incitatif d'intégration régionale

D'une manière générale la croissance exponentielle des étudiants camerounais dans les universités d'État s'accompagne de l'attrait qu'exerce le système universitaire camerounais sur les étrangers. Au cours des dix dernières années, les effectifs sont passés de 1 520 étudiants en 2004 à 4 616 étudiants en 2010 pour une moyenne annuelle de 2 469 étudiants, soit un taux moyen de croissance annuelle de 11,75 %.[33] Ce taux de croissance assez élevé montre à suffisance une multiplication de cet effectif par trois en dix ans. Par rapport aux effectifs camerounais des universités d'États, il est passé de 1,87 % en 2004 à 2,03 % en 2014, soit une variation de 203,65 % et une augmentation en valeur absolue de 3 096. Cette croissance pourrait s'expliquer par la diversification et la densification des offres de formation dans les institutions universitaires et la qualité des formations offertes.

La figure 1 ci-dessous présente globalement l'évolution des effectifs des étudiants étrangers dans les universités camerounaises. La courbe exponentielle des effectifs de la figure ci-dessous indique une croissance exponentielle du flux d'étudiants étrangers dans les universitaires camerounaises soit une variation de 82,58 % entre 2010 et 2011. Cette augmentation pourrait trouver sa justification dans la signature et la mise en place du système LMD (Licence-master-doctorat) par les pays de la CEMAC. En d'autres termes le processus d'intégration par le haut a favorisé le rôle intégrateur de l'institution universitaire camerounaise en zone CEMAC. La CEMAC a harmonisé les taux des droits universitaires à travers un nouveau cadre normatif qui dispose que tous les étudiants de la zone CEMAC s'acquittent des mêmes droits universitaires soit 50 000 FCFA au lieu de 300 000 FCFA[34].

---

[33]Enquête réalisée par la cellule de la statistique de la Division de la Prospective de la Recherche et de la Coopération du ministère de l'Enseignement supérieur.

[34]A. S. Mengoung, « Les associations estudiantines », p. 31, cité tel quel par Y. A., Ngeumbi Mjombok.

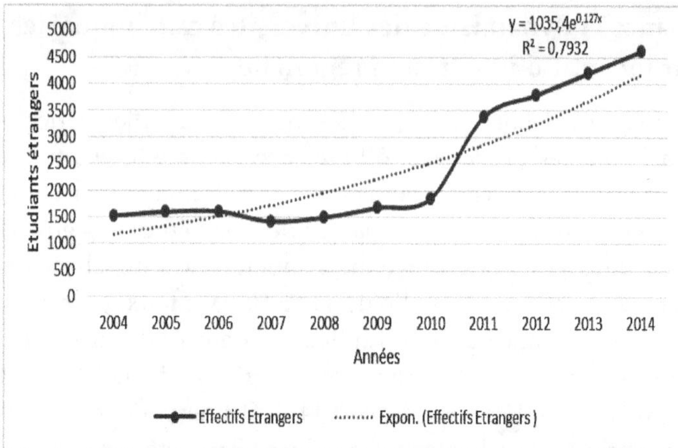

Source : MINESUP

Universités de Ngaoundéré et de Maroua : facteur régional d'intégration en Afrique centrale

À côté de ces données générales, on dispose des données sur les cas spécifiques des Universités de Ngaoundéré et de Maroua. Au cours des cinq dernières années (2005-2009), les effectifs d'étudiants au sein de cette institution universitaire ont connu un taux d'accroissement moyen annuel de 7,38 % soit une variation de 32,96 %. En effet, les effectifs sont passés de 1 162 étudiants en 2005 à 1 545 étudiants en 2009, soit un totale de 6 233 étudiants pour une moyenne annuelle de 1 247 étudiants. Cet accroissement témoigne de la volonté des pouvoirs publics à diversifier et densifier les offres de formation en mettant également un accent particulier sur la qualité de la formation offerte d'où l'attractivité de cette institution. De même cet accroissement s'explique aussi par la mise en application du système LMD par le chef d'État de la CEMAC. La figure 1 ci-dessous présente de manière générale l'évolution des étudiants tchadiens au sein de l'Université de Ngaoundéré.

Figure 1 : évolution des étudiants tchadiens de l'université de Ngaoundéré

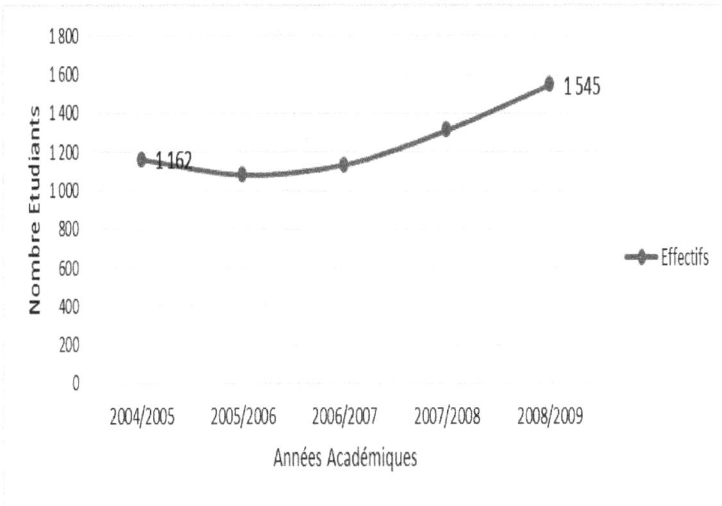

Source : MINESUP

Si l'évolution de ces effectifs est assez significative, la répartition de ces étudiants au sein de cette institution universitaire présente une configuration assez diversifiée. Ainsi, on note plus de 98,30 % des étudiants inscrits dans les filières socio-humanistes contre 1,30 % dans les filières technologiques et professionnelles. Ce déséquilibre peut s'expliquer par les priorités du gouvernement tchadien qui veut mettre en exergue les filières socio-humanistes. En effet, au cours de la période considérée, 34,50 % de ces étudiants sont inscrit à la Faculté des Arts Lettres et Sciences Humaines, 25,94 % à la Faculté des Sciences Économiques et de Gestion, 21,18 % à la Facultés des Sciences Juridiques et Politiques, 17,08 % à la Faculté des Sciences, 0,80 % à École Nationale des Sciences Agro-industrielles, 0,49 % pour l'Institut Universitaire de Technologie et 0,02 % à l'École des Sciences Médecines Vétérinaires. La figure 2 ci-dessous présente la répartition disproportionnée des étudiants tchadiens au sein des établissements de l'Université de Ngaoundéré.

Figure 2 : Répartition des étudiants tchadiens par établissement

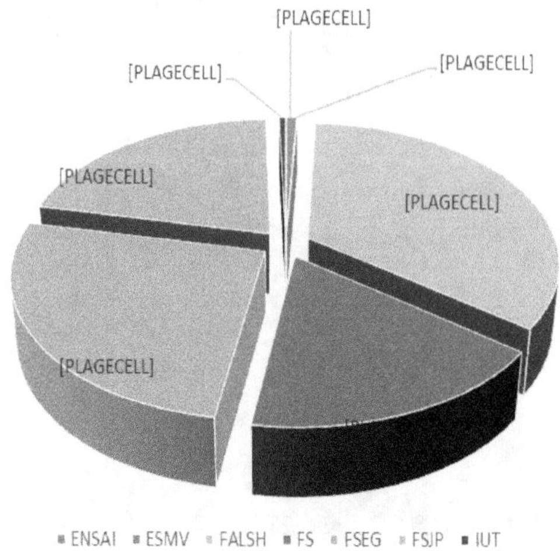

Source : MINESUP

De manière générale, au cours de l'année académique 2010 /2011 à 2014/2015, les effectifs d'étudiants étrangers au sein de cette institution universitaire ont connu une croissance exponentielle passant de 139 en 2011 à 343 étudiants en 2015 soit un taux moyen de croissance annuel de 25,33 %. Cet effectif a connu une croissance moyenne de 52,40 % entre 2011et 2014 avant de décroitre en 2015. Au cours de la période considérée cette institution a reçu en moyenne par an 380 étudiants pour une variation de 146,76 % ce qui est non négligeable pour cette jeune institution créée en 2008 avec deux établissements au départ. Cet accroissement peut s'expliquer par la proximité de l'Université de Maroua avec le Tchad, d'une part, et par la diversification et la densification de ces offres de formation. La figure ci-dessous présente de manière générale l'évolution des effectifs dans cette institution au cours des cinq dernières années par filière. Force est de constater que plus de 50 % de ces étudiants sont inscrits dans les sciences de l'éducation.

La répartition des effectifs par filière présente une configuration assez intéressante. En effet, sur la période considérée, 5,05 % des étudiants sont inscrits dans les filières technologiques tandis que 94,95 % dans les filières socio-humanistes. Les sciences de l'éducation représentent 52,28 % de la totalité des effectifs suivis de l'Histoire avec 9,06 %, les Lettres d'Expressions Françaises 8,16 %, la Géographie 6,78 %. Les autres filières sont en dessous de 5 % à savoir 2,79 % pour les langues d'expression anglaise, 2,49 pour l'Arabe, 0,90 % pour la chimie 0,76 % pour les Lettres bilingues, 1,94 % pour les Mathématiques, 2,70 % pour les Physiques, 4,98 % pour les Sciences de la Vie et de la Terre, 2,01 % pour l'Informatique, 1,18 % Philosophie et 3,53 % Conseiller d'Orientation.

Figure 3 : Répartition des effectifs par pourcentage et par filière

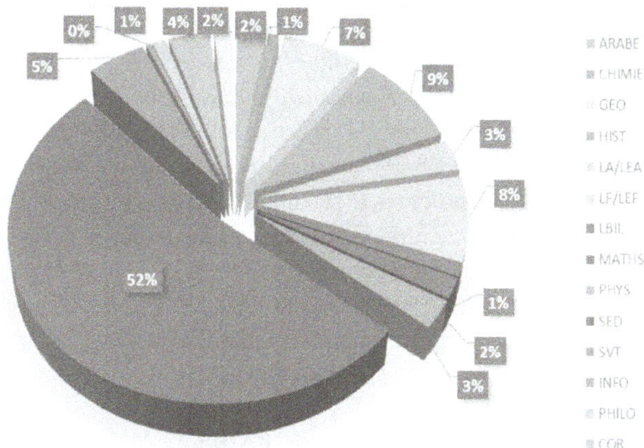

Source : MINESUP

Conclusion

Lorsque les pays africains accèdent à la souveraineté internationale, elle confie à leurs universités la mission de leur fournir des cadres et d'être un instrument déterminant de consolidation de leurs unités nationales. Outre ces missions, elles vont se révéler comme des levains d'un processus d'intégration en panne. Les deux universités septentrionales du Cameroun ont fourni des données statistiques quantitatives pour mettre en évidence la dimension intégrative par le bas de l'université, laquelle se matérialise par la mobilité des personnes en général et celle d'une composante sociologique spécifique : les étudiants ; à rebours de l'intégration mitigée par le haut qui se traduit par les sommets des chefs d'État et gouvernements. On ne saurait clore cette réflexion sans faire allusion au volet qualitatif de cet incubateur intégratif qu'est l'université en l'illustrant par le parcours académique du nouveau Président démocratiquement élu de la République centrafricaine, Faustin Archange Touadéra qui a obtenu son doctorat d'État à la faculté des Sciences de l'Université de Yaoundé I, en 2004. L'université automatise l'intégration régionale et constitue ainsi, un diagramme social de l'intégration spontanée et efficace qui se construit et consolide, au fil du temps, en marge des canons officiels de la géométrie et de l'algorithme politiques. Elle peut et doit devenir à la fois un important instrument stratégique et un intensificateur de perfectionnement du processus d'intégration régionale en Afrique.

Bibliographie indicative

- Abwa, D., (sous la dir.), *Dynamique d'intégration régionale en Afrique centrale,* tome 1 et tome 2, Yaoundé, PUY, 2001.
- Abwa, D., *Inventaire des sources de l'histoire de l'intégration régionale en Afrique Centrale et des relations Europe-Afrique, Yaoundé,* PUY, 1999.
- Almeida-Topor, H. (d'), *L'Afrique au 20e siècle,* Paris, Armand Colin, 2003.
- Aust J., « Quand l'université s'ancre au territoire. Collaborations académiques et territoriales à Lyon (19958-2009) », in *Le Mouvement social. Mutations de la science et des universités en France depuis 1945,* n° 233, octobre-décembre 2010.
- Carrère C., « UEMOA, CEMAC : duelle performance en matière de commerce ? », in *Revue d'économie du développement,* vol. 21, 2013/1.
- Charle C., *Naissance des « intellectuels », 1880-1900,* Paris, Minuit, 1990.
- Charle C. & Verger J., *Histoire des universités,* Paris, PUF, 2007.
- Coquery-Vidrovitch C., *Afrique noire. Permanences et ruptures,* Paris, L'Harmattan, 1992.
- Damon J., « Le développement de l'Afrique centrale dans une perspective d'avenir. L'initiative pour l'Afrique centrale (INICA) relève le défi », in *Afrique contemporaine,* n° 215, 2005.
- Di Méo G., « Subjectivité, socialité, spatialité : le corps, cet impensé de la géographie », in *Annales de la géographie,* n° 675, 2010.
- Diaïté I., « L'intégration régionale – réponse aux problèmes de l'État et de la nation dans l'Afrique d'aujourd'hui. Aspects juridiques », in *Présence Africaine,* n° 127-128, 1983.
- Diouf A., Afrique : l'intégration régionale face à la mondialisation », in Politique *étrangère,* 2006/4.
- Éla J-M., *Restituer l'histoire aux sociétés africaines. Promouvoir les sciences sociales en Afrique Noire,* Paris, L'Harmattan, 1994.
- Figuière C., Guilhot, L., « caractériser les processus régionaux : les apports d'une approche en termes de coordination », *Mondes en développement,* n° 135, 2006.
- Foucault M., *Sécurité, territoire, population,* Paris, Gallimard/Seuil, Collection « hautes études », 2004.
- Guermond Y., « L'identité territoriale : L'ambigüité d'un concept géographique », *L'espace géographique,* T. 35, 2006/4.
- Le Hunsec, M., « De l'AOF à la CEDEAO. La France et la sécurité du Golfe de Guinée, un essai d'approche globale », in *Bulletin de l'Institut Pierre Renouvin,* n° 30, 2009.
- Lombard J., « Mali : faire une nation avant l'intégration régionale ? », in *L'espace géographique,* T. 31, 2002/3.
- M'Bokolo E., *Afrique noire. Histoire et civilisations,* Paris, Hatier, 1992, Tome 2.
- Makosso, B., et Als., *Enseignement Supérieur en Afrique Francophone, crises, réformes et transformation. Étude comparative entre le Cameroun et le Congo, la Côte d'Ivoire et le Burkina Faso,* Dakar, publication du CODESRIA, 2009.

- Michel M., « Entre fédéralisme et nationalisme : un témoignage sur les débuts de l'enseignement en Afrique francophone » in D., Abwa et Als., *Dynamiques d'intégration régionale en Afrique Centrale,* Yaoundé, PUY, 2001, Tome 1.
- Ngom M., « Intégration régionale et politique de concurrence dans l'espace CEDEAO », in *Revue Internationale de droit économique,* T. XXV, 2011/3.
- Sossan O., Champagne, F., Leduc, N., « Illustration d'une expérience d'intégration régionale des soins basée sur une approche population », Pratiques et organisations des soins, basées sur une approche populationnelle, *Pratiques et organisation des Soins,* vol. 42, 2001.
- Yesufu T., M., (dir.), *L'édification de l'université africaine. Les problèmes des années 1970,* Accra, Accra Catholic Press, 1975.

Chapitre II

La structure de base de la société africaine en crise

Damien Kudada Banza

Introduction

Nous partons d'un constat : plusieurs États d'Afrique, en général, et d'Afrique centrale, en particulier, connaissent un déficit très aigu de justice et de démocratie dans la répartition de biens sociaux premiers. Devant ce constat amer, nous nous inspirons de John Rawls[1], chez qui la « structure de base de la société » constitue l'objet premier de la justice politique et désigne les principales institutions politiques, économiques et sociales d'un État démocratique. Dans cette optique, notre interrogation porte principalement sur la déliquescence de la structure de base de la société congolaise et des organisations supranationales en Afrique centrale (sous-région des Grands Lacs) au cours de la période coloniale, post coloniale et surtout post guerre froide. Nous tenterons d'y formuler des stratégies de reconstruction nationale en RDC et de recomposition supranationale en Afrique centrale. Pour ce faire, nous allons nous appesantir sur trois points. Le premier point analysera brièvement la crise de la structure de base de la société congolaise. Le deuxième point montrera que la sous-région de l'Afrique des Grands Lacs constitue un espace en crise. Le troisième point se focalisera sur les stratégies à l'échelle domestique et supranationale pour l'émergence des institutions justes et stables en Afrique.

1. Crise de la structure de base de la société congolaise

La structure de base de la société congolaise connaît une sérieuse crise dans tous les secteurs de la vie. La question de la structure de base de la société, comme l'affirme Rawls, est pertinente, car elle a des incidences profondes sur la vie des individus, elle détermine leurs perspectives de vie dans la société du fait qu'ils naissent avec des positions sociales différentes,

---

[1]Philosophe américain (1921-2002), il est auteur de plusieurs ouvrages, notamment la *Théorie de la justice* qui a connu et connaît encore un impact considérable dans le monde entier. Les idées essentielles développées dans cet article émanent de notre récent ouvrage intitulé : *Problématique de l'intégration politique en Afrique centrale. La théorie de la justice de John Rawls à l'épreuve de la réalité africaine*, préface de Jean-Marc Ferry, Paris, L'Harmattan, 2015.

fixées principalement par le système politique, les circonstances historiques, sociales et économiques.

Dans le contexte africain en général, et congolais en particulier, il y a lieu de mentionner que des facteurs comme l'esclavagisme, le colonialisme, le néocolonialisme ou l'autoritarisme ont contribué largement à la réification des Africains et à la déliquescence de la structure de base de la société. Ainsi, « la crise actuelle en Afrique est en grande partie une crise institutionnelle, particulièrement une crise de l'État. Le dilemme auquel est confronté l'État africain est dû au fait qu'il avait hérité, dans beaucoup de cas juste comme d'une carapace vide, du pouvoir colonial[2]. »

Il convient de souligner ici que le concept de « crise » est appréhendé comme un ensemble de difficultés qui ont des répercussions sur les structures politiques, économiques et socioculturelles d'un pays. C'est ce qui ressort de la définition donnée par Lakehal[3]dans son *Dictionnaire de science politique*. La crise d'institutions crée des inégalités profondes au sein de la société congolaise au point que les riches deviennent de plus en plus riches aux dépens de pauvres devenant davantage pauvres. D'où, les écarts considérables et déplorables entre les riches et les pauvres. Dans cette optique, le manque d'institutions fortes, autonomes et stables, permet aux dirigeants politiques de faire prévaloir leurs fins privées sur le bien public et d'ériger la corruption en méthode de gouvernement[4]. C'est l'essence même du *patrimonialisme* ou *néopatrimonialisme* au sens wébérien, qui est l'expression de la confusion entre l'espace privé et l'espace public.

La crise structurelle que traverse la République démocratique du Congo a des racines historiques qu'il convient de mettre au clair. En effet, l'esclavage et la colonisation furent le lieu même d'une rencontre brutale niant l'humanité du Congolais. Cela a comme incidence ou corollaire la négation de l'efficacité de sa structure sociale de base et la violation de son autonomie politique.

Il importe de noter que, lorsque les pays africains accèdent à leurs indépendances politiques, ils portent l'empreinte de dégâts causés par le principe *décivilisateur*[5] (l'usage de la force au détriment du droit et de la

---

[2] « L'État et la crise en Afrique : À la recherche d'une seconde libération », compte rendu de la conférence d'Uppsala en Suède du 15 au 19 septembre 1986, Kinshasa, CVA, 1993, p. 11.

[3] M. Lakehal (dir.), *Dictionnaire de science politique. Les 1500 termes politiques et diplomatiques pour rédiger, comprendre et répondre au discours politique*, 2e édition, Paris, L'Harmattan, 2005, p. 117.

[4] B. Badie, *Le développement politique*, Paris, Economica, 1990, p. 89.

[5] Ce néologisme nous est inspiré par Aimé Césaire dans : *Discours sur le colonialisme*, Paris, Présence Africaine, 1955, p. 12.

justice). Les structures sociales de base qu'ils essaient de mettre sur pied sont marquées par le principe d'hétéronomie. « Les évolués » qui les initient, obéissent à « leurs maîtres » d'hier. Plusieurs de ces institutions sont purement et simplement les copies conformes de celles des ex-métropoles, à l'instar de la Constitution politique. En témoigne le passage suivant de Fabien Eboussi Boulaga : « Les indépendances africaines ont été la ratification et la reconduction d'un régime d'hétéronomie [...]. On recopia les constitutions, les organisations administratives, juridiques, législatives et militaires de l'un ou l'autre pays "avancé" »[6].

Il sied de noter que les indépendances africaines n'ont pas apporté les résultats escomptés. Dans le contexte congolais, il sied de noter que Lumumba et son gouvernement, issus des élections au suffrage universel en 1960, seront empêchés de constitutionnaliser les principes dans lesquels ils croyaient par une coalition d'ex-colons, et de quelques Congolais dont Mobutu. La lutte de Lumumba et ses amis ayant abouti à la légitimation politique de leur pouvoir, finira par être balayée par l'assassinat de ce Premier ministre en janvier 1961 et le coup d'État de Mobutu du 24 novembre 1965.

Comme on le voit, le gouvernement de Lumumba n'aura pas le temps de soumettre sa légitimité à l'épreuve citoyenne. Car, quelque temps après l'assassinat de celui-ci, Mobutu fera son coup d'État. Il plongea le pays dans l'illégalité et l'illégitimité complètes. Sans expérience et manipulé par les puissances impérialistes dans le contexte de la guerre froide, Mobutu institua un régime totalitaire, dictatorial, qui balaya les balbutiements ou les essais de pratiques démocratiques des années 1960 à 1965, au point que le pays demeura en grande partie dans une crise profonde durant tout son règne (1965-1997). De ce qui précède, il ressort que le système politique autoritaire adopté durant la période de 1965 à 1989 n'a pas donné les résultats escomptés pour l'amélioration des conditions de vie des personnes les plus défavorisées ou désavantagées de la société congolaise. Les libertés, les droits, les devoirs, l'égalité de chance, la solidarité entre les citoyens n'ont pas été garantis par le pouvoir autoritaire de Mobutu.

En effet, l'année 1989 est marquée par la chute du mur de Berlin et la fin de la guerre froide entre les deux superpuissances : les États-Unis d'Amérique et l'URSS. Et cela grâce au mouvement de la « perestroïka » lancé en 1985 par Mikhaïl Gorbatchev qui a contribué à la réorganisation du système politique et économique de l'URSS et même à son écroulement. (Au cours de cette période, François Mitterrand tient un discours à la Baule dans

[6] F. Eboussi Boulaga, *Les conférences nationales en Afrique noire. Une affaire à suivre*, Paris, Karthala, 1993, pp. 95-96.

lequel il lie l'aide à accorder aux pays africains à leur ouverture à la démocratie). Cela a entraîné des réformes politiques et économiques à travers le monde, notamment en Afrique. Ainsi, l'autoritarisme qui a caractérisé longtemps les États africains à partis uniques, durant la guerre froide, a dû céder la place au multipartisme, au pluralisme, à la démocratisation.

Dans ce contexte, une brèche s'ouvre sur la scène politique zaïroise (congolaise) et quelques partis d'opposition se forment et essaient de faire entendre leurs voix sur la place publique sans qu'ils ne participent à l'édification rationnelle et raisonnable de la société zaïroise (congolaise). Néanmoins, ils participent aux luttes politiques soucieuses de redéfinir constitutionnellement la citoyenneté. Ces luttes, conjuguées avec celles de la société civile (et plus particulièrement celles de l'Église catholique), conduiront le pouvoir monolithique de Mobutu à accepter l'idée de l'ouverture du pays au pluralisme politique en passant par la consultation populaire et la Conférence Nationale Souveraine (CNS) qui fut un échec au Zaïre (RDC) à cause du pouvoir répressif de la deuxième république. Il importe de noter que le pouvoir illégal et illégitime de Mobutu, conservé pendant plus de trois décennies, ne sera balayé que par une guerre d'agression menée contre le Zaïre par les pays voisins (Rwanda, Ouganda et Burundi) instrumentalisés par les grandes puissances et soutenus par quelques Congolais, dont celui qui deviendra le troisième président après Mobutu, Laurent-Désiré Kabila. Et cette guerre de 1996-1997 plonge davantage le pays dans l'illégalité et l'illégitimité.

Malheureusement, au cours de son règne, Laurent-Désiré Kabila a concentré tous les pouvoirs politique, judiciaire et militaire entre ses mains, refait une Constitution taillée sur mesure, interdit le fonctionnement des partis politiques. Les droits, les libertés des citoyens et de leurs biens, étaient bafoués. De plus, la suspension des activités politiques, en faveur de la seule AFDL, était ressentie par les Zaïrois (Congolais) comme un retour au parti unique ; de même, l'abandon du débat et de la recherche de consensus étaient perçus comme un signe d'arbitraire[7]. Autrement dit, son régime fut caractérisé par la violation massive des droits de l'homme, la répression, la corruption, la dictature, la confiscation de la liberté d'opinion, le gaspillage des deniers publics, les arrestations arbitraires des hommes politiques et militaires, les violences sexuelles, l'impunité, l'insécurité…

Laurent-Désiré Kabila est assassiné le 16 janvier 2001. Pour éviter le vide juridique, son fils, Joseph Kabila, le remplace. Mais la guerre, elle, ne prend

---

[7] C. Braeckman, *L'enjeu congolais : L'Afrique centrale après Mobutu*, Paris, Fayard, 1999, p. 314.

pas fin. Les différents dialogues et négociations entrepris par les dirigeants politiques de Kinshasa avec les factions rebelles instrumentalisées par les pays voisins, ne finiront par aboutir qu'à la mise sur pied d'un gouvernement de transition chargé d'aider le pays à revenir sur la voie de la légalité et de la légitimité. D'où la rédaction d'une nouvelle Constitution qui sera soumise à la ratification citoyenne par le référendum.

En effet, bien que la troisième république soit dotée d'un bon nombre d'institutions politiques, elle va retomber dans la dérive autoritaire semblable à celle de l'époque de Mobutu, de la deuxième république. Car le pluralisme politique et la diversité des doctrines prônés par la Constitution, fondement de la structure sociale, sont proscrits dans la pratique politique. Les médias (autres que ceux du régime) sont muselés. Les journalistes et les défenseurs des droits de l'Homme sont assassinés ou emprisonnés. Les opposants politiques sont intimidés et contraints au silence quand ils ne sont pas simplement jetés en prison. Les membres de la société civile sont assimilés aux opposants politiques et subissent avec eux le même sort. L'indépendance du pouvoir judiciaire est compromise par les gouvernants en place et l'impunité est entretenue par le même pouvoir. Bref, les droits et les libertés fondamentales, les droits économiques, sociaux et culturels sont complètement violés[8]. Comme on peut le remarquer aujourd'hui, le processus électoral est mis à l'épreuve par le manque de volonté politique de la part des dirigeants congolais. La population assiste de plus en plus au rétrécissement de l'espace politique.

Après cette brève analyse de la crise de la structure de base de la société congolaise, nous tâcherons de nous attarder au point suivant sur la crise de la sous-région de l'Afrique des Grands Lacs. Celle-ci est dévastée par les affrontements ethniques, les rébellions, les guerres répétitives interétatiques.

2. Sous-région de l'Afrique des Grands Lacs : un espace en crise

Il s'agit essentiellement ici de mettre en exergue le phénomène récurrent des guerres injustes qui déstabilisent les États dans la sous-région de l'Afrique des Grands Lacs. La première guerre de 1996 en RDC doit être comprise, à notre sens, comme la faillite du principe politique d'organisation sociétale. En fait, il s'agit de l'incapacité du gouvernement zaïrois (congolais) à trouver une solution à la question de la nationalité, et cette guerre a donc pris la forme d'une rébellion interne manipulée de l'extérieur par le Rwanda. Autrement dit, les vrais problèmes liés à la première guerre en

---

[8] Confère FIDH, *République démocratique du Congo : La dérive autoritaire du régime*, Paris, FIDH, 2009.

République démocratique du Congo sont celui de la souveraineté et de l'intégrité territoriale, celui de l'épuration ethnique débouchant sur l'extrémisme, ce qui conduit davantage à réfléchir sur le droit des peuples.

La violation de la souveraineté due à l'agression des différentes forces extérieures à l'Est de la RDC n'est pas conforme aux principes rawlsiens du droit des gens, notamment : l'indépendance et la liberté des peuples, le respect des traités et des engagements et le devoir de non-intervention. Durant la première guerre d'agression, qui a causé la chute de Mobutu, il y a lieu de signaler bien des cas de violation des droits de l'Homme à travers le territoire congolais : viols massifs, assassinats des civils, emprisonnements arbitraires, traitements inhumains et dégradants, incendies de villages, pillages, enrôlement des enfants, mutilations des femmes…

Par ailleurs, ce que l'on désigne comme la deuxième guerre du Congo, qualifiée de guerre régionale, ou continentale africaine, pose un autre problème dépassant celui même de la souveraineté : l'internalisation de la guerre en RDC a mis en péril le principe de la non-immixtion. En effet, ce sont les forces étrangères qui se sont affrontées sur le territoire congolais. Les forces armées rwandaises et ougandaises qui ont créé et soutenu les rébellions à l'Est de la RDC se sont battues contre les forces gouvernementales congolaises appuyées par les armées angolaise, namibienne, zimbabwéenne. Comme le souligne Lanotte, l'entrée de ces trois derniers pays dans cette seconde guerre exprime clairement l'internationalisation du conflit d'autant plus que six pays africains se battent d'emblée sur le territoire d'un autre pays du continent qu'est la RDC[9].

La République démocratique du Congo est donc devenue le champ de batailles de différents pays pour sauvegarder leurs intérêts propres. Il sied d'ailleurs de noter que les guerres injustes menées au Congo sont d'ordre commercial et économique pour les pays agresseurs à l'instar surtout du Rwanda et de l'Ouganda qui exploitent de façon illégale les ressources naturelles et autres richesses de la RDC. De cette manière, la souveraineté de la RDC a encore été mise en péril par l'internalisation de la guerre. Le principe de non-intervention (non-immixtion) du droit des peuples, tel que pensé par Rawls, est transgressé par les États agresseurs, notamment le Rwanda, l'Ouganda et le Burundi. Actuellement, les groupes armés, surtout étrangers et nationaux, y compris les milices, continuent de commettre des exactions graves de toutes sortes en violation des droits de l'Homme. Qui plus est, les institutions africaines d'intégration sous régionale et régionale,

---

[9] O. Lanotte, *Guerres sans frontières en République démocratique du Congo,* Bruxelles, Complexe-GRIP, 2003, p. 105.

d'une part, et la Mission des Nations Unies en RDC, d'autre part, n'ont pas apporté une solution de paix durable à l'Est du Congo. Cela est certainement dû, nous semble-t-il, aux faiblesses de ces institutions par rapport au concept fondamental du droit des peuples.

Dans le contexte actuel de la mondialisation marchande, les pays de l'Afrique des Grands Lacs auxquels appartient la RDC semblent avoir le devoir de créer des regroupements sous régionaux pour pouvoir sauvegarder leur indépendance politique, économique et socioculturelle. Mais, depuis la Conférence de Berlin, en passant par la guerre froide, et jusqu'à ce jour, presque tous les pays des Grands Lacs n'ont pas réussi à se transformer, tant soit peu, en des États constitutionnels démocratiques, c'est-à-dire en des « sociétés justes » au sein desquelles, pour reprendre l'expression habermasienne, « les destinataires des lois doivent en même temps se regarder comme leurs auteurs. [10]» Cela constitue également l'essence même de l'autonomie politique chez Rawls.

Presque tous ces pays se sont dotés des Constitutions, après les indépendances, en faisant fi de comprendre respectivement leurs sociétés comme « un système équitable de coopération entre personnes libres et égales », dans la perspective rawlsienne. La prise en otage de ces pays par des élites natives au service de l'étranger, constitue un handicap sérieux à la transformation de la compréhension que leurs peuples ont d'eux. Comment penser à des regroupements sous régionaux et à une organisation régionale sans un minimum d'État constitutionnel ? Aussi est-il important de souligner que les différentes organisations sous régionales mises sur pied (en Afrique centrale, dans la région des Grands Lacs et en Afrique Australe) et auxquelles participe la RDC, ont des fondements historiques et économiques plus ou moins flous. Depuis bien avant les indépendances, quelques pays voisins de la RDC ont eu des visées hégémonistes sur elle et/ou sur l'une de ses parties. Tel est le cas, par exemple, de la CEPGL.

À partir des années 1990, le principe *décivilisateur* (du privilège accordé à la force et non au droit et à la justice) s'impose dans cette région. Les accords signés pour sortir de cette impasse ne réussissent pas à conjurer l'impunité ; une impunité entretenue à l'endroit des acteurs apparents, les seigneurs de la guerre des Grands Lacs, et à l'endroit des acteurs majeurs, souvent invisibles sur le champ de bataille, les multinationales. De plus, « l'instabilité des États et le non-respect des règles de l'État de droit ont beaucoup contribué à l'échec de la CEPGL. Cette situation a entraîné la non-ratification des traités signés par les chefs d'État et, au cas où ceux-ci auraient été ratifiés, le non-respect des traités et autres instruments juridiques par ceux-là

[10] J. Habermas, *Une époque de transitions. Écrits politiques*, Paris, Fayard, 2005, p. 123.

mêmes qui les avaient conçus et promus[11]. » Quoi qu'il en soit, il reste que là aussi les États membres perdent leur temps sur des textes qui ne sont pas en application. La théorie des principes est une chose, leur applicabilité en est une autre.

Les critiques formulées à l'endroit de ces organisations sous régionales posent les questions fondamentales face auxquelles plusieurs pays africains sont confrontés : l'institutionnalisation de l'autonomie complète ou politique des citoyens, la mise sur pied de l'État de droit ou la consolidation des États constitutionnels garantissant les libertés de base, l'égalité des chances et la solidarité entre citoyens, le renouvellement de la culture politique citoyenne, l'unité des citoyens, la naissance d'une véritable citoyenneté au niveau de l'organisation d'intégration sous régionale, etc. Quelles pourront être alors les stratégies de restructuration nationale et de recomposition supranationale en Afrique Centrale à la lumière de la théorie rawlsienne de la justice ?

3. Stratégies de reconstruction nationale en RDC et de recomposition supranationale en Afrique Centrale

Nous voulons montrer ici que la restructuration de l'ordre interne basé sur un État de droit démocratique constitue un préalable indispensable à l'intégration politique réussie à l'échelle supranationale des institutions africaines d'intégration sous régionale.

Stratégies de restructuration nationale

Celles-ci vont être surtout focalisées sur la structure de base de la société interne, c'est-à-dire les principales institutions politiques, économiques et sociales d'une démocratie constitutionnelle. Disons, d'entrée de jeu, qu'une société juste et stable nécessite des institutions politiques appropriées susceptibles de garantir les intérêts fondamentaux de tous les citoyens, considérés comme libres et égaux. Dans cette perspective, la Constitution politique occupe une place de première importance dans l'organisation et le fonctionnement d'un pays.

Les sociétés africaines, particulièrement la société congolaise, sont confrontées au problème fondamental de l'autonomie complète ou politique des citoyens, concept auquel Rawls attache une importance considérable et

[11] Lobho lwa Djugudjugu, « La problématique de l'intégration dans la sous-région des Grands Lacs », in Sabakinu Kivilu, Akele Adau, e.a (dir), *La crise dans la sous-région des pays des Grands Lacs Africains. État de la question et perspectives de paix. Actes du Premier Symposium International de l'Université de Kinshasa*, Tome 1, Kinshasa, Presses de l'Université de Kinshasa, 2006, p. 145.

qui peut servir de source d'inspiration à l'État congolais dans la conception de sa Constitution. En effet, l'autonomie politique est accomplie quand les citoyens acceptent librement ou volontairement les principes politiques de justice qui gouvernent les institutions politiques, sociales et économiques d'une démocratie constitutionnelle.

En outre, le respect des lois par tous les citoyens est une valeur indispensable à rétablir en vue de garantir la Constitution politique et l'indépendance de la justice et aspirer à un État de droit démocratique. Comme le souligne Habermas, la culture politique d'un pays prend forme et devient précis autour de la Constitution en vigueur[12].

Par ailleurs, les principes régulateurs rawlsiens de justice à l'échelle domestique, à savoir, le principe de la plus grande liberté égale pour tous, le principe de la juste égalité des chances et le principe de différence, peuvent inspirer les législateurs africains, en général, et congolais, en particulier, pour construire des institutions justes et stables. Ces principes constituent des concepts normatifs pour les législateurs dans la conception de la Constitution au sein d'une société démocratique. En effet, pour la société congolaise qui connaît un déficit de justice et de démocratie, le premier principe rawlsien de justice, applicable au stade de l'assemblée constituante et garantissant les libertés égales pour tous, pourra orienter les législateurs à approfondir certaines questions de justice qui se posent à l'étape législative. Dans le contexte congolais, nous pensons surtout au problème de violation des libertés et des droits politiques élémentaires des citoyens. Cette question devra trouver un début de réponse dans l'application du principe de la plus grande liberté égale pour tous. Ainsi, Rawls insiste sur le respect des droits de l'Homme. L'observance de ces derniers peut aider une société entravée par les conditions défavorables, comme la RDC, à devenir au fil du temps une société juste ou décente.

De plus, une répartition équitable des revenus et de la richesse s'avère importante. Il est ainsi judicieux de garantir à tous les citoyens considérés comme libres et égaux les moyens nécessaires afin qu'ils puissent jouir réellement de leurs libertés fondamentales. Car, si cette condition n'est pas remplie, ceux qui ont plus de revenus et de richesses ont tendance à dominer ceux qui en ont moins et, graduellement, à orienter le pouvoir politique en leur profit ou faveur[13].

---

[12] J. Habermas, *L'intégration républicaine. Essais de théorie politique*, Paris, Fayard, 1998, p. 109.

[13] J. Rawls, *Paix et démocratie. Le droit des peuples et la raison publique*, Paris, La Découverte, 2006, p. 66.

Dans cette même logique, le second principe de justice rawlsien, qui a deux volets, préconise l'égalité des chances entre les citoyens dans tous les domaines sociaux (principe de la juste égalité des chances). Et les inégalités socio-économiques ne sont admises que si elles concourent à l'amélioration de la situation des personnes les plus défavorisées de la société (principe de différence ou de solidarité). Les principes de justice de Rawls peuvent orienter les législateurs congolais dans la refondation des institutions politiques, économiques et sociales.

Par ailleurs, l'indépendance de la justice constitue une autre composante de la structure de base de la société à laquelle Rawls accorde une place considérable. C'est là que réside le défi en RDC. Car, bien que la Constitution affirme l'indépendance du pouvoir judiciaire, il importe de mentionner que les textes organiques ne traduisent guère cette indépendance en pratique. La partialité au niveau de certains juges, due surtout au phénomène de corruption, constitue également un problème fondamental de dysfonctionnement de l'appareil judiciaire congolais. Ce qui met à l'épreuve le principe de l'impartialité du juge. Que faire alors pour que la justice soit véritablement efficace et remplisse son rôle effectif ? Elle doit être en premier lieu indépendante ; ensuite, ses décisions devront être suivies d'effets ; et, enfin, elle doit être dotée d'une organisation rationnelle et raisonnable en vue d'éviter tout retard prolongé dans le règlement des affaires[14]. Ces trois conditions pourront contribuer à la réhabilitation de l'appareil judiciaire congolais.

En effet, l'indépendance du pouvoir judiciaire peut être garantie par les différentes actions que mènent les associations pour la défense des droits de l'Homme dont certaines se sont spécialisées dans l'assistance judiciaire des victimes. Elles constituent un contre-pouvoir nécessaire pour l'application de la loi. En dehors de celles-ci, il y a des associations de la presse libre et indépendante, des associations culturelles, religieuses, scientifiques, éthiques, coopératives, les mouvements des jeunes, les syndicats, les ONG de développement, les partis politiques…

Mentionnons que l'idée rawlsienne de la « Cour suprême comme exemple de raison publique[15] » ne peut-elle inspirer la Cour constitutionnelle de la RDC dans la façon d'interpréter raisonnablement, explicitement et efficacement la Constitution ? En effet, chez Rawls, le rôle de la Cour suprême dans un régime constitutionnel est de vérifier si les dispositions adoptées par le parlement sont conformes à la Constitution. La

---

[14] Voir *Rapport sur le développement dans le monde. L'État dans un monde en mutation,* Washington, Banque mondiale, 1997, p. 114.

[15] Voir J. Rawls, *Libéralisme politique,* Paris, PUF, 1995, pp. 280-290.

révision constitutionnelle en RDC, initiée en janvier 2011 par la majorité des députés nationaux de la famille politique du chef de l'État sortant, et relative à l'élection présidentielle à un seul tour, a constitué une violation flagrante de la Constitution qui prescrit que cela se fasse en deux tours. Aujourd'hui, les mêmes députés ont gagné gain de cause de l'arrêt de la Cour constitutionnelle pour que le président sortant demeure au pouvoir ou en fonction au cas où les élections présidentielles prévues en novembre 2016 n'auraient pas lieu et jusqu'à l'installation de nouveau président élu. À ce niveau, la Cour suprême de justice ou la Cour constitutionnelle devrait sauvegarder les dispositions constitutionnelles. « En appliquant la raison publique, écrit Rawls, la Cour doit empêcher que cette loi soit affaiblie par la législation des majorités passagères ou, plus probablement, par des intérêts étroits organisés et bien placés, habiles à obtenir ce qu'ils veulent.[16] » Autrement dit, une majorité qui subsiste ou une alliance durable d'intérêts suffisamment solides pourront faire de la Constitution ce qu'elles désirent.[17]

Dans cette optique, nous préconisons que chaque pays africain, notamment la RDC, puisse se constituer en un État de droit qui accorde le primat à la Constitution et à l'indépendance de la justice. L'État de droit stabilise les attentes de la population. Son absence rend le développement et la paix durables difficiles à atteindre. Dans un pareil État de droit, « l'individu voit ses libertés fondamentales et ses droits civiques reconnus, respectés et protégés[18]. »

Par ailleurs, la question de l'idéal approprié d'un chef d'État se pose avec acuité en Afrique, notamment en RDC. Ainsi les rôles que Rawls accorde à un homme d'État (président ou Premier ministre...) peuvent inspirer la classe politique africaine ou congolaise. En effet, un chef d'État doit être exemplaire, intelligent, sage, courageux... et bien guider son peuple durant le temps de désordre, de crise ou pendant les périodes dangereuses. Ainsi, sa manière d'appréhender les choses est plus perspicace. Il est beaucoup plus visionnaire de la plupart de ses concitoyens. Il devra être capable de fournir une analyse convenable sur une situation donnée.

Jacques Attali abonde dans le même sens lorsqu'il préconise qu'un président doit avoir une connaissance approfondie de son pays, une passion pour ses concitoyens, des compétences administratives et juridiques remarquables, une analyse précise des enjeux stratégiques du temps, une grande mémoire et capacité de travail, une considérable résistance physique,

---

[16] J. Rawls, *Libéralisme politique*, Paris, PUF, 1995, p. 283.

[17] A. Bickel, *The Least Dangerous Branch*, cité par J. Rawls, *Justice et démocratie*, Paris, Seuil, 1993, p. 356.

[18] J. Laroche, *Politique internationale*, 2e éd., Paris, LGDJ, 2000, p. 488.

une immense maîtrise de soi, une faculté d'anticipation, des repères moraux, une disposition à avouer ses erreurs et à changer d'avis[19].

De tout ce qui précède, il ressort, à notre avis, que la mise en place des institutions politiques adéquates, des institutions socio-économiques et culturelles viables et de l'État de droit constituent des stratégies de restructuration nationale pour la RDC. Ces stratégies internes, sont pour nous, des préalables indispensables avant de postuler, au second degré, l'intégration politique à l'échelle *métanationale* ou supranationale des institutions d'intégration sous régionale en Afrique centrale.

Stratégies de recomposition supranationale

L'application des stratégies de recomposition supranationale à la sous-région de l'Afrique des Grands-Lacs peut être plus aisée si les stratégies de restructuration nationale ont été mises en œuvre. Cette application peut relever de la politique étrangère des peuples bien ordonnés, c'est-à-dire libéraux et hiérarchiques décents ; ou de l'aide que ces peuples doivent accorder aux sociétés entravées par des conditions politiques et économiques défavorables.

Le principe du respect des traités et des engagements se révèle également capital pour la consolidation de regroupements sous régionaux ou même pour l'organisation régionale en Afrique. Il sied de noter que la CEPGL et la CEEAC, en tant que constructions communautaires dans la sous-région des Grands Lacs de l'Afrique centrale, sont faibles car elles ne respectent pas les principes constitutionnels communs, les accords interétatiques. Ces organisations ne parviennent pas à garantir la paix durable dans cet espace caractérisé par une crise déshumanisante. Aux yeux de Rawls, il importe de soutenir que les traités signés, interprétés de façon correcte dans le contexte de la défense commune doivent être astreignants, tandis que les accords de coopération qui prônent une agression non injustifiée sont inadmissibles. Mais pour rendre le caractère astreignant de ce principe effectif, il serait souhaitable que lesdits traités soient signés au sein d'une « fédération pacifique » des États.

Dans cette optique, l'exigence d'une fédération particulière se justifie dans la mesure où, un traité de paix, selon Kant, peut mettre fin à une guerre sans que la possibilité d'autres guerres à venir soit écartée. L'avantage de la « fédération pacifique » est de mettre fin aux guerres présentes et futures. « Cette fédération ne vise pas à obtenir un quelconque pouvoir de l'État, mais uniquement à maintenir et à garantir la *liberté* de chaque État pris à part et, en même temps, celle des autres États alliés, sans que ceux-ci aient

[19] J. Attali, *C'était François Mitterrand,* Paris, Fayard, 2005, p. 9.

pour autant besoin [...] de se soumettre à des lois publiques et à la contrainte exercée par elles[20]. » L'extension d'une fédération de ce genre peut être une contribution de taille à l'avènement d'une paix perpétuelle.

Notons qu'une « fédération pacifique » des États peut créer un cadre nécessaire à la mise sur pied d'une « communauté de sécurité » au sens deutschien du terme. De façon plus explicite, les guerres récurrentes dans la sous-région de l'Afrique des Grands Lacs sont liées à certaines peurs ou ont suscité certaines peurs conduisant à la méfiance entre les peuples et au sentiment de suspicion. Une « communauté de sécurité » serait le lieu où la confiance peut être rétablie pour une paix durable dans cette sous-région. En d'autres termes, une « fédération pacifique » dont les États membres obéiraient aux conditions posées par Rawls pour qu'ils soient justes et stables et qui répondraient aux exigences de Deutsch pour une « communauté de sécurité » serait une construction politique indispensable en vue d'une paix durable en Afrique centrale.

Aux yeux de Deutsch, une « communauté de sécurité » est définie comme une communauté politique dont les membres sont convaincus que « leurs problèmes sociaux communs peuvent et doivent être résolus par des mécanismes de changement pacifique, (c'est-à-dire) par la voie de procédures institutionnalisées, sans recours à la violence physique[21]. » La guerre n'est donc pas envisageable entre les États qui partagent des principes déterminés d'un commun accord en vue de garantir la paix ou les relations pacifiques réciproques.

Dans cette perspective, nous pensons que les organisations supranationales en Afrique, à l'instar de la Communauté Économique des Pays de Grands Lacs (CEPGL), de la Communauté Économique des États de l'Afrique Centrale (CEEAC), toutes les deux en déliquescence, peuvent devenir efficaces au sein d'un ensemble fédéral où existe une « communauté de sécurité » digne de ce nom. En d'autres termes, la conception rawlsienne de la justice politique à l'échelle nationale et internationale, enrichie par le concept kantien de « fédération pacifique », ainsi que par des conditions d'une « communauté de sécurité » postulées par Deutsch, peuvent inspirer les représentants des peuples ou des États africains dans leurs efforts de promouvoir un « afrofédéralisme ».

[20] E. Kant, *Pour la paix perpétuelle. Projet philosophique, suivi d'un choix de textes sur la paix et la guerre d'Erasme à Freud*, Paris, Librairie générale française, 2002, p. 61.

[21] K. Deutsch, e.a., *Political Community and the North Atlantic Area,* cité par D. Battistella, « L'apport de Karl Deutsch à la théorie des relations internationales », in *Revue internationale de politique comparée*, 2003/4, Vol. 10, p. 570.

En effet, des États constitutionnels consolidés et véhiculant une saine culture politique peuvent devenir le creuset d'une Afrique nouvelle des fédérations, forte d'un traité constitutionnel africain et au sein de laquelle les traités interétatiques pourraient être tant soit peu respectés. Ici, nous pouvons emprunter à Habermas l'idée de la citoyenneté constitutionnelle. Dans une « fédération pacifique » africaine, les traités signés et respectés peuvent être convertis en lois constitutionnelles auxquelles tous les citoyens de la sous-région pourraient obéir. Un « afrofédéralisme », à notre sens, s'inspirerait des positions des « eurofédéralistes ». Habermas note qu'il y a « des eurofédéralistes [...] qui aspirent à transformer les traités internationaux en Constitution politique afin d'apporter aux décisions de la Commission, du Conseil des ministres et de la Cour européenne une base de légitimation qui leur soit propre[22]. » Cela devrait se faire dans le respect de la souveraineté de chaque État.

En outre, il sied de rappeler que deux pays de l'Afrique des Grands Lacs, à l'instar de la RDC et du Rwanda auraient besoin de passer par le processus de la mise sur pied d'une Commission ou des Commissions Justice, Vérité et Réconciliation intraétatique et interétatiques. Ils se sont fait la guerre. L'Ouganda et le Burundi pourraient être impliqués dans ce processus pour l'avènement d'une « véritable fédération pacifique ». Comme l'écrit si bien Jean-Marc Ferry, « lorsque des peuples se sont infligé des violences [...], ils ne peuvent se réconcilier qu'à condition de reconnaître leurs fautes passées publiquement, et, à tout le moins, face à l'intéressé et d'accepter d'engager avec ce dernier et moyennant éventuellement la médiation d'un tiers, une thématisation coopérative de ce passé qui "ne passe pas"[23] ». Il s'agit d'une inscription de la « fédération pacifique » dans une orientation d'une éthique de la responsabilité et de la réconciliation. Il s'agit à la fois d'un travail de mémoire et de la reconnaissance de la possibilité d'édifier l'avenir ensemble. Tel est « l'esprit de l'éthique reconstructive » consistant à se décentrer en vue de s'ouvrir au récit du vécu de l'autre et vice versa. Autrement dit, il s'agit d'une justice *transitionnelle,* réparatrice, indispensable à la « fédération pacifique » dans la sous-région des Grands Lacs de l'Afrique.

Ainsi, il est souhaitable que les traités de paix, de commerce et de coopération signés soient convertis en règles constitutionnelles facilitant la naissance d'une « authentique fédération » africaine des Grands Lacs. Celle-ci pourrait se donner une Constitution politique à laquelle tous les citoyens de cette sous-région obéiraient dans le respect des différences culturelles et

---

[22] J. Habermas, *Une époque de transitions. Écrits politiques 1998-2003*, Paris, Fayard, 2005, p. 144.

[23] Voir W. Bourton, *Entretiens avec Jean-Marc Ferry*, Bruxelles, Labor, 2003, p. 47.

des frontières héritées de la colonisation. L'intangibilité des frontières serait l'une des règles constitutionnelles. De plus, la stabilité peut être rendue possible grâce à l'idée du « consensus par recoupement », au sens rawlsien, dans la mesure où les États acceptent les mêmes principes politiques régissant la structure de base d'une communauté supranationale.

Conclusion

La crise multidimensionnelle que connaissent les sociétés africaines en général et congolaise en particulier réside fondamentalement au niveau de la « structure de base », pour reprendre l'expression rawlsienne. Elle est caractérisée par l'absence de la démocratie et de la justice dans la répartition de biens sociaux premiers. Dans cette optique, certains facteurs historiques comme l'esclavagisme, le colonialisme, le néocolonialisme, l'autoritarisme ont contribué grandement à la réification des Africains, en général, et des Congolais, en particulier, ainsi qu'à l'affaiblissement de la structure de base de la société congolaise. Ainsi, le principe *décivilisateur* a primé, avec l'usage de la force au détriment du droit et de la justice. De plus, les institutions congolaises obéissent au principe de l'hétéronomie et non à celui de l'autonomie. L'absence également de l'indépendance de la justice et la violation des libertés politiques, les graves inégalités socio-économiques au sein de la société congolaise contribuent à la déliquescence de l'État.

En outre, nous avons montré que la sous-région de l'Afrique des Grands Lacs est un espace en crise. Elle est dévastée par des conflits ethniques, des rébellions, voire des guerres interétatiques. C'est dans cette perspective que nous avons évoqué les dysfonctionnements des institutions d'intégration sous régionale dont la RDC fait partie et qui n'ont apporté aucune solution de paix durable dans la sous-région de l'Afrique des Grands Lacs éprouvée par une crise déshumanisante. Face à ces contraintes, nous avons formulé quelques stratégies à l'échelle domestique fondées sur la mise en place des institutions politiques, économiques et socioculturelles viables. Ainsi chaque pays doit se constituer en un État de droit qui accorde la priorité à la Constitution politique et à l'indépendance de la justice. L'État de droit stabilise les attentes de la population. Son absence rend le développement et la paix durables difficiles à atteindre.

Les stratégies de reconstruction nationale susmentionnées sont, à notre sens, des préalables indispensables en vue de postuler, à un second niveau, une intégration politique supranationale dans la sous-région de l'Afrique des Grands Lacs caractérisée par des guerres récurrentes interétatiques. Dans cette optique, certains principes rawlsiens comme celui du respect des traités et des engagements, nécessitent que les traités soient signés au sein d'une « fédération pacifique » des États, pour reprendre l'expression kantienne. L'exigence d'une fédération particulière se justifie dans la mesure où, un traité de paix, aux yeux de Kant, peut mettre terme à une guerre sans que la possibilité d'autres guerres à venir soit écartée. L'importance de la « fédération pacifique » est de mettre fin aux guerres présentes et futures.

Dans cet ordre d'idées, nous avons souligné qu'une « fédération pacifique » des États pourra créer un cadre important pour l'émergence d'une « communauté de sécurité » au sens deutschien du terme, nécessaire pour la paix durable dans la sous-région de l'Afrique des Grands Lacs. La « communauté de sécurité » préconise que les États entretenant des relations réciproques ne recourent pas à la violence physique et règlent leurs problèmes par des « mécanismes de changement pacifique ». Par conséquent, la guerre n'est plus envisageable. De plus, nous avons soulevé la question de guerres récurrentes dans la sous-région de l'Afrique des Grands Lacs.

Il ressort que la réconciliation entre les pays qui se sont fait la guerre passe par la reconnaissance publique des fautes du passé. Cette situation nécessite donc une justice transitionnelle, réparatrice, indispensable à la « fédération pacifique » dans la sous-région de l'Afrique des Grands Lacs. Nous avons également noté que la stabilité dans cette sous-région peut être rendue possible grâce à l'idée du « consensus par recoupement, au sens rawlsien, dans la mesure où les États adhèrent ou acceptent les mêmes principes politiques gouvernant la structure de base d'une communauté supranationale. Dans cette perspective, en nous inspirant d'Habermas, nous avons noté qu'il est important que les pays de la sous-région de Grands Lacs s'engagent sur la voie de « l'afrofédération », consistant en la transformation des traités interétatiques conclus en une Constitution politique que chaque État de la fédération doit respecter.

Références bibliographiques

- Audard, C., « Le principe de légitimité démocratique et le débat Rawls-Habermas », in *Habermas : l'usage public de la raison*, Paris, PUF, 2002, pp. 95-132.
- Attali, J., *C'était François Mitterrand*, Paris, Fayard, 2005.
- Badie, B., *Le développement politique*, Paris, Economica, 1994.
- Banque mondiale, « *Rapport sur le développement dans le monde. L'État dans un monde en mutation* », Washington, Banque Mondiale, 1997.
- Battistella, D., « L'apport de Karl Deutsch à la théorie des relations internationales », in *Revue internationale de politique comparée*, 2003/4, vol. 10, pp. 567-585.
- Braeckman, C., *L'enjeu congolais : l'Afrique centrale après Mobutu*, Paris, Fayard, 1999.
- Bourton, W., *Entretiens avec Jean-Marc Ferry*, Bruxelles, Labor, 2003.
- Césaire, A., *Discours sur le colonialisme*, Paris, Présence Africaine, 1955.

- CVA, « L'État et la crise en Afrique : À la recherche d'une seconde libération. », *in Compte-rendu de la Conférence d'Uppsala en Suède du 15 au 19 septembre 1986*, Kinshasa, 1993.
- Deutsch, K., e.a., *Political Community and the North Atlantic Area*, Princeton, Princeton University Press, 1957.
- Eboussi Boulaga, F., *Les conférences nationales en Afrique noire. Une affaire à suivre*, Paris, Karthala, 1993.
- FIDH, *République démocratique du Congo : la dérive autoritaire du régime*, Bruxelles, FIDH, 2009.
- Habermas, J., *De l'Usage public des idées. Écrits politiques (1990-2000)*, traduit par Rainer Rochlitz, Paris, Fayard, 2005.
- Habermas, J., *L'intégration républicaine : essais de théorie politique*, traduit par Rainer Rochlitz, Paris, Fayard, 1998.
- Habermas, J., *Une époque de transitions. Écrits politiques 1998-2003*, traduit de l'allemand et de l'anglais par Christian Bouchindhomme, Paris, Fayard, 2005.
- Kant, E., *Pour la paix perpétuelle. Projet philosophique, suivi d'un choix de textes sur la paix et la guerre d'Erasme à Freud*, Paris, Librairie générale française, 2002.
- Kudada Banza D., *Problématique de l'intégration politique en Afrique centrale. La théorie de la justice de John Rawls à l'épreuve de la réalité africaine*, préface de Jean-Marc Ferry, Paris, L'Harmattan, 2015.
- Lakehal, M., (dir.), *Dictionnaire de science politique. Les 1500 termes politiques et diplomatiques pour rédiger, comprendre et répondre au discours politique*, 2e éd., Paris, L'Harmattan, 2005.
- Lanotte, O., *Guerres sans frontières en République démocratique du Congo*, Bruxelles, Éditions Complexe-GRIP, 2003.
- Laroche, J., *Politique internationale*, Paris, Dalloz, 2000.
- Lobho lwa Djugudjugu, « La problématique de l'intégration dans la sous-région des Grands Lacs », in Sabakinu Kivilu, Akele Adau, e.a. (dir.), « La crise dans la sous-région des pays des Grands Lacs africains. État de la question et perspectives de paix. », in *Actes du premier symposium international de l'Université de Kinshasa*, T. 1, Kinshasa, Presses de l'Université de Kinshasa, 2006, pp. 131-148.
- Rawls, J., *Théorie de la justice*, traduit de l'américain par Catherine Audard, Paris, Seuil, 1987.
- Rawls, J., *Justice et Démocratie*, introduction, présentations et glossaire de Catherine Audard, traduit de l'anglais par C. Audard, P. De Lara, F. Piron et A. Tchoudnowsky, Paris, Seuil, 1993.
- Rawls, J., *Libéralisme politique*, traduit de l'américain par Catherine Audard, Paris, PUF, 1995.
- Rawls, J., *La justice comme équité. Une reformulation de Théorie de la justice*, traduit de l'anglais par Bertrand Guillaume, Paris, La Découverte, 2003.
- Rawls, J., *Paix et démocratie. Le droit des peuples et la raison publique*, traduit de l'anglais par Bertrand Guillaume, Paris, La Découverte, 2006.

Chapitre III

Savoirs paysans et promotion de la paix sur les hautes-terres de l'Ouest-Cameroun : cas du « Night Paddock Manuring Farming System »

Emmanuel Tchumtchoua

Parler d'une nouvelle *gouvernementalité* en Afrique revient à poser la question de l'organisation et de la structuration de notre vivre-ensemble à telle enseigne qu'il réponde à nos besoins et à notre vision du monde, bref à notre histoire. Dans ce cas précis, il urge de quitter les discours essentiellement théoriques pour s'appuyer sur des exemples concrets, fruits de tous ces « bricolages » par lesquels l'Afrique essaye de s'adapter à notre monde en pleine mutation. L'exemple du « *Night Paddock Manuring Farming System* » me parait à cet égard très édifiant. Il s'agit en réalité d'une technique de fertilisation organique des sols mis en place par les agriculteurs et les éleveurs de la région du Nord-Ouest au Cameroun et qui consiste pour l'agriculteur à diviser sa parcelle en petits lots appelés paddock. Il entoure alors chaque parcelle d'une clôture et la fertilise par des bœufs qu'il a reçus après négociation des éleveurs. L'essentiel de ce système agraire, conçu de manière autonome par les paysans, c'est moins l'amélioration substantielle de la production qu'il apporte que le fait qu'il est une solution pérenne au conflit agriculteur-éleveur qui déchire cette région depuis des années. Dans un contexte social marqué par le retrait de l'État du milieu rural à cause des politiques néolibérales élaborées par les institutions internationales après les crises de la dette, des populations marginalisées ont pu faire l'économie de la guerre pour bâtir à travers ce système agraire une autre façon de vivre ensemble indiquant ainsi sans peut-être le vouloir, des pistes pouvant nous permettre d'élaborer sur cette terre d'Afrique, une nouvelle *gouvernementalité* qui soit la nôtre et qui sied à notre histoire singulière.

Introduction

Partir de l'expérience de nos sociétés

Lorsqu'on évoque les questions de pouvoir, d'organisation politique en Afrique, bref de notre vivre-ensemble en tant que peuple, l'on a tendance à se focaliser sur les structures de l'État ou à donner la parole aux élites politiques et administratives qui depuis les indépendances se sont accaparées du pouvoir. Les expériences des autres ou les théories politiques élaborées sous d'autres cieux servent alors de référentiel. Ce regard d'en haut, sans peut-être le vouloir, confine le peuple déjà marginalisé et particulièrement sa frange dite pauvre dans le rôle de spectateur. Dans ce cas et comme le constate le géographe André Franqueville,

> L'indépendance... ne signifie rien d'autre pour le pays profond, pour le petit peuple des campagnes et des villes naissantes, que la mise en place de nouveaux dirigeants avant tout soucieux de leurs aises. La même précaire survie quotidienne reste le lot de la majorité, suscitant parfois de résistances ouvertes quand l'exploitation se fait trop abusive[1].

On comprend aisément que les solutions émanant d'une telle approche et que Jean-Marc Ela appelle « ethnologie de cabinet »[2] brillent par leur inadéquation et par leur superficialité. Comment dans ces conditions, ne pas affirmer que l'Afrique refuse le développement[3] si ce dernier se résume en un réseau de contraintes imposées d'une manière autoritaire par les bien-pensants du système. Or, et comme le disent les spécialistes, un savoir élaboré dans de telles conditions (pouvoir et domination) reste très biaisé.

> L'exercice du pouvoir amène presque automatiquement les individus à passer sous silence une partie de leurs discours c'est-à-dire leurs points de vue, leurs croyances, leurs idées et leurs valeurs. Dans une situation de subordination, les individus et les groupes subordonnés auront naturellement tendance à ne révéler aux dirigeants que la partie de leurs discours la plus appropriée et la moins risquée à révéler[4]

« Inventer un nouvel espace public en Afrique »[5] pour reprendre le titre de l'ouvrage d'Emmanuel Yenshu Vubo, c'est renouveler le regard que nous avons sur notre société en analysant avec une autre perspective, tous ces

---

[1] André Franqueville, *Du Cameroun à la Bolivie. Retours sur un itinéraire*, Paris, Karthala, 2000, p. 13.

[2] Jean-Marc Ela, *Innovations sociales et renaissances de l'Afrique noire. Les défis du « monde d'en-bas* », Paris, L'Harmattan, 2008, p. 87.

[3] Nous faisons référence ici au titre très provocateur d'Axelle Kabou, *Si l'Afrique refusait le développement*, Paris, L'Harmattan, 1991.

[4] Ian Scoones et John Thompson, dir, *La reconnaissance du savoir rural. Savoir des populations, recherche agricole et vulgarisation*, Paris, CTA-Karthala, 2005, p. 51.

[5] Emmanuel Yenshu Vubo, *Inventer un nouvel espace public en Afrique. Le défi de la diversité ethnique*, Paris, L'Harmattan, 2011.

« bricolages »[6] par lesquels ces personnes souvent recluses à la périphérie, élaborent des stratégies de survie afin de faire face aux contraintes qu'imposent les interventions et les nouvelles formes de domination. Il est impératif de réaménager l'intelligibilité des sociétés africaines si on veut élaborer un référentiel africain à partir duquel bâtir les fondements de notre vivre-ensemble. En effet, comment fonder une nouvelle *gouvernementalité* en Afrique si on fait fi de nos pratiques ancestrales en la matière ? Comment fonder un vivre-ensemble durable sur cette terre devenue l'appendice du monde si on ne l'assoit pas sur l'expérience vécu çà et là par les sociétés africaines en prise aux mutations diverses ? Jean Marc Ela a raison lorsqu'il affirme :

> Pour relever les nouveaux défis de la connaissance du fait africain, n'éprouvons-nous pas le besoin de revoir nos grilles de lecture dans un moment où, trop souvent, la tentation est grande de s'enfermer dans les schémas de la pensée unique ? Au-delà des « scénarios de crise » et de catastrophes, comment regarder l'Afrique autrement sans redécouvrir l'inventivité des sociétés dont les « réveils » et les dynamismes bouleversent les certitudes des discours institués ?[7]

Les paysans comme archétype d'une société africaine inventive et créative

Il est vrai que nous pourrions à loisir illustrer cette inventivité des sociétés africaines en prenant l'exemple de certaines pratiques sociales comme le système d'épargne-crédit appelé ici tontine ou encore les projets porteurs des associations diverses de la société civile. Nous avons à dessein choisi un projet-paysan à cause de leur marginalité par rapport aux différents centres de pouvoir mais aussi pour tordre le cou au discours des bien-pensants du système pour qui les paysans représentent l'exemple même d'une société immobile. Que l'on se souvienne seulement du fameux discours de Dakar de Nicolas Sarkozy, président de la République française et « grand ami de l'Afrique » : « le paysan africain, qui depuis des millénaires vit avec les saisons, dont l'idéal de vie est d'être en harmonie avec la nature, ne connaît que l'éternel recommencement du temps rythmé

[6] Jean-Marc Ela, *Quand l'État pénètre en brousse… Les ripostes paysannes à la crise*, Paris, Karthala, 1990, p. 11.

[7] Jean-Marc Ela, *Innovations sociales et renaissance de l'Afrique noire. Les défis du « monde d'en bas »*, Paris, L'Harmattan, 1998, p. 19.

par la répétition sans fin des mêmes gestes et des mêmes paroles »[8]. Des personnes plus qualifiées que moi, ont apporté à ce discours de l'ignorance et de la bêtise, les réponses appropriées[9]. Nous voulons donc à travers cet exemple, apporter une notre pierre à cet édifice de lutte contre la falsification et le mépris.

Le projet « *Night Paddock Manuring Farming System* » sur lequel porte ce papier est une illustration de cette société inventive et créative qui face au désengagement de l'État et aux conflits divers qui la traversent essaye de produire et de mettre en œuvre des mécanismes de cohabitation afin d'extirper l'élément perturbateur. En réalité le « *Night Paddock Manuring Farming System* » est une technique de fertilisation organique des sols mise en place par les agriculteurs et les éleveurs de la région du Nord-Ouest au Cameroun et qui consiste pour l'agriculteur à diviser sa parcelle en petits lots appelés « paddock ». Il entoure alors chaque parcelle d'une clôture et la fertilise par des bœufs qu'il a reçus après négociation des éleveurs. Les bœufs y déposent alors leurs déjections (fèces et urines) pendant plusieurs nuits. La terre ainsi enrichie est labourée et ensemencée après quelques semaines de jachère. L'essentiel de ce système agraire conçu de manière autonome par les paysans, c'est moins l'amélioration substantielle de la production qu'il apporte que le fait qu'il est une solution pérenne au conflit agriculteur-éleveur qui déchire cette région depuis des années.

1. Un peu d'histoire[10]

Vers les années 1980, les agriculteurs du village de Babanki Tungo, dont l'un des responsables est Samuel Ntoh, observent que dans les zones où les troupeaux de bœufs passent pendant la transhumance en y laissant leurs déjections (fèces et urines), les cultures se comportent bien et donnent de bonnes récoltes. Sur la base de ces observations empiriques, ces paysans commencent à collecter et à utiliser les excréments que produisent les bovins des bergers fulani des environs. Seulement le transport de ces bouses de

[8] Jean-Pierre Chrétien (dir.), *L'Afrique de Sarkozy. Un déni d'histoire*, Paris, Karthala, 2008, p. 195.

[9] Adame Ba Konare (dir.), *Petit précis de remise à niveau sur l'histoire africaine à l'usage du président Sarkozy*, Paris, La découverte, 2009, 362 pages – Jean-Pierre Chrétien (dir), *L'Afrique de Sarkozy. Un déni d'histoire*, Paris, Karthala, 2008, 202 pages. – Makhily Gassama, *L'Afrique répond à Sarkozy. Contre le discours de Dakar*, Paris, Philippe Rey, 2008.

[10] Nous sommes redevables à l'excellent ouvrage de vulgarisation produit par le CIPCRE et intitulé : le Night Paddock Manuring System. Système de fertilisation par le parcage nocturne des bœufs. Guide de vulgarisation, Bafoussam, CIPCRE, 2015.

bœufs des lieux de pâturage aux parcelles à cultiver s'avère difficile car le trajet est long et la charge lourde. D'où le système illustré ci-dessous

Photo 1 : Les bœufs dans une parcelle de Night Paddock
Source : Alphonse Azébazé, responsable du programme de préservation de l'environnement du CIPCRE

Devant cette difficulté et au regard du fait que l'essentiel des déjections animales est déposé la nuit, les paysans décident d'entrer en négociation avec les éleveurs afin de les amener à laisser leurs bœufs sur des parcelles aménagées afin qu'ils puissent y passer la nuit. Une telle demande répondait aux vœux des éleveurs qui avaient besoin d'espace sécurisé pouvant permettre à leurs bœufs de passer la nuit en toute quiétude. Après plusieurs tâtonnements, ces paysans et ces éleveurs réussissent à mettre sur pied ce système très original qui sera vulgarisé dans la région et d'autres parties du pays principalement dans la région de l'Ouest-Cameroun par une ONG locale dénommée le CIPCRE (Cercle internationale pour la Promotion de la Création)[11]

2. Nord-Ouest et Ouest-Cameroun : régions montagneuses, manque d'espace et conflits de terre

Les régions de l'Ouest et du Nord-ouest qui sont contigües forment ce que Jean Pierre Warnier et Paul Nchoyi appellent « GrassFields »[12] et qu'ils divisent en deux : les *grassfields* de l'Ouest (constitué de la région actuelle du

[11] CIPCRE, Rapport annuel 2012.

[12] Jean Pierre Warnier et Paul Nchoyi, *Elements for a History of the Western GrassFields*, Yaoundé, Sopecam, 1982, p. 6.

Nord-Ouest) et les *grassfields* de l'Est (que constitue l'actuelle région de l'Ouest avec une extension dans la région du Sud-ouest).[13] Ces deux régions présentent à bien des égards des similitudes sur les plans géographique et humain.

La région du Nord-Ouest

La région du Nord-Ouest couvre une superficie de 17 812 km^2 et abrite plus de 1 840 500 habitants, avec une densité de population s'élevant à 99,9 habitants au km^2. Située à une altitude moyenne de 1550 mètres au-dessus de la mer, le Nord-Ouest est une région de hautes terres dominées par une chaîne de montagnes dont le plus grand les monts Oku, culminent à plus de 3000 mètres d'altitude.

Dans cette région de montagne :

> L'espace cultivé qui constitue aussi le domaine habité ne forme que quelques tâches dispersées. Cette situation s'explique par les pentes fortes. Ici on n'est à plus de 1800 mètres d'altitude et les vallées, étroites et en forment de V, s'enfoncent profondément... L'exploitation du sol est très intensive, en réponse à une forte pression démographique et à l'exiguïté de l'espace cultivable.[14]

Entre l'agriculture et l'élevage qui sont les principales activités des habitants de cette région, « il n'y a pas de complémentarité, mais au contraire des relations conflictuelles parfois explosives ».[15] À titre purement indicatif, en septembre 2005, un conflit foncier entre des agriculteurs Bayangui et des éleveurs Bororos fit 13 morts des deux côtés.[16] Le journal *La nouvelle expression* du 23 septembre 2016 relève plus d'une dizaine de conflits non-résolus de ce genre dans la région et dont certains sont vieux de plus de trente ans.[17] Dans ces conditions l'on comprend la pertinence d'un projet comme « *le Night Paddock Manuring Farming System* » qui, en créant la complémentarité entre agriculture et élevage, apporte une réponse pérenne à des vieux conflits qui ont déjà fait beaucoup de morts.

---

[13] Jean Pierre Warnier et Paul Nchoyi, *Elements for a History of the Western GrassFields, op. cit.*, p. 6.

[14] Alain Beauvillain, Jean-Louis Dongmo, al, *Atlas aérien du Cameroun. Campagnes et villes*, Paris, Copedith, 1983, p. 101.

[15] *Ibid.*, p. 101.

[16] Sylvestre Tetchiada, « La montées des conflits interethniques inquiète de plus en plus », in www. IPSinternationl.org.

[17] *La nouvelle expression*, journal quotidien camerounais, du 23 septembre 2016.

La région de l'Ouest-Cameroun

La région de l'Ouest un petit territoire de 13 700 km², limité au nord par la région de l'Adamoua, à l'Ouest par les régions anglophones du Nord-Ouest et du Sud-Ouest ; au Sud, par la région du littoral et à l'Est, par la région du Centre[18]. C'est une région de hautes terres dominée par de grands massifs montagneux tels que les monts Bamboutos (2 740 m), le Mbam (2 335 m), le Nkogam (2 263 m), le Massif de Bana (2 097 m) et le Mbapit (1 989 m), pour ne citer que les plus importants.[19]

L'Ouest est donc une région volcanique avec des sols noirs (Foumbot), bruns (Bafoussam et Mbouda...) dérivés des basaltes. Ces sols sont très fertiles. Des sols alluviaux occupent les bas-fonds des vallées ou les quelques plaines qui existent. Sur le plan hydrologique, la région de l'Ouest se caractérise par un nombre important de petites rivières qui coulent dans des bas-fonds très encastrés. Des lacs volcaniques, comme les lacs Baleng, Nonoun, ou Mbapit, occupent les sommets des grands massifs montagneux. Des fleuves relativement importants comme le Mbam, le Noun, le Nkam, le Ndé, La Mifi et la Menoua arrosent ses différents départements et leur servent souvent de limites.[20]

La région de l'Ouest a une superficie de 13 872 km², soit 2.9 % du territoire national, avec une population estimée à 1 720 047 habitants. Cette population est à plus de 70 % rurale et vit de l'agriculture et du petit l'élevage. Comparée aux autres régions du Cameroun, l'Ouest est la plus petite région en termes de superficie mais fait partie des régions où la densité de la population est la plus élevée du pays soit 124 habitants au km².[21]Si globalement les relations agriculteurs et éleveurs n'ont pas dans cette région la même acuité que dans le Nord-Ouest, il n'en demeure pas moins vrai que dans les départements qui jouxtent cette région à savoir, les Bamboutos, le Noun et la Menoua, l'exiguïté et la pauvreté des terres poussent les paysans à étendre leurs plantations vers le sommet des montagnes, domaine des éleveurs, ce qui débouchent inexorablement sur des conflits. La transposition du *Night Paddock* dans ces localités vise selon

[18] Toutes les informations de cette partie proviennent du document intitulé : « La province de l'Ouest », publié en 1979 par le ministère camerounais de l'information et de la culture.

[19] Emmanuel Tchumtchoua, « Conflits et mutations dans l'espace caféier au Sud-Cameroun sous administration française 1919-1945 », mémoire inédit de HDR, Université de Bordeaux-Montaigne, 2014, p. 27.

[20] *Ibid.*

[21] *Ibid.*, p. 27.

ses initiateurs à prévenir ces conflits et à offrir une alternative à la pauvreté des sols.[22]

3. La mise en place du système

Tout système agraire est un processus continu de négociation, d'adaptation et d'ajustement. Dans ce sens, on peut dire que le « *Night Paddock* » n'est pas un système achevé. Seulement, le niveau de maîtrise que nous avons du système nous amène à dire que sa mise en place passe par les étapes suivantes :

L'identification de la parcelle à fertiliser

Cette identification devrait prendre en compte la piste de déplacement des bœufs. Cette étape est fondamentale puisqu'elle marque le début de l'établissement de la paix entre les deux acteurs. Les relations personnelles et les affinités entre l'agriculteur et l'éleveur sont fondamentales. L'agriculteur prend en charge le berger, qui surveille les bœufs et apporte aussi du sel au bétail pendant la période de parcage.

Photo 2 : négociation planteur-éleveur
Source : Alphonse Azébazé, responsable du programme de préservation de l'environnement du CIPCRE

La construction de la clôture et de la maison du berger

Dans le souci de canaliser les animaux sur le (paddock), l'agriculteur met en place un enclos. De la même manière, une cabane pour le berger est nécessaire pour assurer la sécurité des bœufs pendant la nuit et durant toute la période.

---

[22] Alphonse Azébazé, responsable programme de préservation de l'environnement CIPCRE, Bafoussam, 18 mars 2016.

Le processus de fertilisation

Le séjour des bœufs dans la parcelle favorise le dépôt des matières fécales et urine. Ce mélange apporte au sol des éléments nutritifs nécessaires pour sa fertilisation. Ce séjour peut durer de trois semaines à deux mois selon le nombre d'animaux et la superficie à exploiter. Après la phase de la décomposition, qui dure entre deux à trois mois, l'agriculteur laboure son champ et procède aux semis. Il est établi que les bouses de vache sont très propices à toute sorte de culture qu'elle soit vivrière ou maraîchère. Elles donnent particulièrement bien la morelle noire où les rendements sont parfois doublés voire triplés comparés aux pratiques courantes. Les expériences ont par ailleurs montré que la parcelle reste productive pendant trois à cinq ans sans autre apport externe de fertilisant.

Photos 3 : Des cultures en terre dans une parcelle enrichies par les bouses de bœuf

Source : Alphonse Azébazé, responsable du programme de préservation de l'environnement du CIPCRE

4. Amélioration du rendement et promotion de la paix au cœur d'un système agraire

Le rendement économique

Une étude réalisée par le CIPCRE[23] a permis de montrer que l'utilisation du fumier de bœufs permet de doubler les rendements du maïs et du soja. Ainsi, l'utilisation du Night *Paddock* se montre très bénéfique pour le paysan en ce sens qu'elle permet une augmentation des rendements, une diminution des coûts des intrants, et donc une augmentation du bénéfice net

[23] Powerpoint de vulgarisation réalisé par Alphonse Azébazé, responsable programme de préservation de l'environnement CIPCRE.

du producteur. De plus, l'application de la bouse de vache augmente le taux de la matière organique du sol, ce qui entraine une meilleure infiltration des eaux et une augmentation de la capacité d'échange cationique des sols, réduisant ainsi sa toxicité aluminique.[24]

Par ailleurs, les fèces et urine augmentent le PH du sol et accélèrent la décomposition de la matière organique ainsi que l'activité microbienne. L'amélioration de toutes ces propriétés permet au sol de mieux résister à l'érosion. Enfin, l'utilisation des déjections est une forme de recyclage du carbone contenu dans la biomasse végétale. Quand on sait que le CO2 est le principal gaz à effet de serre, le lien est ainsi établi entre la pratique du *Night Paddock* et la lutte contre le changement climatique.

La cohabitation pacifique

À notre avis, il existe dans le monde plusieurs systèmes agraires qui améliorent le rendement des agriculteurs, mais le principal intérêt de ce système agraire mis sur pied de manière autonome par les planteurs et les éleveurs, c'est qu'il amorce une solution pérenne à une difficulté devant laquelle le gouvernement du Cameroun a échoué, à savoir la cohabitation pacifique entre agriculteurs-éleveurs. Aujourd'hui, la technique est pratiquée par bon nombre de personnes. Dans le département de Ngo-Ketunjia principalement, les conflits agriculteurs et éleveurs se sont estompés et cette technique a été vulgarisée dans la région voisine de l'Ouest.

Conclusion

Comme le fait remarquer l'un des vulgarisateurs de ce système,[25] le *Night Paddock* présente des limites. Par exemple, une augmentation rapide du nombre de ruminants dans certaines zones à écologie fragile conduit à une surexploitation des pâturages et à la dégradation des sols. De plus, les femmes qui font le plus gros des activités champêtres, ont un accès limité et un faible contrôle de la ressource terre. Elles ne participent presque pas aux négociations pour l'acquisition des bœufs. Il s'agit à notre avis des limites à travailler pour donner aux projets toute sa dimension sociale. Malgré cela, le « *Night Paddock Manuring Farming System* » est un excellent exemple d'un savoir paysan qui démontre à merveille que les systèmes agraires sont des processus complexes et dynamiques apportant des solutions ponctuelles aux problèmes des gens. Ainsi, chaque peuple élabore un système agraire qui

---

[24] Powerpoint de vulgarisation réalisé par Alphonse Azébazé, responsable programme de préservation de l'environnement CIPCRE.
[25] *Ibid.*

répond à ses problèmes du moment. Dans ce cas, le prisme qui fait des paysans le prototype des populations irrationnelles participe de ce qu'Achille Mbembe appelle « l'intarissable puits aux fantasmes »[26] construit depuis la nuit des temps par l'entreprise coloniale et qui de temps en temps rejaillit sous forme de « préjugés les plus aveugles et les plus cyniques »[27].

Dans un contexte social marqué par le retrait de l'État du milieu rural à cause des politiques néolibérales élaborées par les institutions internationales après les crises de la dette, des populations marginalisées ont pu faire l'économie de la guerre pour bâtir à travers ce système agraire une autre façon de vivre ensemble indiquant ainsi sans peut-être le vouloir, des pistes pouvant nous permettre d'élaborer sur cette terre d'Afrique, une nouvelle *gouvernementalité* qui soit la nôtre et qui sied à notre histoire singulière.

Certes on ne guérit pas une haine de plusieurs générations en quelques années ou par un coup de baquette magique, mais le fait que cela ait réussi quelque part est un signe d'espoir et d'espérance. Si comme l'écrivent Ian Scoones et John Thompson, « le savoir est édifié socialement, négocié continuellement et contesté dans des environnements sociaux et écologiques variables »[28], la question des conditions de la vulgarisation et de la duplication de ce savoir autochtone au Cameroun et en Afrique se pose. Ce système introduit ailleurs n'aurait peut-être pas le même succès mais le fait qu'il ait réussi d'une manière pérenne est un acquis et un axe de travail pour les futurs chercheurs en sciences sociales. L'un des travaux urgents à faire consiste à rechercher, à documenter, à interpréter et à vulgariser tous ces savoirs locaux qui révèlent un autre visage de l'Afrique et qui nous aident à apprendre à apprendre notre peuple et notre histoire.

---

[26] Achille Mbembe, « l'intarissable puits aux fantasmes », in Jean-Pierre Chrétien (dir.), *L'Afrique de Sarkozy…, op. cit.*, p. 91.

[27] *Ibid.*

[28] Ian Scoones et John Thompson, dir, *La reconnaissance du savoir rural. Savoir des populations…, op. cit.*, p. 55.

Chapitre IV

Médias publics et pouvoir politique en contexte de régime semi-autoritaire en Afrique francophone : Le cas du Burkina Faso

Lassané Yaméogo

Introduction

Comme la plupart des pays d'Afrique francophone, le Burkina Faso expérimente, depuis l'adoption de la Constitution démocratique de juin 1991, un système de gouvernance qualifié, par de nombreux auteurs africanistes, de *régime semi-autoritaire*[1], *d'autoritarisme électoral*[2], de démocratie à double façade[3], *d'illusionnisme démocratique*[4] ou de *démocrature*[5]. Cette kyrielle de qualifications traduit l'échec de la mise en œuvre des processus de démocratisation entamés sur le continent au début des années 1990. Ces types de régimes présentent formellement les caractéristiques d'une démocratie sincère en organisant régulièrement des élections dites libres et transparentes, en permettant le pluralisme politique et médiatique, la séparation des pouvoirs exécutif, législatif et judiciaire, mais, dans les faits, un système informel bien verrouillé est mis en place pour rendre impossibles l'alternance politique ainsi que le rôle de contre-pouvoir que les médias sont appelés à jouer en régime de démocratie libérale.

Dans un tel contexte, comment, au Burkina Faso, les médias à capitaux publics, Radio Burkina, Télévision Burkina et le quotidien *Sidwaya*,

---

[1] Hilgers Mathieu et Mazzocchetti Jacinthe (dir.), *Révoltes et oppositions dans un régime semi-autoritaire. Le cas du Burkina Faso*, Paris, Karthala, 2010.

[2] Schedler Andreas, *Electoral Authoritarianism. The Dynamics of Unfree Competition*, Boulder, Lynne Rienner, 2006.

[3] Hagberg Sten, « Démocratie à double façade », in Hilgers Mathieu et Mazzocchetti Jacinthe (dir.), *Révoltes et oppositions dans un régime semi-autoritaire. Le cas du Burkina*, Paris, Karthala, 2010, p. 295 -306.

[4] Natielse Kouléga Julien, « Le Burkina Faso de 1991 à nos jours : entre stabilité politique et illusionnisme démocratique », thèse de doctorat, Université Montesquieu — Bordeaux IV, 2013.

[5] Mouckaga Hugues et al., (dirs), *Démocratie et/ou démocrature en Afrique Noire*, Paris, L'Harmattan, 2015.

traduisent-ils le reflet de ce régime hybride, à cheval sur démocratie et dictature ? Comment s'articulent les interactions entre les acteurs de ce sous-champ médiatique public[6] et entre celui-ci et le champ politique et quelles pratiques journalistiques, émergent de ces interactions en temps ordinaire et en temps de crise[7] ? Comment les médias publics burkinabè participent-ils au maintien et à la consolidation de l'ordre politique dominant ?

À travers ces questionnements, nous entendons appréhender les types de rapports qui caractérisent le pouvoir politique et les médias publics en Afrique francophone en général et au Burkina Faso en particulier. L'objectif est de saisir l'identité des médias publics burkinabè à partir des pratiques professionnelles, du discours des acteurs et des interactions sociales qui caractérisent ce sous-champ et le champ politique en contexte de régime dit de semi-autoritaire. La recherche émet l'hypothèse que les médias publics burkinabè participent au maintien de l'ordre politique dominant en développant en leur sein des contre-champs aussi bien structurels que conjoncturels et des connivences formelles et informelles avec le pouvoir

---

[6] Contrairement à Pierre Bourdieu (1994), l'auteur qui a sociologisé le concept de « champ journalistique » en référence aux médias vus globalement (privés comme publics), nous considérons, dans le contexte d'Afrique francophone, les médias publics et les médias privés comme constituant des champs à part entière ou dans une moindre mesure des sous-champs médiatiques, non pas au sens de types de médias (presse écrite, radio ou télévision, de chaines d'information en continu ou de newsmagazines) ni celui de rédactions ou de spécialités journalistiques (journalisme sportif, économique, politique, judiciaire, scientifique, etc.), comme les conceptualisait Dominique Marchetti (2002), mais au sens de types de médias du point de vue statutaire et juridique. Comme la poésie, la nouvelle, le roman qui, pour Bourdieu, représentent chacun un sous-champ du champ littéraire, pour nous, les médias publics constituent un sous-champ du champ médiatique. Ils le sont globalement (radiodiffusion, télévision et presse écrite) et non distinctement (chaque type de média comme sous-champ) au vu des caractéristiques communes qui les marquent dans le contexte africain. Ils sont tous des médias publics, régis par les mêmes textes législatifs, assumant la même mission de service public, poursuivant les mêmes objectifs, soumis aux mêmes contraintes de production, vivant les mêmes réalités tant politiques, économiques que professionnelles, etc. Ces caractéristiques communes les prédisposent globalement à une même culture professionnelle, ce qui permet de les envisager comme un seul et même objet, même si, à divers égards, les genres rédactionnels utilisés ou les publics-cibles sont différents.

[7] L'intérêt scientifique de la distinction entre période de crise et période ordinaire tient à l'objectif de comprendre, en contextes d'énonciation différents, l'évolution des dynamiques et des logiques d'action qui caractérisent médias publics et pouvoir politique au Burkina Faso.

politique de sorte que leur mission originelle de service public ou d'intérêt général se retrouve dévoyée ou rendue impossible.

1. Méthodologie

L'analyse de la relation médias publics/pouvoir politique s'appuie sur une démarche pluri-méthodologique. Elle est essentiellement qualitative et repose sur la « triangulation », entendue comme le « principe de validation des résultats par la combinaison de différentes méthodes »[8]. Des matériaux distincts mais complémentaires, collectés dans le cadre de notre thèse de doctorat (2012-2016), permettent en effet de décrypter les dynamiques et les rapports de domination qui traversent les deux objets étudiés : le politique et le médiatique. Le premier matériau est constitué d'observation directe et d'entretiens semi-directifs. L'observation s'est déroulée durant deux semaines en 2013 et une semaine en 2014 et 2015 dans chacun des organes de presse étudiés : Radio Burkina, Télévision Burkina et *Sidwaya*. Quant aux entretiens, ils ont été réalisés auprès d'une soixantaine de personnes issues de l'ensemble des médias étudiés et d'une vingtaine de personnes venant principalement du milieu politique, syndical, universitaire et de la société civile. L'analyse thématique a été retenue pour l'examen de ce premier matériau. Cette méthode a consisté à identifier les thèmes généraux récurrents qui apparaissent dans les entretiens. Il s'est agi, à la suite de lectures attentives des entrevues retranscrites intégralement, de dégager, relever, nommer, thématiser, classer ou qualifier les propos contenus dans celles-ci. Autrement dit, la démarche a consisté à « quadriller le matériau par des séries thématiques » en relevant systématiquement « ses ressemblances/différences »[9].

Le second matériau est constitué de corpus de presse. L'analyse de ce matériau s'appuie sur deux catégories de corpus correspondant aux deux périodes étudiées : la période ordinaire et la période de crise. Elle vise à saisir ce qui corrobore ou contredit le discours des acteurs interviewés et les constats relevés pendant la phase d'observation. Il s'agit de voir en quoi les pratiques journalistiques correspondent ou pas au discours des acteurs, ou en quoi ce que font les journalistes correspond à ce qu'ils disent. Pour la période ordinaire (temps durant lequel aucun évènement majeur n'a perturbé la programmation), le corpus a concerné les grilles des

---

[8] Apostolidis Thémis, « Représentations sociales et triangulation : une application de psychologie sociale de la santé », in *Psicologia : Teoria e Pesquisa,* Vol. 22, n° 2, 2006, p. 213.

[9] Dumez Hervé, *Méthodologie de la recherche qualitative. Les 10 questions clés de la démarche compréhensive,* Paris, Magnard-Vuibert, 2013, p. 81-87.

programmes radio et télé effectivement diffusée du 1er au 30 septembre 2011, d'une part et, d'autre part, les bulletins d'information (les JP&JT) et le contenu de *Sidwaya* diffusés du 1er au 14 septembre 2011. Pour la période de crise[10], nous avons retenu les grilles des programmes diffusés du 21 février 2011 (date de déclenchement de la crise) au 20 mars 2011 et les 14 premiers éléments, traitant exclusivement de la crise, diffusés dans les JP, les JT et dans le quotidien *Sidwaya* à la même période (21 février 2011 au 20 mars 2011). Le choix de l'année 2011 comme cadre temporel d'analyse tient à sa contemporanéité. La crise Justin Zongo était la plus récente crise de l'histoire politique du Burkina quand nous commencions la recherche doctorale en 2012. La distinction entre période de crise et période ordinaire est justifiée par l'objectif de saisir l'identité des médias publics burkinabè dans des contextes d'énonciation différents. Cela permet *in fine* d'appréhender les permanences et changements qui peuvent en résulter.

La recherche débouche sur des résultats révélant un rapprochement entre la nature semi-autoritaire du régime et le système médiatique public alors érigé. Celui-ci se positionne dans la sphère publique comme un instrument de légitimation de l'ordre dominant. Les résultats révèlent en outre qu'en contexte de régime semi-autoritaire, le journalisme pratiqué dans les médias publics n'est pas singulier, monolithique, mais timidement pluriel.

2. Les médias publics comme instruments de légitimation de l'ordre dominant

Le sous-champ médiatique public fonctionne à l'image du système politique semi-autoritaire érigé au sommet de l'État. Des formes douces de perpétuation de ce système sont entretenues et nourries par celui-ci. En son sein, s'entremêlent des réformes à demi-mot, l'informel et le non-dit, la

---

[10] La crise dont il est question est née de la mort d'un collégien du nom de Justin Zongo des suites de sévices corporels qu'il aurait subis dans un poste de commissariat à Koudougou, ville située à l'ouest du Burkina, à une centaine de kilomètres d'Ouagadougou. Contrairement à cette thèse, les autorités politiques annoncent qu'il était mort de méningite. Cette nouvelle révolte des élèves et étudiants de la localité qui envahissent les rues, puis s'attaquent aux symboles et aux biens publics. Les manifestations sont vite réprimées occasionnant la mort de cinq manifestants. Les contestations, sous forme émeutière, s'embrasent dans plusieurs provinces et gagnent d'autres couches socioprofessionnelles : commerçants, syndicats, acteurs politiques, magistrats et avocats, puis militaires. Pour plus de détails sur cette crise, voir Hilgers Mathieu et Loada Augustin, « Tensions et protestations dans un régime semi-autoritaire : croissance des révoltes populaires et maintien du pouvoir au Burkina Faso », *Politique africaine*, n° 131, 2013, pp. 187-208 ou Chouli Lila, *Burkina Faso 2011 : chronique d'un mouvement social*, Tahin Party, 2012.

censure et l'autocensure. En sus, des formes de domination caractérisées par des sanctions et des récompenses sont édictées pour maintenir les journalistes dans un statut de dominés, afin de permettre la stabilité du sous-champ et donc du système politique en place.

L'art des réformes à demi-mot

Alors que les médias à capitaux publics sont statutairement ou formellement des médias de service public (décret n° 2001-446/PRES/PM/INFO pour la RTB et décret n° 2001-448/PRES/PM/INFO pour les Éditions *Sidwaya*) c'est-à-dire des médias devant assumer une mission d'intérêt général ou devant être au service de l'ensemble des citoyens sans exclusion aucune, des textes comportant des ambiguïtés sont adoptés pour entraver la réalisation de cette mission. Ces deux dispositions font des médias publics des Établissements Publics de l'État (EPE) placés sous une double tutelle gouvernementale : tutelle technique assumée par le ministère dont relève l'Établissement (le ministère chargé de la Communication) et tutelle financière assumée par le ministère en charge des Finances. Cette relation tutélaire ou de dépendance fait du ministre de la Communication le directeur de publication des médias publics. Ce dernier nomme les présidents de Conseil d'Administration, les directeurs et directeurs généraux de ces médias. Les journalistes qui les animent sont majoritairement des fonctionnaires, recrutés et payés par l'État. Dans un contexte marqué par la culture de la soumission et de ce que Marcel Mauss a appelé le « don et le contre-don »[11], les pratiques professionnelles, de toute évidence, ne peuvent qu'être prises au piège du devoir de gratitude. D'autant plus qu'en Afrique de l'Ouest francophone, « les nominations, les affectations, les promotions, les mises au placard suivent (…) assez systématiquement des logiques de réseau, de protection individualisée et de redistribution qui n'ont que fort peu à voir avec des profils de poste dûment définis ou des critères de compétence »[12]. Comme dans la plupart des pays de l'Afrique de l'Ouest francophone réputés en « stratégie de contournement ou d'évitement des réformes de fond »[13], le Burkina Faso est passé maître dans l'art du formalisme juridique et institutionnel.

Le reflet du semi-autoritarisme politique se traduit également dans la sphère médiatique publique par une pluralisation des statuts des

---

[11] Mauss Marcel, *Sociologie et anthropologie*, Paris, PUF, 1950, pp. 145-164.

[12] Olivier De Sardan Jean-Pierre, « État, bureaucratie et gouvernance en Afrique de l'Ouest francophone. Un diagnostic empirique, une perspective historique », in *Politique africaine*, n° 96, 2004, pp. 139-162.

[13] Tozo Émile, « La réforme des médias publics en Afrique de l'ouest. Servir le gouvernement ou le citoyen ? », in *Politique africaine*, n° 97, 2005, p. 108.

travailleurs et une prolétarisation de la profession. Il y a au sein du sous-champ des fonctionnaires, des contractuels recrutés par l'État, des contractuels recrutés par l'organe de presse, des agents embauchés par le système de cooptation, ce qu'on appelle, dans le lexique burkinabè, le système de « bras longs »[14], des pigistes, des sans-salaires.

Tous ces profils d'agents sont *ombilicalement* liés à l'État, soit de manière directe, soit à travers ses réseaux de ramifications informelles. Ils bénéficient de traitements salariaux divers mais sont globalement des travailleurs indécemment rémunérés. Cette situation de précarité statutaire et salariale que Bourdieu nomme respectivement « misère de position » et « misère de condition »[15] est intentionnellement entretenue par le politique pour maintenir les journalistes dans un état de vassalisation, ce qui les oblige à vouer une certaine loyauté-complaisance à l'égard de l'ordre dominant. Les clivages statutaires fragilisent les luttes corporatistes, mais ne débouchent pas sur une instabilité du sous-champ. La crainte d'être virés comme l'ont été certains pigistes[16] ou de trahir le pacte de redevabilité (non écrit) envers les parrains grâce auxquels ils sont parvenus à intégrer le sous-champ les oblige à la réserve ou à ne marquer aucune opposition[17] aux dominations et aux conditions exécrables de travail qu'ils subissent.

Perpétuation de l'ordre dominant par l'informel et le non-dit

L'analyse du discours des acteurs et des contenus médiatiques montre que le sous-champ médiatique public participe, de manière informelle et implicite, au maintien et à la perpétuation du régime semi-autoritaire. Aux côtés des normes formelles et officielles qui relèvent de l'ordre du « connu », se déploient des dynamiques et des stratégies fondant sur l'informel et le non-dit. Comme le système politique, caractérisé par la double façade démocratique (formelle et informelle), les médias publics sont le théâtre de pratiques et de codes non écrites. Ces mécanismes restent cependant

---

[14] Les « bras longs » sont les personnes influentes de par leur rapport au politique et/ou aux gouvernants du moment. Elles sont capables, à partir d'un seul coup de fil, de positionner un cousin, un neveu, un petit frère, une « maîtresse » dans l'organe de presse souhaité.

[15] Bourdieu Pierre et al., *La misère du monde*, Paris, Seuil, 1993.

[16] À *Sidwaya* comme à la RTB, des pigistes ont été virés sans autre forme de procès.

[17] Ce n'est qu'à partir de 2013, à la faveur des contestations sociales et politiques tous azimuts contre le renchérissement du coût de la vie et les velléités de pouvoir à vie de Blaise Compaoré, qu'on a vu les journalistes des médias publics et assimilés sortir de leur torpeur pour dénoncer leur situation d'assujettissement politique et de prolétarisation. Cette « révolte » historique a valu à certains meneurs des affectations-sanctions (voir pour plus de détails) http://news.aouaga.com/h/25148.html).

largement incorporés par les agents. Ils structurent et régulent le sous-champ.

À Radio Burkina, à Télévision Burkina comme à *Sidwaya*, les journalistes n'ont pas d'horizon de référence explicite à propos de la ligne éditoriale. La hiérarchie n'en parle pas. Les journalistes n'en discutent pas non plus, ni en conférence de rédaction, ni de manière informelle. La ligne éditoriale relève du non-dit. Cette absence de réflexivité fait que chaque journaliste se fait une idée de sa ligne éditoriale mais en se gardant de franchir une certaine ligne rouge implicitement dressée par la hiérarchie, comme le témoigne ce journaliste (1) :

> J'avoue que quand on est à la télé, il est difficile de percevoir la ligne éditoriale du média. Quand vous arrivez nouvellement, à aucun moment, on ne va vous parler de la ligne éditoriale du média. Il va juste arriver qu'on vous envoie en reportage, vous revenez, vous traitez l'élément et on vous dit : « ici on ne dit pas ça ; ici on ne dit pas ça ; ayez à l'esprit que c'est un média d'État ». Mais qu'est-ce qu'un média d'État ? On ne nous a jamais dit ça. Moi personnellement, j'ai cherché à comprendre en allant lire les statuts de la RTB. À aucun moment, on ne définit clairement ce que la RTB doit faire comme travail. Quand on est ici, on essaie d'imaginer ce qu'on attend de nous.[18]

Dans presque tous les pays d'Afrique francophone, les médias à capitaux publics restent entourés de ces silences. Au Cameroun, un directeur adjoint des programmes et de la production de la *Cameroon Radio Television*, section radio, racontait : « Depuis 26 ans que j'officie ici, je subsume qu'il y a une ligne éditoriale. Je dis bien que je subsume. Nous subsumons, et nous commentons parfois, nous interprétons ce que nous savons devoir être la ligne éditoriale de la CRTV. Nous savons par déduction que nous sommes un service public »[19].

Le régime étant celui du « ni… ni » (ni autoritaire ni démocratique), une ligne éditoriale clairement définie viendra brouiller ou remettre en cause les stratégies, en ce qu'elle autorisera les journalistes à exprimer ou à relayer des points de vue divergents, ce que personne au niveau hiérarchique ne voudra assumer. La critique du régime par les opposants, quoique permise officiellement, n'est pas tolérée, mais rien ne l'indique explicitement. Officieusement, les lignes rouges se rapportent aux voix dissidentes et contestataires de l'ordre dominant. Mais le refus de la critique est plus du

---

[18] Entretien réalisé à Ouagadougou le 23/7/2013.

[19] Bingono B. François, cité par Minlo Raoul S., *Cameroon Radio Television, un grand malade ? Diagnostic fonctionnel de l'audiovisuel public*, Paris, L'Harmattan, 2013, p. 69.

fait de la hiérarchie politique (autorités du ministère de tutelle), de courtisans et de *big men*[20] que des plus hautes autorités. Yacouba Traoré, ancien reporter, rédacteur en chef, directeur et directeur général de la Radiodiffusion Télévision du Burkina, indique dans son ouvrage *Gassé Galo* que « Blaise Compaoré n'a jamais affirmé, en tout cas pas de façon ouverte, une quelconque volonté d'avoir une mainmise sur la petite lucarne et contrairement à son prédécesseur, il n'était jamais intervenu directement dans les affaires concernant la télévision »[21]. Nos entretiens avec les journalistes ont débouché sur le même constat. Blaise Compaoré était plus préoccupé de la conservation à vie de son fauteuil de président que de la censure médiatique.

De la même manière, la désignation des journalistes devant aller en mission, moments privilégiés d'acquisition de capitaux économiques sulfureux pour le missionnaire, ne repose sur aucun critère officiel. Elle relève du pouvoir discrétionnaire de la hiérarchie, si bien que ceux qui sont désignés ne savent pas pourquoi ce sont eux, et ceux qui ne le sont pas ne savent pas non plus pourquoi ce ne sont pas eux. Un système informel et implicite de sanctions et de récompenses est institué au sein du champ conduisant les journalistes, dans une large mesure, à un unanimisme journalistique. En effet, les gratifications et les punitions conditionnent et dirigent les pratiques du sanctionné et du récompensé générant un certain filtre qui ne laisse accéder à l'espace public médiatisé que les informations conformes à l'idéologie dominante. Le passage qui s'opère entre l'évènement et sa mise en forme – sa transformation en nouvelle diffusable – obéit à des logiques et enjeux plus politiques que journalistiques. Ces discriminations, qu'elles prennent la forme de punitions ou de gratifications, sont intériorisées donnant l'apparence que tout va bien au sein du sous-champ. Les journalistes échappent difficilement aux conditions de domination. Le système médiatique est conçu de sorte que les revendications corporatistes ne prospèrent pas. Le sous-champ étant animé par des agents adossés à des statuts et de traitements salariaux différents, les revendications et les luttes syndicales ne sont pas portées ou soutenues par tous les agents.

Les journalistes sont complices de leur propre domination. Ils incorporant les structures cognitives mises en place par le groupe dominant.

[20] Le concept de *big men* désigne, dans la politologie africaniste, les personnes cumulant officiellement ou officieusement pouvoir politique et pouvoir financier. Se référer, pour plus de détails, à Jean-François Médard, « Le "Big Man" en Afrique : esquisse d'analyse du politicien entrepreneur », *L'Année sociologique*, vol. 42, 1992, pp. 167-192.

[21] Traoré Yacouba, *Gassé Galo. Entre les lignes de mon journal*, Ouagadougou, Kraal, 2012, p. 202.

Ils sont dès lors victimes de violence symbolique au sens bourdieusien. « La violence symbolique est cette coercition qui ne s'institue que par l'intermédiaire de l'adhésion que le dominé ne peut manquer d'accorder au dominant (donc à la domination) lorsqu'il ne dispose, pour le penser et pour se penser ou, mieux, pour penser sa relation avec lui, que d'instruments qu'il a en commun avec lui »[22]. Les médias publics sont appelés tacitement à reproduire la politique de l'ordre établi en assumant une fonction d'endoctrinement, de légitimation de l'idéologie dominante. Les dominés partagent avec les dominants les schèmes de perception et d'appréciation de l'ordre social, la vision du monde que véhiculent les dominants, comme le confirme ce journaliste (2) : « Quand je produis un article, je sais d'office ce qui peut être passé et ce que ne peut pas l'être. Au niveau même des responsables, quand c'est moi qui suis programmé, ils ne font pas de souci »[23].

Dans cet environnement dominé par le non-droit et la culture du non-dit, le journaliste qui n'est pas désigné pour aller en mission ne peut pas se plaindre ou revendiquer quoi que ce soit parce qu'officiellement aucun critère ne définit le profil des journalistes autorisés aux missions *perdiémées* ou au journalisme classe affaires[24]. Celui qui est sanctionné sournoisement ne peut pas non plus se plaindre parce qu'aucun acte explicite ne vient confirmer que la situation nouvelle qu'il rencontre est effectivement une sanction, consécutive à une faute précise. Cette enquêté (3) de Télévision Burkina, qui était remontée contre sa hiérarchie pendant l'entretien, relate comment fonctionne l'écosystème médiatique public : « Ici, on terrorise les gens. Si tu commets la moindre faute, on ne te dit rien. Mais, on te fait vivre ça dans le quotidien. On ne prend pas de note pour montrer qu'on te sanctionne mais, en réalité, tu es sanctionné car on ne te confiera plus de tâche »[25].

Ces silences contribuent à façonner un idéal-type de journalistes : les journalistes de service. Les journalistes de service sont à la solde de la hiérarchie professionnelle, elle-même en connivence avec les dominants du champ politique. Ils sont souvent utilisés, tout comme les journalistes avides de missions *perdiémées*, dans les reportages délicats où, il est implicitement demandé de privilégier le politiquement correct. Comme le souligne Marie

[22] Bourdieu Pierre, *Méditations Pascaliennes*, Paris, Seuil, 1997, p. 245.

[23] Entretien réalisé à Ouagadougou le 28/07/2013.

[24] Les missions les plus lucratives sont les missions présidentielles ou ministérielles où le journaliste voyage avec le chef de l'État ou avec un ministre, dans le même avion. Ce journaliste reçoit, très souvent, en fin de mission, une enveloppe contenant une importance somme d'argent.

[25] Entretien réalisé à Ouagadougou le 28/07/2013.

Fierensen comparant l'émergence du journalisme de presse écrite en Côte d'Ivoire et en République Démocratique du Congo, « l'attrait de l'argent ou du pouvoir qui fonde la pratique des "moutons noirs" ou des personnes "entrées par effraction" dans la profession contribue, pour les journalistes mus par d'autres motivations, à dévaloriser la profession dans son ensemble »[26]. Ce journalisme d'opportunité est au centre de luttes idéologiques, car il y a dans les rédactions des journalistes militants de partis politiques. La profession reste donc traversée par des enjeux ambivalents et des conflits d'intérêts qui participent au dévoiement de la profession.

L'*ostracisation* de l'opposition et des groupes contestataires par la censure et l'autocensure

En régime semi-autoritaire, il y a des sujets qui doivent relever de l'ordre du tabou, de l'indicible ou qui ne doivent pas jouir d'une grande visibilité médiatique. Ces sujets sont qualifiés, dans le lexique local (le milieu journalistique), de « sensibles », parce qu'ils menaceraient la cohésion sociale ou parce qu'ils porteraient atteinte à la sécurité de l'État. Ils concernent généralement la voix des opposants les plus critiques, l'information dévoilant les failles et les faiblesses du régime. Ces médias ne survivent pas aux antagonismes politiques ; ils ne les transcendent pas, mais les reproduisent en s'inscrivant dans une configuration qui relève d'une forme de libéralisme autoritaire, c'est-à-dire qui allie un réel pluralisme à des pratiques de contrôle et de pression[27]. Les sujets devant relevant de tabou dans les médias publics burkinabès sont quasiment les mêmes que ceux que la radiotélévision publique camerounaise qualifie de tabou : « les grèves, les marches de revendications salariales ou autres, l'armée, les manifestations des partis de l'opposition, certains leaders de l'opposition sur un certain nombre de sujets qui engagent pourtant la vie du pays »[28]. Les tabous, comme l'affirme Marie-Soleil Frère, « sont liés à tout ce qui est susceptible de fragiliser l'assise du chef de l'État, de son parti et de ses proches, qu'il s'agisse de l'évocation d'une quelconque succession à la Présidence, de la mise en avant de forces (rebelles armés ou opposants politiques) qui remettent en cause la suprématie des détenteurs du pouvoir, ou de

[26] Fierens Marie, « Le journalisme en République démocratique du Congo et en Côte d'Ivoire. Émergence et évolution d'une profession, de la colonisation à nos jours », thèse de doctorat en sciences de l'information et de la communication, Université libre de Bruxelles, 2014, p. 401.

[27] Frère Marie-Soleil, « Francophone Africa: The rise of 'pluralist authoritarian' media systems? », in *African Journalism Studies*, 36:1, 2015, pp. 103-112.

[28] Minlo Raoul Simplice, *Cameroon Radio Television, un grand malade ? Diagnostic fonctionnel de l'audiovisuel public*, Paris, L'Harmattan, 2013, p. 95.

révélations sur des affaires de corruption impliquant des fonctionnaires, les forces de police ou l'armée »[29]. La culture professionnelle érigée dans l'écosystème médiatique public burkinabè est quasiment celle que décrivait André Badibanga en 1979. L'auteur, dans une analyse des quotidiens d'informations *Elima* (Kinshasa), *Togo-Presse* (Lomé), *Fraternité-Matin* (Abidjan), et *Sahel* (Niamey), a montré que l'actualité dans ces pays était dominée par la célébration du culte de la personnalité. Elle se réduisait à la personne et à la pensée du chef de l'État[30].

Les modalités et formes de censure en régime semi-autoritaire sont diversifiées et souterraines. La liberté d'expression n'est pas violée de manière ostentatoire et brutale comme sous les régimes d'exception ou ouvertement autoritaires des décennies 1960-1990, mais de façon policée et démilitarisée. Les autorités politiques n'interfèrent pas directement dans le travail journalistique, mais agissent dans l'ombre ou par l'entremise des responsables éditoriaux. La censure intervient aussi bien en amont (*a priori*) qu'en aval (*a posteriori*). Il y a, à l'analyse de notre objet, le *black-out* qui consiste pour le média à réserver à un événement ou à une activité jugée (e) dérangeant (e) un silence assourdissant, l'évitement de la Une pour les sujets qui fâchent, la surenchère pour les sujets encensant le régime. La stratégie du régime contemporain repose, comme le note Augustin Loada, sur « diverses pratiques politiques qui laissent peu d'espaces d'expression à l'opposition »[31]. Seul ce qui se confond à l'ordre politique dominant relève du tolérable, du dicible, du diffusable, du publiable.

L'imposition des limites du diffusable et du publiable s'accentue en période de crise sociopolitique où le pouvoir en place peut se trouver en difficulté. Le discours contestataire est, à ces moments de turbulences politiques, davantage l'objet de sous-médiatisation ou de filtrage médiatique. Il ne bénéficie ni des mêmes formes de traitement journalistique ni du même temps d'antenne. Le journaliste reconfigure ses pratiques professionnelles en fonction du positionnement du protagoniste. L'analyse de la crise de 2011 révèle démesurément ce traitement différencié. De longs communiqués et interviews accordés par la radio et la télévision au camp officiel ne sont pas reconduits lorsqu'il s'agit du camp protestataire, confirmant l'idée selon laquelle en « contexte semi-autoritaire, pour réguler

[29] Frère Marie-Soleil, « Francophone Africa: The rise of 'pluralist authoritarian' media systems? » in *African Journalism Studies*, 2015, pp. 103-112.

[30] Badibanga André, « La presse africaine et le culte de la personnalité », in *Revue française d'études politiques africaines*, vol.14, n° 159, 1979, pp. 40-57.

[31] Loada Augustin, « Contrôler l'opposition dans un régime semi-autoritaire. Le cas du Blaise de Blaise Compaoré », in *Révoltes et oppositions dans un régime semi-autoritaire. Le cas du Burkina Faso*, Paris, Karthala, 2010, p. 292.

la critique, le régime conserve la possibilité de limiter, voire de fermer, ces espaces [l'espace public officiel et les espaces officieux] et de les rouvrir lorsqu'il estime qu'une tempête risquant de le mettre en péril est passée »[32]. À contrario, le discours du pouvoir en place jouit d'une hyper médiatisation. Il devient presque la seule source d'information, la source crédible et véridique.

Les pratiques journalistiques aboutissent à un effacement de l'information au profit de la communication. Les débats contradictoires et les émissions d'expression directe et interactive sont considérés comme des facteurs amplificateurs potentiels des mouvements contestataires. Pour cette raison, ils sont suspendus voire entravés. Les résultats auxquels la recherche est parvenue rejoignent le constat de Régis Balima, selon lequel « lorsque les activités des acteurs qui n'entrent pas dans le moule du pouvoir sont couvertes et diffusées, les reportages qui leur sont consacrés sont souvent traités de manière lapidaire avec un discours pas toujours conforme aux faits »[33]. La télévision publique a successivement diffusé à ses éditions de 20 heures une interview de 9 minutes du procureur du Faso relatant les faits et les circonstances de la mort du collégien (23/2/2011), un communiqué du gouvernement de 4 minutes lu par le ministre de la communication invitant les scolaires au calme (7/3/2011), une interview de 15 minutes du ministre de la Justice déroulant les procédures judiciaires enclenchées pour la manifestation de la vérité (9/3/2011), mais quand il s'est agi de relayer une déclaration de l'opposition, elle consacra 1 minutes, 40 secondes. Ce déséquilibre médiatique est vite dénoncé par le chef de files de l'opposition, Bénéwendé Sankara, qui, dans une lettre ouverte adressée à l'instance de régulation des médias, le Conseil Supérieur de la Communication, affirmait : « (...) notre déclaration [est] purement et simplement charcutée par la télévision nationale, sans que l'opinion n'ait eu la juste information que nous avons donnée »[34].

Durant cette crise, la télévision publique a adopté la posture du média qui cache en montrant, comme le démontre Pierre Bourdieu : « Je voudrais aller vers des choses légèrement moins visibles en montrant comment la télévision peut, paradoxalement, cacher en montrant, en montrant autre chose que ce qu'il faudrait montrer, si on faisait ce que l'on est censé faire,

---

[32] Hilgers Mathieu, « Identité collective et lutte pour la reconnaissance. Les révoltes à Koudougou lors de l'affaire Zongo », in *Révoltes et oppositions dans un régime semi-autoritaire. Le cas du Burkina Faso*, Paris, Karthala, 2010, p. 213.

[33] Balima Régis Dimitri, « Les médias publics face aux défis du pluralisme et de la convergence au Burkina Faso », *Les enjeux de l'information et de la communication*, n° 15, 2014, p. 155.

[34] *Sidwaya*, 11 au 13 mars 2011, p. 4.

c'est-à-dire informer ; ou encore en montrant ce qu'il faut montrer, mais de telle manière qu'on ne le montre pas ou qu'on le rend insignifiant, ou en le construisant de telle manière qu'il prend un sens qui ne correspond pas du tout à la réalité »[35]. Le petit écran national s'est illustré dans cette stratégie de voilement de la réalité en réservant à certaines images une invisibilité. En effet, peu d'images de la crise ont circulé à Télévision Burkina. Les raisons invoquées par la hiérarchie étaient que les images pouvaient inciter d'autres manifestations dans d'autres villes. Ainsi, les images des édifices publics incendiés, des postes de commissariats détruits, des sièges du parti présidentiel saccagés, des commerces vandalisés, etc., ont connu une certaine censure. Cette politique de l'occultation des images s'insère dans la logique d'une construction idéologique du rôle de l'image et de son impact sur les protagonistes et sur l'évènement. Abdoul Ba évoque les enjeux liés à la censure des images à la télévision en Afrique au lendemain des transitions démocratiques :

> Le but est d'imposer l'irréel malgré tous les démentis du réel. Car l'image est un facteur évident de vérité. Cela a entraîné, pendant plusieurs décennies une précaution répandue en Afrique et qui consistait en la confiscation de l'information par l'État. Ceci eut pour résultat l'étouffement des images. Aucun régime n'était disposé à laisser les moyens d'information étatiques diffuser des nouvelles susceptibles de jeter le trouble dans l'esprit des populations ; il s'agissait surtout d'éviter un choc qui pourrait perturber la crédibilité des choix nationaux et susciter des réactions gênantes pour les gouvernements[36].

Montrer des images de violence peut entrainer, certes, un effet de contagion ou de dramatisation, mais les cacher peut donner l'impression que rien de grave ne se produit. Des pistes de solutions peuvent tarder à être ébauchées. Ce n'est donc pas en cachant l'agitation que le média participe à la résolution de la crise, mais en présentant le « réel » tel qu'il est, à l'aide de commentaires qui permettent de mieux le cerner. La télévision n'a presque pas montré d'images sur les manifestations qui ont précédé la chute du régime Compaoré en octobre 2014, mais plus elle n'en montrait pas, plus les images circulaient sur les réseaux sociaux et les mobilisations s'intensifiaient. Avec l'émergence d'Internet et des réseaux sociaux, à moins

---

[35] Bourdieu Pierre, *Sur la télévision, suivi de l'emprise sur journalisme,* Paris, Liber / Raisons d'agir, 1996, pp. 18-19.

[36] Ba Abdoul, « L'Afrique sous la douche audiovisuelle », in *Communication et langages,* n° 108, 1996, p. 47.

de vouloir faire preuve d'autisme, le musellement médiatique est devenu obsolète.

Les journalistes sont pris dans un engrenage qui les oblige à tenir les propos qu'on attend d'eux, « à se soumettre à une attente normative qui prend la forme, dans le texte, d'idées reçues, de pensées banalisées, de formules toutes faites qui seront comme l'expression de la soumission du discours à l'ordre dominant ou du souci de celui qui le tient de se mettre au diapason de la parole autorisée »[37]. Ils sont réduits à pratiquer un journalisme préfabriqué qui ne véhicule que le discours et la vision de l'ordre politique dominant. Beaucoup parmi eux versent dans l'autocensure et la résignation pour éviter les sanctions non dites et/ou espérer toujours bénéficier des gratifications distribuées lors des voyages présidentiels. Des enquêtés (4 et 5) témoignent :

> Moi, je m'autocensure pour arriver à la maison et dormir tranquille. Je ne veux pas que, quand j'arrive à la maison, on me demande de justifier l'injustifiable, ou bien, on me demande d'expliquer ce que tout le monde sait déjà. Pour éviter tout ça, je m'autocensure »[38] « Je suis venu à la profession par vocation, mais avec les pressions qu'on subit tous les jours, je me suis vite rendu compte qu'il y a un certain moule vers lequel on dirige les journalistes ; et je suis rentré, au fur et à mesure, dans ce moule-là[39].

Mais en marge de ce journalisme de soumission se dresse timidement et conjoncturellement un journalisme de résistance ou de rébellion. Quelques journalistes affrontent les éventuelles sanctions en refusant d'être partie prenante de l'ordre journalistique établi, comme l'affirment ces interviewés 6 et 7 : « (…) je suis parvenu à faire passer l'élément le même jour mais après ça, je n'ai plus fait de reportage jusqu'à l'insurrection populaire d'octobre 2014 »[40]. « J'ai toujours réussi à faire passer mes papiers. Je me suis toujours opposée à ce qu'on cisaille des passages de mon article »[41]. Ces journalistes mettent à profit leur forte personnalité pour revendiquer des valeurs propres au journalisme et qui sont les leurs (transparence, véracité des faits, indépendance, fiabilité). Ils refusent de se soumettre aux règles tacites érigées par la hiérarchie et parviennent à déstructurer le système médiatique mis en place. Certains parmi eux ne sont pas sanctionnés ou ne peuvent pas l'être du fait de la politisation outrancière

[37] Durand Pascal, *La censure invisible*, Arles, Actes Sud, 2004, p. 10.

[38] Entretien réalisé à Ouagadougou le 28/7/2013.

[39] Entretien réalisé à Ouagadougou le 9/8/2013.

[40] Entretien réalisé à Ouagadougou le 13/7/10/2015.

[41] Entretien réalisé à Ouagadougou le 8/8/2013.

du sous-champ médiatique. Le capital social ou le système relationnel étant fortement enraciné, les supérieurs se gardent de sanctionner les agents dont ils ne connaissent pas les parrains politiques. Le contexte sociopolitique est typiquement celui où certaines sanctions posent problème, comme le montrent Blundo et Olivier de Sardan en parlant de l'administration publique d'Afrique de l'Ouest francophone : « le sanctionné étant à peu près toujours inséré dans des réseaux clientélistes qui le protègent. Celui qui veut sanctionner se voit ainsi immédiatement l'objet de multiples "interventions", voire de menaces, de la part de ses pairs ou de personnages plus haut placés »[42].

3. Journalisme au pluriel entre démocratie et dictature

Sur le plan praxéologique, ces conditions de production induisent des formats journalistiques spécifiques. Elles génèrent un journalisme essentiellement institutionnel, qui se confond à la communication. Il se manifeste par un discours consensuel et promotionnel. Le journaliste ne marque pas de distance et de recul vis-à-vis des faits qu'il relaie mais s'illustre en relationniste ou en communicant. La domination qu'il subit de la part des dominants et les rapports de connivence intéressée qu'il entretient avec les sources d'information par le biais du capital social ou des bénéfices matériels qu'il peut accumuler, l'obligent à la pratique d'un journalisme ne rendant service qu'aux sources d'information, le devoir de gratitude et de redevabilité étant, dans ce contexte, érigé en règle non écrite.

En marge du journalisme promotionnel et consensuel, se développe conjoncturellement un journalisme de résistance ou de rébellion. Quelques journalistes, parmi les dominés, résistent à la domination et parviennent à rendre publiques des productions journalistiques qui rompent avec le journalisme de service. Ce journalisme « dissident » prend comme référentiel le professionnalisme tel que défini par les standards internationaux. Il s'inscrit dans une approche de l'information de service public : il privilégie l'intérêt général au détriment de l'intérêt partisan. Les rapports de domination entre les dominants et les dominés et les marges de manœuvre sont renégociés et rediscutés. Les partisans du journalisme de résistance, prêts à subir les sanctions non écrites, quelles que soient leur nature et leur sévérité, inversent les rapports de force en leur faveur et bouleversent les représentations dominantes de la profession. Ces deux tendances journalistiques s'observent dans chacun des trois médias étudiés (Radio Burkina, Télévision Burkina et *Sidwaya*) aussi bien en temps ordinaire

---

[42] Blundo Giorgio et Olivier De Sardan Jean-Pierre, « La corruption quotidienne en Afrique de l'Ouest », in *Politique africaine*, n° 83, 2001, p. 26.

qu'en temps de crise. Entre ces deux moments, la radio et la télévision ne marquent pas de rupture. Elles poursuivent les mêmes pratiques journalistiques caractérisées par la prédominance de l'information institutionnelle et le journalisme de service. Sous prétexte d'une certaine « responsabilité sociale », elles esquivent le traitement médiatique de la crise et donnent l'impression à l'opinion publique que les tensions n'ont pas l'ampleur suggérée. Les trois médias constituent, dans la forme, un objet homogène, mais dans le fond, ils présentent des spécificités sous l'angle de leurs rapports au champ politique selon qu'il s'agisse de l'audiovisuel ou de la presse écrite. La radio et la télévision s'autocensurent plus que *Sidwaya* qui affiche par moments des velléités d'affranchissement de la tutelle politique. Il émerge ainsi du sous-champ médiatique public des journalismes et non du journalisme.

Conclusion

Le journalisme pratiqué dans les médias publics burkinabès ne constitue pas, en contexte de régime semi-autoritaire, un pouvoir et encore moins un contre-pouvoir, mais forme avec le pouvoir politique qui gouverne un tandem. Il partage avec celui-ci des frontières floues et poreuses qui dévoient les pratiques journalistiques. L'ensemble des contraintes de production du discours journalistique et la relation de « je t'aime, moi non plus » entre pouvoir politique et médias publics dotent ces derniers d'une identité professionnelle ambigüe. Le service public, fondement sur lequel repose tout média régi à cette vocation, est partiellement assumé. Le discours protestataire est constamment l'objet d'une tentative d'*invisibilisation* via plusieurs stratégies (censure, manipulation, sous-médiatisation, etc.) tandis que le discours officiel jouit d'une surmédiatisation. En période de crise, les pratiques journalistiques traduisent le constat fait par Marie-Soleil Frère à propos du couple *médias et conflits* en Afrique centrale. Pendant ces moments de turbulences sociopolitiques, « l'équilibre de l'information devient intolérable pour les pouvoirs dominants qui refusent que soient entendues les voix de ceux qui contestent leur autorité »[43]. Ce journalisme à géométrie variable est le résultat d'une coproduction entre l'organisation médiatique, où se déploient des stratégies et des arrangements informels et implicites, et les dominants du champ politique. Ces derniers sont des *big men* assimilables à des courtisans qui, pour leurs propres intérêts et leur survie politique ou professionnelle, poussent les journalistes à la démission intellectuelle et au

[43] Frère Marie-Soleil (dir.), *Afrique centrale. Médias et conflits : vecteurs de guerre ou acteurs de paix*, Bruxelles, Éditions GRIP, 2005, p. 318.

journalisme de service. Les formes de traitements journalistiques différenciés auxquelles s'adonnent les médias publics burkinabè sont l'expression, le prolongement ou le reflet de la nature semi-autoritaire du régime. Radio Burkina, Télévision Burkina et le quotidien *Sidwaya* participent fortement au maintien et à la pérennisation de l'ordre établi et peuvent donc être qualifiés de médias de type *libéral autoritaire*.

Références bibliographiques

Ouvrages

- Bourdieu Pierre, *Sur la télévision, suivi de l'emprise sur journalisme*, Paris, Liber – Raisons d'agir, 1996.
- Bourdieu Pierre, *Méditations Pascaliennes*, Paris, Le Seuil, 1997.
- Bourdieu Pierre et al., *La misère du monde*, Paris, Seuil, 1993.
- Bourdieu Pierre, « L'emprise du journalisme », in *Actes de la recherche en sciences sociales*, vol. 101, n° 1, 1994, pp. 3-9.
- Chouli Lila, *Burkina Faso 2011 : chronique d'un mouvement social*, Tahin Party, 2012.
- Dumez Hervé, *Méthodologie de la recherche qualitative. Les 10 questions clés de la démarche compréhensive*, Paris, Magnard-Vuibert, 2013.
- Durand Pascal, *La censure invisible*, Arles, Actes Sud, 2004.
- Frère Marie-Soleil (dir.), *Afrique centrale. Médias et conflits : vecteurs de guerre ou acteurs de paix*, Bruxelles, Éditions GRIP, 2005.
- Mauss Marcel, *Sociologie et anthropologie*, Paris, PUF, 1950.
- Minlo Raoul Simplice, *Cameroon Radio Television, un grand malade ? Diagnostic fonctionnel de l'audiovisuel public*, Paris, L'Harmattan, 2013.
- Mouckaga Hugues et al., (dirs), *Démocratie et/ou démocrature en Afrique Noire*, Paris, L'Harmattan, 2015.
- Natielse Kouléga Julien, *Le Burkina Faso depuis 1991 : entre stabilité politique et illusionnisme démocratique*, thèse de doctorat en science politique, Université Montesquieu Bordeaux IV, 2013.
- Traoré Yacouba, *Gassé Galo. Entre les lignes de mon journal*, Ouagadougou, Éditions Kraal, 2012.

Article de revues

- Apostolidis Thémis, « Représentations sociales et triangulation : une application de psychologie sociale de la santé », in *Psicologia : Teoria e Pesquisa, vol.* 22, n° 2, 2006, pp. 211-226.
- Ba Abdoul, « L'Afrique sous la douche audiovisuelle », *Communication et langages*, n° 108, 1996, pp. 45-52.
- Badibanga André, « La presse africaine et le culte de la personnalité », in *Revue française d'études politiques africaines*, vol. 14, n° 159, 1979, pp. 40-57.
- Balima Régis Dimitri, « Les médias publics face aux défis du Pluralisme et de la convergence au Burkina Faso », in *Les enjeux de l'information et de la communication*, n° 15, 2014, pp. 147-157.

- Blungo Giorgio et Olivier De Sardan Jean-Pierre, « La corruption quotidienne en Afrique de l'Ouest », in *Politique africaine*, n° 83, 2001, pp. 837.
- Frère Marie-Soleil, « "Enterrement de première classe" ou "leçon de droit". La presse burkinabè et l'affaire Norbert Zongo », in *Révoltes et oppositions dans un régime semi-autoritaire. Le cas du Burkina Faso*, Paris, Karthala, 2010, p. 241-267.
- Frère Marie-Soleil, "Francophone Africa: The rise of "pluralistauthoritarian" media systems ? *African Journalism Studies*, 36 : 1, 2015, pp. 103-112.
- Hilgers Mathieu, « Identité collective et lutte pour la reconnaissance. Les révoltes à Koudougou lors de l'affaire Zongo », in *Révoltes et oppositions dans un régime semi-autoritaire. Le cas du Burkina Faso* », Paris, Karthala, 2010, pp. 175-193.
- Hilgers Mathieu et Loada Augustin, « Tensions et protestations dans un régime semi-autoritaire : croissance des révoltes populaires et maintien du pouvoir au Burkina Faso », in *Politique africaine*, n° 131, 2013, pp. 187-208.
- Hilgers Mathieu et Mazzocchetti Jacinthe (dir.), *Révoltes et oppositions dans un régime semi-autoritaire. Le cas du Burkina Faso*, Paris, Karthala, 2010.
- Loada Augustin « Contrôler l'opposition dans un régime semi-autoritaire. Le cas du Blaise de Blaise Compaoré », in *Révoltes et oppositions dans un régime semi-autoritaire. Le cas du Burkina Faso*, Paris, Karthala, 2010, pp. 269-294.
- Marchetti Dominique, « les sous-champs du journalisme », *Réseaux*, n° 111, 2002, pp. 22-55.
- Médard Jean-François, « Le "Big Man" en Afrique – esquisse d'analyse du politicien entrepreneur », *L'Année sociologique*, vol. 42, 1992, pp. 167-192.
- Olivier De Sardan Jean-Pierre, « État, bureaucratie et gouvernance en Afrique de l'Ouest francophone. Un diagnostic empirique, une perspective historique », in *Politique africaine*, n° 96, 2004, pp. 139-162.
- Schedler Andreas, *Electoral Authoritarianism. The Dynamics of Unfree Competition*, Boulder, Lynne Rienner, 2006.
- Tozo Emile, « La réforme des médias publics en Afrique de l'Ouest. Servir le gouvernement ou le citoyen ? », in *Politique africaine*, n° 97, 2005, pp. 99-115.

Thèse

- Fierens Marie *Le journalisme en République démocratique du Congo et en Côte d'Ivoire. Émergence et évolution d'une profession, de la colonisation à nos jours*, thèse de doctorat en sciences de l'information et de la communication, Université libre de Bruxelles, 2014.

Chapitre V

Libéralisation économique, crise de l'État camerounais et le sort du secteur des Postes au lendemain de la démocratie

Ranèse Tchamba Ngotom et Japhet Anafak

Au début des années 1990, avec la chute du bloc communiste, les régimes autocratiques cèdent progressivement la place à une nouvelle forme de gouvernement par l'avènement de la démocratie. À cette mutation politique interne, correspond aussi une nouvelle politique économique conséquente avec des répercussions sur les structures de 1'État et de 1'administration, comme dans le secteur des Postes. Dans cette mouvance de la nouvelle gouvernance, l'on assiste à un relâchement de l'État dans sa mission régalienne. Les grands investissements sont tous azimuts interrompus et marqués par un réajustement face aux réalités conjoncturelles. Sur le plan socioéconomique, le choix est porté sur la libéralisation : la fin du monopole de l'administration, de l'entreprise publique sur les activités définies par l'autorité publique. L'État se désengage progressivement au profit du privé par le passage d'une administration omnipotente et omniprésente à une administration de développement ayant à jouer un rôle-moteur[1]. Cette privatisation, dans un secteur économique comme celui de la poste, marque le début de l'affaiblissement et de la chute progressive de ses activités. L'on note la régression du monopole du service public postal au profit de la concurrence. À la fin des années 1990, l'absence d'une véritable régulation dans ce secteur favorise une multiplication des malversations financières et la faillite de la banque postale. Cette communication analyse la faillite de l'État démocratique (libéralisation économique) dans la gestion des activités postales au Cameroun post Guerre Froide.

Mots clés : démocratie, libéralisation, État, postes, gouvernance.

[1] « Gestion du développement en Afrique : l'expérience du Cameroun », in NU. CEA Conférence Régionale sur la Gestion du Développement en Afrique : Trente années d'expérience, les nouveaux défis et les priorités futures (1993, mars 8 – 12 : Addis-Abeba, Éthiopie). Addis-Abeba : UN. ECA, http://hdl.handle.net/10855/2578 », consulté le 7 octobre 2015, pp. 1-3.

Introduction

Comme de nombreux États d'Afrique, le Cameroun accède à son indépendance, avec pour préoccupation majeure, l'accès au développement. L'expérience de *management* du pays est fortement influencée par son statut politique et son niveau de développement économique et social. Il faut se montrer plus à l'aise dans le choix de telle ou telle idéologie importée, même si celle-ci s'avère par la suite inadaptée au contexte. Les options économiques se modèlent aux prismes de l'évolution de l'économie mondiale aussi bien sur le plan doctrinal que sur celui de 1'activité, avec un souci constant pour l'autorité politique de 1'adapter au contexte local. Certes, trente années après l'indépendance le pays est sous un régime autoritaire, mais il « avance »[2]. Les politiques mises sur pied par les pouvoirs publics œuvrent pour un maintien de l'équilibre dans cette quête vers le développement. Des projets envisagés sont tenus et réalisés. L'on peut évaluer les progrès économiques et sociaux de ces trois décennies à sa juste valeur. Dans divers secteurs comme celui des Postes et Télécommunications l'on note une croissance appréciable qui s'apparente au contexte de développement. Les politiques de développement définies par l'État propulsent ce secteur. Elles canalisent tous les efforts vers l'atteinte de l'objectif fixé. Dans un processus de planification comme système de développement économique et social du pays, l'on peut à travers les plans quinquennaux apprécier l'effort de *mangement* dans ce secteur, accompagnée par une croissance maximale au cours des années 1980[3].

Cependant, cette période est rapidement suivie d'une politique de désengagement progressif de l'État et de stimulation du secteur privé. En effet, pour une nouvelle expérience de développement, l'État semble s'impliquer totalement dans les ajustements structurels que proposent les institutions financières internationales. Cette nouvelle politique conduit à plus de rationalité dans la gestion et à plus de libéralisation de l'économie. Dans le secteur des postes, on assiste à la fin du monopole étatique dans la gestion de ses activités. Au cours des années 1990, la libéralisation du secteur de l'économie entraine peu à peu l'intrusion de nouveaux prestataires. L'objet de cet article est de recenser les mesures prises pour

[2] Extrait des déclarations évaluatives tenues par les uns et les autres, en rapport avec la situation socioéconomique sous l'ancien et le nouveau régime. Par exemple, au quotidien l'on entend dire ceci : « au temps d'Ahidjo, les gens ne souffraient pas… ».
[3] Au cours de cette période, on peut noter la réalisation de plans quinquennaux ayant permis une couverture du territoire national en bureaux de postes et centraux téléphoniques. Du Nord au Sud, de l'Est à l'Ouest, la plupart des chefs-lieux de départements sont intégrés aux réseaux postaux et des télécommunications.

essayer de contrôler les activités postales dans le territoire camerounais. Au regard des décisions prises en vue de doter le secteur d'une personnalité juridique et d'une autonomie financière, cet article dresse le bilan de ces mesures prises pour préserver la survie de la Poste. Au final, nous montreront alors comment les nouvelles politiques économiques héritées de l'extérieure et appliquées ont fragilisé ce secteur d'activité depuis les années 1990.

1. Vers une libéralisation : du monopole aux réformes et essais de contrôle[4]

Avant la libéralisation : bref aperçu des avantages socio-économiques du monopole

La poste camerounaise nait pendant la période coloniale et se développe sous le statut de monopole d'État à l'image de la métropole[5]. Jusqu'à la fin des années 1980, le service postal est sous le régime d'un service public dont le monopole revient à l'État. La poste (service public) est l'incontournable. Elle joue un rôle important dans l'économie nationale à travers ces recettes postales, qui sont de plus de plus en croissante au fils des années[6]. L'on peut apprécier des investissements publics qui sont soutenus par les fonds provenant des recettes postales. Ses services financiers, précisément la Caisse d'Épargne Postale (CEP), vont influencer positivement l'évolution socio-économique. La CEP participe entre autres à d'abord la constitution d'une épargne nationale (qui se traduit par le souci d'intéresser toutes les couches de la population camerounaise à l'épargne et à la collecte des fonds déposés et pour les faire fructifier, à un montant minimum et laisse accès à tous types d'épargnants).

Ensuite, la CEP contribue au développement du monde rural (grâce à l'extension de son réseau par la Poste Automobile Rurale, qui vise à rendre plus agréable la vie de la masse rurale). Créée en 1974, elle est l'une des grandes réussites du gouvernement camerounais dans le secteur des Postes. Cette structure a connu des grandes réussites autour des années 1970 et ce, jusqu'au cours des années 1990. Elle faillit au cours des années 1990 d'une

---

[4] Elle suit la logique du programme de restructuration économique engagé par le gouvernement, sous la supervision des bailleurs de fonds depuis la fin des années 1980.

[5] Les activités postales sont, plusieurs années, monopolisées par l'État : depuis « l'État colonial » à l'État du Cameroun indépendant, de 1960 aux années 2000.

[6] Ranèse Tchamba Ngotom, « La poste au Cameroun sous l'administration française (1916-1960). Aperçu historique », mémoire soutenu en vue d'obtention du master 2, Université de Yaoundé 1, 2011.

part sous l'influence des réformes sectorielles et des restructurations des PAS (Programme d'ajustement structurel).

Et, d'autre part, sa participation à la réalisation des investissements publics : dans le domaine de l'immobilier-prêts accordés aux sociétés parapublique[7]. La CEP accorde des prêts sans frais d'administration ni taxes sur la distribution du crédit. Elle octroie également des années des prêts entre autres à la Caisse Nationale de Prévoyance sociale, à la compagnie nationale aérienne anciennement appelée Cameroun Airlines, au Crédit foncier (société publique intervenant dans les domaines de l'immobilier), à la Banque Camerounaise de développement, à Intelcam (Télécommunications internationales du Cameroun), etc.

Enfin, la CEP soutient la belle époque des Postes et Télécommunications avec un budget annexe et des salaires qui échappent aux baisses décidées par le gouvernement en 1993[8]. À partir du Congrès postal universel de Washington en 1989, les postes du monde prennent conscience de l'arrivée des intégrateurs dans le marché postal (FEDEX[9], UPS[10], DHL, TNT)[11]. Pour riposter à cette nouvelle donne, la CPU milite en faveur de la libéralisation du secteur postal. Celle-ci se met en œuvre au Cameroun dès 1999, alors que le marché postal camerounais compte déjà quelques opérateurs privés (DHL, MTA)[12]. Ainsi, la libéralisation du secteur postal vient mettre un terme à ce monopole étatique. Elle engendre un foisonnement d'opérateurs privés. Dans son rôle de régulateur, l'État procède à la mise sur pied d'un arsenal juridique pour assainir le secteur. Dans ce processus, les réformes entreprises par l'État laissent entrevoir son incapacité à contrôler ce secteur[13].

---

[7] Léopold Marelewa., « La Caisse d'Épargne Postale au Cameroun et sa place dans l'économie Nationale ? », mémoire présenté en vue de l'obtention du diplôme d'inspecteur des Postes et Télécommunications, ENSPT, 1992.

[8] Archives du MINPOSTEL-Cameroun, Yaoundé. Revue des P&T, Numéro 2, octobre, 1976, pp. 23-24.

[9] FEDEX est une entreprise américaine et une compagnie aérienne spécialisée dans le transport international de fret. FEDEX est l'abréviation syllabique du nom original de la compagnie, Fédéral Express.

[10] United Parcel Service est une entreprise postale, surnommée la « Big Brown ».

[11] Il s'agit es ces grandes multinationales prestataires des services dans le transport et transferts du courrier et du colis express.

[12] Leur croissance a été favorisée par la réduction des barrières commerciales, en particulier, l'uniformisation des procédures douanières (qui a entraîné un fort gain de temps) et la libéralisation du transport aérien et, d'une manière générale, par la mondialisation.

[13] À partir de la fin des années 1990, le processus de libéralisation des marchés a conduit à la scission de l'administration des postes et télécommunications en deux

La loi de 1998 et l'ouverture du marché postal

La loi n° 98/013 du 14 juillet 1998 relative à la concurrence dans le marché intérieur n'épargne pas le secteur postal. Elle met ainsi un terme au monopole détenu jusqu'alors par l'opérateur historique, la Poste, bras séculier du Ministère des Postes et Télécommunications dans le domaine de l'exploitation postale. À la faveur de cette libéralisation, les différents opérateurs privés, nationaux et internationaux qui arrivent sur le marché conquièrent les segments les plus porteurs : le courrier express et le transfert de fond. Pourquoi cette ouverture du marché dans le secteur postal ?

Cette ouverture est favorisée par les difficultés conjoncturelles de l'opérateur public postal, qui subit le désamour d'un public de moins en moins satisfait. C'est dans ce contexte qu'un vaste programme de restructuration du secteur postal est matérialisé dans un premier temps par la création de la Société Nationale des Postes (SONAPOSTE)[14]. Elle gérait désormais le secteur de l'exploitation. Dans la même mouvance, la Caisse d'épargne postale fut restructurée et ensuite, réorganisée par décret n° 2001/326 du 16 octobre 2001. Trois années après, ces deux structures fusionnèrent pour donner naissance à la CAMPOST[15].

Quel résultat après les premiers essais (après cinq années) ?

Peu de temps après la création de la CAMPOST (la nouvelle poste), une succession de lois sont votées et des décisions sont prises en rapport avec la gestion de la nouvelle entreprise postale. Le 24 juin 2005, la nomination et installation d'un administrateur provisoire et dissolution des organes de CAMPOST est opérée à l'exception de la commission de passation des marchés[16]. Le 28 décembre 2006, est signé un contrat de gestion entre le Gouvernement du Cameroun et le Cabinet International Canadien Tecsult Limited. Le 26 février 2007, entre en fonction l'équipe du Cabinet Tecsult (directeur général et quatre directeurs du même cabinet), suivie de la

---

entités distinctes. Le secteur des télécommunications s'est progressivement privatisé, alors que le secteur postal restait généralement sous la tutelle de l'État.

[14] Voir le décret n° 99/149 du 13 juillet 1999.

[15] Malheureusement contrainte par la gestion approximative de ses dirigeants, peu adaptés aux contraintes de la libéralisation et à la rude concurrence qui se fait de plus en plus pressante, la SONAPOST (le Président de la République, décide, le 23 avril 2004, de fusionner les deux entités (SONAPOST et CEP) en une seule dénommée « la Cameroon Postal Services », (CAMPOST) par décret n° 2004/095.

[16] Charles Tawaba, inspecteur principal des Douanes, est nommé comme administrateur provisoire pour un mandat de six mois, éventuellement reconductible, par un décret du président présidentiel.

création d'un comité de suivi présidé par l'ex administrateur provisoire. Le 25 février 2009, ce fut la désignation d'un intérimaire (cumulativement avec ses fonctions de directeur du Réseau et des Produits par le ministre d'État, ministre des Postes et Télécommunications).

Afin de clore la période de turbulence qu'a vécu la CAMPOST, le Président de la République met en place une nouvelle organisation par la signature de plusieurs décrets tels que le décret n° 2010/056 du 1er mars 2010 nommant le Président du Conseil d'Administration (qui est par ailleurs le ministre des Postes et Télécommunications) et le Décret n° 2010/059 du 1er mars 2010 portant nomination du directeur général de la CAMPOST. Le 2 mars 2010, pour assurer le succès de ce redémarrage de la CAMPOST, l'État signe un contrat d'assistance technique avec la SOFREPOST pour une durée de deux ans[17].

Une période de turbulence ouvre les portes à l'anarchie

Le marché postal camerounais connaît un fonctionnement anarchique après la libéralisation. Un opérateur peut entrer dans le secteur et en ressortir à sa guise[18]. La grille tarifaire appliquée par les différents opérateurs ne respecte aucune réglementation. Ainsi, cet environnement ne permet pas à l'État d'avoir une certaine lisibilité pour une meilleure prise de décision pour le développement du secteur. Aussi, l'apport du secteur postal à l'économie nationale reste diffus. Ce constat peu reluisant conduit l'État à assainir le marché postal par le biais de la régulation. La régulation devait alors assurer un fonctionnement normal et équilibré du marché postal afin de garantir une bonne offre de service, une concurrence loyale et de protéger le consommateur. Pour parvenir à cet assainissement, il fallait définir un nouveau cadre réglementaire.

La nécessité d'un nouveau cadre légal et réglementaire en vigueur

Il porte sur deux lois (reprise de la loi de 1999 et de 2006) à savoir : la Loi n° 99/002 du 7 avril 1999 qui régit l'activité postale au Cameroun et la loi n° 2006/019 du 29 décembre 2006 régissant l'activité postale au Cameroun.

---

[17] SOFREPOST est une filiale de Conseil appartenant à 100 % au groupe La Poste de France et directement rattachée au Siège de la Poste française.

[18] En 2016, les échanges sur la régulation du secteur postal au Cameroun surviennent dans un contexte marqué par l'exploitation anarchique dudit secteur par des opérateurs « non respectueux de la loi ». Il ressort des échanges de Yaoundé que près de 200 opérateurs répertoriés exercent dans l'illégalité sur le territoire national. http://www.journalducameroun.com/article.php?aid=22795

À ce titre, la loi du 7 avril 1999 intervient par la fixation les modalités d'installation et d'exploitation des réseaux et services postaux. Elle définit les conditions de la participation du secteur privé au développement de l'activité postal. Elle vise à promouvoir le développement harmonieux et équilibré des réseaux et services postaux, en vue d'assurer la contribution du secteur postal au développement de l'économie nationale et de satisfaire les divers besoins des utilisateurs et de la population. Bien que comportant certaines lacunes, elle a le mérite d'avoir généré des textes d'application signés, notamment ceux de 2002[19], 2004[20], 2005[21]. Dès lors, les opérateurs du secteur postal sont astreints au service minimum en cas de grève, d'insurrection, d'émeute, de révolte, de révolution, de guerre, de mutinerie, de boycott, de piraterie ou de toute autre circonstance d'effets équivalents. Notons à ce sujet que lesdits textes d'application n'ont jamais pu être appliqués intégralement jusqu'à la promulgation de la deuxième loi en 2006.

Concernant la loi n° 2006/019 du 29 décembre 2006 régissant l'activité postale au Cameroun, elle visait à combler les lacunes constatées dans la première loi compte tenu des évolutions intervenues dans l'environnement postal. Elle introduit ainsi une agence de régulation autonome chargée de la régulation exclusive du secteur postal. Cette idée, de création d'une agence de régulation postale, fut clivante au sein du ministère. Et pour cause, ceux qui proposaient l'idée seraient ceux qui la contrecarraient[22]. Certaines dispositions de ladite loi (Art.7, 8,9 et 12) prévoient trois régimes possibles d'exploitation :

– Premièrement, la concession déjà attribuée par l'État à la CAMPOST (opérateur public postal), en contrepartie de ses obligations de service public, le concessionnaire bénéficie des services réservés : la collecte, le tri, le transport et la distribution des envois de correspondances des régimes intérieur et international d'un poids unitaire inférieur ou égal à 500 grammes, la collecte, le tri, le transport et la distribution du courrier accéléré national, dont le poids unitaire n'excède pas 100 grammes.

---

[19] Le décret n° 2002/2171/PM du 19 décembre 2002 fixant les modalités de régulation et de contrôle des réseaux et services postaux.

[20] Le décret n° 2004/110 du 10 mai 2004 portant création et fonctionnement d'un compte d'affectation spécial du trésor pour le développement de l'activité postale.

[21] Le décret n° 2005/0704/PM du 21 mars 2005 fixant les modalités d'exécution du service minimum dans le secteur postal. Le service minimum est une mesure destinée à garantir la continuité du service public postal.

[22] Informations recueillies auprès de certains cadres du secteur de postes au Cameroun.

– Deuxièmement, une autorisation doit être sollicitée par les nombreux opérateurs privés postaux pour l'exploitation d'un réseau en vue de fournir au public des prestations postales ne relevant pas des services réservés.

– Troisièmement, la déclaration d'exploitation des réseaux postaux s'applique à des personnes physiques ou morales qui désirent exploiter des réseaux internes publics ou privés, des réseaux publics et privés indépendants dont les points de départ et d'arrivée sont distants de moins de 1000 mètres. Les modalités d'application de ces différents régimes sont précisées dans deux autres textes importants à savoir, un décret n° 2010/2429/PM du 12 août 2010 du Premier ministre et l'arrêté ministériel n° 00000013/MP du 05 août.

Quel est la substance de ce décret n° 2010/2429/PM du 12 août 2010 et de l'arrêté ministériel n° 00000013/MP du 05 août ?

Ce décret fixe mes modalités d'autorisation d'installation et d'exploitation des réseaux et services postaux par les opérateurs privés. Il s'applique aux prestations postales à but lucratif, réalisées sur le territoire du Cameroun, directement ou indirectement, par toute entreprise : Ce décret s'applique à tous les opérateurs nonobstant le statut juridique, l'objet social, le lien de son siège social ou du principal établissement, la nationalité des propriétaires, le capital ou les dirigeants. Les prestations à caractère financier (Art. 3, alinéa 28) sont également régies par les dispositions dudit décret, sans préjudice des dispositions de la législation et de la réglementation en vigueur en la matière. Qu'en est-il de l'arrêté ministériel n° 00000013/MPT du 5 août 2010 ?

Cet arrêté ministériel fixe les modalités de déclaration et d'exploitation des réseaux postaux. Les dispositions dudit arrêté s'appliquent aussi dans le cas de l'acheminement par des personnes physiques et à titre personnel, du courrier et/ou de la presse, lorsque le nombre cumulé de courriers et/ou des exemplaires de la presse est compris entre 10 et 29. Par la signature de textes d'application suscités, l'État a ainsi manifesté sa ferme volonté d'assainir le marché postal, de promouvoir une concurrence loyale et de mettre les consommateurs des produits postaux à l'abri d'abus de tout genre.

Pour parachever cette restructuration, en attendant la mise sur pied de l'Agence de régulation postale (ARP), un décret présidentiel n° 2012/512 du 12 novembre 2012 réorganise le ministère des Postes & Télécommunications, avec l'institution d'une direction de la Régulation et du Contrôle des activités postales. Elle est chargée entre autres de la vérification, de l'exécution et de la continuité des missions de service public postal, du contrôle de la mise en œuvre des conventions de concession et des autorisations, de la fixation des modalités et des conditions techniques de délivrance des récépissés de déclaration et du contrôle de l'activité postale. Toutes ces réformes structurelles et législatives ont un impact sur les employés.

2. Les implications de la réforme sur les employés

Le sort des employés de formation de l'opérateur historique : dévolution, détachement et licenciement abusifs

La restructuration (libéralisation) exige une remise à plat du statut des employés de l'ancien l'opérateur historique (l'État). Sur quelle base se fixa le FMI (Fonds monétaire international) pour demander au Cameroun de revoir le statut de ses employés ? S'il est estimé que, par exemple, Trinité-et-Tobago a réussi dans son processus de restructuration de la poste de 700 employés alors, le Cameroun pouvait en faire autant selon les experts du FMI. Cependant, la densité du réseau postal de cette île n'était pas comparable à celle du Cameroun[23]. Rendant alors difficile l'application des recettes de Trinité-et-Tobago au Cameroun.

Cinq années après, à la création de la CAMPOST, environ 700 personnels fonctionnaires et près de 600 autres temporaires avaient déjà été renvoyés à leur administration d'origine (le ministère des Postes et Télécommunications), tandis que 130 autres agents de la CAMPOST se voient purement et simplement licenciés. Ainsi, à la création de la SONAPOSTE au début des années 2000, l'effectif des postiers était passé de 5000 environ à 700. En février 2006, certaines indemnités sont payées à certains de ces employés. Mais, jusqu'en 2011, plus de 2700 personnes attendent toujours le paiement de leurs droits sociaux[24].

Échecs des services financiers : Malversations financières des postiers, dissolution de la CEP et la CCP

Lors de la création de la CAMPOST, le ministre des Postes et Télécommunications en exercice, Maximin Nkoué N'Kongo[25], met une crise de liquidités sur le compte des multiples retraits, largement supérieurs aux dépôts. Il promet également un début de solution « dans les brefs délais ». Cependant, les engagements ne sont pas tenus. Par ailleurs, à cette période, la presse locale fit l'écho de malversations financières survenues dans ces

---

[23] Entretien avec Younouss Djibrine, Secrétaire général de l'UPAP.

[24] Ces derniers avaient d'ailleurs manifesté bruyamment leur mécontentement devant le siège de leur ex-employeur, qu'ils accusaient de retarder l'échéance de leur paiement.

[25] 14e ministre depuis l'indépendance, il exerce ses fonctions ternes d'avril 2001 à avril 2014.

deux établissements, qui seraient à l'origine du manque de liquidités. Plusieurs agents suspects furent entendus par les services de la police judiciaire. Des receveurs de postes furent emprisonnés.

La dissolution de la Caisse d'épargne postale intervient donc inévitablement en 2004. Elle est remplacée par la CAMPOST (Cameroon postal services), qui n'a jamais reconstitué l'image d'Épinal de sa devancière. Les caisses n'ont pas retrouvé tous leurs moyens et on ne sait toujours pas si l'État est le seul responsable de l'échec de la CEP. L'État en difficulté au milieu des années 1990 aurait illégalement sollicité les fonds de la CEP pour régler des engagements, semble-t-il, n'ayant aucun rapport avec le service de l'épargne postale[26]. Des audits réalisés par le cabinet canadien TECSULT, dès sa prise de fonction en 2007, révèlent que de gros crédits n'ont pas été remboursés, à hauteur de plusieurs centaines de millions de francs CFA par certains clients. Dans son cahier de charges, TECSULT devrait créer une filiale bancaire à la CAMPOST. Face à l'absence de crédibilité, celui-ci ne réussit pas sa mission.

La CEP assurait une épargne de plusieurs dizaines de milliards de francs CFA. Elle avait, jusqu'à la fin des années 1990, une des meilleures couvertures nationales. Après la faillite de la CEP : « Il n'y avait pas de plan B, parce qu'on était sûr du plan A. Du liquide à gogo et à tout moment ». La CEP n'a pas pu lutter pour sa survie et s'écroula en 2004 après la libéralisation. À l'issue de cette faillite, les épargnes des plusieurs milliers de déposants furent perdues. Pourtant, les populations avaient entièrement fait confiance à cette caisse adossée sur le Trésor public. Il faut rappeler que l'État avait soutenu le secteur des postes et télécommunications avec un budget annexe et des salaires conséquents échappant à la baisse drastique des salaires de 1993 dans l'ensemble de la fonction publique du Cameroun.

3. Les implications de la réforme sur les usagers de la poste

Sort des avoirs et calvaire des anciens épargnants

« La pompe à fric s'étant s'asséchée », les caisses de la CEP se sont vidées. La panique s'empara des épargnants. Les demandes de retrait affluaient, l'offre était faible et on frisa l'émeute. La CEP n'était pas une institution financière ordinaire parce qu'elle détenait l'épargne des petites gens et les dépôts des couches les plus vulnérables de la société camerounaise. Elle a accueilli tous les déçus du système bancaire et a conservé les dépôts de nombreuses tontines, associations, groupes d'initiative commune ou de

[26] La réforme du secteur postal de 1999 passe par là sans rien améliorer à la situation, confère témoignages recueillis auprès des certains de nos informateurs.

PME. Lors des échéances politiques, des promesses sont émisses pour répondre aux besoins des épargnants. Cependant, ces promesses ne sont malheureusement pas tenues[27]. La proposition de recapitalisation de la CEP fut faite par simplement promesse électorale du fait des 800 000 épargnants et potentiellement des électeurs. Ces anciens épargnants de la CEP, plus de dix ans après la création de la *Cameroon Postal Services* (CAMPOST), n'ont toujours pas récupéré leurs avoirs[28]. Pourtant, à sa création les anciens clients de la caisse d'épargne postale et les propriétaires des comptes chèques avaient été recensés avec la promesse pour les épargnants de rentrer dans leurs avoirs, une fois l'opération terminée. Sans le savoir, ceci était le début de leur calvaire, qui se poursuit encore aujourd'hui.

Depuis 2007, les remboursements des anciens épargnants se font au compte-gouttes et selon la volonté des responsables de la CAMPOST. Très peu des anciens épargnants sont rentrés totalement dans leurs avoirs et pour les autres, il n'est plus surprenant pour eux, de s'entendre signifier le refus aux différents guichets après la présentation de leur carnet. Les plus entêtés élèvent la voix et il leur est alors indiqué de rencontrer le receveur pour la conduite à tenir. Il leur est souvent demandé de déposer une demande timbrée à 1000 FCFA et d'indiquer leurs contacts. Ainsi, depuis la création de la CAMPOST, des épargnants – en majorité des fonctionnaires – attendent de récupérer leurs dépôts. À certains, on ne propose que le dixième de la somme demandée, alors que d'autres sont obligés, sur les conseils d'agents de ces services, de rentrer dans la spirale des prêts à l'usure. D'où l'existence et la persistance d'une vraie crise de confiance entre la poste et la population.

---

[27] Candidat à la présidentielle de 2004, M. Paul Biya parle de la recapitalisation de la Cep, mais c'est simplement une promesse électorale. 800 000 épargnants, c'est 800 000 électeurs.

[28] Créée en 2004 de la fusion de la SONAPOSTE (Société Nationale des Postes) et de la CEP (Caisse d'Épargne Postale), c'est le 1er janvier 2007 que la CAMPOST devient propriété exclusive de l'État Camerounais, qui en détient les 100 % des actions. C'est la même année que la CAMPOST est confiée au groupe Canadien TECSULT International pour l'assainissement de sa gestion. La CAMPOST a pour principale mission la vente des timbres, la distribution du courrier et des colis, la mise à la disposition du public des boîtes postales, les services financiers dont les opérations de banque à travers des comptes de chèques postaux, le transfert d'argent et l'épargne.

Le désintérêt des services et produits offerts par la poste : crise de confiance ?

Depuis 2004, de nombreux clients de la poste ont résilié leur contrat pour d'autres microfinances. Sauf ceux des rares zones où seule la CAMPOST peut collecter et conserver l'épargne. D'ailleurs, l'on constate aujourd'hui une extension croissante du réseau des microfinances privées en zones rurales. On assiste alors au retour du règne de la thésaurisation ou alors la confusion, malgré les efforts de modernisation. Par ailleurs, ces drames sociaux se manifestent par la violence des épargnants.

En 2000 et 2010, on dénombre des accrochages réguliers entre les clients et les services d'épargne à savoir la CEP et le Centre des chèques postaux (CCP). Des cas de revendications très violentes sont notés de part et d'autre dans différents bureaux de poste du territoire. En février 2004, des épargnants désabusés et munis de machettes firent irruptions, parfois, dans les services de la CEP à Yaoundé[29]. Des usagers en grogne ont déjà, plusieurs fois, paralysé les voies d'accès à ces établissements.

Une persistance de l'anarchie

Malgré la multiplication des incidents, la situation n'a pas réellement évolué. L'État-a-t-il une réelle volonté de réguler et de rétablir la justice ?

Jusqu'à ce jour, l'État est toujours en quête d'une véritable régulation. Entre-temps, le secteur reste dans l'anarchie. Pourtant, depuis 2013 certaines résolutions ont été prises. Le ministère des Postes et Télécommunications lança un appel aux agents formés à la régulation postale de faire régner une saine concurrence. Celle-ci devrait profiter aux citoyens du Cameroun, de façon que chaque Camerounais, sans discrimination aucune, puisse accéder aux services postaux de base, de bonne qualité et à des prix abordables. Cependant, l'on relève, toujours pour le regretter, la persistance du désordre dans le secteur postal. Une situation qui prive non seulement l'opérateur désigné concessionnaire du service public postal, du privilège qui lui est accordé par la loi en contrepartie de ses obligations, mais aussi l'état d'importantes ressources utiles au financement du secteur. À la faveur de la libéralisation de l'activité postale, le marché camerounais compte près de cent-vingt opérateurs privés identifiés sur l'étendue du territoire, exerçant dans le domaine du courrier et du transfert des fonds, pour la plupart, au mépris des textes et règlements de la République. Ces opérateurs privés qui exercent les activités postales évoluent toujours après la création d'une

[29]« Des épargnants attaquent la Caisse d'épargne à la machette », actualité du 5 février 2004. URL : http://www.panapress.com

agence de régulation du secteur dans un marché anarchique. Pourtant, avec la loi de 2006 régissant l'activité postale au Cameroun, les textes d'application et le décret présidentiel de 2012, le secteur postal camerounais devrait connaitre à coup sûr un assainissement qui permettra aux opérateurs en règle de mieux s'épanouir et aux consommateurs d'être satisfaits à terme. Malheureusement, la mise en application de ces lois promulguées n'est pas effective[30].

Conclusion : une libéralisation du secteur postal ne s'est-elle pas faite de façon prématurée ?

À la suite de la libéralisation de la poste, les problèmes liés à la mauvaise gouvernance ne sont pas résolus par ces transformations institutionnelles. Et l'entrée de nouveaux capitaux dans cette industrie de réseaux est freinée par cette mauvaise gouvernance. De fait, tant qu'un réseau n'a pas atteint le stade de la maturité, l'ancien paradigme du monopole public verticalement intégré est l'organisation institutionnelle la plus efficace. L'ouverture à la concurrence ne doit pas intervenir avant que le réseau n'ait atteint sa maturité, dans une économie où règne une bonne gouvernance. Bien sûr, d'autres pensent que la réforme du secteur postal dans les pays en développement passe forcément par une libéralisation du marché, ou du moins par une réduction du monopole sur la plupart des segments de la chaîne de valeur postale. Cette réforme nécessite une définition claire des obligations de service universel, une détermination du statut juridique approprié pour l'opérateur postal national et une meilleure régulation du secteur. La volonté des politiques à réformer le secteur postal est un préalable, et si cette volonté existe, il ne faudrait pas que les gouvernements hésitent à remettre en question les anciens acquis[31]. Cela n'implique pas forcément une privatisation de l'opérateur postal national, puisque l'un des opérateurs les plus performants au niveau mondial, USPS (United States Postal Services), reste une administration publique. Mais cela signifie, entre autres choses, séparer le budget de l'État des comptes de l'entreprise, créer un comité de direction différent du ministère et appliquer le droit des

---

30 La loi de 2006 régissant l'activité postale, de manière spécifique, a institué une Agence de Régulation postale et créé un Fonds spécial de développement du secteur postal. Cette loi dispose en son article 59 que « l'Administration chargée des postes assure les fonctions de régulation jusqu'à la mise en place effective de l'Agence de régulation prévue à l'article 20 ». Et par décret du 12 novembre 2012, le chef de l'État a doté le ministère des Postes et Télécommunications d'une direction en charge de la Régulation et du Contrôle des activités postales.

31 « Le secteur postal en Afrique Panorama, Problématiques, Enjeux et Perspectives », in Publications PMC, mai 2008, 87 p. URL : www.performancesconsulting.com

affaires et du travail à cette entreprise. Cela peut se faire sous forme de concessions, de contrats de performance entre l'opérateur et l'État ou de contrats de gestion accordés au secteur privé. Le gouvernement peut aussi décider de sous-traiter certaines activités pour qu'elles fassent partie ou non du cœur de métier des postes. Par cet essai sur la poste, nous pouvons alors montrer les difficultés rencontrées par des États africains lors du processus de libéralisation des économies d'après-Guerre froide.

Références bibliographiques

Décrets et lois

- Le décret n° 99/149 du 13 juillet 1999. (Le Président de la République, décide, le 23 avril 2004, de fusionner les deux entités (SONAPOST et CEP) en une seule dénommée ''Cameroon Postal Service'' (CAMPOST) par décret n° 2004/095.
- Le décret n° 2002/2171/PM du 19 décembre 2002 fixant les modalités de régulation et de contrôle des réseaux et services postaux ;
- Le décret n° 2004/110 du 10 mai 2004 portant création et fonctionnement d'un compte d'affectation spécial du trésor pour le développement de l'activité postale ;
- Le décret n° 2005/0704/PM du 21 mars 2005 fixant les modalités d'exécution du service minimum dans le secteur postal. Le service minimum est une mesure destinée à garantir la continuité du service public postal.
- La loi de 2006 régissant l'activité postale, de manière spécifique, a institué une Agence de Régulation postale et créé un fonds spécial de développement du secteur postal.

Articles de revues et de journaux

- « Cameroun : Compost, la galère des anciens épargnants », actualité du 7 janvier 2013, in http://www.africa-info.org.
- « Cameroun : CAMPOST : les épargnants à nouveau dans la rue », actualité du 5 avril 2005, in http://www.lejournalquotidienmutations
- « Cameroun CAMPOST : Le gouvernement veut auditer la gestion de SOFREPOST : Cameroon », actualité du 10 mars 2014, in *le Journal l'œil du Sahel* https://www.237online.com
- « Des épargnants attaquent la Caisse d'épargne à la machette », actualité du 05 février 2004, in http://www.panapress.com
- Exposé de Laïssou Moussou portant sur le thème : le nouveau cadre juridique du secteur postal au Cameroun Présenter par le Contrôleur Régional n° 2 de la DELEPOSTELLITTORAL le 26 mars 2014.
- « Gestion du développement en Afrique : l'expérience du Cameroun », in NU. CEA Conférence régionale sur la Gestion du Développement en Afrique : Trente années d'expérience, les nouveaux défis et les priorités futures (1993, mars 8 – 12 : Addis-Abeba, Éthiopie), Addis-Abeba, UN-ECA, in http://hdl.handle.net/10855/2578", consulté le 7 octobre 2015, pp. 1- 3.

- « La libéralisation du secteur postal », in Économiques, une publication des économistes de l'UCL, n° 60, juin 2008,10 p.
- « Les 10 grands échecs du gouvernement. Caisse d'épargne postale : Un si beau gâchis 800 000 déposants » actualité du 04 décembre 2009, in http://www.nkul-beti-camer.com/
- *Le secteur postal en Afrique Panorama, Problématiques, Enjeux et Perspectives,* in Publications PMC, mai 2008, 87 p., in www.performancesconsulting.com
- « Restructuration : Des Canadiens aux portes de la Campost », actualité du 28 décembre 2006, in http://www CameroonInfo.Net

Mémoires et thèses

- Jean Zambo Mendouga, La Caisse d'Épargne postale, mémoire présenté en vue de l'obtention du diplôme d'inspecteur des Postes et Télécommunications, ENSPT, 1989, 53 p.
- Marelewa, L., « La Caisse d'Épargne Postale au Cameroun et sa place dans l'économie nationale », mémoire présenté en vue de l'obtention du diplôme d'inspecteur des Postes et Télécommunications, ENSPT, 1992, 58 p.
- Nantchueng née Simo J., « Les Postes et Télécommunications, facteur de développement économique : cas du Cameroun », mémoire de licence en économie, Université de Yaoundé, 1976.
- Tchamba Ngotom Ranèse, « La Poste au Cameroun sous l'administration française (1916-1960) : aperçu historique », mémoire soutenu en vue d'obtention du Master 2, Université de Yaoundé 1, 2011, 183 p.

Archives

- Archives du MINPOSTEL-Cameroun, Yaoundé. *Revue des P&T,* n° 2, octobre, 1976, pp. 23-24.

2e PARTIE

Les tensions interreligieuses

Chapitre VI

Orthodoxie religieuse et fanatisme chez les chrétiens de Yaoundé (Cameroun) : le doute sociocognitif comme régulateur des croyances religieuses

Claude Désiré Noumbissie

La littérature documentée et enrichie par Deconchy sur l'orthodoxie religieuse est très pertinente mais insuffisante. Cette insuffisante est due au fait que Deconchy ne s'intéresse pas de manière directe au fanatisme, il se contente tout simplement de décrire l'orthodoxie. Il ne situe pas l'orthodoxie et le fanatisme dans un processus d'analyse synchronisée et ne les considère pas dans un continuum, ou dans une quelconque relation théorique. Cette situation ne permet pas à la psychologie religieuse d'apporter des explications solides au terrorisme mondial. Cette recherche a été initiée dans le but de combler ce vide et de proposer une nouvelle lecture scientifique du fanatisme et du terrorisme. Les résultats de la double enquête menée en 2002 et en 2015 dans l'univers chrétien camerounais permettent d'affirmer que l'orthodoxie religieuse et le fanatisme se situent scientifiquement dans une relation de continuité voire de prédisposition. Leur analyse révèle que le doute sociocognitif est un régulateur des croyances religieuses. Il permet de lutter contre toute consistance, cohérence, congruence entre les cognitions religieuses (la religion, Dieu, etc.).

Mots clés : christianisme, fanatisme, orthodoxie, régulation, religion, sociocognitif, terrorisme.

1. Problématique

Contexte et justification

Les années 2015 et 2016 en Afrique et dans le monde sont marquées par une escalade de violence due à des attaques terroristes. Du Tchad au Nigeria, en passant par le Cameroun, le Mali, la Tunisie et la Somalie, les Groupes Armés Terroristes (Boko Haram[1], Al-Qaïda, AQMI, Ansar Dine, Al-

[1] Boko Haram (« L'éducation occidentale est péché » en langue haoussa) est un groupe islamique armé au Nigéria créé en 2002. C'est à l'origine une secte. Prônant un islam radical et rigoriste, Mohammed Yusuf, son fondateur, commence à attirer des fidèles dans les années 1990.

Shabaab, MUJAO, MNLA) sèment la terreur, l'effroi, le crime, la guerre, la mort, la peur, la psychose, etc. Ils sont pour la plupart basés sur une idéologie islamique radicale salafiste mais ont des revendications politiques et religieuses (scission d'un État, établissement de la Charia : loi pénale musulmane). Leurs actes de terrorisme qui portent en eux la sève illusoire d'un monde meilleur, torpillent les efforts des populations africaines d'améliorer leurs conditions de vie et leur situation économique.

En effet, chaque acte terroriste crée un climat de terreur et de psychose. Les activités professionnelles, les loisirs et les déplacements sont plombés par celui-ci. La communauté victime se replie sur elle-même et vit un réel choc psychologique et émotionnel. La destruction des infrastructures et la perte du capital humain donnent un bilan négatif énorme. Le terrorisme réduit le plus souvent l'afflux de capitaux étrangers en provoquant une baisse de la fréquentation touristique et du volume des investissements directs étrangers. La guerre contre le terrorisme est également très coûteuse pour les pays concernés (l'envoi des troupes, le matériel logistique, le financement des opérations, l'entretien quotidien des contingents, etc.).

À l'Extrême-Nord du Cameroun, les routes sont régulièrement attaquées, les couloirs de transhumance bloqués et les champs désertés par les populations qui fuient les attaques du groupe armé Boko Haram. Les dégâts sur le plan humain sont énormes, plusieurs centaines de personnes tuées, plusieurs milliers de déplacés, de réfugiés, de sans abri, d'immigrés, etc. Les commerces à Maroua, Mora, Kousseri, Fotokol, etc. (villes du Cameroun attaquées à de nombreuses reprises ces dernières années) ont été souvent fermés autant dans la crainte d'une nouvelle attaque qu'à cause de la faible affluence des clients (apeurés). La libre circulation des biens et des personnes est atteinte. La faible économie du Cameroun s'en trouve déstabilisée et sa croissance ralentie.

À Yaoundé, comme dans toutes les grandes villes du Cameroun, les cases, pistes, rues, bureaux, salles de classe, sont devenus des lieux de prédications, d'évangélisations, de pèlerinages, des temples, des paroisses, des chapelles, des royaumes. Des églises se multiplient à une vitesse importante. Les vieillards, les adultes, les jeunes, les adolescents, les enfants y adhérent. Tam-tams, expressions joyeuses de la foi et du salut caractérisent leur quotidien. En effet, les adeptes des mouvements religieux au Cameroun produisent des comportements particuliers. Aujourd'hui, il est possible de déduire l'appartenance religieuse des populations à partir de la simple observation de leurs comportements.

Au Cameroun, la perception de ces mouvements religieux est mitigée. Pour certains, ils sont un facteur indispensable pour l'épanouissement personnel et social. Pour d'autres, ils sont suspectés de procéder à des pratiques dangereuses pour le salut de l'âme et pernicieuses pour l'équilibre psychologique et social. Leurs leaders sont suspectés de pédophilie, homosexualité, arnaque, escroquerie, détournement, manipulation spirituelle, meurtre, etc. Ainsi, il serait possible de s'attendre que ces mouvements religieux suscitent la répugnance, qu'ils aient peu ou pas du tout d'adeptes. Mais, curieusement, ils attirent de plus en plus les populations qui ne présentent aucun signe d'abandon ni de désertion.

De la synthétique des propos des terroristes, extraits de l'émission « Devoir d'enquête[2] », (« les soldats d'Allah ») diffusée le mercredi 4 mai 2016 à 20 heures 30 minutes sur « la une », une chaine de télévision belge (RTBF-TV)[3], il en ressort que : « la mort est désirable par les terroristes, elle leur ouvre les portes du paradis et au paradis tout martyre a droit à un traitement particulier d'Allah en signe de reconnaissance, d'admiration, de récompense, d'agrément pour le forfait (attentat) commis. Selon leurs croyances, Allah est opprimé, il est contre les systèmes de gouvernance actuels qui ne sont pas basés sur les principes du Coran. Les dirigeants du monde, encore appelés les mécréants, l'ennemi, les méchants refusent de se mettre au service de leur créateur. Ils sont donc à combattre de même que tous ceux qui adhèrent à leurs idéologies. L'action des terroristes consiste à effrayer les ennemis de Dieu, les tuer et mourir dans l'honneur et la fierté, mourir en martyre. Il faut tout faire pour aller au paradis, avoir des femmes du paradis, un palais, des anges à votre service, un cheval en or pour vous conduire. Pour eux « la vie sur terre c'est rien ». Il faut mourir en martyre, car le martyre ne ressent pas la douleur, il meurt avec un sourire. Et surtout sa dernière parole, celle prononcée avant sa mort doit être « Allahouakbar », c'est à dire « Dieu est le grand ». Il n'y a que la mort qui fait entrer au paradis. Les hommes ne sont que des morts qui n'attendent qu'à mourir, alors rien de plus beau que de se donner la mort en martyre, celui qui se donne seul la mort n'ira pas au paradis, mais celui qui se donne la mort en tuant d'autres personnes ennemies d'Allah, en humiliant l'ennemi d'Allah ira au paradis. Après avoir écouté ces propos, il nous a semblé impératif de proposer une lecture scientifique du comportement fanatique.

---

[2] L'émission « devoir d'enquête », (« les soldats d'Allah ») diffusée le mercredi 4 mai 2016 à 20 heures 30 minutes sur « la une » une chaine de télévision belge.

[3] La Radio-télévision belge de la Communauté française (RTBF).

Cadrage théorique du problème et hypothèses de l'étude

Depuis les études pionnières de James[4] sur la variété des expériences religieuses, un siècle d'études sur la psychologie des mystiques, les effets psychologiques de la prière ou encore les liens entre religion et bien-être, les psychologues tentent d'expliquer les motifs et effets psychologiques des croyances religieuses. La religion c'est une idée-force, les expériences religieuses sont multiples pour le démontrer. Pour certains, la ferveur religieuse apporte un réconfort moral, pour d'autres, elle correspond à une expérience mystique, d'autres encore y trouvent des modèles de conduite à travers la vie des saints, des martyres (kamikazes). Pour certains enfin, la religion constitue une véritable thérapie. Les défis personnels étant différents d'un individu à un autre, les solutions le sont aussi. Les croyances religieuses ne se situent pas dans le registre du vrai ou du faux : elles sont d'abord utiles, accompagnant les croyants et les aidant à surmonter les épreuves de la vie.

Il y a plus de deux décennies, quelques travaux de Deconchy[5] ont retenu l'attention parce qu'ils dévoilaient des mécanismes psychosociaux sous-jacents à la situation d'orthodoxie, tantôt paisible, tantôt menacée. Dans cette perspective, il donnait un statut épistémologique assez précis à une notion courante dans le vocabulaire chrétien, dépourvue pourtant d'une signification spéculativement ferme. La définition d'une pensée orthodoxe se glisse entre le caractère d'une « pensée juste » et celui d'une « pensée conforme » en accord avec un ensemble doctrinal proposé par l'église. Ses recherches expérimentales en milieu naturel montraient que la portée contraignante de fragments du discours religieux (les « doxèmes ») relève de la régulation sociale. Ainsi, en cas de menace réelle ou supposée, la réaction orthodoxe appauvrit aussitôt le lexique religieux ou le rend rigide en renforçant, par exemple, le nombre de propositions considérées comme essentielles à l'appartenance au groupe-église, ou encore elle se sert de la relation au corpus biblique davantage pour protéger des informations acquises que pour enrichir leur signification. Cette idée de protection d'une idéologie religieuse est importante pour sauvegarder les acquis religieux et garantir sa pérennité. C'est la raison pour laquelle l'orthodoxie devient presque omniprésente dans la pédagogie religieuse. Elle intervient pendant le recrutement des adeptes à travers des actes de confession (confession de

---

[4] William James, cité par Jean-François Dortier, in *Sciences Humaines*, Mensuel, n° 172, La lutte pour la reconnaissance, « Pourquoi croit-on en Dieu ? », juin 2006.

[5] Deconchy, J.P. (1976). « Régulation et signification dans un cas de "compromis" idéologique (ecclésiastiques catholiques et propositions "marxistes") », in *Bulletin de psychologie, 30*, pp. 436-450.

foi) et d'engagement, dans l'enseignement doctrinal (la Bible, le Coran), dans les pratiques et rites religieux (sacramentels et liturgiques).

Ainsi, un sujet est ou devient orthodoxe d'après l'analyse générale de Deconchy[6], quand il accepte ou demande que sa pensée, son langage et son comportement soient régulés par le groupe idéologique dont il fait partie, notamment par les appareils du pouvoir de ce groupe (le clergé, la Bible, le Coran, l'Imam, le prêtre, le pasteur, le Pape, l'Évêque, etc.). Un groupe est orthodoxe dans la mesure où ce type de régulation y est effectivement assuré et où son bien-fondé fait lui-même, partie de la doctrine attestée par le groupe. Un système orthodoxe est alors l'ensemble des dispositifs sociaux et psychosociaux qui règlent l'activité du sujet orthodoxe dans le groupe orthodoxe. Il s'agit d'un ensemble de normes, de règles, de principes, de valeurs qui régularisent (régissent) les pensées, les attitudes, les actions, les comportements, les conduites des adeptes d'un groupe et qui sont affirmés comme nécessaires voire impératifs à l'appartenance au groupe. Ces définitions permettent de mettre en évidence le concept de régulation qui caractérise l'orthodoxie religieuse et qui détermine le comportement prototypique de l'adepte d'un groupe orthodoxe. Cette régulation peut conduire facilement l'adepte au fanatisme. Dans un système « orthodoxe », une plus grande perception de la fragilité rationnelle de la croyance renforce le réglage de l'appartenance au groupe et une moindre perception de cette fragilité allège ce réglage (Deconchy, 1980[7], 1984[8]).

Le fanatisme se dit plus ordinairement d'un zèle outré, et souvent cruel, pour une religion, ou d'un attachement opiniâtre et violent à un parti, à une opinion, etc. Pour Voltaire (1764)[9], le fanatisme est à la superstition ce que la rage est à la colère. Celui qui a des extases, des visions, qui prend des songes pour des réalités et ses imaginations pour des prophéties, est un enthousiaste ; celui qui soutient sa folie par le meurtre est un fanatique. Ainsi, quelqu'un qui prend sa religion pour un savoir est un fanatique, car il cherchera à la défendre bec et ongle comme une vérité. D'après Poulet

---

[6] Deconchy, J.P. (1980b). *Orthodoxie religieuse et Sciences humaines, suivi de (Religious) orthodoxy, rationality and scientific knowledge.* Paris-La Haye : Mouton, Berlin-NewYork, de Gruyter.

[7] Deconchy, J.P. (1980a). « Méthodologie expérimentale et psychologie de la religion. Note documentaire et thématique » in *Social science information – Informations sur les sciences sociales*, 19, pp. 581-606.

[8] Deconchy, J.P. (1984). « Rationality and social control in orthodox systems », in H. Tajfel (Ed.): *The social dimension. European developments in social psychology.* Paris, Éditions de la Maison des Sciences de l'Homme, Cambridge, Cambridge University Press.

[9] Voltaire, *Dictionnaire philosophique portatif*, Genève, 1764 (paru sans nom d'auteur).

(1989)[10], contrairement au doux illuminé, le fanatique est prêt, pour imposer sa loi, à tuer et à sacrifier sa propre vie. Sa foi dans son dieu, son parti, son chef, sa patrie, sa famille est exclusive ; en même temps qu'elle est quête d'un absolu, elle est corsetée dans la certitude d'avoir raison. Le fanatique est donc une personne animée d'une foi absolue et d'un zèle aveugle. Un zèle qui ne manque peut-être pas d'intelligence (il en faut pour concevoir et réussir des attentats), mais une intelligence aveugle aux souffrances des victimes et aux droits des autres. Le fanatique ne craint pas de s'attaquer à des innocents. À ses yeux, quiconque n'est pas avec lui est contre lui. Quiconque n'obéit pas aux idées et aux lois qu'il prône est un ennemi à soumettre ou à supprimer. La plus totale intolérance le caractérise.

Cette contribution scientifique veut fusionner l'orthodoxie religieuse au fanatisme pour observer, contrôler, analyser les effets de cette fusion chez les adeptes d'un mouvement religieux, d'un parti politique, d'une secte religieuse, etc. Le produit d'une pareille fusion permettra de comprendre le terrorisme mondial. Les actes terroristes ne peuvent selon l'esprit de cet article être posés que par des kamikazes qui sont à la fois orthodoxes et fanatiques. le résultat substantiel de cette fusion crée l'aveuglement, le barbarisme, la haine, le désir de tuer absolument, de venger inconditionnellement, de commettre des actes meurtriers, chez les croyants, les religieux, les terroristes.

Cette fusion de deux concepts fondamentaux de la psychologie sociale religieuse permet de poser le problème de l'imprécision du type de lien théorique entre orthodoxie et fanatisme. Ce lien jusqu'ici n'est pas encore suffisamment précisé par la littérature existante en psychologie religieuse. En effet, plusieurs théoriciens dans leur schéma d'analyse restent encore confus, imprécis, n'arrivent pas à définir clairement ce qu'est l'orthodoxie et ce qu'est le fanatisme ; ce qu'ils offrent au lectorat, a semblé encore insuffisant. La littérature actuelle n'est pas rassurante ou suffisamment objective lorsqu'il s'agit de clarifier théoriquement ces deux concepts. Cette recherche se propose de situer ces deux concepts dans un continuum, ou mieux dans une relation de continuité et/ou de prédisposition. Elle pose que l'orthodoxie est le pont qui conduit unilatéralement au fanatisme, le schéma inverse est presque impossible. D'où la difficulté de modifier les schèmes cognitifs de base des fanatiques. Ces schèmes cognitifs sont les principaux patrons du comportement humain.

[10] Poulet, B., *L'événement du jeudi, 12/01/1989*, Agora Vox, le média citoyen.

La traduction de l'adhésion religieuse en termes de « schémas cognitifs » (Bartlett, 1932[11]) pré-organisateurs de la perception et du traitement de la situation a suscité un certain nombre d'approches (Paloutzian & Smith, 1995[12] ; Koenig, 1995[13]), peut-être proches de certains « systèmes de signification » plus ou moins généraux (Bibby, 1983[14]). On en rapprochera l'intéressante étude de Desimpelaere, Sulas, Duriez et Hutsebaut (1999)[15] quand ils mettent en relation l'application de divers « styles épistémologiques » (réalisme naïf, inférence logique, subjectivisme sceptique) et une typologie de l'orientation religieuse. Des processus cognitifs interviennent également dans le traitement de l'information : en contrepoint du couple rationnel/irrationnel ou du concept de décidabilité (Trognon dans Beauvois, Monteil & Trognon, 1991)[16]. L'insertion des interactions religieuses dans des contextes intergroupes et en référence aux théories de la catégorisation sociale est devenue courante (par exemple : Kenworthy, 2003[17]) : soit dans l'espace religieux lui-même (Mvessomba, 2008[18] ; Mvessomba, M'Bédé & Deconchy, 2010[19]), soit dans l'interface

---

[11] Bartlett, F. A. (1932). *A Study in Experimental and Social Psychology*. New York », Cambridge University Press.

[12] Paloutzian, R. F., & Smith, B. S. (1995). « The utility of the Religion-as-Schema Model in *The International Journal for The Psychology of Religion*, 5, pp. 17-22.

[13] Koenig, H.G. (1995). « Religion as Cognitive Schema » in *The International Journal for The Psychology of Religion*, 5, pp. 31-37.

[14] Bibby, R. W. (1983). « Searching for invisible thread. Meaning systems in contemporary Canada » in *Journal for the scientific study of religion*, 22, pp. 101-119.

[15] Desimpelaere, P., Sulas, F., Duriez, B., & Hutsebaut, D. (1999). « Psycho-epistemological styles and religious beliefs » in *International journal for the psychology of religion*, *8*, pp. 125-137.

[16] Beauvois, J.-L., Monteil, J.-M., & Trognon, A. (1991). « Quelles conduites ? Quelles cognitions ? Repères conceptuels », in J.-L. Beauvois, R.-V. Joule et J.-M. Monteil (eds), Perspectives *cognitives et conduites sociales III. Quelles cognitions ? Quelles conduites ?* (pp. 203-296), Cousset (Fribourg), DelVal.

[17] Kenworthy, J.B. (2003). « Explaining the belief in god for self, in-group and out-group's targets » in *Journal for the scientific study of religion*, 42, pp. 137-146.

[18] Mvessomba, A. (2008). *Approches expérimentales de la perception, de l'évaluation et des relations intergroupes. Catholiques traditionnels, catholiques charismatiques et pentecôtistes du Cameroun.* Nanterre : Université de Paris-X, Yaoundé : Université de Yaoundé I. (thèse de doctorat).

[19] Mvessomba, A., M'Bédé R., & Deconchy, J. P. (2010). « Herméneutique radicale et proximité intergroupes. Catholiques traditionnels, Catholiques charismatiques et Pentecôtistes au Cameroun », in *Cahiers internationaux de psychologie sociale*.

religieux/non-religieux (Harper, 2007[20]) ; soit en référence occasionnelle avec la théorie de la comparaison sociale (Epley & Dunning, 2000[21]) : comparaison d'être humain à être « divin » (Demoulin, Saroglou & Van Pachterbeke, 2008[22]).

Pour certains auteurs, la société est « une machine à faire des dieux » (Moscovici, 1988[23]) et l'homme un être qui « créa les dieux » (Boyer, 2001[24]). Par exemple, on a essayé, expérimentalement, de comprendre comment des sujets – quelle que soit leur appartenance religieuse – traitent cognitivement des événements « inexplicables » (et non pas seulement non-rationnels : Dunkin & Greeley, 1991[25] ; mais proches de l'« incroyable » : Gilbert, Krull & Malone, 1990[26]) ; de l'« impensable » (Tetlock, Kristel, Elson, Melanie & Lerner, 2000[27]) ; de l'« incohérent » : Hertel, 1980 ; ou de l'« inattendu » : Macrae, Bodenhausen, Schloerscheidt & Milne, 1999[28]) : événements dont toutes les traditions religieuses font état dans leur discours. Les résultats font ressortir des traces de manipulation sociocognitive. Les interactions sociales religieuses – à forte implication et à forts enjeux personnels – s'insèrent dans ce que l'on a appelé une « enveloppe sociale globale » (Deconchy, 2002[29]) elle-même culturellement lourde et intrinsèquement

---

[20] Harper, M. (2007). « The stereotyping of nonreligious people by religious students: contents and subtypes » in *Journal for the scientific study of religion*, 46, pp. 539-552.

[21] Epley, N., & Dunning, D. (2000). « Feeling "holier" than you. Are self-serving assessments produced by errors in self- or social predictors » in *Journal of personality and social psychology*, 79, pp. 861-875.

[22] Demoulin, S, Saroglou, V. &, Van Pachterbeke, M. (2008). « Infra-humanizing others, supra humanizing gods: the emotional hierarchy », in *Social cognition*, 26, pp. 235-247.

[23] Moscovici, S. (1988). *La machine à faire des dieux*. Paris, Fayard.

[24] Boyer, P. (2001). *Et l'homme créa les dieux*. Paris, Gallimard.

[25] Dunkin, J.T., & Greeley, A.M. (1991). « A model of religious choice under uncertainty Unresponding rationality to the non-rational. », in *Rationality and society, 3*, pp. 178-196.

[26] Gilbert, D.T., Krull, D.S., & Malone, P. S. (1990). « Unbelieving the unbelievable. Some problems in the rejection of false information » in *Journal of personality and social psychology, 59*, pp. 601-613.

[27] Tetlock, P. E., Kristel, O.V. Elson, S.B., Melanie C., & Lerner, J.S. (2000), « The psychology of unthinkable. Taboo trade-offs, forbidden base rates and heretical counterfactuals. » in *Journal of personality and social psychology*, 78, pp. 853-870.

[28] MacRae, C.N., Bodenhausen, G.V., Schloerscheidt, A.M. & Milne, A.B. (1999). « Tales of the unexpected. Executive function and person perception. » in *Journal of personality and social psychology*, 76, pp. 200-213.

[29] Deconchy, J. P. (2002). « Représentations et processus idéologiques : effets d'enveloppe et expérimentation » in *Nouvelle revue de psychologie sociale*, 1, pp. 90-98.

marquée par l'historicité. L'analyse critique de cette rhétorique théorique permet de se poser la question de recherche suivante : l'orthodoxie religieuse prédispose-t-elle les chrétiens au fanatisme ? Pour y répondre, l'hypothèse générale suivant a été formulée : l'orthodoxie religieuse prédispose les chrétiens au fanatisme. Cette hypothèse a été opérationnalisée et quatre hypothèses secondaires ont été élaborées :

– HS1 : la conformité des chrétiens de la ville de Yaoundé à l'enseignement doctrinal les prédispose au fanatisme.

– HS2 : l'observance des normes rituelles du groupe d'appartenance religieuse par les chrétiens de la ville de Yaoundé les conduit au fanatisme.

– HS3 : la soumission des chrétiens de la ville de Yaoundé aux principes religieux de leur groupe d'appartenance religieuse les expose au fanatisme.

– HS4 : la valorisation de l'appartenance religieuse par les chrétiens de la ville de Yaoundé les prédispose au fanatisme.

Objectifs de l'étude

Elle a pour objectif principal de déterminer le type / la nature / la qualité du lien théorique qui existerait entre l'orthodoxie et le fanatisme. En d'autres termes, elle se propose de monter que l'orthodoxie religieuse et le fanatisme entretiennent des relations de continuité, de prédisposition. Elle a pour objectifs spécifiques de montrer que :

– la conformité à l'enseignement doctrinal / religieux prédispose au fanatisme ;
– l'observance des normes rituelles / sacramentelles d'un mouvement religieux prédispose au fanatisme ;
– la soumission à l'idéologie religieuse prédispose au fanatisme ;
– la valorisation d'un mouvement religieux prédispose au fanatisme ;
– le doute sociocognitif régularise les croyances religieuses.

2. Méthodologie

Yaoundé, la capitale politique du Cameroun, est le site de cette étude. Elle compte aujourd'hui plus d'un million d'habitants selon les estimations du BUCREP[30] (2010). Elle est le siège des grandes institutions religieuses du Cameroun. Sa population est fortement influencée par cet aspect culturel et plus de sa moitié adhère dans un mouvement religieux chrétien. C'est aussi une ville

[30] BUCREP (2010) / Bureau Central des Recensements et des Études de Population (Cameroun).

cosmopolite. Pour cette étude, les chrétiens catholiques, protestants et pentecôtistes ont été retenus. Un caractère homogène (fidélité, régularité, participation aux activités de l'église) a été inféré à cette population pour faciliter la constitution de l'échantillon. L'échantillonnage par quota s'est imposé comme le plus indiqué. Il a permis d'attribuer des quotas en fonction du nombre d'adeptes par mouvement religieux. Ainsi, pour un échantillon estimé à 600 participants, le catholicisme a un quota de 47,4 % soit 284, le protestantisme un quota de 30,3 % soit 182 et le pentecôtisme, un quota de 22,4 % soit 134.

Pendant la période allant d'avril à juin 2015, un questionnaire comportant dix-neuf questions a été administré à 600 fidèles chrétiens de Yaoundé, un autre avait déjà été administré en juillet 2002[31]. Pour des raisons d'anonymat, les églises qui ont abrité l'enquête ne seront pas nommées. Pour analyser les données collectées sur le terrain, le khi-deux[32] a été privilégié puisqu'il s'agissait de déterminer des corrélations entre deux variables (l'orthodoxie et le fanatisme), et par la suite un calcul du coefficient de contingence a été impératif pour déterminer la qualité du lien (fort, moyen, faible).

3. Résultats, analyse et interprétation

Caractéristiques sociodémographiques des participants

Parmi les personnes (82 %) qui ont effectivement retourné les questionnaires bien remplis, 54,87 % sont de sexe masculin et 45,13 % de sexe féminin. Les chrétiens catholiques 222 (45,51 %) sont plus représentés que les chrétiens protestants 148 (30,10 %) qui sont plus représentés que les chrétiens pentecôtistes 122 (24,39 %). Les personnes de la tranche d'âge (18-25) ont la fréquence la plus élevée (41,9 %) et celles de la tranche d'âge (34-41) ont la fréquence la plus faible (8,1 %). Les étudiants (36,6 %) et les travailleurs (32,1 %) sont plus représentés que les autres professionnels. Il est aussi important de préciser que les sans-emploi ont une fréquence pas du tout insignifiante (11,9 %).

Orthodoxie religieuse des chrétiens de la ville de Yaoundé

Pour mesurer l'orthodoxie religieuse des chrétiens de la ville de Yaoundé, quatre modalités ont été mises en évidence (la conformité à l'enseignement doctrinal, l'observance des normes rituelles, la soumission aux principes religieux et la valorisation de l'appartenance religieuse).

[31] Juillet 2002 (Noumbissie, C. D. (2002). *Orthodoxie religieuse et fanatisme chez les chrétiens de la ville de Yaoundé*, mémoire de maîtrise, Université de Yaoundé 1).

[32] Khi-deux (χ^2) : Le test du χ^2, prononcé « khi-deux » ou « khi carré », est un test statistique permettant de tester l'adéquation d'une série de données à une famille de lois de probabilités ou de tester l'indépendance entre deux variables aléatoires.

– L'orthodoxie religieuse dans les églises catholiques

Tableau 1 : synoptique des résultats de l'orthodoxie religieuse dans les églises catholiques

Résultats			
Orthodoxie religieuse	**Orthodoxe**	**Non orthodoxe**	**Total**
La conformité à l'enseignement doctrinal	6	26	**32**
L'observance des normes rituelles	23	44	**67**
La soumission aux principes religieux	19	40	**59**
La valorisation de l'appartenance religieuse	21	43	**64**
Total	**69**	**153**	**222**

Le tableau 1 montre que seulement 31 % des participants adeptes des églises catholiques sont orthodoxes et 69 % ne le sont pas.

– L'orthodoxie religieuse dans les églises protestantes

Tableau 2 : synoptique des résultats de l'orthodoxie religieuse dans les églises protestantes

Résultats			
Orthodoxie	Orthodoxe	Non orthodoxe	Total
La conformité à l'enseignement doctrinal	30	6	**36**
L'observance des normes rituelles	10	14	**24**
La soumission aux principes religieux	41	21	**62**
La valorisation de l'appartenance religieuse	17	9	**26**
Total	**98**	**50**	**148**

Le tableau 2 indique que 66,21 % des protestants enquêtés ont déclaré être orthodoxes.

– L'orthodoxie religieuse dans les églises pentecôtistes

Tableaux 3 : synoptique des résultats de l'orthodoxie religieuse dans les églises pentecôtistes

Numéro 1

Résultats			
Orthodoxie religieuse	**Orthodoxe**	**Non orthodoxe**	**Total**
La conformité à l'enseignement doctrinal	19	2	**21**
L'observance des normes rituelles	17	1	**18**
La soumission aux principes religieux	41	6	**47**
La valorisation de l'appartenance religieuse	35	1	**36**
Total	**112**	**10**	**122**

Numéro 2

Résultats			
Fanatisme	**Fanatiques**	**Non fanatiques**	**Total**
L'adoption des conduites ascétiques	9	25	34
L'imperméabilité aux systèmes idéologiques extérieurs	11	52	63
La glorification de l'église	14	36	50
La participation inconditionnelle aux activités de l'église	8	67	75
Total	42	180	222

À la lecture du tableau 3, force est de constater que 91,80 % des pentecôtistes enquêtés ont déclaré être orthodoxes et seulement 8,20 % ne le sont pas.

– Appartenance religieuse et orthodoxie religieuse : analyse comparative

Tableau 4 : synthétique de l'orthodoxie religieuse dans les mouvements religieux étudiés

Orthodoxie et Mouvements religieux	**Orthodoxes**	**Non orthodoxes**	**Total**
Catholicisme	69	153	**222**
Protestantisme	98	50	**148**
Pentecôtisme	112	10	**122**
Total	**279**	**213**	**492**

À la lecture du tableau 4, nous constatons que 56,7 % des participants sont orthodoxes, c'est-à-dire conformes à l'enseignement religieux, observent les normes rituelles, se soumettent à l'opinion religieuse et sont heureux d'appartenir à leur église.

Par contre 43,3 % ne sont pas orthodoxes, c'est-à-dire, ne sont pas réguliers aux cultes, ne se conforment pas aux enseignements religieux, ne critiquent pas d'autres mouvements religieux, n'observent pas les normes rituelles et les rites sacramentels de l'église, et ne se soumettent pas aux principes de l'église. Parmi les participants orthodoxes, 40,14 % sont pentecôtistes, 35,12 % sont protestants et seulement 24,73 % sont catholiques.

Le fanatisme des chrétiens de la ville de Yaoundé

Pour mesurer le fanatisme des chrétiens de la ville de Yaoundé, quatre modalités ont été mises en évidence (l'adoption des conduites ascétiques, l'imperméabilité aux systèmes idéologiques extérieurs, la glorification de l'église, la participation inconditionnelle aux activités de l'église).

– Le fanatisme dans les églises catholiques

Tableau 5 : synoptique des résultats du fanatisme dans les églises catholiques

Résultats			
Fanatisme	**Fanatiques**	**Non fanatiques**	**Total**
L'adoption des conduites ascétiques	9	25	**34**
L'imperméabilité aux systèmes idéologiques extérieurs	11	52	**63**
La glorification de l'église	14	36	**50**
La participation inconditionnelle aux activités de l'église	8	67	**75**
Total	**42**	**180**	**222**

Les résultats du tableau 5 permettent de constater que seulement 18,91 % des participants catholiques posent des actes relevant du fanatisme.

– Le fanatisme dans les églises protestantes

Tableaux 6 : synoptique des résultats du fanatisme dans les églises protestantes

Résultats			
Fanatisme	**Fanatiques**	**Non fanatiques**	**Total**
L'adoption des conduites ascétiques	16	6	**22**
L'imperméabilité aux idéologies extérieures	19	32	**51**
La glorification de l'église	12	27	**39**
La participation aux activités de l'église	16	20	**36**
Total	**63**	**85**	**148**

Le tableau 6 indique que 42,56 % des participants protestants posent des actes relevant du fanatisme et 57,44 % ne posent pas des actes fanatiques.

– Le fanatisme dans les églises pentecôtistes

Tableau 7 : synoptique des résultats du fanatisme dans les églises pentecôtistes

Résultats			
Fanatisme	**Fanatiques**	**Non fanatiques**	**Total**
L'adoption des conduites ascétiques	12	5	**17**
L'imperméabilité aux systèmes idéologiques extérieurs	18	9	**27**
La glorification de l'église	30	6	**36**
La participation inconditionnelle aux activités de l'église	29	13	**42**
Total	**89**	**33**	**122**

Les résultats du tableau 7, indiquent que 72,95 % des participants pentecôtistes déclarent poser des actes relevant du fanatisme.

– Appartenance religieuse et pratiques fanatiques des chrétiens de la ville de Yaoundé : analyse comparative

Tableau 8 : synoptique des pratiques fanatiques des chrétiens de la ville de Yaoundé

Fanatisme – Mouvements religieux	**Fanatiques**	**Non fanatiques**	**Total**
Catholicisme	42	180	**222**
Protestantisme	63	85	**148**
Pentecôtisme	89	33	**122**
Total	**194**	**298**	**492**

Le tableau 8 permet de constater que 39,43 % des participants déclarent poser des actes relevant du fanatisme. Parmi eux, 45,87 % sont pentecôtistes ; 32,47 % sont protestants et seulement 21,64 % sont catholiques. Il apparaît que les pentecôtistes sont plus fanatiques que les protestants qui sont plus fanatiques que les catholiques. De manière générale, les adeptes fanatiques se privent des plaisirs du monde (alimentation, sexe, habillement luxueux, pouvoir, argent, etc.) et sont prêts à tout pour le bien de leur église. Ces actes peuvent susciter chez les individus des écarts de comportements importants. Tout chrétien orthodoxe et fanatique pense devoir s'écarter des plaisirs du monde qui ne cadrent pas avec les principes bibliques et/ou religieux. L'enseignement religieux représente une force dynamique qui agit sur les mécanismes psychologiques qui développent une orientation cognitive ou une croyance forte qui garantit la dépendance du croyant. Cette dépendance peut entrainer la soumission, la conformité, la valorisation, l'observance des prescriptions de l'église.

Analyse, interprétation et vérification des hypothèses de l'étude

– HS1 : La conformité des chrétiens de la ville de Yaoundé à l'enseignement doctrinal les prédispose au fanatisme

Tableau 9 : Les fréquences observées de HS1

Fanatisme (VD) Orthodoxie religieuse (M1VI)	**Fanatiques**	**Non fanatiques**	**Total**
Respect de la parole de Dieu	32	104	**136**
Respect des commandements de l'église	41	46	**87**
Respect du discours religieux	56	113	**169**
Mise en pratique des conseils des leaders religieux	68	32	**100**
Total	**197**	**295**	**492**

Le calcul du Khi-deux (χ^2) de HS1 à partir des résultats du tableau 9 a donné 53, 22 ; au ddl = 3, et au seuil de signification 5 % (0,05) on lit sur la table de la loi du Khi-deux, χ^2_{lu}=7,81. Nous rejetons H0 et nous acceptons Ha. Ceci entraîne qu'il y a un lien statistique significatif entre la conformité à l'enseignement doctrinal de l'église et le fanatisme. Le coefficient de contingence (c)=0, 31. Le lien existant est faible.

– HS2 : L'observance des normes rituelles du groupe d'appartenance religieuse par les chrétiens de la ville de Yaoundé les conduit au fanatisme.

Tableau 10 : Les fréquences observées de HS2

Fanatisme (VD) Orthodoxie religieuse (M2VI)	Fanatiques	Non Fanatiques	Total
Pratique des rites liturgiques	153	206	**359**
Pratique des rites sacramentels	44	89	**133**
Total	**197**	**295**	**492**

Le calcul du Khi-deux (χ^2) de HS2 à partir des résultats du tableau10 a donné 3,70 ; au ddl = 1, et au seuil de signification 5 % (0,05) on lit sur la table de la loi du Khi-deux, χ^2_{lu}=3,84. Nous rejetons Ha et nous acceptons H0. Ceci entraîne qu'il n'y a pas de lien statistique significatif entre l'observance des normes rituelles et le fanatisme. Le coefficient de contingence (c)=0,08. Le lien existant est très faible.

– HS3 : La soumission des chrétiens de la ville de Yaoundé aux principes religieux de leur groupe d'appartenance religieuse les expose au fanatisme.

Tableau 11 : Les fréquences observées de HS3

Fanatisme (VD) Orthodoxie religieuse (M3VI)	Fanatiques	Non fanatiques	Total
Partage de l'opinion biblique	127	30	**157**
Acceptation de l'idéologie du mouvement religieux	30	176	**206**
Partage des idées des leaders religieux	40	89	**129**
Total	**197**	**295**	**492**

Le calcul du Khi-deux (χ^2) de HS3 à partir des résultats du tableau11 a donné 169,50 ; au ddl = 2, et au seuil de signification 5 % (0,05) on lit sur la table de la loi du Khi-deux, χ^2_{lu}=5,99. Nous rejetons H0 et nous acceptons Ha. Ceci entraîne qu'il y a un lien statistique significatif entre la soumission aux principes religieux et le fanatisme. Le coefficient de contingence (c)=0,51. Le lien existant est fort.

– HS4 : La valorisation de l'appartenance religieuse par les chrétiens de la ville de Yaoundé les prédispose au fanatisme.

Tableau 12 : Les fréquences observées de HS4

Fanatisme (VD) Orthodoxie religieuse (M4VI)	Fanatiques	Non fanatiques	Total
Valence de la doctrine	134	52	**186**
Valence des rites	45	158	**203**
Valence de la qualité de vie dans l'église	18	85	**103**
Total	**197**	**295**	**492**

Le calcul du Khi-deux (χ^2) de HS4 à partir des résultats du tableau 12 a donné 128, 05 ; au ddl = 2, et au seuil de signification 5 % (0,05) on lit sur la table de la loi du Khi-deux, χ^2_{lu}=5,99. Nous rejetons H0 et nous acceptons Ha. Ceci entraîne qu'il y a un lien statistique significatif entre la valorisation du mouvement religieux et le fanatisme. Le coefficient de contingence (c)=0,50. Le lien existant est moyen.

L'hypothèse générale de cette étude prédisait l'existence d'un lien théorique entre l'orthodoxie religieuse et le fanatisme. L'analyse et l'interprétation des résultats obtenus permettent d'observer statiquement l'existence d'un lien de continuité et de prédisposition entre l'orthodoxie et le fanatisme. Ce lien se vérifie avec un degré de contingence faible (C=0,39). Cette situation permet de conclure que les chrétiens de la ville de Yaoundé qui sont orthodoxes sont prédisposés à poser des actes fanatiques. Les chrétiens qui posent des actes fanatiques ne sont pas ceux qui observent les rites liturgiques et sacramentels de l'église (deuxième hypothèse secondaire), mais plutôt ceux qui sont soumis aux principes de l'église (troisième hypothèse secondaire), conformes à l'enseignement religieux (première hypothèse secondaire) et ceux qui valorisent leur appartenance religieuse (quatrième hypothèse secondaire). Deconchy (1980 b[33]) définit un adepte orthodoxe comme celui qui accepte que sa pensée, son langage et ses actes soient réglés par son groupe d'appartenance. Ce réglage des comportements, des attitudes, des conduites des adeptes dans un groupe constitue un mécanisme de régulation qui convoque de manière directe ou indirecte des

---

[33] Deconchy, J.P. (1980b). *Orthodoxie religieuse et Sciences humaines, suivi de (Religious) orthodoxy, rationality and scientific knowledge*. Paris-La Haye, Mouton, Berlin/New-York, de Gruyter.

mécanismes d'influence sociale comme la conformité (Asch, 1956[34]), l'obéissance (Milgram, 1974[35]), la soumission (Joule, 1998[36]), l'influence minoritaire (Moscovici, 1979[37]). Ces mécanismes d'influence s'opèrent dans un contexte de régulation sociale (Reynaud, 1997[38], 1999[39]) et de dynamique de groupe (Lewin, 1951[40]). Un adepte qui accepte ce processus de régulation comportementale est directement exposé au fanatisme. Selon Reynaud (1997, 1999), la vie des règles, leur élaboration et leur renouvellement constituent une régulation sociale qui est l'objet de la théorie de la régulation sociale. Cette théorie permet de comprendre les modalités de construction d'obligations sociales auxquelles les individus se soumettent, se conforment, obéissent du fait que ces règles sociales sont le produit endogène de leurs relations. Les terroristes, les kamikazes et tous ceux qui adhèrent dans des groupes ou se radicalisent pour commettre des actes barbares et incompris, sont en quelque sorte des personnes victimes de ce système de manipulation, de régulation, de robotisation, et de désindividualisation. Il s'agit d'un ensemble de personnes qui n'agissent plus en leur propre nom, mais au nom d'autrui, du groupe, de Dieu, d'Allah, d'un fantôme (d'un démon), d'un esprit, d'une voix qui hante (psychopathe), etc.

3. Discussion

Les cognitions sociales qui constituent une forme de perception, de pensée sociale ou comportement social renvoient à un ensemble de croyances, de préconceptions et aux théories implicites. Elles permettent de comprendre que l'information n'est pas toujours façonnée par la réalité neutre mais par des préconceptions (doctrine, enseignement, idéologie, opinion, discours, etc.). Chaque individu (adepte) possède un ensemble d'informations, une somme de connaissances sur la religion qui constituent son expérience personnelle. Ces informations relèvent de ses apprentissages, de ses échanges sociaux avec les autres, de ses comportements et de ceux des autres, de ses attitudes et de celles des autres vis-à-vis de la religion. Et, c'est à la base de tout ceci qu'il explique et comprend la religion. C'est dire qu'à l'origine de nos conduites, il n'y a pas une cause unique mais un ensemble

[34] Asch, S, E. (1956). *Studies on independence and conformity: a minority of one against a unanimous majority.* Paris, Mouton.

[35] Milgram, S. (1974). *Soumission à l'autorité.* Paris, PUF.

[36] Joule R.V., & Beauvois J.L. (1998) *La soumission librement consentie,* Paris, PUF.

[37] Moscovici, S. (1979). *Psychologie des minorités actives.* Paris, PUF.

[38] Reynaud J.-D. (1997). *Les règles du jeu. L'action collective et la régulation sociale,* 2e édition, Paris, Armand Colin, Paris.

[39] Reynaud J.-D. (1999). *Le conflit, la négociation et la règle,* Paris, Octarès 2e édition.

[40] Lewin, K. (1951). *Field Theory in Social Science.* New York, Harper.

indissociable de facteurs conscients et inconscients, intellectuels, affectifs, sociaux qui sont en interaction réciproque. Les motivations cognitives permettent aux individus d'ajuster leurs comportements, au moyen d'évaluation, d'anticipation et de corrections de manière à s'approcher le plus possible du but désiré. Nos raisons ou intérêts personnels sont des motivations qui peuvent privilégier ou distordre les informations reçues. Ceci tient du fait que les individus conditionnent la perception de la réalité, en recherchant dans l'environnement (le mouvement religieux) ou chez autrui (les condisciples, les leaders religieux) les informations qui renforcent leurs attentes.

Les cognitions sociales qui découlent de la perception sociale renvoient à un processus d'explication et d'analyse psychologique des informations relevant du monde social, c'est-à-dire de l'interaction entre les individus ou entre les individus et l'environnement. C'est la raison pour laquelle nous pensons que le doute sociocognitif peut s'imposer comme un régulateur des croyances religieuses. Dans un contexte où les cognitions sociales élaborées sur la religion et Dieu ne sont pas favorables à une pratique religieuse sans fanatisme, il est préférable de créer un doute sociocognitif. C'est-à-dire lutter contre toute consistance, cohérence, asymétrie entre les cognitions individuelles et sociales élaborées sur la religion et Dieu. Ici, il est préférable que pour un même enseignement religieux les croyants aient des cognitions différentes voire contradictoires. En d'autres termes qu'ils n'arrivent pas à élaborer une cognition substantielle, unique, indivisible, solide et commune. Pour être plus simple, il faut éviter au maximum que les croyants d'un même mouvement religieux, d'un même groupe aient les mêmes perceptions, représentations, opinions, attitudes, croyances, cognitions sur la religion, Dieu, la Bible, le Coran, Allah, etc. Car, les cognitions sociales, par leur principe, participent à l'évaluation, à la prescription, à la prédiction, à l'orientation et même à l'anticipation du comportement en vue de la recherche d'une union harmonieuse. Dans ce dispositif cognitif, toute information de nature à prédire une dysharmonie pourrait entraîner son rejet. Il est donc préférable qu'aucune union harmonieuse, convenable ne soit trouvée.

Conclusion

Cette étude est la suite d'une réflexion qui a commencé aux lendemains des attentats du 11 septembre 2001 aux États-Unis. La réflexion consistait à identifier les variables psychologiques et psychosociales qui peuvent justifier voire expliquer les actes terroristes. Elle s'oriente vers les notions d'orthodoxie et de fanatisme et fait cette tentative de compréhension, d'analyse et de questionnement. La littérature pleinement fouillée et enrichie par Deconchy (1976,1978, 1980a, 1980 b, 1984, 1985, 1987 b, 2002, 2006), nous a semblé pertinente mais insuffisante, dans la mesure où il ne situe pas de manière directe ces deux notions dans un processus d'analyse synchronisée, il ne les considère pas non plus dans un continuum, ou dans une quelconque relation théorique de dépendance et/ou d'indépendance. Les résultats des enquêtes que nous avons menées, permettent d'observer l'existence d'un lien de continuité entre orthodoxie et fanatisme. Ils ont également permis de constater que les chrétiens des églises dites du réveil sont plus orthodoxes que les chrétiens catholiques qui sont moins orthodoxes que les chrétiens protestants. Les chrétiens orthodoxes sont plus exposés au fanatisme que les chrétiens non orthodoxes. Toutefois, le doute sociocognitif peut s'imposer comme un régulateur des croyances religieuses. Il est donc impératif d'éviter tout consensus cognitif ou affectif dans les groupes religieux.

Références bibliographiques

- Asch, S.E. (1956). *Studies on independence and conformity: a minority of one against a unanimous majority*. Paris, Mouton.
- Bartlett, F.A. (1932). *A Study in Experimental and Social Psychology*. New York, Cambridge University Press.
- Beauvois, J.-L., Monteil, J.-M., & Trognon, A. (1991). « Quelles conduites ? Quelles cognitions ? Repères conceptuels », in J.-L. Beauvois, R.-V. Joule & J.-M. Monteil (eds), *Perspectives cognitives et conduites sociales III. Quelles cognitions ? Quelles conduites ?* Cousset (Fribourg), Del Val, pp. 203-296.
- Belzen, J. (2011). « La psychologie de la religion au regard de la psychologie culturelle » in *Bulletin de psychologie*, 4 (2), 12, pp. 103-116.
- Boyer, P. (2001). *Et l'homme créa les dieux*. Paris, Gallimard.
- Bryan, W. (1970). *Les sectes religieuses*. Paris, Payotheque.
- Deconchy, J.P. (1971). *L'orthodoxie religieuse. Essai de logique psycho-sociale*. Paris, Presses Ouvrières.
- Deconchy, J.P. (1976). « Régulation et signification dans un cas de "compromis" idéologique (ecclésiastiques catholiques et propositions "marxistes") » in *Bulletin de psychologie, 30*, pp. 436-450.
- Deconchy, J.P., Hurteau, C., Quelen, F., & Ragot, I. (1997). « The Psychology of religion and the cognitive models: the "learned helplessness case" ». *International journal for the psychology of Religion*, pp. 263-268.
- Deconchy, J. P. (2002). « Représentations et processus idéologiques : effets d'enveloppe et expérimentation » in *Nouvelle revue de psychologie sociale*, n° 1, pp. 90-98.
- Deconchy, J.P., & Bauduin, B. (2002). « Expliquer tout de même l'inexplicable. Appel à des "croyances", mise en veille et activation d'un schéma cognitif de type sectaire » in *Psychologie et société*, 6, pp. 23-57.
- Deconchy, J.P. (2011). « La psychologie sociale expérimentale de la religion. L'état des choses » in *Bulletin de Psychologie*, 64(2), p. 12.

- Demoulin, S., Saroglou, V., &, Van Pachterbeke, M. (2008). « Infra-humanizing others, supra humanizing gods: the emotional hierarchy » in *Social cognition*, 26, pp. 235-247.
- Desimpelaere, P., Sulas, F., Duriez, B., & Hutsebaut, D. (1999). « Psycho-epistemological styles and religious beliefs » in *International Journal for the Psychology of Religion*, 8, pp. 125-137.
- Dunkin, J.T., & Greeley, A.M. (1991). « A model of religious choice under uncertainty Unresponding rationality to the non-rational » in *Rationality and society*, 3, pp. 178-196.
- Durkheim, E. (1968). *Les formes élémentaires de la vie religieuse.* Paris, PUF.
- Epley, N., & Dunning, D. (2000). « Feeling "holier" than you. Are self-serving assessments produced by errors in self- or social predictors » in *Journal of Personality and Social Psychology*, 79, pp. 861-875.
- Gilbert, D.T., Krull, D.S., & Malone, P.S. (1990). « Unbelieving the unbelievable. Some problems in the rejection of false information » *in Journal of Personality and Social Psychology, 59,* pp. 601-613.
- Godin, A. (1972). « Orthodoxie religieuse et psychologie sociale » in, *NRT*, pp. 620-637.
- Harper, M. (2007). « The stereotyping of nonreligious people by religious students: contents and subtypes » in *Journal for the Scientific Study of Religion, 46*, pp. 539-552.
- Hertel, B.R. (1980). "Inconsistency of beliefs in the existence of heaven and after-life". *Review of Religious Research*, 21, pp. 171-183.
- Joule, R.V., & Beauvois J.L. (1998) *La soumission librement consentie.* Paris, PUF.
- Kenworthy, J.B. (2003). "Explaining the belief in god for self, in-group and out-group's targets". *Journal for the Scientific Study of Religion*, 42, pp. 137-146.
- Koenig, H.G. (1995). Religion as Cognitive Schema. *The International Journal for The Psychology of Religion*, 5, pp. 31-37.
- Lewin, K. (1965). Décision *de groupe et changement social.* Paris, PUF.
- MacRae, C.N., Bodenhausen, G.V., Schloerscheidt, A.M., & Milne, A.B. (1999). Tales of the unexpected. Executive function and person perception. *Journal of Personality and Social Psychology*, 76, pp. 200-213.
- Magdalini, D., & Roussiau, N. (2011). Psychologie de la religion : perspectives psychosociales. Introduction. *Bulletin de psychologie*, 64 (2), 512, pp. 99-102.
- Mbiti, J. (1972). *Religions et philosophie africaine*. Yaoundé, Clé.
- Milgram, S. (1974). *Soumission à l'autorité.* Paris, PUF.
- Moscovici, S. (1988). *La machine à faire des dieux.* Paris, Fayard.
- Moscovici, S. (1994). *Psychologie sociale des relations à autrui.* Paris, Nathan.
- Mvessomba, A. (2008). *Approches expérimentales de la perception, de l'évaluation et des relations intergroupes. Catholiques traditionnels, catholiques charismatiques et pentecôtistes du Cameroun.* Nanterre : Université de Paris-X, Yaoundé, Université de Yaoundé I. (thèse de doctorat).
- Mvessomba, A., M'Bédé R., & Deconchy, J.P. (2010). Herméneutique radicale et proximité inter-groupes. Catholiques traditionnels, Catholiques charismatiques et Pentecôtistes au Cameroun. *Cahiers internationaux de psychologie sociale.*

- Noumbissie, C.D. (2002). *Orthodoxie religieuse et fanatisme chez les chrétiens de la ville de Yaoundé.* Yaoundé : Université de Yaoundé1. (mémoire de maîtrise en Psychologie sociale).
- Paloutzian, R. F., & Smith, B.S. (1995). The utility of the Religion-as-Schema Model. *The International Journal for The Psychology of Religion,* 5, pp. 17-22.
- Reynaud, J.-D. (1997). *Les règles du jeu. L'action collective et la régulation sociale,* 2e édition. Paris, Armand Colin.
- Reynaud J.-D. (1999). *Le conflit, la négociation et la règle,* Octarès Éditions, 2e édition. Paris, Armand Colin.
- Reuchlin, M. (1986). *Les méthodes en psychologie.* Paris, PUF.
- Tetlock, P.E., Kristel, O.V. Elson, S.B., Melanie C., & Lerner, J.S. (2000). The psychology of unthinkable. Taboo trade-offs, forbidden base rates and heretical counterfactuals. *Journal of personality and social psychology,* 78, pp. 853-870.
- Wachelke, J., & Camargo, B.V. (2011). Effet de la saillance de l'appartenance à un groupe et du format de réponse sur l'activation des contenus de représentations sociales. *Bulletin de psychologie,* 64(2), 512, pp. 169-185.
- William, J. (2006). La lutte pour la reconnaissance, « Pourquoi croit-on en Dieu ? ». In J.-F. Dortier. *Sciences Humaines,* Mensuel, n° 172.
- Ysseldyk, R, Matheson, K., & Anisman, H. (2010). Religiosity as identity. Toward an understanding of religion from a social identity perspective. *Personality and social psychology review,* 14, pp. 60-71.

Chapitre VII

Pentecôtismes et intolérances entre mythe et réalité : Le prosélytisme des sacramentaux dans la stratégie de conquête des Églises de réveil au Cameroun

Nadeige Laure Ngo Nlend

Introduction

Si l'on retient la typologie de Ludovic Lado[1], anthropologue et jésuite, quatre principaux groupes pentecôtistes se déploient en Afrique, à savoir, les Églises indépendantes africaines d'inspiration pentecôtistes, les Églises pentecôtistes classiques, les Églises néo-pentecôtistes, les mouvements charismatiques catholiques et protestants. Tous ces groupes, indépendamment de leurs particularités, s'inspirent d'une double innovation théologique : le baptême par le Saint-Esprit et le caractère impératif de la manifestation visible de ses dons par le converti, notamment le don du parler en langue, encore appelé glossolalie. À ce dénominateur commun s'ajoutent d'autres traits caractéristiques. Ainsi, au plan doctrinal, ils revendiquent une pureté évangélique, exprimée au travers d'une interprétation souvent littérale de la Bible, dans une ligne d'orthodoxie qui, pour certains de leurs contradicteurs, n'est pas sans rappeler les premières formes de fondamentalismes chrétiens. Au plan social, elles revendiquent le droit de structurer l'ensemble des existences des individus ainsi que la vie sociale des populations. Au plan institutionnel, les pentecôtistes rejettent toute forme d'œcuménisme qu'ils considèrent comme une forme de compromission avec les confessions chrétiennes traditionnelles regardées comme affadies, et devant être revivifiées.

Pourtant, en considération de ce qui s'observe de nos jours des pratiques rituelles de certaines Églises pentecôtistes largement imprégnées de certains aspects de la religion populaire, pratiques que d'aucuns, comme Félix Mutombo Mukedi[2], n'hésitent pas à qualifier « d'évangile fétiche », l'orthodoxie alléguée du pentecôtisme est-elle tenable dans un contexte

[1] Ludovic Lado, « Les enjeux du pentecôtisme africain », in *Études,* 2008/7 (Tome 409), pp. 61-71, p. 63.

[2] Félix Mutombo M., « Les vestiges de la cosmogonie ancestrale dans la théologie de la prospérité en Afrique », in *Perspectives missionnaires,* n° 53, 2007/1. p. 30.

religieux camerounais très diversifié ? Une telle interrogation prend également en compte, la description des pentecôtismes brésiliens faite par J.P. Bastian[3] ayant, pour certaines d'entre elles, recours, dans leurs procédés thérapeutiques, aux objets rituels tels que l'eau bénite, l'huile bénite, les bougies, etc. Des mélanges de formes rituelles pas toujours bien vues par les pentecôtistes classiques qui leur reprochent de flirter avec le paganisme et l'idolâtrie. Précisément, alors que le mouvement du réveil dont elles sont issues s'est toujours doctrinalement posé par opposition au christianisme historique et de façon spécifique, au catholicisme, dont il a critiqué et rejeté les pratiques sacramentelles sus mentionnées (usage d'eau bénite, huile, sel etc.) aux motifs d'idolâtrie, les Églises néo-pentecôtistes qui nous occupent, s'orientent de plus en plus vers une pastorale inspirée d'éléments de la religion catholique elle-même. Ceci étant, notre postulat majeur est que : le néo pentecôtisme camerounais, recrutant prioritairement dans les rangs du catholicisme, ne lui a pas emprunté que ses adeptes. À l'instar de mouvements analogues repérés en Amérique latine, il n'hésite pas à puiser de plus en plus dans la matière cultuelle à sa portée, (catholique en l'occurrence, mais aussi autochtone) pour se livrer à son tour à un travail syncrétique.[4]Trois points majeurs articuleront ainsi la trame de cette réflexion :

En premier lieu, la présentation d'un bref aperçu du panorama de l'implantation pentecôtiste en terre camerounaise permettra de saisir son insertion dans un contexte à prédominance religieuse catholique. En second lieu, nous questionnerons le sens d'une orthodoxie alléguée, ou d'une intransigeance imputée à un mouvement néo pentecôtiste, mobilisant dans sa stratégie de conquête, des procédures autrefois reprochées à l'Église catholique ainsi qu'à l'univers non chrétien. Un tel propos, mettant en exergue l'ambiguïté du mouvement pentecôtiste, ne manquera pas de souligner, en dernière analyse, d'une part, l'écueil de l'intolérance qui guette certaines formations pentecôtistes, versées dans une interprétation littérale et parfois fondamentaliste de la Bible et d'autre part, le caractère illusoire des promesses de prospérité, matérielle ou physique « vendues » à des adeptes, trop souvent.

---

[3] Ludovic Lado, *op. cit.*, p. 63.

[4] Bastian, J.P., « *Le protestantisme en Amérique latine : une approche socio-historique.* » Genève, Labor et Fides, 1994, p. 244, in Véronique Boyer, « Possession et exorcisme dans une Église pentecôtiste au Brésil », in *Cahier des Sciences Humaines,* 32 (2) 96, pp. 243-264, p. 244.

1. Des Églises en plein essor malgré une certaine fragilité

L'implantation des premières Églises pentecôtistes au Cameroun est le fruit de la mobilité économique et socio professionnelle entre le Nigéria et la partie dite anglophone du Cameroun autour des années 1950. Dans les années 1970, la diffusion du pentecôtisme selon un axe ouest-est progresse vers le Cameroun dit francophone, favorisé par des missionnaires d'expression anglaise, par la suite relayés par des locuteurs du français dans la zone qui porte ce nom. Le résultat s'est traduit par l'implantation de dénominations qui sont les équivalentes francophones des Églises pentecôtistes d'expression anglaise éponymes. (Église apostolique en 1949, Vraie Église de Dieu du Cameroun, Mission du plein évangile, Église Frontières Globales etc.)

Dès les années 1990, on observe, une émulation sans précédent dans les rangs du pentecôtisme camerounais, traduit à la fois par une « autochtonisation » et une autonomisation des mouvements pionniers, auxquels s'ajoutent désormais des dénominations transnationales d'origine brésilienne (EURD, Église Universelle du Royaume de Dieu) ou coréenne. Cette vague du mouvement du réveil a bénéficié d'un vent de tolérance des autorités préoccupées par l'influence grandissante des Églises traditionnelles notamment les catholiques, très critiques à l'égard du régime. Pour cette raison, le gouvernement a encouragé l'installation des Églises pentecôtistes en laissant croitre les enseignes, malgré leur caractère clandestin et illégal.

S'il est difficile de tracer une ligne de démarcation nette entre ces diverses dénominations pentecôtistes issues du protestantisme évangélique et ayant toutes en commun de mettre l'emphase sur les dons du Saint-Esprit, à savoir : le parler en langue, le don de prophétie et de guérison, il est tout de même possible de dégager une spécificité du courant dit néo-pentecôtiste. Empruntons pour cela les catégories d'André Mary qui identifie quatre traits spécifiques de ces confessions : un leadership de poigne, un anti œcuménisme viscéral, un libéralisme, une option prononcée pour un évangile de la santé et de la prospérité, tributaire de certaines formes de prosélytisme (banderoles, affiches, enseignes et investissement des médias)[5].

Toutefois, cette effervescence pentecôtiste (mille Églises environ au Cameroun) masque mal la réalité d'un éclatement intra confessionnel, confinant de plus en plus à l'émiettement. Ces Églises fonctionnent en effet selon une logique de scissiparité qui découle de leur primat doctrinal fondé sur la renaissance spirituelle, *bornagain* et le caractère personnel de celui-ci.

---

[5] André Mary, « Le pentecôtisme brésilien en terre africaine. L'univers abstrait du royaume de Dieu », in *Cahiers d'études africaines,* 167 /2002, mis en ligne le 22 juin 2005, consulté le 12 octobre 2012, p. 465.

Tout individu ayant reçu la Révélation de l'Esprit a l'obligation d'en exercer les charismes. Les transformations engendrées par cette conversion sont souvent l'occasion d'un nouveau schisme, source de démultiplication des dénominations religieuses d'importance variable. Selon un rapport rédigé en 2015 par la section Afrique de International Crisis Group, spécialisé dans la prévention des conflits, le millier[6] d'Églises néo pentecôtistes que compteraient l'espace religieux camerounais « [...] sont disparates et vont d'enseignes légales rassemblant des dizaines de milliers de fidèles sur l'étendue du territoire aux "églisettes" constituées de dizaines de membres dont l'unique lieu de culte est le domicile du pasteur »[7]. Une précarité, une fragilité qui n'est pas sans lien avec une option de plus en plus marquée dans ces Églises, pour une forme de prosélytisme que nous avons appelée « prosélytisme des sacramentaux ».

2. Néo pentecôtisme et prosélytisme des sacramentaux

Pour comprendre la révolution que constitue la mobilisation des sacramentaux, dans les proportions observées dans la pastorale néo pentecôtiste au Cameroun, il est intéressant de rappeler la position du pentecôtisme classique sur ces questions. Pour cela, je convoquerai ici le document de référence des Études pentecôtistes générales sur l'utilisation biblique des symboles dans l'Église. Nous nous permettrions juste un extrait qui résume la position sur cette question :

> Dans de nombreuses églises aujourd'hui, nous avons l'emploi de différents signes et symboles. Plusieurs de ceux-ci sont poussés à l'extrême (l'on exagère dans leur emploi.) Lorsqu'il s'agit de « guérison » nous devons comprendre que Dieu peut opérer des guérisons et des miracles sans l'utilisation de symboles ni de signes. Psaume 107 : 20 dit ceci : « Il envoya sa parole et les guérit, il les fit échapper de la fosse. » Nous pouvons recevoir la guérison et les miracles à travers la foi en la Parole de Dieu et Sa puissance. Cependant, il semble aussi que Dieu permet l'utilisation des symboles et les signes comme un point de contact visible pour libérer la foi dans le cœur de Son peuple. Il n'y a pas de puissance dans les mouchoirs ni dans l'huile ointe. La puissance vient de Dieu et est obtenue par la foi en sa capacité de nous toucher.[8]

---

[6] Crisis Group, « Cameroun : la menace du radicalisme religieux » in *Rapport Afrique de Crisis Group*, n° 229, 3 septembre 2015, p. 12.

[7] *Ibid.*

[8] *Ibid.*

Ainsi qu'on le voit, le fondement biblique des sacramentaux est bien reconnu des pentecôtistes et son usage est accepté comme un des moyens de déclenchement de la foi. Quant à son utilisation systématique comme forme de prosélytisme par excellence, tel qu'observé au sein de certaines Églises néo pentecôtistes au Cameroun, l'étude y voient une concession aux pratiques des Églises spirites, source d'asservissement de personnes ignorantes[9]. Au Cameroun, les rassemblements néo pentecôtistes sont marqués, de façon systématique, par la mobilisation des produits dits spirituels, dont l'usage était naguère reproché aux catholiques. À ces produits classiques se sont ajoutés des outils de nature et de forme parfois inattendus : Flyers, Stickers, Tee shirts bénis. Le succès n'a pas échappé aux vendeurs de ces produits spirituels qui prolifèrent aux abords des Églises et dans les grands carrefours des villes camerounaises. À Ndokotti, l'un des grands points de la ville de Douala, on recense une centaine de boutiques de produits spirituels proposant du sel, de l'huile, des bougies, de l'encens spécialisés. Le plus frappant dans ces objets, ce n'est pas seulement leur dénomination : « Huile St Michel », « Savon de Jérusalem », mais c'est aussi l'explication spirituelle qui accompagne la présentation du produit. Aussi peut-on lire sur le flacon d'une huile « St Michel ».

L'huile Saint Michel vous procure une protection contre les Esprits du mal. Elle protège et chasse les démons des corps, délivre de la puissance des ténèbres et des esprits maléfiques. (Serpent de nuit ; vampires, hantise, persécution, mauvais rêves…). Elle dissipe tout esprit diabolique dans la maison. Très utilisée dans les rituels de guérison et d'exorcisme. À propos du savon de la même marque, voici quelques explications spirituelles édifiantes. Merveilleux savon spirituel, conçu pour ceux qui sont opprimés par les forces et les esprits de ténèbres. Il donne la victoire totale sur toute forme de force maléfique. Savon de protection par excellence puisqu'il dissipe et chasse toutes sortes de sort maléfique ou œuvres sataniques qui pourraient être lancés ou faites contre vous et des esprits démoniaques qui veulent votre perte. Son efficacité dans les rituels d'exorcisme et de guérison lui confère aussi le nom de savon d'exorcisme et de guérison.

Le lucre qui s'y attache n'a pas échappé aux pasteurs de ces confessions néo pentecôtistes qui s'emploient à détourner ce marché à leur propre compte. En effet, chaque Église, si ce n'est chaque pasteur, a aujourd'hui sa propre marque de produits spirituels qu'il a l'exclusivité de proposer à ses fidèles moyennant un certain coût. Ainsi, le très médiatique et controversé fondateur du Ministère *Va et Raconte,* le nommé Tsalla Essomba, se fait

[9] Crisis Group, « Cameroun : la menace du radicalisme religieux » in *Rapport Afrique de Crisis Group*, n° 229, 3 septembre 2015, p. 12.

livrer, à 50 centimes l'unité, d'impressionnantes quantités d'eau minérale qu'il revend à (Trois euros et cinquante centimes) au cours des assemblées de délivrance qu'il tient dans des stades de football. Il est de même pour sa marque de mouchoirs de protection, produits par une société de la place. Acheté à moins d'un centime le paquet de 10, il en revend l'unité à 60 centimes.

Loin d'être un cas isolé, le phénomène s'observe dans toutes les cinquante Églises néo pentecôtistes enquêtées dans la ville de Yaoundé, avec quelques variantes dans les méthodes d'approche et selon les types de cérémonies. Ainsi, durant un culte « PDG », entendez « Prière de Délivrance et de Guérison », l'emphase sera davantage mise sur l'usage des sacramentaux que lors d'un simple culte témoignages, même si le prophète se réserve parfois le privilège d'improviser, en pleine séance de culte ordinaire, un rituel d'onction d'huile sainte, dont les bénéfices spirituels sont proportionnels à la générosité des fidèles.

Ainsi, le prophète Ticha du ministère *Porte de Dieu pour toutes les Nations,* au cours d'un culte ordinaire du dimanche, vite transformé en culte de bénédiction : « appelle les uns et les autres à venir recevoir l'huile d'onction. "Vous risquer de manquer quelque chose de merveilleux" », lancent-ils aux fidèles qui, à cette annonce, se bousculent presque pour bénéficier d'une bénédiction très sélective à base d'huile bénite. En effet, passent en premier lieu pour recevoir leur miracle, les fidèles qui peuvent donner entre 5000 et 10 000 Francs CFA, (9 à 18 € environ respectivement). Vient ensuite le tour de ceux qui peuvent verser 2000 Francs CFA et 1000 Francs CFA (3,50 € et 1,50 € respectivement). Passent en dernier ceux qui peuvent donner 500 Francs CFA (c'est à dire moins d'un euro).

Chez *Kingdom International Ministry,* ce sont des flyers et des T-shirt à l'effigie du pasteur Frank qui font office « d'armes contre les esprits diaboliques et des forces du blocage ». On peut y lire l'inscription « Lève-toi et brille, car ta lumière paraît ». Chez *Liberty Ministry International,* le prophète Éric Sem béni et distribue des autocollants de l'année 2016, annoncée comme celle de ses plus grands exploits. On comprend qu'ils soient bien plus visibles sur les parebrises des véhicules de ses fidèles que les vignettes-automobiles et timbres fiscaux exigées aux automobilistes par le ministère des Transports et la douane camerounaise. Une telle mobilisation des sacramentaux dans la pastorale néo pentecôtiste, prospérant désormais, autant dans les couches défavorisées que celles moyennes des sociétés africaines, a donné lieu à plusieurs explications.

Pour certains anthropologues, si ces pratiques néo pentecôtistes ont autant de succès, c'est parce que les rituels qui les accompagnent constituent aux yeux des fidèles, des formes d'accès au pouvoir. Et de fait, alors que le discours théologique porté par l'évangélisation missionnaire traditionnelle avait contribué à disqualifier les référents culturels non chrétiens comme cadre de référence propre à encadrer la spiritualité, les pratiques néo pentecôtistes, intégrant la vision, la prophétie et l'usage « fétichiste » des sacramentaux, rappellent tout un dispositif culturel cher et propre à l'univers africain.

Par ailleurs, on observe qu'à l'instar des traditions autochtones, le discours pentecôtiste admet une interprétation démonologique de la société. La représentation africaine du monde, comme d'un espace traversé par les esprits démoniaques, sources des maladies, des souffrances et difficultés de toutes natures, fonctionne de manière identique chez les néo pentecôtistes. Les sorciers, personnages maléfiques sont à l'œuvre pour déstabiliser et rompre l'équilibre du cosmos. Ils opèrent mystiquement et s'abreuvent de l'énergie vitale des fidèles dont la seule voie de restauration, physique, matérielle et spirituelle est métaphysique. Puis, « l'Homme de Dieu » intervient au moyen de sacramentaux, de l'imposition des mains et d'injonctions, guérit, délivre, libère, miraculeusement des maladies, du chômage, du célibat, apporte solution à tous les problèmes. Une telle procédure rappelle les pratiques thérapeutiques des guérisseurs traditionnels, opérant au moyen d'objet animés (fétiches) ayant pour fonction de bloquer les effets des maléfices, de les dévier ou de les neutraliser.

Ainsi, de façon paradoxale, alors même qu'elles se positionnent doctrinalement en pourfendeurs intransigeants des coutumes locales, Les Églises néo pentecôtistes deviennent le lieu où se neutralisent les oppositions traditionnelles entre paganisme et christianisme, c'est le lieu où les pratiques de divination et de fétichisme, récusées par la foi chrétienne, trouvent la voie royale de leur perfectibilité par le biais de sacramentaux. De fait, par son discours, sa gestuelle et ses procédures, le prophète néo pentecôtiste entre en résonnance avec tout un monde spirituel où devins, marabouts et *tradipraticiens* se déploient de manière analogue. Le fidèle, dont l'attachement pour ces pratiques ne s'est pas tari, malgré sa christianisation, a le sentiment de retrouver, sous des formes dites purifiées, et donc améliorées, des valeurs et coutumes perdues par la faute des religions traditionnelles. Il en résulte pour le chrétien un sentiment de libération, car délesté de la culpabilité générée par la duplicité spirituelle caractéristique de nombres de chrétiens africains, fréquentant l'Église le jour et consultant les marabouts la nuit.

3. Dérapages néo pentecôtistes et écueil du radicalisme

Pour autant, la perception du mouvement pentecôtiste comme d'une confession intolérante est très répandue en milieu camerounais. Se présentant volontiers comme les zélotes des temps contemporains, de par leur enthousiasme religieux et leur refus du dialogue, les pentecôtistes nourrissent une réputation d'intolérance dans la perception populaire. À la question de savoir quels adjectifs ils emploieraient pour désigner ces mouvements, la majorité des enquêtés sur un échantillon de 300 personnes rencontrées dans les villes de Douala et Yaoundé a répondu par des termes synonymes ou associés à l'intolérance : sectaires, fanatiques, intégristes, fondamentalistes, radicaux, extrémistes etc.

De fait, tout en s'autorisant d'importantes concessions à l'univers culturel, les nouveaux pentecôtistes se caractérisent par le refus du dialogue institutionnel et sont prêts à vivre leur « enthousiasme religieux » jusqu'au bout. Et s'ils sont encore loin de s'appliquer à eux-mêmes le sacrifice suprême au nom de leur idéologie, les pasteurs néo pentecôtistes camerounais n'hésitent pas à y exposer certains de leurs adeptes. Ainsi, tel pasteur, convaincu d'être investi de la mission de sauvetage du Cameroun à la suite d'une révélation, a obligé une mère à enterrer vivant son nouveau-né après le lui avoir extrait du ventre dans les locaux de son Église. L'enfant, s'il avait survécu, aurait précipité le monde dans le chaos. La scène se déroule à Douala.

À Yaoundé, dans le quartier Jouvence, les populations, découvrent, stupéfaites, le spectacle macabre d'une famille au bord de l'inanition au bout de trente jours de jeûne. Le père, la mère et les enfants en bas âge, avaient tenté de reproduire le jeûne du Christ au désert, en signe de leur foi ardente. Même lieu, évènements analogues deux semaines plus tard. Alertées par les odeurs nauséabondes s'échappant d'une habitation, les populations intervenues, découvrent le corps en décomposition d'une dame, entouré de son mari et de leurs trois enfants. Ils attendaient depuis plusieurs jours, la résurrection de l'infortunée, promise par le pasteur de leur Église.

De tels débordements, fruits d'une interprétation littérale de la bible, survenant quotidiennement au sein de confessions néo pentecôtistes au prosélytisme très actif auprès de couches populaires souvent crédules, inquiètent et questionnent. De fait, il n'échappe à personne que les milieux théologiques, caractérisés par une manipulation tendancieuse des Écritures finissent par développer une conception étriquée du monde, souvent manichéiste et dont le fondamentalisme religieux a souvent fait son lit. Le néo pentecôtisme camerounais, par son refus de l'œcuménisme auquel s'ajoute une explication métaphysique des situations sociales et matérielles, serait guetté par la tentation du radicalisme religieux, craint-on.[10]

4. Promesses de guérison : un jeu de dupe ?

L'explosion du mouvement néo pentecôtiste et l'option marquée de certains de ses théologiens pour l'Évangile de la santé et de la prospérité ont soulevé de nombreux questionnements sur le modèle de développement à l'œuvre dans ces obédiences[11]. L'examen de travaux sur le rapport entre le développement économique et le pentecôtisme en Afrique[12], montre un intérêt récurrent pour les discours pentecôtistes sur la prospérité et la capacité de leurs méthodes à créer pour leurs fidèles, les conditions d'accès au bien-être matériel promis à coups de sacramentaux de « pressions psychologique et lectures idéologiques de textes bibliques relatifs à l'abondance, à la dîme aux offrandes et aux sacrifices »[13].

Sur ce point précis, les auteurs ont par exemple interrogé l'écart remarquable relevé entre la précarité des adeptes des mouvements *bornagain*, et l'enrichissement éhonté de leurs leaders. De fait, l'opulence ostentatoire affichée par ces véritables entrepreneurs du religieux, n'a d'équivalent que celle des fortunés hommes d'affaires ou politiciens. En substance, il en ressort que le discours pentecôtiste se réduirait à une vaste duperie dont les adeptes ne seraient que les infortunés dindons. En revanche, ces conclusions n'expliquent pas le succès continu de ces confessions auprès de leurs adeptes au bout de plusieurs décennies de présence.

Le cas du pasteur Tsalla Essomba, évoqué plus haut est typique de ce paradoxe. De fait, malgré le scandale de ses exactions financières révélées par la presse, les cultes du pasteur Tsalla ne désemplissent pas et semblent plutôt connaître un regain de fréquentation, malgré ou en raison de la

[10] Ce risque de radicalisation des mouvements pentecôtistes a été souligné par l'ONG International Crisis Group dans son rapport numéro 229 intitulé : « Cameroun : la menace du radicalisme religieux », *op. cit.*

[11] En bonne place des travaux de référence sur l'approche néo pentecôtiste de la problématique du développement économique, doit être mentionné l'ouvrage dirigé par Andréas Heuser, Spécialiste de l'Histoire du Christianisme non européen, au titre très évocateur : *Pastures of Plenty : Tracing Religio-Scapes of Prospérity Gospel in Africa and Beyond*, Peter Lang, 2015.

[12] Entre autres, Tomas Sundnes Dronen. « Now I dress well. Now I work hard » - Pentecostalism, Prosperity, and economic Developement in Cameroon », in *op. cit.*, pp. 249-263 ; David D. Daniels III, « Prosperity Gospel of Entrepreneurship in Africa and Black America: A pragmatist Christian Innovation », *op. cit.*, pp. 265-277.

[13] Félix Mutombo, *op. cit.*, p. 32.

médiatisation de ses indélicatesses. En témoigne, l'augmentation de la fréquence de ses cultes, passés d'un culte hebdomadaire à deux parfois. Interrogés sur l'efficacité des mouchoirs et autres sacramentaux commercialisées à l'occasion de ces « méga meeting » évangéliques, les chrétiens répondent par le récit de guérisons miraculeuses de leurs coreligionnaires. De tels récits de succès, savamment mis en scène lors des séances dites de témoignages ou d'Action de grâce, opèrent comme un gage de l'efficacité du ministère de la santé, avec pour effet d'entretenir, au-delà de toute raison, l'espoir des chrétiens dans la guérison promise. Quant à ceux d'entre les anciens pentecôtistes revenus à leur Église originelle au bout de quelques mois d'une infructueuse incursion dans les rangs des Églises de la prospérité, trop embarrassés par leur propre crédulité pour partager leurs mésaventures, ils préfèrent alléguer des raisons de convenance personnelles pour justifier leur retrait. Il en découle au final, le premier, autant que le second cas de figure, ne permettent aucunement de trancher la question de l'efficacité ou non des thérapies évangéliques qui demeure pendante.

Conclusion

Depuis la loi de 1990 autorisant le libre exercice des cultes, l'offre religieuse a littéralement explosé au Cameroun, aboutissant à une fragmentation du territoire en une pléthore de confessions, naguère réparties en trois grands groupes : les religions traditionnelles, les musulmans, et les chrétiens. Les Églises chrétiennes classiques représentent la confession la plus importante, bien qu'elles partagent désormais leurs fiefs traditionnels avec les mouvements pentecôtistes. L'irruption de ces dernières, qualifiée de seconde mondialisation religieuse[14], contribue à la décomposition des monopoles religieux traditionnels tout en déconstruisant le schéma d'une évangélisation exogène de direction nord-sud diffusant un christianisme homogène. Du fait d'une doctrine de la rupture professée et revendiquée, les Églises pentecôtistes ont acquis une renommée d'intolérance et d'exclusion vis-à-vis des religions historiques et des traditions vernaculaires, marquée parfois, au coin du fondamentalisme. La présente étude s'est intéressée aux Églises locales d'obédiences néo pentecôtistes en vue de questionner les modalités de leur insertion dans le marché camerounais des biens

[14] Maud Lasseur, « Islam et christianisme en mouvement : mobilités géographiques et changement religieux au Cameroun », in *Nouvelles mobilités dans les Sud*, 2010/2-3, p. 183, pp. 179-191.

symboliques du salut[15] à prédominance catholique. De fait, certains des rituels opérés au sein de ces Églises, à bien d'égards, ne dépareraient pas dans un rituel catholique, il en est ainsi de la pratique des sacramentaux. Réinvestie à nouveaux frais dans l'univers néo pentecôtiste endogène, la pratique catholique des sacramentaux se décline en une pluralité autant qu'une variété d'objets sacralisés : huile d'onction, eau bénite, autocollants, bracelets, mouchoirs sanctifiés, T-shirts, etc. Ces pratiques relevant d'un retournement religieux en direction du catholicisme, mais aussi, dans une certaine mesure, de la spiritualité endogène, dite païenne, formulées pour répondre à une demande de spiritualité de plus en plus complexe, sont rendues possibles, faudrait-il le souligner, par la circulation équivoque des adeptes entre Églises historiques et nouvelles. Une telle résonnance des procédés néo pentecôtistes avec les traditions catholiques et non chrétiennes, révèlent, de la part de ces mouvements, une plasticité et une ambiguïté, autorisant de relativiser, autant ses prétentions à la pureté évangélique que les taxons d'intolérance qui lui sont adressés.

Références bibliographiques

Ouvrages

- Andréas Heuser, *Pastures of Plenty: Tracing Religio-Scapes of Prospérity Gospel in Africa and Beyond*, Peter Lang, 2015.
- Bastian J.P., *Le protestantisme en Amérique latine : une approche socio-historique.* Genève, Labor et Fides, 1994, p. 244, in Véronique Boyer, « Possession et exorcisme dans une Église pentecôtiste au Brésil », *Cahier des Sciences Humaines*, 32 (2), p. 96.

Articles de revues

- Ludovic Lado, « Les enjeux du pentecôtisme africain. », in *Études* 2008/7 (Tome 409), p. 61-71, p. 63.
- Félix Mutombo Mukedi, « Les vestiges de la cosmogonie ancestrale dans la théologie de la prospérité en Afrique », in *Perspectives missionnaires*, n° 53, 2007/1, p. 30.
- André Mary, « Le pentecôtisme brésilien en terre africaine. L'univers abstrait du royaume de Dieu », in *Cahiers d'études africaines*, 167 /2002, mis en ligne le 22 juin 2005, consulté le 12 octobre 2012, p. 465.
- Crisis Group, « Cameroun : la menace du radicalisme religieux », in Rapport Afrique de *Crisis Group* n° 229, 3 septembre 2015, p. 12.

[15] Sylvie Pédron-Colombany, « Pentecôtisme et diversification religieuse au Guatemala », p. *Socio-anthropologie*, en ligne), 10/2001, mis en ligne le 15 janvier 2003, consulté le 20 janvier 2016, p. 1.

- David D. Daniels III, "Prosperity Gospel of Entrepreneurship in Africa and Black America: A pragmatist Christian Innovation", pp. 265-277.
- Maud Lasseur, « Islam et christianisme en mouvement : mobilités géographiques et changement religieux au Cameroun », in *Nouvelles mobilités dans les Sud,* 2010/ 2-3, p. 183, pp. 179-191.
- Sylvie Pédron-Colombany, « Pentecôtisme et diversification religieuse au Guatemala », in *Socio-anthropologie,* 10/2001, mis en ligne le 15 janvier 2003, consulté le 20 janvier 2016, p. 1.
- Tomas Sundnes Dronen, "Now I dress well. Now I work hard -Pentecostalism, Prosperity, and economic Developement in Cameroon", pp. 249-263.

Chapitre VIII

Regards croisés sur la cohabitation entre musulmans et chrétiens en Afrique à l'aune de la montée des extrémismes religieux

Moussa II

Les relations islamo-chrétiennes varient selon les zones. Dans certains endroits, Ils développent des rapports harmonieux ou pacifiques. Dans d'autres aires géographiques, les relations ne sont pas apaisées. Cette atmosphère de tensions est due à l'instrumentalisation de la religion. Dans de cet article, nous tentons d'analyser la nature de ces rapports et d'en montrer les fondements ainsi que des efforts entrepris pour encourager le dialogue. Il en ressort que ces deux communautés religieuses depuis le VIIe siècle développent de bonnes relations religieuses, mais surtout économiques et culturelles. Ils vivent ensemble dans les mêmes familles et partagent les mêmes problèmes. Toutefois, on ne peut pas du tout omettre la responsabilité de certains dogmes religieux dans des violences et les crimes. Ainsi, en Afrique notamment, la religion est utilisée voire instrumentalisée à des fins politiques et économiques.

Mots clés : Chrétiens – Musulmans – coexistence – conflit

Introduction

La planète terre est le lieu par excellence de cohabitation des différentes formes de croyances et de religions. Par le biais de celles-ci on perçoit le lien de dépendance et de confiance entre l'homme et le transcendant. En cela, il est évident que chaque individu est influencé par des forces extérieures qui rythment sa vie. Ainsi le monde a connu depuis lors de nombreuses grandes religions à savoir le christianisme[1] et l'islam[2] qui comptent respectivement 2.5 milliards et 1.8 milliards d'adhérents. Il s'agit, en effet, des chrétiens et des musulmans descendants d'un même ancêtre, le père Abraham. Ces deux

[1] Le mot christianisme vient de *Kristos* qui signifie adeptes de christ. Ce terme fut utilisé pour la première fois à Antioche pour désigner les disciples de Jésus Christ après sa disparition.

[2] Le mot islam signifie soumission à la volonté de Dieu, paix, c'est le nom de la religion révélée à Mohammad fils d'Abdoulaye à l'an 610 à la péninsule arabique.

civilisations sont aujourd'hui parmi les éléments de ce qu'on qualifie de « le choc des civilisations ». Dans ce contexte de tensions, quels types de rapports musulmans et chrétiens entretiennent-ils en Afrique ? L'objet de cet article est d'analyser les rapports harmonieux ou conflictuel entre les communautés chrétiennes et musulmanes d'Afrique pour rapprocher voire créer davantage une atmosphère de paix durable. D'abord les facteurs de conflictualité, ensuite l'ensemble des éléments marquant les relations pacifiques et enfin la coexistence comme défi permanent à relever.

1. Relations conflictuelles entre deux traditions religieuses

Envisager un aspect conflictuel entre les musulmans et les chrétiens à travers le monde, revient à réfléchir sur les fondements de ce conflit et à présenter quelques cas d'affrontements.

Opposition idéologique

L'islam et le christianisme s'opposent spirituellement et idéologiquement. Chacune de ces religions a pour fondement un postulat[3] qui définit les principes et les dogmes dictés par Dieu. En effet, l'opposition entre musulmans et chrétiens trouve son fondement des divergences spirituelles dans la conception de Dieu. Chaque acteur a une perception qui lui est propre. Pour étayer notre argumentation, nous prenons en compte deux thèses au sujet de Dieu. Les chrétiens croient à la règle de la trinité à savoir que Dieu est le Père, Dieu est le Fils et Dieu est le Saint-Esprit, le tout cela formant un seul Dieu. À l'opposé, le musulman considère que : « Dieu est unique, il n'engendre pas et n'a pas été engendré »[4]. Cette référence coranique remet en cause la conception chrétienne selon laquelle Jésus est à la fois fils et Dieu. Par ces différences qui caractérisent les musulmans et les chrétiens, il devient difficile d'envisager un œcuménisme entre ces religieux. Toutefois, il est à préciser que ces perceptions différentes ne donnent lieu en général aux conflits armés. Ainsi le conflit armé entre musulmans et chrétiens ne sont pas fondés sur cette différence de perception suscitée mais sur l'ignorance, l'incompréhension, les luttes politico-économiques, et la pauvreté (les questions sociales).

Les raisons politico-économiques

À l'antagonisme fondamental idéologique et conceptuel entre le christianisme et l'islam, il faut ajouter les raisons politico- économiques. Les individus par souci d'assoir leur idéologie politique se servent de la religion.

[3] Le christianisme a pour postulat la Bible tandis que l'islam se réfère au Coran.

[4] *Coran*, sourate 112, verset 1 et 3.

En réalité la religion en elle-même n'est pas un mal en-soi et ne prône en aucun cas la discorde, la violence, la guerre entre les êtres humains. Dans son sermon à l'occasion de la prière de fin du mois de Ramadan[5]en septembre 2010 à l'esplanade arrière de la CNPS (Caisse nationale de prévoyance sociale), Cheik Ali Sine Mefire[6] rappela les fidèles musulmans de la nécessité de promouvoir la paix et la tolérance ainsi :

> Chères frères et sœurs en islam nous avons besoin de vous rappeler que notre belle religion, l'islam est une religion de paix de soumission d'entraide, de tolérance de fraternité, de générosité et d'amour pour autrui […] certains l'utilisent pour commettre des attentats, des meurtres, pour défendre leurs intérêts à eux – seuls[7].

Mieux encore, le coran est clair au sujet des actes terroristes « […] ne tuez point la vie qu'Allah a rendue sacrée »[8]. Il s'avère alors logique voire raisonnable de penser que les conflits islamo-chrétiens naissent de leurs acteurs et non pas du dogme religieux. Les raisons à la fois politiques et économiques sont alors des motifs importants des affrontements entre les musulmans et les chrétiens. Dans la même perspective, la conquête d'Ousmane Dan Fadio de l'empire Sokoto au septentrion, entre le XVe et XVIe siècle, connue sous le nom de Djihad[9] était motivée à la fois par des ambitions politiques et économiques, notamment la recherche des pâturages et la mise en place d'un vaste empire Peul. Certains historiens ont d'ailleurs tenté d'expliquer ces actes par des buts religieux. Cependant, Eldrige Mohammadou[10] et Martin Njeuma[11] pensent que les préoccupations politiques furent l'origine de ce « Djihad ». Cette raison nous semble d'ailleurs plus crédible en ce sens que certains individus dans l'optique

---

[5] Le mot Ramadan est un terme arabe utilisé pour désigner le neuvième mois du calendrier musulman. Pendant ce mois, le musulman possédant toutes ses facultés doit jeuner.

[6] El Hadj Cheik Ali Mefire Sine est iman de la mosquée centrale n° 2 Briqueterie ouest à Yaoundé.

[7] Extrait du sermon prononcé par El Hadj Ali Sinelors de la prière du ramadan à Yaoundé en 2010.

[8] *Coran, sourate* 17, verset 33.

[9] Djihad signifie « Guerre Sainte ».

[10] E. Mohamadou, « L'implantation des Peuls dans l'Adamaoua (approche chronologique) », in *contribution de la recherche ethnologique à l'histoire des civilisations du Cameroun,* colloques internationaux du Cameroun du CNRS, n° 555, Paris, 1981, pp. 229-247.

[11] M. Njeuma, *Fulani hegemony in Yola* (old Adamawa 1807-1902), Yaoundé, CEPER, 1978, p. 31.

d'assoir leur idéologie politique et économique avancent des raisons d'ordre religieux.

De même, les Occidentaux qui entreprirent la conquête de l'Afrique au XIXe siècle tout en avançant le prétexte de la mission civilisatrice en faveur des peuples dits « païens »[12], voulaient en réalité posséder des empires coloniaux pour l'exploitation. Les missionnaires se sont servis de la religion pour endormir la conscience des Africains et faciliter les conquêtes. Le fameux discours du roi Léopold II de la Belgique adressé aux missionnaires envoyés au Congo Belge en est indéniable démonstration. Ainsi, les crimes, les actes de violence ont, depuis des siècles, été perpétré sous le couvert des religions pour des motifs d'exploitation économique. Les antagonismes religieux sont également le reflet de l'absence d'éducation et de la pauvreté. Bien plus, depuis le milieu de la décennie 1990, la communication s'est invitée dans ce conflit. Aussi, le philosophe Derida trouve-t-il que la concurrence que les grandes entreprises de communication se font, trahit une nouvelle forme de guerre de religion en vue de contrôler et de dominer le monde. Selon lui, ces entreprises se déchaînent :

> Sur la terre humaine (qui n'est pas le monde) et luttent même aujourd'hui pour contrôler le ciel au doigt et à l'œil, système digital et visualisation panoptique virtuellement immédiate, *« ! espace aérien ! »*, satellites de télécommunication, autoroutes de l'information, concentration des pouvoirs capitalistico-médiatiques en trois mots *culture digitale, jet et TV*, sans lesquels il n'est aujourd'hui aucune manifestation religieuse, par exemple aucun voyage et nulle allocution du pape, aucun rayonnement organisé de culte juif, chrétien ou musulman, qu'ils soient ou non *« ! fondamentalistes ! »*, qui ne soit relayé par ces outils modernes de communication[13].

Ainsi cette ignorance débouche très souvent sur des conflits meurtriers.

Les cas d'affrontements entre chrétiens et musulmans : le Nigéria et l'Égypte

Au nord du Nigeria dans la région de Kaduna, le 28 octobre 2012, eut lieu des affrontements opposant les musulmans aux chrétiens. Le bilan fut établi à dix morts. Kaduna dans le nord du Nigéria est un État peuplé d'une importante communauté chrétienne. À l'origine de la crise, l'explosion d'une

---

[12] Les thèses européocentristes considéraient d'autres peuples comme les non civilisés, les non croyants. Il s'agissait d'une thèse animée par des jugements de valeurs, de mépris pour d'autres peuples.

[13] J. Derrida J. & G. Vattimo, *La religion*, Paris, Seuil, 1996, p. 35.

voiture piégée près d'une église catholique.[14] Les chrétiens, soupçonnant la secte islamique de Boko Haram, attaquèrent les musulmans dans les rues de la ville de Kaduna les populations musulmanes. Les représailles auraient fait trois morts « nous les avons tués et nous tueront d'autres » a crié l'un des manifestants avant d'être pourchassé par la police. Selon un journaliste, un homme présumé musulman fut brûlé à vif ainsi qu'un motocycliste. Il convient de noter que cet attentat suicide de Kaduna ne fut pas revendiqué par la secte islamique Boko Haram. Outre ce cas du Nigeria, l'Égypte se trouve être le principal pôle de cristallisation des violences interreligieuses en Afrique.

Avant l'arrivée de Gamal Nasser, l'Égypte était une sorte d'exemple de cohabitation pacifique entre les communautés religieuses, notamment coptes et musulmanes. Les régimes de Nasser et Sadate bouleversèrent complètement le système politique égyptien Alors qu'Anouar El Sadate s'était illustré par un discours politique d'allégeance musulmane[15]. Naser, essaya quant à lui de s'appuyer davantage sur les forces religieuses pour marginaliser l'opposition gauchiste. Mais les élites coptes soupçonnèrent le président égyptien de transformer l'Égypte en État islamique, fondé sur la *charia*.[16] Cette situation entraina des attaques violentes contre des églises et des institutions coptes à Sanhoor et à Khanka.

En mars 1978, des confrontations violentes entre Coptes et musulmans à Minya et à Assiout donnèrent lieu à une marche de protestation d'une centaine de prêtres. Le 26 mars 1980, la déclaration du Pape le pape Chénouda III contre l'instauration de la charia comme source principale de la législation, constitua un autre élément détonateur d'une vague de violences interconfessionnelles au pays des pharaons[17]. Dans cette perspective, Eliane Ursula lie la signature de l'accord de paix historique de Camp David en septembre 1978 à la montée du fondamentalisme islamique, hostile aux Coptes. D'après elle,

---

[14] AFP, « Nigéria : après un attentat contre une église, des chrétiens attaquent des musulmans », in www.lalibre.be, le 28 octobre 2012.

[15] Eliane Ursula Ettmueller, « Les coptes et les musulmans, une fraternité précaire ? », in *Confluences Méditerranée* 2008/3 (n° 66), pp. 117-128. DOI 10.3917/come.066.0117

[16] Le 17 et le 18 juillet 1972, les coptent convoquèrent une conférence à Alexandrie en vue de marquer leur opposition à la nouvelle Constitution. Le président Sadate y répondit par la Conférence pour l'Unité nationale, le 24 du même mois, au terme de laquelle il déclara la liberté de religion.

[17] Eliane Ursula Ettmueller, « Les coptes et les musulmans, une fraternité précaire ? », in *Confluences Méditerranée* 2008/3 (n° 66), pp. 117-128. DOI 10.3917/come.066.0117.

> L'augmentation de la ferveur religieuse ne faisait pas forcément des musulmans un allié politique docile. La participation du président Sadate aux accords de paix de Camp David avait été perçue comme un grand péché aux yeux des groupes fondamentalistes qui ne cessaient de traiter d'hérétique le gouvernement. Sadate devint donc la victime de ces esprits que lui-même avait voulu mobiliser au début de sa présidence, puisqu'il fut assassiné par les islamistes[18].

Avec Moubarak, on avait cru en la normalisation des relations entre les deux communautés avec la libération du patriarche copte Chenouda III en 1985. Seulement, en mars 1987, on assista à un nouveau cycle de violences d'origine religieuse en Haute Égypte. En effet, suite à la destruction par le feu de la mosquée de Kotb à Sohag, des fanatiques islamistes imputèrent la responsabilité de cet acte jugé blasphématoire aux Coptes. Par vengeance, l'église de la Sainte Vierge fut brûlée par les islamistes, ravivant ainsi la haine religieuse dans cette région. Il s'en suivit une série d'incidents violents dans les localités de Minya et Assiout. En 1988, une église fut incendiée au Caire, plus précisément à Rod el Farag et une bombe explosa près de l'église de la Sainte Vierge à Massarra. Et depuis lors, les Coptes ainsi que les symboles de leur religion, notamment les églises, sont les cibles des islamistes.

Ainsi, au début des années 1990, l'église de la Sainte Vierge d'Aïn Shams fut la cible d'une attaque à la bombe. En 1992 la rivalité latente entre Coptes et musulmans connut l'un des épisodes les plus sanglants de l'histoire contemporaine des conflits interreligieux en Égypte : 22 chrétiens trouvèrent la mort et 285 furent blessés[19]. Malgré les mesures de sécurité et d'apaisement prises par les autorités égyptiennes, le pays connut de nouveaux massacres perpétrés contre des Coptes dans le village de Kosheh deux années plus tard.

En mai 2017, la spirale de la violence vis-à-vis de cette communauté estimée entre 8 à 12 % de la population égyptienne atteignait son pic avec 29 morts et 22 blessés dans un village de la moyenne Égypte. Cette fois, bien que le massacre porte l'estampille d'une nouvelle organisation fondamentaliste musulmane à savoir l'Organisation État Islamique, il n'en demeure pas moins que celle-ci partage la même idéologie devancière : la haine vis-à-vis des Coptes.

---

[18] Eliane Ursula Ettmueller, « Les coptes et les musulmans, une fraternité précaire ? », in *Confluences Méditerranée* 2008/3 (n° 66), pp. 117-128. DOI 10.3917/come.066.0117.

[19] Eddin Ibrahim, S., *The Copts of Egypt*, Royaume-Uni, Minority Rights Group International Report, 1996.

2. Rapports d'ordre pacifique entre les musulmans et les chrétiens

Dans cette rubrique nous allons d'abord analyser les fondements ou alors les contextes favorables aux relations pacifiques entre les chrétiens et les musulmans avant d'en examiner les manifestations.

Fondements des relations pacifiques

Au-delà de ce que certains peuvent penser des relations islamo – chrétiennes, les chrétiens et les musulmans nouent des relations économiques, culturelles et religieuses depuis le moyen âge. Autrement dit, les rapports entre les chrétiens et les musulmans ont commencé à se développer déjà pendant la vie de Muhammad au VIIe siècle de notre ère[20]. Les fondements sont à la fois d'ordre historique et religieux.

Sur le plan historique, l'on peut mettre en bonne place la notion de famille et d'identité. Ce phénomène est d'une importance particulière en Afrique où les chrétiens et les musulmans vivent ensemble dans la même famille et partagent les mêmes difficultés. En cela, les chrétiens et les musulmans ont les mêmes objectifs, ceux de renforcer la cohésion sociale et familiale. Ce contexte d'objectif commun favorise les contacts, les rapports harmonieux entre deux traditions religieuses. La volonté de vivre ensemble inscrite dans les dogmes chrétiens et musulmans, sont un socle commun d'instauration d'un climat apaisé. Outre ce fondement historique, l'on peut ajouter le fondement d'ordre religieux.

Sur le plan religieux, la coexistence pacifique observée entre musulmans et chrétiens prend essence aussi bien dans les enseignements coraniques que bibliques. L'islam est la paix, la soumission à la volonté de Dieu et prône à juste titre la tolérance religieuse dans la mesure où le coran dit : « Nulle crainte en religion ! Car le bon chemin est de se distinguer de l'errance […] »[21]. Ainsi il est clair que du point de vue coranique on ne peut contraindre personne à suivre le chemin de Dieu. De même, Jésus de par ses enseignements prônait la tolérance et la paix. Le constat est alors que des nombreux péchés ont été commis par des fanatiques trop enthousiastes. Les fidèles devraient de ce fait comprendre que la diversité relève de la volonté de Dieu et la croyance dans la divergence à un Dieu unique constitue un motif d'acceptation de l'autre dans la différence. À cet effet, le Coran dit que : « si ton seigneur l'avait voulu, tous ceux qui sont sur terre auraient cru,

---

[20] S. V. Sicard, « La communauté mondiale des musulmans et des chrétiens », in *Revue sur l'islam,* p. 7.

[21] *Coran,* Sourate 2, verset 256.

est – ce à toi de contraindre les gens à devenir croyants ? »[22]. Il s'agissait là d'une prescription de Dieu au sujet de la tolérance en matière de foi religieuse. Le contexte religieux pose les bases de la paix en rendant possible le dialogue interreligieux. La coexistence pacifique puise ainsi son essence dans l'idée prédominante que les deux religions ont en commun, le sens d'une révélation divine. Il est important également de préciser que ces deux croyances se réfèrent à la même tradition D'Abraham. Si les conditions sont favorables du point de vue historique et religieux, comment se manifeste alors la coexistence pacifique entre chrétiens et musulmans ?

Manifestations des relations pacifiques entre chrétiens et musulmans

Les musulmans et les chrétiens entretiennent des bonnes relations depuis le VIIe siècle de notre ère. Ces rapports sont perceptibles aussi bien dans les échanges commerciaux culturels que dans les formations politiques. Mieux encore, des efforts ont été entrepris pour encourager ces initiatives. Howse essaie de démontrer dans un article sous le titre de : « chrétiens et musulmans à l'écoute de la voix de Dieu par d'autres oreilles ». L'auteur y dessine l'atmosphère d'une rencontre de quatre-vingts chrétiens et musulmans à Bhamdum, au Liban en avril 1954, la création d'un comité permanent de coopération musulman et chrétien (CCMCC), et le travail qui en résulte de ce groupe. En effet, la réunion tenue au Liban du 22 au 27 avril 1954 rassemblant musulmans et chrétiens fut l'une des manifestations de cette coexistence pacifique. Cette assise avait pour principaux objectifs d'explorer les ressources spirituelles que les deux traditions religieuses, c'est-à-dire l'islam et le christianisme, ont en commun d'une part, et de chercher l'une des voies vers l'harmonie et l'unité contre les idéologies matérialistes qui les menaçaient d'autre part[23]. Au niveau international, ce groupe reflétait la situation dans bien de secteurs où les chrétiens et les musulmans vivent ensemble dans la tolérance et l'harmonie travaillant ensemble pour les mêmes buts. Ces buts visaient une prise de conscience des individus de leur diversité. Cette réunion de Bhamdum fut un catalyseur de l'unité des peuples dans les croyances diverses : « Notre but n'est pas une unité de croyance, mais une unité de peuples avec des croyances diverses »[24]. Une seconde conférence fut tenue en 1955 à Alexandrie en Égypte pour consolider cette idée de croyance diverse. Ces

---

[22] Sourate 10, verset 99.

[23] E.M. Howse, Rose, *December wood make books*, Winfield, B.C. 1982, pp. 181-189.

[24] S. V. Sicard, « La communauté mondiale des musulmans et des chrétiens », in *Revue sur l'islam*, p. 7.

initiatives furent des ouvertures sur un nouveau savoir et le moyen de traiter l'ignorance et l'incompréhension en vue d'une sereine collaboration entre deux peuples frères. Dans la même perspective, les échanges culturels en témoignent. Dans le domaine du culturel, l'on a relevé les unions matrimoniales mixtes qui lient les peuples des confessions religieuses différentes. Le pasteur Philippe Kuotu fait état de bonnes relations et entente entre musulmans et chrétiens dans le royaume Bamum du Cameroun[25]. Les guerres semblent être la conséquence d'une absence de valeurs religieuses et morales dans la vie sociale. Or aucune institution n'enseigne la paix comme à l'instar des religions par les doctrines et les enseignements[26]. De plus, les associations de développement qui se créent au Cameroun ont un caractère mixte témoignant la volonté de vivre ensemble dans la diversité religieuse.

Au niveau des formations politiques l'on observe une transfiguration religieuse et des cultes œcuméniques. L'exemple de l'Union démocratique du Cameroun (UDC) parti d'opposition où lors de meeting, des prières sont organisées entre chrétiens et musulmans. De même, le Rassemblement démocratique du peuple camerounais (RDPC), parti politique au pouvoir depuis 1960, regroupe des individus d'obédiences religieuses diverses. Ainsi, pouvons-nous affirmer, partant de ces exemples, que la coexistence pacifique, la tolérance religieuse, la cohabitation entre les chrétiens et les musulmans est une réalité en Afrique et notamment au Cameroun. Cependant, beaucoup d'efforts restent à faire pour une conscientisation véritable des peuples afin qu'ils comprennent davantage la nécessité du dialogue interreligieux et de la tolérance religieuse.

3. La coexistence pacifique : un défi permanent à relever

La paix étant une nécessité dans le processus du développement et de la cohésion sociale, il importe dans cette rubrique d'esquisser les jalons de conscientisation et d'acceptation de l'autre dans sa différence.

L'appel au dialogue et à la tolérance

Le dialogue est une condition nécessaire pour créer un climat de paix d'entente et de coopération entre les individus de croyances diverses. C'est la voie idéale vers les résolutions des conflits et la construction des valeurs spirituelles, intellectuelles et morales. Ainsi, l'appel au dialogue doit être une préoccupation fondamentale des autorités religieuses afin de pallier aux

[25] Ph. Kuotu, « La rencontre de l'islam et du christianisme », thèse de doctorat en théologie, Faculté libre de théologie protestante, Paris, 1961, p. 212.
[26] T. Bah, « Religion et culture de l'amour », in *conflits actuels et culture de la paix,* Abidjan, PUCI, 1997, p. 246.

problèmes qui pourraient se poser à eux. L'objectif n'est pas de faire du syncrétisme, ni une tentative pour les acteurs de renier leurs héritages respectifs. Il s'agit plutôt de cheminer ensemble, d'apprendre à se connaitre et à échanger. Aussi, pour faire de la tolérance religieuse une réalité, chacun doit savoir renoncer à écarter ou à marginaliser la différence. Les gens doivent prendre conscience de l'importance de la diversité dans la croyance. Cela suppose que les acteurs de chaque religion devraient admettre les diversités sans chercher, ni à les camoufler, ni à les supprimer, mais en essayant de se connaitre, de comprendre, de communiquer. Cette diversité religieuse relève de la volonté de Dieu d'après le Coran en ces termes :

> À chacun, nous avons assigné une voie et un chemin. Si Dieu avait voulu, certes il aurait fait de nous une seule communauté. Mais non, afin de vous éprouver en ce qu'il vous donne. Concurrencez-vous donc dans les bonnes œuvres ; vers Dieu est votre retour, puis il vous informera de ce qu'en quoi vous divergiez[27].

La tolérance appelle à la coexistence conviviale ; celle-ci, à son tour, implique sympathie avec son vis-à-vis, compréhension de son semblable, amour de l'autre. La tolérance demande, dans ce cas, que l'on dépasse le fait d'admettre l'autre comme une autre pensée, une croyance différente, une foi contradictoire, d'une origine distincte de la sienne[28]. La tolérance, de façon holistique, commande l'exigence de dépasser la simple coexistence des différences pour accéder à l'acceptation optimale de l'autre. Ainsi, le droit d'être protégé contre la persécution qu'occasionneraient des différences de foi et d'opinion est un corolaire au droit de conviction. En suscitant des dialogues, les religions apporteraient leur contribution à la paix. Outre le dialogue et la tolérance qui constituent le piédestal de la paix et du développement, qu'en est-il des organismes interreligieux ?

Le rôle des organismes interreligieux

La coexistence pacifique entre les différentes formes religieuses est un défi permanent pour les organisations internationales. L'on peut citer les deux grandes organisations interreligieuses actuelles. Il s'agit de l'Association religieuse internationale pour la liberté (IARF) et la Conférence mondiale des religions pour la paix. Ces organisations comme l'indique leur titre ne poursuivent pas un objectif purement religieux au sens propre du

---

[27] *Coran*, sourate 5, verset 48.

[28] Aloyse Raymond Ndiaye, « Religion, foi et tolérance », in *Diogène* 2008/4 (n° 224), pp. 21-34.

mot, mais civique ou social. Elles entendent faire rencontrer et collaborer les croyants et des responsables religieux en vue de faire avancer la liberté et la paix parmi les hommes, de faire apprendre à vivre justement, librement et paisiblement ensemble.

Outre ces assises convoquées par le parlement mondial des religions depuis 1893 à Chicago puis relancé en 1988 par des disciples de Vivekananda[29], l'on peut remarquer que la conférence des religions pour la paix créée en 1970, est la plus importante coalition internationale de représentants de grandes religions du monde au service de la promotion de la paix. Claude Geffré, un théologien dominicain français, souligne non sans pertinence, dans une de ses multiples publications la responsabilité ô combien indispensable des religions dans la construction et le maintien de la paix dans le monde.

> Il importe que les traditions religieuses, au lieu de rivaliser les unes avec les autres en vue d'étendre leur influence, prennent conscience de leur responsabilité historique commune par rapport au destin de l'homme. Au-delà des institutions internationales, des médiations d'ordre politique et culturel, les religions se doivent, en effet, de mettre leurs ressources spirituelles au service d'une convivialité entre les hommes en favorisant en particulier un esprit de paix, une éducation à cette paix, condition de la coexistence pacifique[30].

Autrement dit, au lieu de s'ériger en laboratoire de production de la conflictualité en Afrique, les religions doivent s'approprier leur fonction originelle : la quête permanente de la paix.

Conclusion

Au terme de cette étude où il était question du type de rapports qu'entretiennent des musulmans et les chrétiens, il en ressort que ces deux communautés religieuses depuis le VIIe siècle, développent de bonnes relations religieuses surtout économiques et culturelles. Ils vivent ensemble dans les mêmes familles, partagent les mêmes problèmes. Toutefois, on ne peut pas du tout omettre la responsabilité de certains dogmes religieux dans des violences et les crimes. Ainsi, la religion est utilisée voire instrumentalisée à des fins politiques et économiques en Afrique.

---

[29] Vivekananda était un leader spirituel hindou, philosophe du vedanta né en 1863 et mort en 1902.

[30] Geffré, C., *Entretiens avec Gwendoline Jarczyk, Profession théologien. Quelle pensée chrétienne pour le XXIe siècle ?*, Paris, Cerf/Albin Michel, 1999.

Références bibliographiques

Ouvrages

- Boulaga Eboussi, F., *christianisme sans fétiches, révélation et domination,* Paris, Présence Africaine, 1968.
- Costermans Cheza, M. et Pirotte, *M., œcuménisme et pratiques missionnaires,* Paris, Karthala, 1999.
- Eddin Ibrahim, S., *The Copts of Egypt,* Royaume Uni, Minority Rights Group International Report, 1996.
- Geffré, C., *Entretiens avec Gwendoline Jarczyk, Profession théologien. Quelle pensée chrétienne pour le XXIe siècle ? Paris,* Cerf/Albin Michel. (1999)
- Howse, E.M., *Roses in December, wood lake books,* Winfield, B.C., 1982.
- Njoumi, S., *Ministère œcuménique des jeunes en Afrique,* Nairobi, Church information service, 1993.
- Religion and human rights (éd), *A Christian Muslim Discussion,* wcc/kok pharos, Geneva/Amsterdam,1997.
- Religion Law and Society (éd), *A Christian Muslim Discussion,* wcc/kok Pharos, Geneva/Amsterdam, 1995.
- Saïd, R., *Qu'est-ce qu'un État Islamique* ?, Genève, centre Islamique, septembre 1961.
- Société africaine de culture (éd), *Les religions africaines comme sources de valeurs de civilisations,* colloque de Cotonou, du 16 au 22 Août 1970, Paris, Présence africaine, 1972.

Articles de revues

- Aloyse Raymond Ndiaye, « Religion, foi et tolérance », in *Diogène* 2008/4, n° 224, pp. 21-34.
- Bah, T., « Religion et culture de l'amour », in *conflits actuels et culture de la paix,* Abidjan, PUCI, 1997.
- *Le Coran,* traduction française.
- Eliane Ursula Ettmueller, « Les coptes et les musulmans, une fraternité précaire ? », in *Confluences Méditerranée* 2008/3 (n° 66), pp. 117-128. DOI 10.3917/come.066.0117
- *Le Musulman,* 4e trimestre, 1974.
- Sicard, V.S., « la communauté mondiale des musulmans et des chrétiens », in *Revue sur l'islam.*
- Sine Mefire, Ali, « Générosité et Dépenses pour les bonnes œuvres pieuses, exhortation à la dévotion totale à perpétuité ; la sortie de la violence et de l'intolérance en Islam », in *Sermon de la prière de fin du mois du Ramadan,* Esplanade arrière de la CNPS, septembre 2010.
- Tolra-Laburthe., P., « Christianisme et ouverture au monde : le cas du Cameroun, 1945-1915 », in *Revue française d'Outre-mer,* t. Lxxv, n° 279, 1988.

Thèse

- Kuotou, Ph., « La rencontre du christianisme et de l'islam », thèse de doctorat en théologie, Faculté libre de théologie protestante, Paris, 1961.

Sources électroniques

- www.lefigaro.fr, le 2011/05/08.
- *L'Égypte confrontée aux troubles interreligieux, in* http://www.lemonde.fr/proche-orient/article/2011/05/08/violents-affrontements-entre-coptes-et-musulmans-en-egypte_1518730_3218.html, le 09.05.2011 à 11h02, AFP.

3e PARTIE

Les questions climatiques et foncières

Chapitre IX

Darfour : De la crise environnementale à la crise identitaire Sociogenèse d'un conflit (1973-2003)

Boris Bertolt

La guerre au Darfour est aujourd'hui la plus longue guerre civile en Afrique depuis le début du XXIe siècle. Combien de morts ? Difficile de répondre à cette interrogation. Au Darfour, des massacres et atrocités sont perpétrés par les différentes parties en conflit dans le plus grand silence médiatique et les murmures des chancelleries occidentales. Le compteur de l'ONU semble s'être arrêté sans grande explication. Les derniers chiffres remontent à 2008. Pourtant régulièrement, les rapports font état d'attaques, de villages incendiés, de bombardement et viols. Mais tous les jours on répète inlassablement les mêmes chiffes depuis 2008 : 300 000 morts et plus de deux millions de réfugiés et déplacés dont une bonne partie se trouve à l'est du Tchad voisin. Pour analyser le conflit, de nombreuses thèses, privilégiant la question identitaire ont été fournies. Mais ici, une première clarification s'impose. Il existe au Darfour deux grands groupes : les Arabes et les non-Arabes. Ces catégories sont constituées d'ethnies dont l'activité économique permet de les identifier. Ainsi, les Arabes sont réputés être des éleveurs et les non-Arabes agriculteurs. Mais il ne s'agit pas ici d'identités figées, mais plutôt de constructions permanentes. L'activité économique pouvant évoluer, les agriculteurs peuvent devenir éleveurs et vice-versa ou encore pratiquer simultanément l'agriculture et l'élevage. En plus, plus les mariages interethniques rendent encore plus complexe un découpage ethnique. Des lors, la réalité semble plus complexe et se décline sous plusieurs projecteurs. Toutes les populations au Darfour ont la peau noire et parlent l'arabe.

Ainsi, en appréhendant la crise au Darfour, sous l'angle d'un dualisme sociologique conflictuel, on a tendance à oublier que loin des images de villages de non arabes détruits par les milices arabes armées par le pouvoir de Khartoum, se cache une histoire commune, une crise aux contours multiples et aux origines lointaines. Le Darfour est un environnement politique où s'entremêle faillite de l'État, pluralisme identitaire, déséquilibre économique et intérêts géostratégiques. Ces différents éléments posent les bases de l'établissement de rapports sociaux conflictuels entre différents acteurs. Cette recherche a été conduite au Tchad à N'Djamena auprès des autorités soudanaises, mais également dans les camps de réfugiés de Abéché, Guéréda et Iriba qui comptaient en 2007 plus de 200 000 réfugiés darfouriens. Les entretiens avec les éleveurs et agriculteurs ont porté sur les lignes identitaires entre non arabes et arabes, mais également la répartition sociale et géographique de l'économie rurale. Il ne s'agissait pas de comprendre la crise au Darfour dans toute sa complexité, mais de tenter d'établir une corrélation entre le facteur climatique et la crise politique.

Dans le cadre de ce travail, j'ai choisi de mettre en exergue la dimension relative aux changements climatiques en tentant d'établir une corrélation entre la détérioration des conditions climatiques et l'émergence de la conflictualité au Darfour. Il s'agira de décrire comment les transformations climatiques et environnementales provoquées par la baisse des précipitations ont généré une cristallisation des identités ethniques du fait de la compétition accrue pour l'accès aux ressources. L'instrumentalisation politique des clivages identitaires est un élément important dans la fracturation de l'espace sociopolitique darfourien et la configuration des groupes armées qui s'affrontent autour du contrôle de la terre, mais également à des fins de quête de pouvoir. Pour cela, le texte s'articule principalement autour de trois grands axes : la crise environnementale, les crises économiques et sociales, enfin la crise identitaire.

1. La crise environnementale

La crise politique actuelle au Darfour doit être vue comme la résultante de la conjonction de tout un ensemble d'éléments qui s'imbriquent les uns et les autres. Parmi ces éléments, figurent les changements climatiques qui occupent une place centrale notamment dans la structuration de la conflictualité. Les changements climatiques ont constitué un catalyseur, renforçant les menaces qui pesaient d'ores et déjà sur la stabilité de la région.

La baisse de la pluviométrie

Le Darfour est un territoire de 504 800 km^2. Représentant à peu près la superficie du Cameroun et celle de la France, il se caractérise principalement par sa diversité et sa complexité ethnique. La région est divisée en trois provinces : Le Darfour Ouest et le Darfour Sud où vivent en majorité les populations non arabes qui pratiquaient principalement l'agriculture et le Darfour Nord occupé par les tribus arabes considéré comme la province la plus désertique où les populations s'adonnent à l'élevage. La diversité géographique et le climat définissent jusqu'à aujourd'hui la forme des établissements humains[1]. Située à proximité de la frontière avec le Tchad, le Darfour est désertique dans sa moitié septentrionale et semi-aride dans sa moitié méridionale. D'une manière générale, la pluviométrie au Darfour oscille entre 300 et 700 mm par an.

L'histoire de la pluviométrie au Darfour se caractérise par de très fortes variabilités climatiques d'une région à l'autre. Cependant, une constance s'est dégagée pour les trente dernières années : une baisse globale du niveau des précipitations. La vie au Darfour est largement tributaire des précipitations. L'activité économique et le mode de vie des populations chaque année dépend du nombre de millimètres de pluies enregistré. Ainsi, depuis le début des années 1970, on a assisté à une très forte variabilité climatique qui se caractérise par la permanence du déficit pluviométrique et la présence d'années pluviométriques relativement moyenne. Cette variabilité climatique a eu des conséquences lourdes sur la région et se sont principalement les zones arides qui ont payé le plus lourd tribut.

La répartition des précipitations n'est pas la même dans toutes les provinces du Darfour. Les précipitations sont plus abondantes dans l'ouest Darfour et plus particulièrement dans la région du Djebel Marra. Le Sud Darfour, lui est relativement plus pluviométrique que le Nord. D'une manière générale, en quarante ans, les pluies ont diminué de 16 à 30 % et le climat désertique (moins de 100 mm de précipitations par an) s'est décalé de 100 km vers le Sud. L'observation du coefficient des déficits pluviométriques sur les cinquante dernières années pour comprendre l'amplitude de la crise à laquelle cette région est confrontée.

[1] G. Prunier, *Darfour : génocide ambigu*, 2005, p. 28.

Tableau 1 : Les déficits pluviométriques au Darfour sur cinquante années

Périodes	Nyala	El Geneina	El Fasher	Périodes	Nyala	El Geneina	El Fasher
1942–1992	–3.54[a]	–5.50[a]	–3.87[a]	1953–2002	–3.51[a]	–4.47[a]	–2.75[a]
1943–1993	–3.78[a]	–5.86[a]	–3.90[a]	1954–2002	–3.42[a]	–3.89[a]	–1.80[a]
1943–1993	–3.78[a]	–5.86[a]	–3.90[a]	1955–2002	–3.19[a]	–3.46[a]	–1.85[a]
1945–1995	–3.68[a]	–5.70[a]	–3.57[a]	1956–2002	–2.91[a]	–3.12[a]	–1.71[a]
1946–1996	–3.53[a]	–4.73[a]	–3.43[a]	1957–2002	–2.85[a]	–3.14[a]	–1.79[a]
1947–1997	–3.63[a]	–4.75[a]	–3.90[a]	1958–2002	–2.76[a]	–3.22[a]	–1.89[a]
1948–1998	–3.95[a]	–4.74[a]	–4.19[a]	1959–2002	–2.71[a]	–3.47[a]	–1.65
1949–1999	–4.19[a]	–5.06[a]	–4.00[a]	1960–2002	–2.78[a]	–3.36	–1.51
1950–2000	–3.61[a]	–4.89[a]	–3.05[a]	1961–2002	–2.74[a]	–2.58	–1.48
1951–2001	–3.16[a]	–5.24[a]	–3.04[a]	1962–2002	–2.73[a]	–2.21	–1.14
1952–2002	–3.51[a]	–4.53[a]	–3.08[a]	1963–2002	–1.98	–1.25	–0.94

Source : *Rainfall in Darfur, prior to conflict of 2003*

La baisse intermittente des précipitations dans la région s'est accompagnée d'une recrudescence des sécheresses. Les plus importantes sont celles de 1973-1974, 1884-1885 et 1990-1992. Ces phénomènes ont affecté l'ensemble du Darfour. Au Nord Darfour, en 1972 et 1973, respectivement 110 mm et 130 mm sont tombés sur El-Fasher[2]. En 1983 et 1984, ce fut 80 mm et 100 mm ; en 1992 et 1993 ce fut 200 mm et 150 mm ; en 2001, 2002, 2003, il y a eu respectivement 160 mm, 160 mm et 150 mm[3]. À la vue des statistiques pluviométriques et compte tenu de son importance sur l'activité agropastorale et la cohésion ethnique, il ne paraît donc pas surprenant que le conflit ait débuté en février 2003. Ceci après une date qui coïncide avec une succession d'années chaudes. Il est également important de souligner que les mois de janvier, février, et mars sont les mois les plus chauds au Darfour. Il apparait que la période 1972-2003 est moins pluviométrique que celle de

[2] Tearfund, *Darfur: relief in a vulnerable environment*, Tearfund Media, 2008, p. 4.

[3] *Ibid.*

1910 à 1945 et 1945 à 1972. Cette baisse de la pluviométrie entre 1972 – 2003, aura un impact négatif principalement sur les modes de vie des populations du Nord-Darfour.

Il est nécessaire de relever ici que depuis 1960, entre 1970 et 2000, les niveaux des précipitations furent les plus faibles à l'Ouest et au Sud Darfour. À l'Ouest Darfour (El Geneina), entre 1940 et 1970, la moyenne annuelle des précipitations se situe à environ 550 mm, tandis qu'entre 1970 et 2000, il est à environ 400 mm. Au Sud Darfour, à Nyala, entre 1940 et 1970, elle est de 460 mm et entre 1970 et 2000 d'environ 300 mm. Dans l'histoire des trente dernières années du Darfour, la baisse des précipitations s'est accompagnée d'une multiplication de conflits. Ainsi, pour le cas du Nord Darfour, qui est déjà la région la plus écologiquement fragile du Darfour, entre 1950 et 1990, chaque période de baisse des précipitations a vu une recrudescence des conflits entre les différentes communautés. Cette région qui est la région la plus fortement affectée, a historiquement connu des phases de violence. Dès lors il n'est pas superflu de penser qu'il existe un lien étroit entre la pluviométrie et la multiplication des conflits. Cependant, ce lien entre précipitations et conflits ne peut être véritablement compris que si l'on intègre la question du couvert végétal.

Populations et couvert végétal

La baisse de la pluviométrie provoque au Darfour une déstructuration du milieu physique. Ceci du fait des sécheresses qui accompagnent les baisses des précipitations. Dès lors, la crise environnementale se manifeste par une réduction du couvert végétal, élément vital pour l'activité économique qui tourne autour de l'agriculture et l'élevage. Cette crise environnementale est aggravée par une augmentation de la population humaine et animale. La diminution du couvert végétal au Darfour est principalement le fait des sécheresses, de la désertification et de l'aridification des sols. Ces phénomènes eux même fortement liés aux précipitations et la pression démographique.

Le couvert végétal est le cœur de l'activité économique au Darfour. Sa vitalité conditionne la production agricole et la santé du bétail. Ainsi une baisse de la végétation a immédiatement des conséquences sur le domaine économique. D'après Mohamed Yousif Abdallah, ancien ministre de la Culture, de la Jeunesse et des Sports dans le gouvernement de Khartoum, la cause première du conflit est la dégradation de l'environnement[4]. Ce dernier

[4] Mohamed Yousif Abdallah a été membre de la délégation ayant négocié l'accord de paix d'Abuja. Ce point de vue est aussi partagé par des universitaires de l'Université

affirme qu'en 45 ans, le Darfour a perdu 66 % de couvert végétal[5]. En 1961, 54 % du territoire Darfourien était recouvert par la végétation. Aujourd'hui seul 18 % reste couvert. Chose préoccupante dans contexte de dépendance économique de la région à l'égard de la végétation. Car l'agriculture, le commerce et l'élevage, sont au cœur de l'activité économique.

D'après le programme des Nations Unies pour l'environnement, au Darfour, le désert a progressé vers le sud de 100 km en moyenne au cours des quatre dernières décennies[6]. Au Darfour, un tiers de la forêt a disparu entre 1973 et 2003. Des intellectuels à Khartoum soutiennent que la paupérisation des Darfouriens ne serait pas autant avancée si les régimes successifs de Khartoum avaient par exemple lancé des grands programmes de reboisement et construit des industries afin que la population ne dépende pas exclusivement des ressources limitées de la couverture végétale[7]. La réduction de la végétation a eu pour corollaire la diminution de la ressource naturelle disponible. Il se crée immédiatement une forte compétition entre éleveurs et nomades pour le contrôle de la ressource restante. Les éleveurs n'hésitent pas à remettre en cause les accords passés avec les agriculteurs et occupent les prairies. Ces derniers sont tenus de les défendre pour survivre. Dès lors, la rivalité s'accentue entre les différents groupes au fur et à mesure que la végétation se réduit. Les identités se cristallisent et la bataille pour la ressource devient une question de survie.

Du point de vue démographique, le Darfour constitue la province la plus peuplée du Soudan. Comme dans toutes les autres régions du continent, sa population a fortement augmenté ces cinquante dernières années. Les Nations Unies estimaient la population de cette région à environ 6,5 en 2003, s'appuyant sur le recensement de la population de 1993 en évaluant l'augmentation de la population à environ 2,4 % par an[8]. Depuis 1973, elle n'a cessé de croître. Provoquant ainsi une plus forte pression de l'homme sur le milieu et une augmentation des densités de la population. Ces deux éléments ont augmenté les besoins en consommation et en productivité de la région. Entre 1956 et 2003, la population est passée de 1 080 000 à 6 480 000

de N'Djamena. Ces derniers établissent le parallèle avec la situation actuellement en cours dans l'est et le Nord du Tchad.

[5] A. Djimeli, *Darfour, au-delà de la guerre*, Yaoundé, Ifrikiya, 2007, p. 56.

[6] Unep, *From conflict to peacebuilding*, hutfordshire, UK, p. 8.

[7] *Ibid.*

[8] Unep, *Environmental degradation as a cause of conflict in Darfur, Khartoum*, December 2004, p. 35.

habitants[9]. Il est cependant nécessaire de souligner l'absence de données statistiques relevant de la démographie sur le Soudan. Le dernier recensement officiel datant de 1993, ces données doivent donc être prises avec beaucoup de prudence. Les chiffres peuvent être plus élevés que ceux mentionnés par le gouvernement soudanais.

<u>Tableau 2</u> : Évolution et densités de la population au Darfour (1956-2003)

Années	Populations	Densité (personne/km^2)
1956	1.080.000	3
1973	1.340.000	4
1983	3.500.000	10
1993	5.600.000	15
2003	6.480.000	18

Source : A. Fadul, ''Natural resources management for sustainable peace in Darfur'', Khartoum, university for peace, 2004, p. 35.

Les estimations font état de 86 % de la population vivant en zones rurales. Leur dispersement à travers le Darfour est directement lié aux conditions environnementales des différentes provinces de la région. Le choix du lieu d'implantation est relatif aux conditions écologiques favorables à l'activité économique de chaque groupe. Les agriculteurs occupent le plateau central du Darfour où le sol est plus riche et l'eau plus abondante. Alternativement, le nord et le sud attirent les pasteurs. Les agriculteurs sédentaires constituent environ 75 % de la population rurale au Darfour, tandis que les pasteurs nomades ne représentent que 15 %.

Dans cette augmentation globale de la population, l'un des points importants, est celui du différentiel entre les populations arabes généralement regroupées économiquement sous l'appellation *baggara* et les populations non arabes qualifiées de *Zourga*. Alors que la croissance de la population non-arabe a été exponentielle ces 30 dernières années, celle des *baggara* a plutôt été relative. Confirmant ainsi la supériorité démographique de la population non-arabe sur les Arabes au Darfour. Ce facteur contribue largement à bâtir l'unité des Arabes contre les non-Arabes dans les batailles pour le contrôle de la ressource naturelle.

---

[9] A. Fadul, "Natural resources management for sustainable peace in Darfur", in *Environmental degradation as a cause of conflict in Darfur*, Khartoum, University for peace, December 2004, p. 35.

En 1956, les *baggara* représentaient 20 % du total des habitants du Darfour et les *Zourga* 46 %. Le différentiel de croissance est considérable : de 1956 à 1993, les *baggara* ont eu un taux de croissance annuel de 2,7 % alors que celui des *Zourga* s'est établi à 4,1 %[10]. Soit deux fois plus que la population arabe. Une donne qui s'explique par le fait qu'en dépit du fait que les sociétés sahéliennes ont le plus fort taux de reproduction, les *baggara* ont un mode de vie aux tendances semi-nomades. En plus, ces populations sont durement affectées par les sécheresses depuis les années 1970. La perte du bétail a été considérable. Favorisant ainsi les migrations vers les centres urbains de la vallée du Nil.

Face à la crise, de nombreuses tribus *baggara* modifièrent leur existence, passant du nomadisme au sédentarisme. Dans les années 1970, il y'avait environ 19 % de nomades au Darfour. Aujourd'hui, le chiffre est retombé à 8 %. Cette mutation économique va largement modifier les rapports avec leurs voisins non – arabes. Car ces derniers vont commencer à revendiquer l'accès à la terre, qui pourtant obéit à une répartition historique le sultanat Four au 17e siècle. L'explosion démographique dans la région est paradoxalement associée à une augmentation du cheptel. Les estimations font état du fait qu'en 2002 au Darfour, il y avait près de 8,2 millions de bovins et 760 000 camélidés, alors qu'ils n'étaient respectivement que 4,6 millions et 420 000 en 1976[11]. Le ratio bêtes/espace est aujourd'hui de 6 têtes par km^2 au Nord-Darfour. Il est de 37 têtes par km^2 au Sud-Darfour et 61 têtes par km^2 à l'ouest-Darfour[12]. Cette augmentation du cheptel a pour conséquence directe la pression sur l'environnement et renforce la lutte pour l'accès au couvert végétal. Les éleveurs eurent besoin de beaucoup plus de surface pour paître leurs troupeaux. Or, la ressource environnementale disponible pour la survie des populations et l'activité économique s'avère insuffisante. Dès lors, les différents acteurs vont se livrer à des conflits liés à l'accès à la ressource naturelle. Ce sont ces conflits qui débouchent sur les conflits identitaires. Alexandre Djimeli résume assez bien la situation lorsqu'il écrit :

> Les éleveurs n'ont plus assez de prairie pour leur bétail. Les agriculteurs manquent de terres arables. Les bêtes ont faim, les hommes aussi. On se dispute le peu de verdure qui reste. Les éleveurs, dont la richesse et la survie tiennent à celle des animaux, foncent sur les parcelles des agriculteurs. Parce qu'ils ne vivent que de leurs terres, ces derniers tiennent à les défendre

[10] E. Denis, « Démographie ethnique, modernisation et violence au Darfour », Paris, in *Annales d'Éthiopie*, vol. 21, 2005, p. 107.

[11] *Ibid.*, p. 118.

[12] A. Djimeli, *Darfour, au-delà de la guerre*, 2007, p. 56.

jusqu'à la mort. La tension devient inévitable, chacun luttant pour sa survie. Au fur et à mesure que le sable remplit le Darfour, cette tension s'accentue, rendant plus précise la menace de guerre à grande échelle.[13]

L'équilibre environnemental dynamique sur lequel était bâtit la coexistence pacifique et les complémentarités d'usages sur fond d'ententes ethniques s'est dégradé de façon structurelle et profonde. Cette dégradation a principalement été le fait d'une baisse progressive des précipitations, conjuguée à une augmentation de la population humaine et animale, qui a provoqué une carence en ressources naturelles. Cependant, la crise socio – économique qui accompagne les changements climatiques, renforce le contexte de *crisogénéïté.*

2. Crises économiques et sociales au Darfour

La diminution du couvert végétal a constitué l'élément déclencheur d'un ensemble de carences à la fois économiques et sociales au Darfour. La dégradation de l'environnement physique, du fait de la sécheresse, sera ainsi à la base de la crise environnementale qui aura des conséquences fâcheuses sur le mode de vie des populations. Ces conséquences sont à la fois économiques avec une baisse de la production agricole et pastorale, mais également des conséquences sociales à travers les famines et migrations.

La crise économique

L'activité économique dans cette région se concentre autour de la pratique de l'agriculture, de l'élevage et du commerce. Cette dernière activité est liée à la vente des produits dérivants des deux premières. Les sécheresses qui affectent le Darfour ont provoqué un ralentissement de l'activité globale de la région. L'agriculture est un secteur qui est directement touché par les changements climatiques. Le rapport du GIEC (Intergouvernmental Panel on Climate Change) de 2007 a souligné que l'Afrique est le continent le plus vulnérable au changement climatique, étant donné ses faibles capacités d'adaptation. Dans la mesure où la production au Darfour dépend fortement des facteurs climatiques et plus particulièrement de la pluviométrie, la baisse des précipitations va entrainer une réduction de la production alimentaire.

De manière générale, au Soudan, l'agriculture constitue la principale activité des populations. 80 % des habitants Soudan pratiquent l'agriculture et doivent survivre dans un contexte environnemental difficile qui inclut une

[13] A. Djimeli, *Darfour, au-delà de la guerre*, Yaoundé, Ifrikiya, 2007, p. 56.

rareté de l'eau et des sols inadéquats à cette activité[14]. Seulement 6,8 % des terres du pays sont arables. Dans ce pays, le désert occupe 45,3 % du territoire, soit 1 123 000 km^2 environ[15]. L'importance de l'agriculture au Soudan a conduit à une interdépendance entre la société et l'environnement. Un phénomène observable sur l'étendue du continent.

Au Darfour, les principales cultures sont le mil, le sorgho, l'arachide, le sésame, les fruits et la gomme arabique. Ces cultures sont essentielles pour l'alimentation et l'économie. Mais elles sont affectées par la réduction du couvert végétal qui rend difficile la pratique de l'agriculture, du fait d'absence de terres arables. Au Nord Darfour, avec une moyenne de précipitation de 200 à 300 mm par an, la pratique de l'agriculture s'est complexifiée. La production agricole ne couvre plus que les besoins de consommation locale[16]. Dans cette région fortement affectée par la sécheresse, la production locale répond à seulement 30 % des besoins[17].Dans les meilleures années à l'instar de 1988, la production agricole n'excédait pas 50 % des besoins pour l'ensemble du Nord Darfour. Au cours des années moins pluviométriques, au Nord Darfour, elle n'a couvert que 18 % des besoins en 1984 -1985, 15 % des besoins en 1990-1991 et 30 % en 1991-1992[18]. La situation n'est pas très différente dans le Sud Darfour. Bien que l'élevage soit l'activité économique principale. En 1968, pour environ 1000 m^2 de terre, un agriculteur récoltait 84 sacs de millet de 100 kg. En 1974, pour environ 2000 m^2, il ne récolte plus que 43 sacs. Au Sud Darfour, en 1990, le déficit agricole atteignait 60 %. L'Ouest Darfour, la zone écologique la plus propice à l'agriculture avec environ 500 à 700 mm de précipitations par an, fût aussi affecté par la sécheresse. Notamment dans sa partie ouest.

D'après le plan agricultural du ministère d'État en charge de l'Agriculture et des ressources naturelles, entre 1999, 2000, 2002, et 2003, la

---

[14] World Bank, "*Sudan: stabilization and reconstruction country economic memorandum*", volume 1, report n° 24620 – SU, volume 1, 30 June 2003.

[15] A. Ahmed and S. Shazalli, "Pastoral land tenure and agriculture expansion – Sudan and the horn Africa", Paper presented at the DFID workshop on land rights and sustainable development in sub-Saharan Africa at sunningdale park conference centre, Berkshire, UK, 16th – 19th February.

[16] Alex de Waal, *Famine That Kills : Darfur, Sudan, 1984-1985*, Oxford, Clarendon, 1989, p. 114.

[17] F. Ibrahim, *Ecological imbalance in western Sudan*, 2004, p. 111.

[18] C. Miller, « Famine, conflits et aide internationale au Darfour, 1990-1992 », in *Égypte/Monde arabe*, première série, 15-16, 1993, en ligne à l'adresse http://ema.revues.org/index 1017.html.

production agricole au Darfour a été par m^2 de 65, 45, 23, 45 et 11 kg[19]. Paradoxalement cette baisse de la production agricole coïncide avec une augmentation de la demande. Ceci du fait de l'augmentation de la population. La demande, étant supérieure à l'offre, une crise économique s'installe progressivement. Au-delà de l'agriculture, l'élevage également est entré en crise. Les individus les plus touchés par les sécheresses sont les communautés pastorales qui sont dans l'obligation de parcourir des milliers de kilomètres à la recherche de pâturages nécessaire à leur bétail. Or, la contribution la plus importante du Darfour à l'économie soudanaise s'effectue à travers l'élevage. Le Darfour produit à lui seul 30 % du commerce du bétail et la région abrite 25 % de la population animale[20].

La sécheresse de 1990 marque un tournant pour la région. La région du Nord Darfour enregistre à elle seule une perte de 30 à 40 % du cheptel. La pratique de l'élevage au Darfour s'effectuait à partir des routes de transhumances édictées de commun accord entre les différentes communautés dès le début des années 1950[21]. Ces arrangements avaient été le fait des leaders traditionnels, afin de permettre l'épanouissement économique des différents groupes. Ces arrangements furent scellés par le gouvernement et reconnus par les différentes parties. Face à la dégradation du couvert végétal dans le Nord et le Sud Darfour, ces routes ont été rapidement remises en cause. Les nomades n'hésitant pas à pénétrer sur les terres des agriculteurs pour paître leurs troupeaux.

Tableau 3 : Valeur des exportations et revenus de l'élevage au Soudan

Année	Revenu national	Part du Darfour
1981-1982	99.7	23
1982-1983	128.8	22
1983-1984	133.2	19
1984-1985	197.3	33
1985-1986	237.5	50

Source : *Rapport de la banque mondiale, 1992.*

[19] A. Fadul, "Natural resources management for sustainable peace in Darfur", *Environmental degradation as a cause of conflict in Darfur*, 2004, p. 36.

[20] Ces données datent de 1993. Il est possible que la part du Darfour se soit accrue au fil des années. Cette part importante du Darfour dans l'économie globale pourrait en partie expliquer l'engagement du gouvernement soudanais pour la cause arabe.

[21] A. Fadul, "Natural resources management for sustainable peace in Darfur", in *Environmental degradation as a cause of conflict in Darfur*, 2004, p. 36.

Les sécheresses vont amener les pasteurs à migrer vers des territoires plus propices à la pratique de leur activité. Ainsi, un nombre important de pasteurs nomades affluent vers certaines régions du Sud et l'Ouest Darfour à la recherche des pâturages. Certains optent pour le sédentarisme et d'autre maintiennent leur mode de vie traditionnel. Les pasteurs Zaghawa avaient entamé un déplacement du Nord vers le Sud dès les années 1970 et près de 500 villages avaient été abandonnés. Cette migration va s'intensifier dès le début des années 1980. Cependant ces migrations d'éleveurs et de leurs troupeaux s'effectuent sur des terres fragiles du fait de la pression démographique et l'aridification des sols. Le phénomène migratoire obéit principalement à deux facteurs : le facteur économique et le facteur identitaire. Elles sont accentuées par les famines successives liées à la sécheresse.

La crise sociale

Les bouleversements climatiques, qui ont provoqué une récession de l'activité économique au Darfour s'accompagnent d'une crise sociale aigue. Elle est principalement la résultante de deux facteurs. Les famines et les migrations. Les données statistiques sur le Soudan attestent que les régions de l'Ouest et de l'Est sont celles les plus largement affectées par la famine. Les agriculteurs ont identifié 36 années de sécheresse et de famines entre la période 1912 et 1974[22]. Les famines sont des crises qui révèlent la vraie nature d'une société, ses possibilités et ses limites pour produire et s'organiser[23]. La famine de 1984 a démontré que la violence résultant de la lutte pour les besoins primaires est directement proportionnelle à la gravité de la situation. Plus la sécheresse est importante, moins bonnes sont les récoltes et plus chacun est enclin à se battre pour les ressources disponibles. Tout n'est que question de survie. Moins la végétation est importante, moins les éleveurs ont le pâturage pour paître leurs troupeaux et plus les risques de conflits s'accroissent avec leurs voisins agriculteurs. Les famines sont à des moments de l'histoire où tout est exacerbé, et particulièrement les relations internes aux groupes humains concernés et les relations de ces groupes avec leur environnement, avec ses voisins.

Les famines structurent l'existence et le vécu quotidien des populations de cette région. Elles résultent principalement des sécheresses qui ont

[22] T. Teklu, J. Von Braun, E. Zaki, *Drought and famine relationships in Sudan: policy implications*, research report/international food policy research institute, 1981, p. 25.

[23] H. Derriennic, *Famines et dominations en Afrique noire*, Paris, L'Harmattan, 1977, p. 18.

jalonné l'histoire de Darfour[24]. Parmi ces dernières, on peut citer celle de 1873/1874 qui contribua largement à rendre les Égyptiens impopulaires au Darfour, celle 1888/1892, considéré comme la plus mauvaise et la plus importante de toutes l'histoire du Darfour[25]. Dans un contexte d'impopularité du mahdi, cette famine provoque des soulèvements à l'échelle de tout le sultanat. À cette période, faudrait ajouter les famines de 1913-1914, 1927-1932, 1934, 1937-1938, 1948. La décennie 1960-1970 sera moins marquée par les famines que d'autres décennies. Ces crises ont toujours accentué l'instabilité politique, conflits et migrations.

Tableau 4 : calendrier des famines entre 1984 et 1985

Périodes	Caractéristiques
Août 1984	Il apparaissait déjà que les récoltes échoueraient. Les populations du Nord furent victimes de pluies sauvages
Septembre-octobre 1984	Des riches éleveurs vendirent leur bétail par anticipation à la chute des prix
Novembre-décembre 1984	Ce fut la période des récoltes. La plupart des habitants du Nord qui avaient rassemblé leurs plants descendirent vers le sud, y compris les pasteurs. Les prix étaient à leurs niveaux les plus bas
Janvier-février 1985	De nombreux migrants venus de Nord furent surpris de ne pas obtenir du travail en zone rurale. Beaucoup vinrent en ville vendant bois, forages, etc. Les puits étaient secs dans plusieurs villages du Nord. Les prix des grains augmentèrent, tandis que le prix du bétail chut jusqu'à atteindre les niveaux les plus bas.
Mars-avril 1985	Les enfants mourraient de la rougeole, diarrhée et autres maladies. La majorité de la population se déplaça vers la ville.
Mai-juin 1985	Les pluies recommencèrent. Avec la famine, le nombre de mort atteignit les sommets. Les darfouriens du Nord retournèrent sur leurs terres préparer leurs champs. Les prix des grains étaient à leur sommet, alors que ceux des animaux étaient en baisse.
Juillet 1985	Les pluies étaient excellentes. Beaucoup de paysans désherbèrent leurs champs. Les agriculteurs du Sud trouvèrent peu de volonté à travailler pour de l'argent.
Août-septembre 1985	La sécheresse affectait les plants dans le Nord-Est. Les prix des cultures et du bétail revinrent à la normale. Mais le taux de mortalité restait élevé.
Octobre-novembre 1985	D'importantes récoltes s'effectuèrent. Elles étaient excellentes. Le taux de mortalité revint à la normale.

Source : *Rapport de la banque mondiale, 1992.*

[24] Pour une liste des sécheresses ayant affecté cette zone et les conséquences, voir Alex de Waal, *Famine That Kills : Darfur, Sudan, 1984-1985*, Oxford, Clarendon, 1989.

[25] H. Young, *Darfur 2005, livelihoods under siege*, final report, US/AID, February 2005, p. 18.

Les famines ne sont donc pas des éléments nouveaux dans l'histoire du Darfour. Dans le cas du Darfour, la situation est encore plus explosive parce que les agriculteurs, non arabes disposent de terres et les éleveurs arabes, n'ont pas de terre. Dans ce contexte, les Arabes n'hésitent pas à s'engager sur les terres des non-Arabes. Depuis le début des années 70, de multiples famines ont frappé le Darfour. La région la plus affectée par ce phénomène est le Nord-Darfour, celle-ci étant la région la plus écologiquement fragile. D'après les observateurs locaux, le Nord Darfour a connu 16 sécheresses depuis 1972[26]. Parmi ces sécheresses, l'une d'entre elle apparaît avoir été la plus dévastatrice, celle de 1984/1985. Mais elle n'affecta pas seulement le Nord Darfour, mais aussi l'ensemble du Darfour.

Tableau 5 : Estimation de la population affectée par la sécheresse au Darfour (1984-1986)

Périodes	Populations affectées /milliers	Populations vulnérables /milliers
Août 1984	1.430	763
Novembre 1984	1.430	763
Juin 1985	2.870	752
Février 1986	1212	752

Source : Rapport de la banque mondiale, 1992.

La famine de 1984/1985 est considérée comme la plus importante depuis ces trois dernières décennies. Elle ne touche pas seulement le Darfour, mais l'ensemble des pays de la bande sahélienne. Cette sécheresse, à son tour, était la résultante de la baisse successive des précipitations qui va s'intensifier dès la fin des années 1970. Au Darfour, elle causa directement la mort d'environ 100 000 personnes et la disparition de 40 % du cheptel – jusqu'à 70 % dans les régions du Nord les plus touchées[27]. Cette famine occupe une place importante d'autant plus qu'elle se situe à la veille des affrontements entre Fur et Arabes au Darfour. La question de la survie devint un enjeu majeur pour les populations dans. Les famines ont des impacts importants : elles accélèrent le processus de paupérisation du secteur agro-pastoral traditionnel et renforcent l'impératif pour les

[26] H. Young, *Darfur 2005, livelihoods under siege,* final report, p. 19. US/AID, February 2005, *op. cit.,* p. 18.

[27] A. de Waal, *Famine That Kills : Darfur, Sudan, 1984-1985,* Oxford, Clarendon, 1989, p. 153.

populations concernées, de rechercher d'autres sources de revenus, en particulier par le recours au travail salarié et à la migration[28].

À la famine de 1984, s'ajoute celle de 1992. Elle n'eut pas la même amplitude que celle de 1984, mais s'inscrit dans un autre processus de détérioration du climat social et économique au Darfour. Elle résultait à nouveaux de la sécheresse de 1990. Cette famine fut accompagnée d'importantes pertes en vies humaines. D'après le rapport de certaines Organisation non gouvernementales (ONG), ces pertes en vies humaines furent largement le fait du gouvernement de ne pas vouloir reconnaître toute la dimension de la catastrophe. Elle fut suivie d'une recrudescence des conflits et une accentuation de vagues migratoires. Ce qu'on peut considérer au départ comme des migrations environnementales se sont produites au Darfour dès 1973. Ces migrations sont liées au stress environnemental provoqué par la qualité et la quantité de plus en plus décroissante des ressources renouvelables, notamment la terre et l'eau ; un accroissement du taux de population réduisant ainsi la consommation par personne et l'accès inégal aux ressources.

Elles affectent principalement le Nord Darfour qui est la région du Darfour la plus écologiquement fragile, par-là, la plus vulnérable aux changements climatiques. Dans cette région, face à la baisse des précipitations qui rendirent les conditions d'existence de plus en plus difficiles, les populations ont été contraintes de descendre vers les autres régions, principalement l'Ouest Darfour à la recherche de meilleures conditions de vies. Pour cela, la région du Djebel Marra, qui est la région au climat le plus favorable, accueille d'importantes vagues migratoires, du Nord et du Sud Darfour. Ces vagues migratoires bouleversèrent largement les équilibres démographiques, environnementaux, traditionnels et historiques. Cet afflux de migrants va créer de fortes tensions entre population arabes et non arabes. Dans un contexte de sécheresse, famines et crise de productivité, les migrants ne sont pas acceptés comme par le passé. Les non arabes les reprochent d'être de trop sur leurs terres. Pourtant, dans les années antérieures, ces populations éleveurs pour la plupart étaient bien accueillies. Ce changement d'attitude est lié au fait les populations non arabes ne parviennent plus elles-mêmes à satisfaire leurs propres besoins. Le *Dar*[29] Zaghawa est particulièrement marqué par la crise. De nombreux

---

[28] C. Miller, « famine, conflits et aide internationale au Darfour, 1990-1992 », in *Égypte/Monde arabe,* première série, 15-16, 1993. URL : http://ema.revues.org/index 1017.html

[29] *Dar* signifie terre, Darfur vient du mot *Dar* et signifie également la terre des Four. Les *Dar* sont des territoires appartenant à des communautés.

Zaghawa quittent le *Dar* Zaghawa et certains changent radicalement le mode de vie. Mais, cette migration des Zaghawa ne concerne pas simplement le *Dar* Zaghawa, mais l'ensemble de la région. Avant 1960, peu de Zaghawa se retrouvent à l'extérieur de leur *Dar*. À l'exception des périodes 1913/1914 et 1949. Après les premières sécheresses de 1970, les estimations faisaient état de 250 000 Zaghawa au Darfour dont 180 000 dans le *Dar* Zaghawa. Mais aujourd'hui, seul un tiers vit actuellement au Darfour. Une bonne majorité ayant migré vers les autres régions du Soudan, d'autres vers le Tchad voisin et certains s'étend fait enrôler dans les groupes rebelles.

L'afflux important de migrants du Nord et du Sud va contribuer à déstructurer ce que Alex de Waal appelle les *« les géographies morales »*[30]. Les Fur et d'une manière générale les populations non arabes, pratiquant majoritairement l'agriculture comme activité principale, se retrouvèrent ainsi submergés par des migrants qui avaient besoin de la même ressource pour leur survie à savoir : la végétation. Dans un contexte de sécheresse globale, famines, raréfaction des ressources naturelles, les modes de vie se retrouvent radicalement altérés. Par ailleurs, les agriculteurs, qui s'inquiétaient du peu de denrées récoltées, avaient anticipé la venue des nomades et avaient encerclé leurs terres de haies d'épineux, empêchant tout accès à leur propriété. Le résultat de ces actions fût catastrophique et à l'origine de conflits qui perdure encore aujourd'hui. En réponse au refus de coopérer des agriculteurs, les nomades attaquèrent ces derniers et relâchèrent leur bétail dans les champs[31]. Les semences des non-Arabes se retrouvèrent ainsi détruites par les animaux. Alors, les agriculteurs s'organisèrent et tuèrent bon nombre de bêtes présentes sur leur territoire.

Au final, la nature économique des migrations qui s'opèrent dès le début des années 1970, modifia les rapports entre les différentes communautés. Par le passé, les Bideyat, les Zaghawa étaient accueillis en toute hospitalité par les populations four et autres. Mais la quête des ressources naturelles qui est au cœur de la migration rendra les rapports conflictuels. Les migrants s'installent principalement autour des cours d'eau et par là à proximités des terres des agriculteurs. Compte tenu de la fragilité du milieu du fait de la dégradation écologique, les ententes traditionnelles et les équilibres ethniques se retrouvent déstabilisés. On assiste dès lors à la multiplication des conflits liés à l'accès à la ressource naturelle. Ces conflits sont la résultante de la compétition accrue pour le contrôle de la terre. Les identités bousculées, les complémentarités économiques historiques bouleversées,

[30] A. de Wall, *Famine That Kills : Darfur, Sudan, 1984-1985*, Oxford, Clarendon, 1989, p. 57.

[31] G. Prunier, *Darfour : un génocide ambigu*, 2005, p. 106.

toutes les portes paraissent ouvertes au déclenchement d'un conflit aussi meurtrier que celui auquel nous assistons depuis 2003.

3. La crise identitaire

La terre est une question centrale à la fois pour les communautés urbaines et rurales du Darfour. Ce qui n'est pas un simple moyen d'existence ou de survie, mais aussi une forte dimension culturelle et socio politique[32]. Elle structure les identités parce que accès à la terre est un enjeu majeur de la crise actuelle. Elle est aujourd'hui source de tensions entre les populations locales.

La question foncière

La répartition de la terre au Darfour remonte au 17e siècle avec la création du Sultanat Fur. Elle s'est opérée entre 1640 et 1917[33]. Les sultans Fur, qui étaient maîtres de toutes les terres attribuaient aux chefs traditionnels de différents groupes, vassaux des sultans, ainsi qu'à des lettrés musulmans, les *Faki,* les *hawakir* (singulier *Hakura*)[34]. Lorsque des terres étaient attribuées à des individus, c'était très souvent pour la collectivité. Cette répartition des terres obéissait principalement à l'activité économique des groupes. De nombreux groupes arabes, majoritairement éleveurs n'obtinrent pas de *Dar*. Par contre, tous les groupes non-arabes pratiquant l'agriculture comme activité principale se virent octroyer des terres. Les *hawakir* d'un chef ne constituaient pas sa propriété, mais devaient servir à toute la collectivité. Le système traditionnel existant permettait ainsi à d'autres groupes de séjourner sur ces territoires. Cette délimitation foncière est aujourd'hui contestée par les Arabes. Nombreux sont ceux qui estiment que la terre devrait appartenir à tout le monde et remettent en cause les droits historiques des non-Arabes sur les terres de la région. Il est important de relever que ce ne sont pas tous les groupes arabes qui ne possèdent pas de *Dar*. Au Sud Darfour, les principaux groupes arabes et non arabes sont également détenteurs de droits traditionnels sur les terres[35]. Les Béni Halba, les Rizeigat, les Taisha et Habbaniya, possèdent ainsi des *Dar* depuis

[32] S. Pantuliano, *The land question: Sudan's peace memesis,* Human Policy G., 2007, p. 3.

[33] S. Harir, "'Arab belt' versus 'African belt' Ethno-political conflict in Dar fur and the regional cultural factors", in S. Harir et Teds, *Short – cut to decay, the case of the Sudan,* Uppsala, 1994, p. 177.

[34] J. Tubiana, « Darfour, un conflit pour la terre ? », in *Politique africaine,* n° 101, mars-avril 2006, p. 116.

[35] J. Tubiana, « Darfour, un conflit pour la terre ? », *op. cit.,* p. 116.

l'époque du sultanat. Par contre, dans le Nord et l'Ouest Darfour, la quasi-totalité des groupes arabes, n'ont pas de *Dar*.

Tableau 6 : tribus arabes sans*Dar*

Sous – groupe	Situation	Mode de vie	Dar
Rizegat Mahariya	Kutum, Geneina, Ed-Duein, Nyala	Éleveurs	Non
Rizegat Etafat	Région de Kutum	Éleveurs	Non
Rizegat Mahamid	Kutum, Kebkabiya, Saref Omra, Geneina	Éleveurs	Non
Rizegat Eregat	Régions de Kutum et Geneina	Éleveurs	Non
Rizegat, Nawayba et Shattiya	Région de Gneina	Éleveurs	Non
Maaliya	Adila	Éleveurs	Non
Salamat	Région d'Iddel-Fursan	Éleveurs	Non
Misirya	Kas, Nuteiqa	Agriculteurs et Éleveurs	Non
Hutiya	Kas, Nyala	Éleveurs	Non
Taalba	Kas, Nyala, Geneina	Agriculteurs et Éleveurs	Non
Awad Rashid	Région de Kutum	Éleveurs	Non
Mahadi	Région de Kutum	Éleveurs	Non
Tarjem	Timbeasku	Éleveurs	Non
Zeyadiya	Mellit, Abu Ku	Éleveurs	Non
Hemat	Rehad-el-Birdi	Éleveurs	Non
Khozam	Région de Nyala	Éleveurs	Non
Beni Fadl	Taweisha	Éleveurs	Non
Jellaba	Nyala, El F., Mellit, kutum	Commerçants	Non

Source : J. Tubiana, « Darfour, un conflit pour la terre ? », in *Politique africaine*, n° 101, mars-avril 2006, p. 126.

Face à la multiplication des sécheresses depuis 1973 et les famines qui ont suivi, les tribus sans *Dar* ont commencé à revendiquer leurs terres. Ces revendications s'expliquent par ces modifications opérées dans leur mode de vie du fait des mutations climatiques. Nombreux sont ceux qui se sont sédentarisés. D'autres optèrent pour la conjugaison de l'agriculture et l'élevage. Plus encore, les conflits entre groupes ethniques au Darfour depuis 1973 sont liés au fait que ces populations en proie à une crise environnementale aigüe sont contraintes à une recomposition identitaire. Par-là, de nombreux Arabes ont progressivement modifié leur activité économique. Que ce soit des agriculteurs ou les éleveurs, la terre est devenue au fil des années une priorité. En plus, face à la progression du nombre de bêtes, la question de l'espace s'est posée également des années. L'enjeu foncier est l'une des motivations de l'ensemble des conflits qu'a connu le Darfour depuis trois décennies. Progressivement, la terre prendra une importance capitale pour les différents groupes ethniques. Aussi bien pour les non-Arabes que les Arabes. Les non-Arabes cherchent à conserver leur héritage du Sultanat Fur qui leur octroi traditionnellement et historiquement des droits sur les *Dar*, tandis que les non-Arabes jugent inégal et injuste, le fait pour eux de ne pas détenir des *Dar*.

Au fur et à mesure que les conditions de vie se sont détériorées, chez les arabes et non arabes, s'est construite l'idée selon laquelle la terre apporte une sécurité économique. Les non-Arabes continuaient de bénéficier d'espaces qui leur sont propres pour mener à bien leurs activités économiques, principalement l'agriculture, quel qu'en soit les conditions climatiques. Mais, les Arabes tiennent eux aussi à avoir leur propriété pour ne pas éternellement dépendre du bon vouloir des non-Arabes. L'objectif est fondamental à leurs yeux et s'inscrit sur le long terme : ils doivent devenir les seuls maîtres sur les droits de passage, qui ne d devraient plus dépendre des performances économiques des agriculteurs. Pour les Arabes, le fait que les non-Arabes soient les seuls détenteurs de *Dar* est un signe de domination.

Les conflits interethniques

Au vu de ce que ce qui précède, on peut déjà souligner que le conflit armé qui se déclenche au Darfour en 2003 est en grande partie la résultante de la multiplication de conflits environnementaux entre sédentaires et nomades. Ces conflits qui ont toujours existé au Darfour augmentèrent en intensité au fur et à mesure que les conditions climatiques et par là environnementales se dégradèrent. La crise socio-économique provoqua d'importantes famines et migrations. Elles contribuèrent à la dégradation d'un contexte socio politique déjà précaire. Le système de complémentarité qui existait cède progressivement la place au repli identitaire. Dès lors, s'opère une forte cristallisation des identités matérialisées par l'émergence de part et d'autre de milices ayant pour principal but de défendre les intérêts de leurs communautés respectives. Entre 1973 et 2003, il faut compter environ une trentaine de conflits au Darfour. Dont plus du deux tiers liés à la terre. Nous avons divisé ces conflits en deux étapes : la première étape de 1973 à 1987 et la deuxième phase de 1987 à 2000. Entre 1973 et 1987, on récence environ 18 conflits entre différentes tribus au Darfour. Plus des deux tiers de ces conflits étaient liés à la recherche du pâturage et du droit à l'eau. Seuls deux conflits, respectivement en 1980 et 1987 avaient pour cause les frontières administratives et les politiques administratives locales et de ce fait, très souvent, les conflits étaient des accrochages et des conflits tribaux sporadiques. Vu les circonstances et la teneur, ces conflits peuvent être caractérisés comme des conflits de faible intensité. Les armes utilisées se résumaient largement aux lances et aux couteaux. Ils n'étaient pas réguliers, se localisaient dans un espace bien définit et mettaient rarement aux prises plus de deux tribus.

Pendant cette phase, le gouvernement intervient très rarement dans ces conflits. Laissant très régulièrement aux autorités traditionnelles locales la mission de rechercher la paix. Au moment même, où leurs pouvoirs sont progressivement affaiblis par les lois sur la terre. L'affaiblissement du pouvoir des chefs traditionnel contribua à aggraver les rancœurs et les solutions sur le long terme ne furent pas trouvées à la suite de ces conflits. Ce sont des solutions temporelles qui étaient privilégiés. Les différentes lois sur la terre ne furent pas appliquées, puisque contestées par les non-Arabes. Les pâturages et l'accès à l'eau sont importants dans le déclenchement des conflits tribaux au Darfour jusqu'en 1987. Ces conflits n'opposaient pas seulement les populations arabes majoritairement nomades aux populations non-arabes sédentaires. Mais elles pouvaient également mettre en scène les populations arabes entre elles. C'est le cas par exemple des conflits Rizeigat et Misseriya de 1983 et 1984. Cette dimension de l'analyse montre l'importance du facteur économique sur le facteur identitaire dans l'émergence des conflits à cette période. Entre autres, ces conflits sont largement localisés dans le nord Darfour et le Sud Darfour où les conditions climatiques sont relativement moins bonnes que dans l'Ouest Darfour.

La deuxième phase va de 1987 à 2003. Elle se caractérise principalement par une très forte polarisation des identités, une plus grande agressivité et plus forte destructivité que la précédente. C'est dans cette période que l'action des milices est plus accrue et le gouvernement prît position en faveur de certains groupes. L'ingérence gouvernemental renforce chez certains le sentiment d'une théorie d'un complot visant à les exterminer les non arabes, chez d'autres un très fort sentiment de supériorité arabe. C'est aussi à cette période que l'influence néfaste du voisinage s'est fait clairement ressentir. La Libye soutient les Arabes au nom de la suprématie arabes et le Tchad défend les intérêts des non-Arabes et plus particulièrement des Zaghawa. C'est généralement à cette période que de nombreux réfugiés remontent les racines de la crise actuelle au Darfour. C'est dans cette seconde phase que l'enjeu foncier devient incontournable dans l'étude. Les conflits sont plus nombreux et s'articulent presque tous autour de la terre. L'apparition dans les causes des conflits de la question des frontières administratives marque l'importance de l'espace dans le conflit. Dans un contexte de crise environnementale, arabes, tout comme les non-Arabes ont besoin d'espaces de contrôle qui leur soit juridiquement attribués et s'assurent de leur inviolabilité. Tout comme dans la première phase, l'eau et la quête de pâturages constituent les principales causes des conflits.

Cependant, leur nombre plus important ; sur une période relativement plus courte atteste de l'amplitude de la dégradation des conditions environnementales. Même si à certaines périodes les populations arabes se battent entre elles, contrairement à la phase précédente, cette période est fortement marquée par des affrontements arabes contre non arabes. Entre 1987 et 2003, on récence plus d'une vingtaine de conflits tribaux au Darfour. La multiplication de ces conflits entre Arabes et non Arabes contribua à accroître la distance entre les différents groupes, qui par le passé étaient complémentaires. Les Arabes renforcés par un sentiment d'être protégés par les autorités de Khartoum vont progressivement demander une remise en cause du système de *Dar* et exiger par la force leur accès à la terre.

Tableau 7 : Conflits recensés au Darfour entre 1987 et 2003

n°	Tribus engagées	Années	Causes majeures du conflit
1	Gimir et Fellata	1987	Frontières administratives
2	Kababish, berti, Meidob et Kawhala	1987	Pâturages et accès à l'eau
3	Four et Bideyat	1989	Vol d'armes
4	« *Arabes* » et Four	1989	Pâturage et frontières
5	Zaghawa et Gimir	1990	Frontières administratives
6	Zaghawa et Gimir	1990	Frontières administratives
7	Taaisha et Gimir	1990	La terre
8	Bargo et Rizeigat	1990	Pâturages et accès à l'eau
9	Zaghawa et Maalia	1991	La terre
10	Zaghawa et Marareit	1991	Pâturages et accès à l'eau
11	Zaghawa et Beni Hussein	1991	Pâturages et accès à l'eau
12	Zaghawa, Mima et Birgid	1991	Pâturages et accès à l'eau
13	Zaghawa et Birgid	1991	Pâturages et accès à l'eau
14	Zaghawa et Birgid	1991	Pâturages et accès à l'eau
15	Four et Turgum	1991	La terre
16	Zaghawa et « *Arabes* »	1994	Pâturages et accès à l'eau
17	Zaghawa du Soudan et du Tchad	1994	Pouvoir et politiques
18	Massalit et « *Arabes* »	1996	Pâturages et accès à l'eau
19	Zaghawa et Rizeigat	1997	Politiques locales
20	Kababish et Meidob	1997	Pâturages et accès à l'eau
21	Massalit et « *Arabes* »	1998	Pâturages et accès à l'eau
22	Zaghawa et Gimir	1999	Pâturage et administration
23	Four et « Arabes »	2000	Pâturage et vol d'arme

Source : Sudan environment conservative society

L'examen de ce tableau permet dans une certaine mesure de déduire qu'à la base de ces conflits qui dans le contexte darfourien peuvent être qualifiés de « traditionnels », se trouve l'accès à la ressource naturelle – la terre –. Youssef Takana, un intellectuel darfourien note qu'il y a eu entre 1968 et 1976 trois conflits liés à l'accès à la ressource naturelle au Darfour ; entre 1976 et 1980, il relève 5 et de 1980 à 1998, 21[36]. Même s'il attribue cette escalade de violence à l'absence de développement dans la région et le manque d'effort d'implication du gouvernement soudanais, il reste vrai qu'au début il s'agit conflit local entre Arabes et non arabes pour le contrôle de la terre, l'eau et les pâturages.

À l'exception de quelques rares cas, la majorité des conflits sont le fait de la terre et de l'eau. Ces deux éléments structurent la conflictualité au Darfour depuis près de trois décennies. Chaque que fois que le Darfour a été affecté par la sécheresse et la famine, les conflits se sont faits plus récurrents. Ce fut le cas en 1990 et 1991 où la grande famine qui a affecté toute la corne de l'Afrique provoque une déferlante de violence au Darfour. En plus la majorité des tribus engagées dans ces conflits sont des tribus nomades. C'est-à-dire celles qui sont le plus durement affectées par les changements climatiques. Si ces conflits étaient au départ des conflits de survie, liés à l'absence de ressource, leur régularité crée un faussé entre Arabes majoritairement nomades et non arabes, sédentaires à l'exception des Zaghawa. Avec l'ingérence du gouvernement soudanais et des États voisins, le conflit prend une forte dimension ethnique et politique. Ce fut le cas du conflit four et Arabes de 1987-1989 et Massalit et Arabes de 1996 et 1998. En 1987, se déclenche un conflit qui a marqué jusqu'aujourd'hui les populations du Darfour[37]. Mais atteint son paroxysme en 1989 : le conflit Fur contre Arabes de 1989. Voici ce que Youssef Takana écrit à ce sujet :

> Le conflit a débuté à un niveau très limité entre éleveurs « arabes » du nord Darfour et certains Four Habitant le nord du Djebel Marra. Mais il va très vite dégénérer avec la politisation du conflit par une élite à Khartoum, accentué par une propagande médiatique[38].

Dans ce conflit qui oppose Fur aux Arabes, le domaine public ne fut pas respecté. Les dispensaires, les écoles, les mosquées furent brûlées. À la différence des conflits « traditionnels » au Darfour, l'intensité de ce dernier

[36] ICG, « Darfur rising: Sudan's new crisis », in *ICG Africa Report* n°76, 25, March 2004, p. 5.

[37] Les entretiens avec les réfugiés Darfouriens à l'Est du Tchad nous permettent de penser que ces derniers ont fait une fixation particulière sur ce conflit.

[38] *Ibid*. p. 6.

est sans précédent. Alors que le gouvernement central jusqu'en juillet 1989 avait pris position en faveur des Arabes, le gouverneur du Darfour, sous la houlette du Dr Sese, favorisait les Four[39]. Ce conflit causa le décès d'environ 2500 Fur, la perte 40 000 têtes de bétail ; 400 villages Fur furent brûlés et des dizaines de milliers de personnes furent déplacés[40]. Chez les Arabes, les pertes étaient relativement moindres. 500 décès et seulement 3 000 têtes de bétail de perte.

À la base de cette première tentative qualifiée de génocide, les ressources naturelles[41]. À partir de 1985, les Fur, principalement agriculteurs et localisés dans la région du Djebel Marra furent eux aussi affectés par les changements climatiques. Au même moment, les tribus arabes Baggara du nord, descendirent-elles aussi vers le Djebel Marra. Face à l'afflux des migrants, dans un contexte de raréfaction environnementale, les Four prirent peur et ne réservèrent pas à ces nouveaux arrivants l'accueil habituel. Ils prirent tout au contraire des mesures hostiles contre les Arabes.

Les terres furent barbelées, les routes de transhumance inexistantes. Face à cette situation, les Arabes réagirent violemment. Ils violèrent les terres des Fur et brûlèrent leur production. Les Fur en réponse brûlèrent les pâturages et interdirent l'accès à la terre aux Arabes. Dans un contexte national et régional de primauté de l'idéologie arabe, les *Arabes* du Darfour se tournèrent vers la Libye tandis que les Four regardèrent le *Southern people liberation army* en guerre contre Khartoum depuis 1983. Ce conflit mis en exergue l'unité de 27 tribus arabes du Darfour contre les Fur. Entre autres, certains rapports font états de nombreuses exactions commises par des milices appartenant à différents camps. La conférence de réconciliation organisée à El Fasher en 1989 viendra réconcilier les positions, mais ne trouve pas une solution durable à l'origine du conflit : la crise environnementale. C'est ainsi que se déclenche quelques années plus tard un nouveau conflit aux conséquences non négligeables : les Massalit contre Arabes de 1996 à 1998.

Les Massalit sont traditionnellement des sédentaires. Historiquement, ils entretiennent des liens économiques très poussés avec leurs voisins tchadiens. L'insécurité à la frontière entre les deux pays a été favorable à une situation de banditisme et d'attaques armées permanentes. Face aux sécheresses, cette insécurité va s'accentuer. En 1973 déjà, du fait des guerres

---

[39] S. Harir, « "Arab belt" *versus* "African Belt". Ethno-political conflict in Darfur and the regional cultural factors », Sharif Harir et T. Tueld (eds), *short cut Decay, the case of Sudan*, Nordiska Afrikain stitutet, uppsala university, 1994, p. 164.

[40] *Ibid.*, p. 145.

[41] ICG, « Darfur rising: sudan's new crisis », *op. cit.*, p. 6.

tchadiennes et de la sécheresse, le *Dar* Massalit accueille environ 200 000 réfugiés tchadiens. Une seconde vague de 16 000 arrive entre 1979 et 1982. Bien que ces réfugiés soient principalement le fait des guerres tchadiennes, ils contribueront à l'augmentation de la pression de l'homme sur un milieu écologiquement fragile du fait des sécheresses. C'est ainsi que des conflits auront lieu entre éleveurs et agriculteurs. Les conflits ont toujours existé dans le *Dar* Massalit entre pasteurs nomades et agriculteurs. Cependant, à partir des années 1980, ils augmentent en intensité avec la crise environnementale.

Entre 1995 et 1999, du fait de la multiplication des conflits tribaux, le Dar Massalit est déclaré en état d'urgence. Les conflits s'articulaient autour des ressources naturelles, les pouvoirs locaux et la terre. Ils prirent une tournure décisive avec l'ingérence du gouvernement central qui favorisa les Arabes au détriment des Massalit. Le 13 mars 1995, Mohamed Al Fadul, Gouverneur de l'Ouest Darfour décida de diviser le *Dar* Massalit en treize circonscriptions, dont 5 furent attribuées aux Arabes[42]. Cette décision remettait en cause d'anciennes traditions historiques ancrées dans les mentalités. La terre autrefois appartenant aux Massalit fût attribuée aux Arabes. Ce tableau est une estimation des pertes de Massalit entre 1995 et 1997 :

Tableau 8 : estimation des pertes Massalit entre 1995 et 1997

Année	Nombre de morts	Nombre de blessés	Villages brûlés	Bétail pillé	Maisons brûlées
1995/1996	312	84	13	2743	607
1996/1997	374	85	37	6060	2226
TOTAL	686	169	50	8803	2833

Source : *M. Suliman, The war in Darfur: the resource dimension*

Ces deux conflits de forte intensité créent une fracture importante entre les populations du Darfour. Compte tenu de l'incapacité des pouvoirs publics à apporter une solution durable au problème de la sécheresse, les conflits vont se multiplier et les rapports entre communautés se distendre. Progressivement, se construit dans les imaginaires des populations un Darfour dominé par les Arabes et un autre Darfour où les non-Arabes n'ont plus de place. Dans un contexte de sous-développement global de la région, de luttes politiques au sein de l'appareil étatique à Khartoum et d'instabilité

[42] N. Rabah Ahmed, « causes of traditional and modern tribal conflicts in sudan », in arabic, in Adam Al-Zein Mohamed and Al-Tayeb Ibrahim Weddai, eds, *perspectives on tribal conflicts in sudan*, pp. 139-159, cité par ICG, « Darfur rising: sudan's new crisis », 2004, p. 7.

régionale, les conflits pour la terre posent les jalons de la crise politique qui se déclenche en 2003.

Conclusion

Au terme de cette réflexion, il apparaît que la crise au Darfour s'inscrit dans un processus lointain de déstructuration de l'organisation sociale d'une société. Même si la cristallisation du conflit autour des identités arabes et non arabes peut permettre de dresser une cartographie des groupes qui s'affrontent sur le terrain, il n'en demeure pas moins qu'appréhender la construction des conflictualités à partir des changements climatiques peut permettre d'avoir un regard plus innovant et sortir des lectures classiques. La crise environnementale qui découle des transformations climatiques a entrainé une déstructuration de l'équilibre environnemental, économique et social de la région. Les sécheresses, les famines et les migrations ont joué un rôle de catalyseur des affrontements des affrontements tribaux autour du contrôle de la terre. Vu sous cet angle, la guerre au Darfour ne saurait essentiellement être perçue sous le prisme d'une hégémonie des populations arabes, bénéficiant du soutien du régime de Khartoum, sur les populations non arabes. Il s'agit d'un processus bien plus complexe où s'entremêle changements climatiques jouant un rôle majeur voir déterminant sont associés à la pauvreté, marginalisation, l'exclusion et enjeux géostratégiques.

Références bibliographiques

- de Waal. A, *Famine That Kills: Darfur, Sudan, 1984-1985*, Oxford, Clarendon, 1989.
- de Wall, A., « Who are the Darfurians? », in *African Affairs*, n° 104, 2005, pp. 181 205.
- de Wall, A., « 'Counter-insurgency on the cheap », in *London Review of Book*, volume 26, n°15, 5 August 2004, 18 p.
- Denis, E., « Démographie ethnique, modernisation et violence au Darfour », in *Annales d'Éthiopie*, volume 21, n° 1, pp. 93-137.
- Djimeli. A, *Darfour : Au – delà de la guerre*, Yaoundé, Ifrikiya, 2007.
- Flint J., De Wall A., *Darfur : A short history of a long war*, London, zedbooks, 2005.
- Flint J., De Wall A., *Darfur : A new history of a long war*, London, Zed books, 2008.
- Harir, S., « Arab belt » versus « African Belt », Ethno-political conflict in Darfur and the regional cultural factors" in Sharif Harir et T. Tueld (eds), *Short cut Decay, the case of Sudan*, Nordiska Afrikain stitutet, uppsala University, 1994, pp. 144-185.
- Homer-Dixon., *Environment, scarcity and violence*, New Jersey, Princeton University press, 1999.
- Lavergne, M., « L'analyse géographique d'une guerre civile en milieu sahélien », *in Afrique contemporaine*, n° 214, juillet 2008, pp. 129-163.
- Lavergne, M., « Le nouveau système politique soudanais ou la démocratie trompe œil », in *Politique Africaine*, n° 66, juin 1997, pp. 23-38.

- Lemarchand, R., « Unsimplifying Darfur », *Genocide studies and prevention,* university of Toronto press, vol. 1, n° 1, July 2006, 14p.
- Le Billon, « The political ecology of war: natural resources and armed conflicts », in *Political Geography,* n°20, pp. 561-584.
- Marchal, R., « Le conflit au Darfour, point-aveugle des négociations nord-sud », in *Politique Africaine,* n° 95, octobre 2004, pp. 125-146.
- Marchal, R., « Tchad-Darfour : vers un système de conflits », in *Politique Africaine,* n° 102, juin 2006, pp. 135-154.
- Marchal, R., Messiant, C., « Les guerres civiles à l'ère de la globalisation : nouvelles réalités et nouveaux paradigmes », in *Critique International,* n° 18, janvier 2003, pp. 91-112.
- Mahgoub, E-T., "Inside Darfur: ethnic genocide by a governance crisis", in *Comparative studies of south Asia, Africa and middle east,* n°24, vol2, 2004, pp. 1-17.
- O'Fahey, R., *State and society in Darfur,* London, C. hurst and company, 1980.
- O'Fahey R., (ed)., *Land in Darfur,* Cambridge, Cambridge University Press, 1983.
- Prunier, G., *Darfour, un génocide ambigu,* Paris, Table ronde, 2005.
- Suliman, S., "Civil war in Sudan. The impact of ecological degradation", in *ENCOP publication,* n° 4, December 1992, 28p.
- Suliman, M., "Civil war in the Sudan, from ethnic to ecological conflict", in *The Ecologist,* volume 23, n° 3, May/June 1993, pp. 34-52.
- Suleiman, O-H, « Impact de la sécheresse récente de la zone sahélo soudanienne sur l'écoulement du Nil », in *Revue de géographie de Lyon,* vol. 70, n° 3, 1995, pp. 205-223.
- Tanner, V., « Darfour : racines anciennes, nouvelles virulences », in *Politique Étrangère,* volume 69, numéro 4, 2004, pp. 715-728.
- Tubiana, J., « Darfour, un conflit identitaire ? », in *Afrique Contemporaine,* n° 214, 2005, pp. 165-206.
- Tubiana, J., « Darfour, un conflit pour la terre ? », in *Politique Africaine,* n° 101, mars-avril 2006, pp. 111-130.
- Tubiana, J., « Après le Darfour, le Tchad ? », in *Alternatives Internationales,* n° 30, mars 2006, pp. 22-26.
- Tubiana, J., « Au Darfour après Abuja : Quand l'insécurité devient la règle », in *Outre-terre,* n° 20, 2005, pp. 55-79.
- Tubiana, J., « Misère et terreur au Soudan. À l'origine des affrontements dans le Darfour », in *Afrique Contemporaine,* octobre 2004, pp. 207-226.
- Unep, *Environmental degradation as a cause of conflict in Darfur,* Khartoum, December 2004.
- Ylönen, A., "Grievances and roots of insurgencies: southern Sudan and Darfur, peace, conflict and development", in *Interdisciplinary journal,* vol. 7, July 2005, pp. 99-134.

Chapitre X

Déforestation et reforestation dans le bassin du Lac Tchad : enjeux et défis

Zakaria Beine

La déforestation ambiante au Tchad, tout comme dans le bassin du Lac Tchad, est la conséquence d'un comportement dont les causes sont multiples. Les impacts multiformes, sont à la base des difficultés de survie que rencontrent les populations dans leur ensemble. Depuis quelques années l'État tchadien, appuyé par ses partenaires au développement, s'emploie à la protection de ce qui reste des espèces végétales. La protection de l'environnement est soutenue par une campagne de reforestation avec à la clé, une journée dédiée à la plantation des arbres. Cependant cette action publique s'avère insuffisante au regard des défis et des enjeux que pose cette question. Les questions liées à l'environnement et à sa protection sont essentielles à la vie de l'homme. Elles constituent une préoccupation que tente de répondre cette contribution.

Mots-clés : réchauffement climatique, commerce, exploitation, pauvreté.

Introduction

Le plus grand défi auquel le monde fait face, aujourd'hui, est celui lié au dérèglement et au réchauffement climatique. Conséquences en partie due à l'homme, ce phénomène touche particulièrement l'Afrique en général et le Tchad en particulier. Depuis des années, en effet, les populations tchadiennes, pauvres et dépendantes en grande partie de la pluie, souffrent du dérèglement climatique. Ce mal est d'autant plus grave qu'il est en grande partie provoqué par l'œuvre humaine du fait de la recherche excessive de l'intérêt immédiat, au mépris des conséquences. De nos jours, la destruction de l'environnement est devenue inquiétante qu'elle a incité l'État tchadien à adopter des mesures drastiques pour juguler la crise. Dans cette contribution, il est question de s'appesantir sur cette épineuse question en analysant tour à tour les enjeux, les défis que pose la dégradation de l'environnement et les efforts fournis par l'État et ses partenaires dans le but de l'éradiquer.

1. Aux sources de la déforestation

La déforestation, dont les conséquences sont visibles et drastiquement vécues au Tchad, est la résultante de plusieurs facteurs. Cette partie du travail s'attache à les recenser et analyser leurs impacts sur l'environnement.

Les causes naturelles

Phénomène planétaire, la déforestation progresse rapidement en Afrique sub-saharienne et en particulier au Tchad. Elle n'atteint pas seulement les forêts au sens strict du terme tel qu'il est déterminé par le FAO, mais aussi l'ensemble du couvert boisé, notamment dans les zones de savane ou dans les zones de transition[1]. Ce phénomène est le produit de plusieurs processus liés en particulier à la déréglementation du climat. Le changement climatique qui provoque des sécheresses cycliques est donc l'une des causes essentielles de cette situation[2].

En effet les pays du Sahel et notamment le Tchad, sont sous le poids des sécheresses à répétition ; phénomènes qui ne favorise guère la protection de la flore. Des études menées par l'ONG Oxfam et confirmées tant par les sources orales que par des travaux du FAO ainsi que ceux du ministère de l'agriculture du Tchad, révèlent des périodes cycliques de sécheresses au Tchad. Ainsi, on note que les années 1973, 1974,1982, 1983, 1984, 1985, 1989, 1995, 2005 et 2009 sont celles de grandes sécheresses et famines. Ces années ont provoqué des dégâts impressionnants. Elles sont considérées, par ailleurs, comme les premières sources de dégradation de l'environnement et avec leurs lots de dégâts qui s'en suivent.[3] Au fait depuis quelques années, le Tchad, à l'instar d'autres pays sahéliens, subit une sécheresse récurrente et cela a des conséquences négatives sur le fonctionnement de l'hydrosystème[4]. À côté des causes naturelles, on note aussi que les causes humaines, multiples, sont l'une des sources de la dégradation de l'environnement.

---

[1] Organisation des Nations Unies pour l'alimentation et l'agriculture, Département des Forêts, évaluation des ressources, forestières mondiales 2010, Rapport national, Tchad, Rome 2010, p. 7.

[2] Adoum Minallah, « La dynamique de l'agrosystème de Douguia dans le Bas-Chari (1975-2012) », mémoire de master de recherche en géographie, Université de N'Gaoundéré, 2012, p. 2.

[3] On note comme conséquences, des morts d'hommes dû à la famine, des disparitions des bêtes, absence de pâturage, des déplacements massifs des populations à la recherche des espaces vitaux, etc.

[4] Adoum Minallah, « La dynamique de l'agrosystème de Douguia dans le Bas-Chari (1975-2012) », mémoire de master de recherche en géographie, Université de N'Gaoundéré, 2012, p. 2.

Les causes humaines

À travers son action, l'homme fait partie des déterminants fondamentaux de la détérioration de l'environnement. En effet, les dégradations dues aux facteurs naturels sont donc accentuées par l'action de l'homme. La démographie de la population tchadienne, qui croît davantage, a un impact sur les ressources naturelles disponibles notamment en ce qui concerne la satisfaction de ses besoins vivriers (impact de système de production agricole), énergétiques (impact des prélèvements en bois énergie ou la production de charbon de bois), par les feux de brousse et le surpâturage, sur son agrosystème pour parvenir soit à introduire une évolution progressive ou régressive. Une population pauvre ne vit en grande partie que des ressources naturelles disponibles. Ainsi, Diane Brami note que :

> De nos jours, l'empreinte de l'homme sur le paysage est indéniable ; elle s'explique par les besoins d'une population croissante, l'extension des superficies cultivées et l'importance du cheptel. Elle se manifeste par la dégradation de la couverture végétale déjà affectée par la crise climatique actuelle.[5]

Le Tchad étant une composante de la bande sahélienne, les cultures se pratiquent le plus souvent sur les terres de bas-fonds (cultures pluviales) et les berges (cultures de décrue, arboriculture). Ces terres sont souvent surexploitées et la restitution organique est insuffisante. Bien que le pays soit une zone d'élevage, il faut souligner, en effet que, les déjections animales sont insuffisantes par rapport à l'immensité du territoire et l'apport organique au sol n'est que celui porté par l'ONDR. Pour permettre la reconstitution de la fertilité des sols, les paysans sont donc obligés de changer des champs. Par ces déplacements incessants des champs, tous les arbres sont éliminés et les jachères deviennent de plus en plus courtes. De plus, l'enrichissement des sols cultivables en matières organiques est insuffisant et couteux pour les paysans moyens. Les sols ainsi dénudés sont exposés à l'érosion hydrique et éolienne.

Il faut noter que les feux de brousse continuent d'être pratiqués pour diverses raisons : champs sur brûlis, chasse traditionnelle, pâturage. Les effets de ces feux se manifestent par l'affaiblissement des végétaux, la réduction du couvert végétal ligneux et herbacé. Ces effets favorisent ainsi la dégradation des sols par érosion éolienne et hydrique qui se prolonge

[5] Diane Brami, « Le climat et l'homme, facteurs des déséquilibres des milieux sensibles Sahéliens : le cas des rives sud du Lac Tchad », Université de Paris I, Panthéon Sorbonne, 2006, p. 326.

jusqu'à atteindre la fertilité du sol, car la couche humifère se trouve brûlée par le feu. L'extension ou la progression des feux de brousse sur un espace est fonction de la composition floristique du lieu et de l'absence d'une barrière naturelle comme un cours d'eau ou des bas-fonds humides. Dense et continu, le couvert végétal dominé par les herbacés permet la progression des fronts de feu sur des grandes distances. Pour protéger leurs cultures contre les animaux, les paysans brûlent les alentours des champs et, par mégarde, ce feu peut progresser et brûler des grandes superficies. Malgré les mesures répressives, les feux de brousses se sont accentués avec l'augmentation de la population et les besoins vitaux qui en découlent[6]. Face à cette situation, les différents acteurs que sont les populations, les pouvoirs publics, les exploitants forestiers ou les charbonniers et les bûcherons, adoptent des stratégies différentes et leurs intérêts particuliers sont souvent contradictoires[7].

Instabilité politique, ignorance et pauvreté

Les cités ci-haut sont des facteurs ayant un impact direct et important sur la situation actuelle de l'environnement. En effet pendant longtemps, la République du Tchad a vécu dans une instabilité politique sans pareille. La politique du parti unique entamée en 1962 ne cessa de faire des mécontents à travers le pays, des régions entières se sentaient marginalisées dans la gestion des affaires de l'État. Conséquences, des soulèvements populaires éclatèrent en pays Moubi au Guéra en 1965 et donnèrent naissance à une rébellion à l'Ouadaï[8]. La situation dégénérait au fil du temps et devenait intenable pour le gouvernement. Pour éviter un embrasement général, des négociations furent entamées et aboutirent au retour au bercail des opposants dont Hissène. Habré et ses combattants du Conseil de Commandement des Forces Armées du Nord (CCFAN)[9]. Cela fut rendu possible grâce aux accords de Khartoum (Soudan) de 1979, accords qui firent de Hissène. Habré Premier ministre[10]. Mais très vite, des divergences apparaissaient à cause des interprétations faites, d'un côté par le pouvoir

[6] Adoum Minallah, « La dynamique de l'agrosystème de Douguia dans le Bas-Chari (1975-2012) », mémoire de master de recherche en géographie, Université de N'Gaoundéré, 2012, p. 12.

[7] Collette Bessat, « La déforestation dans les zones de savane humide en Afrique centrale sub-saharienne : la prise en compte des dynamismes sociaux de la déforestation par les projets de développement », 2011, p. 1.

[8] R., Buijtenhuigs, *Le FROLINAT et les révoltes populaires au Tchad*, la Haye, Mouton, 1978, p. 47.

[9] *Ibid.*, p. 48.

[10] Goual Nanassoum, *300 dates de l'Histoire*, p. 46.

légal de N'Djaména avec à sa tête le président Malloum et de l'autre, les rebelles sous la bannière de Hissène. Habré ; le problème principal se trouvait au niveau du contrôle de l'appareil étatique. Ce fut une situation de blocage que, même les termes des accords de Khartoum ne pouvaient régler puisque ceux-ci étaient flous et ambigus comme le note Nanassoum :

> Le gouvernement et les rebelles créent un comité de défense et de sécurité composé de 16 membres à part égale des deux camps. (...) le chef de l'État a le pouvoir de légiférer par ordonnance alors que le Premier ministre conçoit et conduit l'action du gouvernement. Il y a donc deux capitaines dans un navire[11].

Le risque de paralysie dans le fonctionnement du gouvernement était permanent. L'ambiguïté des accords liant les deux camps rendait compliquée leur application. Devant ce jeu de malins, tous les ingrédients étaient réunis pour déclencher une guerre. Après six mois de cohabitation, d'août 1978 à janvier 1979, le divorce des frères ennemis se confirma.

Le 12 février 1979, fut lancé un mot d'ordre de grève par le camp des rebelles afin de paralyser toutes les activités de la ville de N'Djaména. Tôt le matin, le marché de N'Djaména était bouclé par les hommes de Habré et le mot d'ordre était bien suivi puisque les commerçants étaient en majorité nordistes ou musulmans[12]. Ceux-ci considéraient Habré comme leur guide et à ce propos, un journaliste bien connu du milieu de la presse tchadienne disait que : « Habré est l'œil des musulmans »[13]. La grève qui commença au grand marché, s'amplifia très vite gagnant tous les coins sensibles de la ville. La violence apparut car, partisans et adversaires de la grève s'affrontaient au lycée Félix Ebouée, le plus grand établissement d'enseignement secondaire de la ville. Tous les coins névralgiques de la ville étaient visés par les forces en présence. Le 12 février annonçait ainsi les couleurs de la guerre civile qui dura d'abord 8 jours[14], puis s'arrêtait grâce à un cessez-le-feu obtenu sous les bons offices du Général Louis Forest commandant les troupes françaises au Tchad[15]. Ce cessez-le-feu fut consolidé par la conférence de Kano (Nigeria) tenue le 10 mars 1979 ; elle réunissait le Président Malloum et ses opposants entre autres Habré, Goukouni et Abderrahman, tous issus des différentes

[11] Goual Nanassoum, *300 dates de l'Histoire*, p. 46.

[12] R. Buijtenhuigs, *Le FROLINAT et les révoltes populaires au Tchad*, p. 47.

[13] Mahamat Hisseine, Agence Tchadienne de Presse, n° 4565, 27 février 1979.

[14] R. Buijtenhuigs, *Le FROLINAT et les guerres civiles du Tchad (1977-1984)*, Paris, Karthala, 1987, p. 51.

[15] *Ibid.*

tendances du FROLINAT[16]. La rencontre de Kano préconisait des mesures dont la démilitarisation de la ville et la formation d'un nouveau gouvernement. Cette dernière clause entraîna la démission du Président Malloum de ses fonctions. Mais, l'accord échouait du fait du refus des partisans de Goukouni et de Habré de désarmer. Ainsi, les hostilités reprirent à nouveau. Une deuxième conférence fut organisée toujours à Kano le 3 avril. Elle était ouverte à plusieurs tendances mais Goukouni et Habré refusèrent d'y participer. Devant l'intransigeance des uns et des autres, la guerre reprit le 21 mars 1980 opposant cette fois Habré et Goukouni, deux rebelles[17].

L'entrée en activité des troupes libyennes aux côtés de celles de Goukouni le 6 décembre 1980 allait aggraver la situation en entraînant une intensification de la guerre. Ce fut l'absence totale de l'autorité de l'État. Car au sommet de l'État il n'y avait plus de président, plus d'autorité publique et politique. Elle dura consécutivement neuf mois aux cours desquels la ville et ses contenus furent littéralement détruits[18]. L'instabilité politique faisait le lit de l'incivisme étant entendu que l'autorité de l'État était absente, ce qui se traduisait par l'absence totale de toute forme de suivi et de protection de l'environnement.

L'analphabétisme est une autre raison qui accentue la déforestation. En effet, en 2012, l'UNESCO estimait que les non alphabétisés représentaient 78 % de la population du Tchad. Dans un tel contexte, la compréhension de la problématique des enjeux climatiques est vitale. En somme l'instabilité politique qu'a connue le Tchad, sur fond de 40 ans de conflits et succession de régimes politiques, s'est matérialisée par un manque de l'autorité de l'État. Ces sont là des causes immédiates de la dégradation de l'environnement.

Enfin, on note aussi que la pauvreté est un facteur non négligeable qui pousse les populations à ne pas respecter la bonne gestion des ressources naturelles. Au Tchad la pauvreté est ambiante pour la majorité de la population. Selon le PNUD, 69,9 % de Tchadiens sont pauvres[19]. Des enquêtes menées au niveau national montrent que la plupart des Tchadiens vivent avec moins d'un dollar par jour[20]. Pour combler le déficit lié à la pauvreté, les populations sont obligées d'aller puiser, à outrance, les

---

[16] R. Buijtenhuigs, *Le FROLINAT et les guerres civiles du Tchad…, op. cit.*, p. 57.

[17] R. Buijtenhuigs, *Le FROLINAT et les guerres civiles du Tchad…, op. cit.*, p. 51.

[18] Goual Nanassoum, *300 dates de l'Histoire*, p. 51.

[19] PNUD, *Rapport sur l'état de pauvreté dans le monde*, 2014, p. 212.

[20] ECOSIT 1 (2001), 2 (2003) et 3 (2011).

ressources naturelles qui sont par ailleurs gratuites. Cela conduit indubitablement à la destruction de la nature.

2. Les incidences de la déforestation sur la vie des populations

La dégradation accélérée de l'environnent, sous les effets conjugués de plusieurs facteurs a des incidences majeures sur la vie des populations tchadiennes. Cette partie tente d'apporter des éclairages sur ce qu'il en est.

Le conflit agriculteur-éleveur

La déforestation massive de la végétation, sans aucune norme, a laissé la place à l'avancée du désert avec son corollaire de manque d'eau de boisson et de pâturage. Ici, les éleveurs sont les plus concernés par la pérégrination. Par le phénomène de la transhumance, des populations quittent leurs sites d'habitation à la recherche des espaces vitaux. Mais cela ne se fait pas sans conséquences majeures. En effet au cours de leurs voyages, les éleveurs peinent à maitriser le bétail à l'occasion de la traversée des champs d'une part. D'autre part, même en cas d'existence de couloirs de transhumances, les éleveurs ont de la peine, devant l'exigüité de l'infrastructure, à maitriser le bétail.

La transhumance a souvent lieu au début du mois de juin qui est la période des semences (début des pluies)[21] ou en octobre (fin de la pluie) qui est la période des récoltes. Dans les deux cas, lors du passage des troupeaux, soit que les plantes à l'état de pépinières sont détruites soit qu'elles sont à l'état de récolte et donc dévorées et détruites par les animaux. Il s'en suit alors des rixes qui finissent mal. Dans le meilleur des cas, parfois, le problème est porté devant les juridictions locales (commandant de brigades, chef de canton…) pour des solutions à l'amiable. Ici, la récolte est évaluée et la valeur est versée au propriétaire du champ sous forme de compensation. Mais dans le pire des cas, cela fini par le conflit entre agriculteurs-éleveurs. Le conflit agriculteur-éleveur constitue, de nos jours, le cancer le plus dangereux qui gangrène la paix sociale au Tchad. Chaque année on en dénombre plusieurs cas qui font des dizaines de morts[22]. D'une part, il envenime les relations entre les citoyens avec pour conséquences des conflits

---

[21] Au cours de ces périodes indiquées les conflits sont assez nombreux. Les propriétaires des champs se préparent souvent car il est devenu inévitable que des bagarres aient lieu.

[22] Rien que pour les six derniers mois, on en dénombre une bagarre entre agriculteurs et éleveurs à Abeché à l'Est du Tchad, à Koumra, à Koyom et aux alentours de Déli au sud du Tchad.

latents qui occasionnent régulièrement la morts d'homme. D'autre part, ce conflit a un impact direct sur la productivité céréalière car il empêche la récolte. Enfin, les transhumants, à travers l'occupation des espaces de culture, rétrécissent les espaces cultivables.

L'exode rural et ses conséquences

Les impacts négatifs de la surexploitation abusive de l'environnement, phénomènes d'abord ruraux, se déplacent dans les centres urbains et font apparaitre des problématiques plus grandes qu'on ne pourrait imaginer. En effet, l'usage abusif des ressources naturelles disponibles, non renouvelées, entraine incontestablement l'exode rural. Ces dernières années, on assiste à des déplacements massifs des bras valides qui quittent les villages en direction des villes. Désœuvrés et sans espoir, les paysans se déversent dans les centres urbains ou ils espèrent trouver ce que la nature ne pourrait plus leur offrir. En milieux urbains, sans qualifications, les ruraux se lancent dans de petits métiers comme pétrir la boue, cirage de chaussure, la vente des cigarettes, ou de la noix de cola. À ces petits métiers s'ajoutent le gardiennage à titre privé ou à travers les compagnies de gardiennage[23]. Ceux qui sont entreprenant font la mototaxi, assez lucratif mais dangereux à cause des accidents inhérents. Phénomène réservé exclusivement aux garçons jusqu'à des périodes récentes, l'exode rural concerne désormais les filles non scolarisées en particuliers. Celles-ci exercent dans la restauration, la vente des boissons alcoolisées, la vente des fruits, des légumes. Certaines, moins entreprenantes versent dans la prostitution. La ville aidant, certains garçons tombent dans le banditisme urbain, phénomène plus ou moins nouveau mais qui fait assez de ravages. L'exemple de la ville de N'Djamena, ville cosmopolite et mégapole du Tchad, est illustrateur. Ici, le banditisme urbain fait des ravages.

3. Les stratégies de la lutte contre la déforestation

Au fil des années, la destruction de l'environnement prend une ampleur grandissante et inquiétante au Tchad. À cet égard, diverses initiatives venant de différents acteurs sont mises en œuvre afin de venir à bout du problème.

---

[23] Les compagnies de gardiennage sont des gros employeurs depuis plus de 15 ans. Elles sont apparues, dans le circuit de l'économie tchadienne, grâce au processus de la libéralisation entamée depuis 1990. Ces compagnies emploient des milliers de gens à l'échelle nationale.

Le rôle de l'État

La politique initiée par l'État, à travers le ministère de l'Environnement pour lutter contre la désertification et l'avancée du désert au Tchad et dans les pays du sahel, repose sur un ensemble de mesures préventives et répressives. Du point de vue législatif et réglementaire, des mesures ont été prises dès les premières heures de l'indépendance du Tchad pour pallier le problème de la déforestation. La plus importante a été prise en 1965 à travers l'Arrêté 718 du 12 août 1965 instaurant la semaine nationale de l'arbre. L'instauration de cette semaine nationale, qui consiste à planter des arbres pour reboiser des espaces souvent vides, est acceptée par la population grâce à la sensibilisation faite par l'État à travers les ondes de la radio nationale et bien d'autres organes de presse. Lors de ces différentes sensibilisations, l'accent est mis sur l'importance de l'arbre pour la vie des hommes. Durant une semaine, souvent comprise entre la fin du mois d'août et le début du mois de septembre, tout le pays vibre au rythme de la mise en terre des arbres. L'illustration parfaite de la plantation des arbres est l'institutionnalisation de la « Ceinture verte » qui longe la ville de N'Djamena du nord au sud. C'est un gigantesque projet dont l'idée est partie de l'initiative de la muraille verte conçu par le NEPAD. Cet ensemble d'initiatives est accompagné par des mesures réglementaires et institutionnelles notamment :

– L'Arrêté n° 007/CPI/SE/D/93 du 22 mai 1993 portant interdiction de l'importation d'emballages plastiques non biodégradables sur toute l'étendue du territoire [24];

– La constitution du 31 décembre 1996 modifiée le 6 juin 2005 stipule en Article 47 que toute personne a droit à un environnement sain. Dans les 48 et 52 il est écrit que les collectivités décentralisées et chaque citoyen ont l'obligation de protéger l'environnement[25].

– La loi n° 14/PR/98 définit les principes généraux de la protection de l'environnement. Elle établit dans son article 1er les principes d'une gestion durable de l'environnement et de sa protection contre toutes formes de dégradation afin de sauvegarder et de valoriser les ressources naturelles et d'améliorer les conditions de vie et d'existence des populations.

---

[24] Urgence, Réhabilitation, Développement, Gestion des Ressources Naturelles à l'est du Tchad, Rapport intermédiaire de recherche produit par Moustapha Absakine et Blanche Renaudin, 2011, p. 7.

[25] Urgence, Réhabilitation, Développement, Gestion des Ressources Naturelles à l'est du Tchad, *op. cit.*

– La loi n° 14/PR/2008 détermine le régime de conservation et de gestion durable des forêts, de la faune et des ressources halieutiques conformément aux dispositions de la république et aux principes énoncés par la loi n° 14/PR/98.

En plus des mesures réglementaires, l'État tchadien a créé un ministère chargé des questions relatives à la protection de l'environnement. Celui-ci a en son sein une brigade chargée de la mise en exécution des dispositions édictées par le gouvernement. Ce service s'occupe aussi de la répression de ceux qui ne respecteraient pas les mesures. Selon les autorités en place, l'interdiction de l'usage du bois de chauffe et du charbon de bois dans les foyers est la mesure la plus efficace[26]. Bien que des mesures soient prises en faveur de la protection de l'environnement, on est en droit de se poser des questions quant à leur application. En effet, au regard du vécu quotidien, l'on constate que l'application effective des différents textes pose problèmes pour différentes raisons : l'analphabétisme, l'ignorance et la recherche du gain facile. Devant l'obstination des populations à exploiter de façon abusive les arbres, le gouvernement a adopté une solution radicale avec de fortes amandes, la confiscation des objets d'abattage. En 2013, les agents relevant des services des eaux et forêts ont intercepté plusieurs gros porteurs transportant des bois de chauffe. Sur ordre du ministre tchadien de l'Intérieur Ahmat Mahamt Bachir, ces véhicules ont été incinérés publiquement devant les caméras de la télévision nationale et des médias locaux, dans un esprit dissuasif[27].

La part des Organisations internationales gouvernementales et non gouvernementales

Dans le cadre de la lutte contre la déforestation, les efforts du gouvernement s'appuient sur un certain nombre d'acteurs qu'ils soient étatiques ou non étatiques. En effet il faut noter que la politique de reforestation du Tchad, élaborée dans la seconde moitié des années 1980, est encore une approche sectorielle pour partie. Mais elle manifeste aussi le souci d'une coordination des actions concernant la forêt dans les projets de développement et de lutte contre la désertification, et la volonté d'entreprendre des actions avec la participation des populations. Le plan directeur de lutte contre la désertification qui a été adopté en 1989 souligne l'option pour la gestion des terroirs, c'est-à-dire une gestion ordonnée des

---

[26] République du Tchad, ministère de l'Agriculture et de l'Environnement, Direction des Forêts, 1988, p. 37.

[27] Toute la presse tchadienne en a fait large écho y compris les sites d'information en ligne comme makaila.org.

ressources naturelles renouvelables. Cela suppose que les ruraux s'organisent de façon efficace en fonction des nombreux problèmes qui se posent : gestion des forêts, d'un bassin versant ou d'un espace pastoral.

Pour faire ce travail, le gouvernement tchadien s'appuie sur des différentes organisations étatiques et non étatiques. En ce qui concerne les organisations étatiques, Fonds Mondial pour l'Environnement et le FAO, deux organismes internationaux du système des Nations Unies apportent un appui considérable à l'État tchadien. Des institutions gouvernementales à caractères régional ne sont pas en marge. Elles s'illustrent également par des contributions en faveur de la lutte contre la déforestation. Il s'agit entre autres de la Commission du Bassin du Lac Tchad (CBLT), le Comité Inter-État de Lutte contre la Sécheresse au Sahel (CILSS). Les efforts de ces institutions sont accompagnés par les investissements des Organisations non Gouvernementales. Aussi, par ces organisations, note-t-on le Secours Catholique et Développement (SECADEV), le FAWE, Voisins Mondiaux, le Swissaid[28]. L'appui de ces différents acteurs a permis le financement des programmes de reboisements, des campagnes de sensibilisation et la vulgarisation des foyers améliorés[29].

Parallèlement à cela, le Tchad a opté pour la décentralisation de la gestion des terroirs au profit des collectivités locales, pour la sécurisation foncière des investissements du terroir, pour la participation active des femmes dans la gestion des terroirs et la réhabilitation écologique. Il s'agit ici de l'implication des populations dans le cadre de la protection de l'environnement. Et alors, intervient le plan directeur de lutte contre la désertification qui rappelle que le développement durable ne peut devenir une réalité que si les populations sont associées à la définition et à la mise en œuvre des politiques. De même, la gestion des terroirs ne peut se développer que si les codes pastoral et rural sont élaborés pour apporter une réponse aux conflits sociaux que cette gestion ne peut manquer de faire apparaître[30]. Pour l'essentiel, les tâches principales accomplies par le programme du plan directeur de lutte contre la désertification sont entre autres :

Les actions sur la forêt, le couvert boisé et l'environnement sont en réalité toujours concentrées dans le cadre de projets sectoriels de re-foresterie ou de développement des activités forestières. Conçus et réalisés à partir de la moitié des années 80, ces projets se répartissent en trois groupes.

a) Le projet de développement des activités forestières au Tchad (FAO-PNUD), d'abord entamé comme une action des services forestiers

---

28 UNRISD, *Discussion Paper* n° 70.

29 *Ibid.*, 22.

30 *Ibid.*

(reboisements, pépinières, etc.), est désormais principalement orienté vers le développement des pépinières villageoises.

b) Le projet de re-foresterie rurale et d'aménagement forestier pour la production de bois de feu (Pays-Bas), est un projet centré lui aussi sur une action des services forestiers (plantations, pépinières, aménagement modèle d'une forêt avec production de bois de feu pour la ville de N'Djamena, diffusion de foyers améliorés, etc.).

c) On peut aussi noter divers petits projets d'appui à la reforestation pour fixer des dunes dans quelques villages[31].

L'attitude des populations

Le Tchad est un vaste territoire. Cela est perceptible au niveau de sa diversité climatique qui offre trois zones distinctes : la zone désertique au nord couvre une superficie de 600.370 km^2 et dont la végétation est presque inexistante ; au centre du pays, la zone sahélienne qui couvre une superficie de 553.590 km^2 et dispose d'une couverture végétale de l'ordre de 10.172.000 ha et enfin la zone soudanienne avec une superficie de 130.040 km^2 et dont la couverture végétale est de 13.258.000 ha. Les reboisements dans les zones précitées sont de 10.200 ha et la superficie moyenne de reboisement annuel est de 300 ha[32].Quant au taux de déforestation, il est estimé sensiblement à 0.6 % ha/an[33] sur les ressources forestières naturelles au niveau national[34]. Au regard de ces données factuelles, on constate que la déforestation se fait de façon accélérée.

Malgré les efforts déployés par le gouvernement et ses partenaires, le phénomène résiste bien pour diverses raisons. La raison principale est que les populations tchadiennes, bien que réceptives et sensibles à la protection de l'environnement, ne s'approprie pas le combat. Elle n'y adhère pas comme il se doit. En effet, la vie des populations dépend en grande partie de la nature d'où elles tirent leurs moyens de subsistance. En effet, pour construire un abri, l'homme se sert de la nature. Le bois de chauffe à usage domestique ou destiné à la commercialisation est prélevé des ressources

---

[31] Collette Bessat, La déforestation dans les zones de savane humide en Afrique centrale sub-saharienne : la prise en compte des dynamismes sociaux de la déforestation par les projets de développement, 2011, p. 22.

[32] République du Tchad, Ministère de l'agriculture et de l'environnement, Direction des Forêts, 1988, p. 31.

[33] Moulnang Tal, Rapport de consultation FAO, 1999, p. 28 et Ahmat Haggar, Programme prospectif du secteur forestier au Tchad à l'horizon 2020, 2000, p. 14.

[34] Organisation des Nations Unies pour l'alimentation et l'agriculture Département des Forêts, Évaluation des ressources forestières mondiales 2010. Rapport national sur le Tchad, Rome, 2010, p. 7.

naturelles disponibles. Cela s'explique en partie par le taux de pauvreté très élevé. Notons en effet que le Tchad est un pays du Sahel, dont les activités agricoles occupent la majorité de la population avec 78, 3 %[35]. La pauvreté, ambiante, amène des populations à ne puiser que dans la nature, ce qui rend vulnérable l'environnement. C'est pour cela que Michel souligne que :

> La nature et les sociétés, surtout dans les pays du sud, se trouvent ainsi dans une sorte de spirale infernale où la pauvreté et la dégradation de l'environnement se nourrissent l'une de l'autre ». Cette logique du « cercle vicieux » suggérait que les pauvres en milieu rural allaient puiser dans le « capital naturel » pour survivre : ils dégradaient l'environnement de différentes manières ce qui, en retour, alimentait la pauvreté, et ainsi de suite dans un processus qui ne faisait que s'intensifier[36].

Ainsi, l'attitude des populations, pauvres mais aussi analphabètes, participe dans une large mesure à dégrader l'environnement aggravant les conditions de vie déjà précaires.

Conclusion

Le Tchad est sérieusement menacé par la dégradation de son environnement sous l'effet conjugué de la déréglementation climatique mais aussi du fait du Tchadien qui exploite à outrance les ressources naturelles disponibles. Ces dernières années, la sécheresse est devenue cyclique et complique davantage la vie des populations qui, au démesurant, sont pauvre. Si les facteurs climatiques expliquent mieux la déforestation, il faut aussi ajouter que les actions de l'homme sur l'environnement sont aussi destructrices que la déréglementation climatique. Et les conséquences qui en découlent sont trop importantes. Tout de même, les causes de ce fléau sont autant imputables à la nature qu'à l'homme. En effet, le déséquilibre écologique est en partie dû à l'utilisation irrationnelle des ressources naturelles. Cela met en danger la vie des populations, en particulier celles du bassin tchadien.

Malgré les mesures de sauvetage prises par l'État et ses partenaires, le problème reste posé. Le gouvernement doit faire davantage d'efforts pour

---

35 Ministère du Plan et de la Coopération, INSEED, 2009, p. 61.

36 Tchotsoua Michel, Évolution récente des territoires de l'Adamaoua Central : de la spatialisation à l'aide pour un développement maitrisé, HDR en Géographie – Aménagement – Environnement, Université D'Orléans, 2006, cité par Adoum Minallaah, Adoum Minallah, La dynamique de l'agrosystème de Douguia dans le Bas-Chari (1975-2012), mémoire de master de recherche en géographie, Université de Ngaoundéré, 2012, p. 22.

combattre ce fléau. Car les défis qui se posent sont ceux de la vie des hommes et les enjeux sont ceux de la paix sociale, de laquelle dépend le développement économique et social du Tchad. Le plus grand défi est celui de planter suffisamment des arbres d'une part, et de protéger ceux qui existent. Cette solution est somme toute délicate et difficile à être mise en exécution car la population, pauvre, ne vit que des ressources naturelles. Au terme de cette étude, des pistes de solutions sont suggérées à l'État. Ce dernier devrait investir suffisamment pour résoudre le problème de chômage de masse et de paupérisation ambiante. Cela implique la formation en masse, la création des structures de formation et la création des emplois. La subvention du gaz à moindre coût, la sensibilisation des populations à la protection de l'environnement et la multiplication des services de contrôle sont autant de solutions envisagées. La vulgarisation des foyers améliorés fait des mesures d'accompagnement en vue de la protection efficiente de l'environnement. De cette protection, dépendent la paix sociale et le développement du pays.

Références bibliographiques

- Baohoutou Laohoté, « Évolution de la pluviométrie au sahel tchadien de 1952 à 1994 : spatialisation et tendances », Université d'Aix-en-Provence, Marseille, mémoire de DEA en climatologie hydrologie, 1997.
- Bessat Collette, « La déforestation dans les zones de savane humide en Afrique centrale sub-saharienne : la prise en compte des dynamismes sociaux de la déforestation par les projets de développement », 2011.
- Brami Diane, « Le climat et l'homme, facteurs des déséquilibres des milieux sensibles Sahéliens : le cas des rives sud du Lac Tchad », Université de Paris I, Panthéon Sorbonne, 2006. p.326.
- Buijtenhuigs Robert, *Le FROLINAT et les guerres civiles du Tchad (1977-1984)*, Paris, Karthala, 1987, p. 51.
- Buijtenhuigs Robert, *Le FROLINAT et les révoltes populaires au Tchad,* la Haye, Mouton, 1978. p. 47. ECOSIT 1 (2001), 2 (2003) et 3 (2011).
- Goual Nanassoum, *300 dates de l'Histoire,* N'Djamena, CEFOD, 1993.
- Haggar Ahmat, « Programme prospectif du secteur forestier au Tchad à l'horizon 2020 », 2000.
- Minallah Adoum, « La dynamique de l'agrosystème de Douguia dans leBas-Chari (1975-2012) », mémoire de master de recherche en géographie, Université de Ngaoundéré, 2012.
- MoulnangTal, « Rapport de consultation FAO, Rome », 1999.
- Moustapha Absakine et Blanche Renaudin, « Urgence, Réhabilitation, Développement, Gestion des Ressources Naturelles à l'Est du Tchad », Rapport intermédiaire de recherche, 2011.

- Organisation des Nations Unies pour l'Alimentation et l'Agriculture, *Département des Forêts, évaluation des ressources, forestières mondiales 2010,* Rapport national, Tchad, Rome 2010.
- PNUD, *Rapport sur l'état de pauvreté dans le monde,* 2014.
- Tchotsoua Michel, « Évolution récente des territoires de l'Adamaoua Central : de la spatialisation à l'aide pour un développement maitrisé », *HDR : Géographie-Aménagement – Environnement,* Université d'Orléans, 2006.

4e PARTIE

L'AFRIQUE ET LES MOUVEMENTS MIGRATOIRES

Chapitre XI

Traitement des immigrés et intégration en zone CEMAC Essai d'analyse historique de l'impact de la crise socio-diplomatique Cameroun-Gabon de 1981

Ernest Messina Mvogo

Comme dans tout processus d'intégration, celui qui interpelle les États d'Afrique centrale et notamment ceux de la zone UDEAC/CEMAC depuis 1964 se mesure en partie par la nature des rapports de cohabitation entre populations immigrées et populations hôtes. Le degré d'osmose qui découle de ces rapports chapeautés par le pouvoir politique n'en est pas moins un instrument d'appréciation tout aussi efficace. Le respect de cette donne, même si elle n'apparaît pas ostensiblement dans les cinq (05) strates de la théorie de Balassa[1] qui mènent inéluctablement à l'intégration, s'avère important. Cependant, les relations entre immigrés et populations locales en zone UDEAC/CEMAC, ne semblent pas épouser cette logique. Une distance psychologique et parfois physiologique sépare permanemment les deux communautés, rendant ainsi vain les efforts du processus d'intégration. Par le cas du binôme Cameroun-Gabon aux relations soubresautées, la présente étude s'investit dans une analyse empirico-descriptive de l'impact de la crise socio-diplomatique qui secoua les deux pays en 1981 sur les projets intégrateurs de la sous-région. En d'autres termes, il s'agit de montrer que l'incident sportif ayant servi de prétexte aux autorités gabonaises pour renvoyer les Camerounais dans leur pays d'origine, a non seulement été à l'origine d'une crise entre les deux pays, mais a eu une incidence sur les objectifs de l'UDEAC.

Mots clés : intégration, cohabitation, immigrés, Cameroun, Gabon, UDEAC/CEMAC

---

[1] B. Balassa, *The theory of Economic Integration,* George Allen and Undwin Ltd., Londres, 1962. Précisément, Bela Balassa, économiste hongrois, développe une théorie traditionnelle de l'intégration régionale qui enseigne que l'intégration économique est un processus qui se déroule en cinq principales étapes respectives à savoir la zone de libre-échange, l'union douanière, le marché commun, l'union économique et l'union économique et monétaire.

Introduction

Le 20 mai 1981, à Douala, capitale économique du Cameroun, se jouait le match de football opposant Union de Douala et Football Club 105 de Libreville, comptant pour la phase finale de la Coupe d'Afrique des clubs vainqueurs de coupe[2]. Au cours de cette rencontre, se produisit un incident sportif. Pour le moins banal qu'il fut, cet incident dégénérait en crise diplomatique entre les deux géants d'Afrique centrale d'antan. L'escalade de la rivalité entre le Cameroun et le Gabon atteignait son pic, au grand dam des autres communautés africaines résidentes au Gabon et en particulier celle du Cameroun voisin. Mais au-delà des désagréments subis par ces populations immigrées, cette crise fut révélatrice de l'extrême fragilité des ambitions communautaristes des dirigeants africains. Elle posait avec pertinence le problème de la gouvernance migratoire en Afrique centrale. Au regard de la gestion de la crise, on est en droit de se demander s'il n'est pas prétentieux, voire illusoire d'envisager une véritable supra structure étatique en zone UDEAC/CEMAC. Quel rapport existe-t-il entre l'immigration et le processus d'intégration en Afrique centrale ? Comment a-t-on géré cette crise et quelles en furent les implications dans le processus d'intégration ? Tels sont les grands axes que nous analysons dans cet article.

1. Immigration et processus d'intégration en zone UDEAC/ CEMAC avant 1981

Les études sur les mobilités des personnes exclusivement consacrées à la zone CEMAC sont rares, ce qui rend peu aisé l'analyse du phénomène migratoire relatif à cette partie du continent africain et qui explique naturellement le vide de théorisation observé. Ce constat impose une démarche qui commence par baliser l'aspect causal de la migration en zone CEMAC, notamment l'analyse théorique.

Analyse théorique des causes de l'immigration des Camerounais au Gabon ?

Le flux migratoire camerounais au Gabon tient à plusieurs causes. En plus de motivations d'allégeance aux théories migratoires classiques telles que l'économie, le chômage et l'insécurité, la ruée des Camerounais vers le Gabon trouve aussi son fondement dans la sociologie des peuples des deux pays. De manière générale et classique, les défaillances économico-sociales et sécuritaires sont dans l'ordre chronologique les aspects qui ont intéressé les

[2] Équivalent actuel de la coupe de la Confédération africaine de football ou de l'Europa League.

théoriciens des migrations, notamment en ce qui concerne les causes. Le flux migratoire des Camerounais au Gabon n'échappe pas à cette logique, du moins en ce qui concerne les causes économico-sociales. En clair, et pour être précis, le déséquilibre en matière de l'offre du travail entre les deux pays justifie le phénomène. Le Cameroun est un pays plein de potentiels susceptibles de nourrir le marché de l'emploi et réduire considérablement le chômage. Mais les politiques de gouvernance en vigueur dans ce pays n'ont jamais pu relever le marché du travail. Le Gabon à contrario est un tout autre contexte qui offre d'énormes possibilités d'emploi. Au moment où la crise éclate, la population camerounaise est dix fois supérieure à celle du Gabon. Certaines études démographiques font état d'un taux de croissance plus dynamique au Cameroun qu'au Gabon[3].

Plus de dix ans après son indépendance, comparativement au Cameroun, le pays fait face à une carence considérable en main d'œuvre qualifiée ou non. À la faveur de la manne pétrolière et de sa faible population, dix fois inférieure à celle du Cameroun, le niveau de vie des Gabonais connut une nette augmentation et l'État put se permettre une politique d'assistanat dont le principal corollaire fut l'ouverture du marché de l'emploi aux étrangers dès la moitié de la décennie 1970. À l'instar des pays en quête de main d'œuvre, la politique d'immigration[4] fut souple au Gabon et les Camerounais, favorisés par la proximité et leur dynamisme, se ruèrent vers ce nouvel *eldorado*. Au début des années 1980, dans la plupart des grands chantiers, l'essentiel des ouvriers étaient des Camerounais[5]. Cependant, l'aspect socio-économique ne suffit pas pour justifier un tel afflux de migrants camerounais au Gabon. Pour ce cas d'espèce, il est à noter qu'une constituante très importante est à mettre au lot des causes de cette migration. Il s'agit d'une logique qui s'inscrit dans une théorie peu abordée dans les discours y relatifs, à savoir la socio-ethnologie.

En ce qui concerne cette vision d'essence sociologique ou ethnologique, les liens sont aussi étroits avec l'immigration camerounaise qu'on ne puisse imaginer. En effet, une bonne partie des populations des deux pays appartiennent à l'ethnie Fang-béti et donc, partagent les mêmes cultures. Ce qui, d'après Ntsama[6], constitue un facteur d'échanges commerciaux entre les deux États. Dans la même perspective, cette parenté peut également être un facteur de mobilité vers l'un des pays concernés. Plus qu'un simplement

---

[3] Perspective.usherbrooke.ca/bilan/statistiques.

[4] Du moins ce qu'il convenait d'appeler politique d'immigration.

[5] En 1981, 200 Camerounais travaillaient dans la construction du Transgabonais, ADN, 362PO/1/82.

[6] Ntsama Mireille, *La relation de prix entre le Cameroun et le Gabon*, University Library of Munich, Germany, revised, 3d May 2013.

déclencheur de rapprochements, l'élément linguistique est un catalyseur d'intégration mais l'ensemble du bouquet culturel ou des constituants de la culture d'un peuple participe du même objectif. Ainsi face à un impératif de migration, la contiguïté culturelle s'avère déterminante dans le choix du potentiel migrant.

Évolution du flux migratoire camerounais au Gabon de 1960 à 1980

Depuis 1960, le flux migratoire ne cesse de prendre des proportions. Le nombre de Camerounais résidant au Gabon connait une évolution exponentielle qui contraste avec les soubresauts et rixes intermittentes, caractéristiques des relations entre les deux pays voisins et frères. En 2000, cette population atteint 25 000 âmes en direction du Gabon. Mais l'immigration reste sujette à de nombreuses difficultés, suscitant des interrogations sur l'opportunité ou la réalisation d'une intégration dans la sous-région CEMAC où il est établi que les deux pays sont des locomotives. Le problème pourrait se situer à deux principaux niveaux stratifiés : au niveau horizontal c'est-à-dire entre les populations des deux pays sur le territoire gabonais et au niveau vertical à savoir entre les deux communautés et l'État gabonais. En fait, sur le plan horizontal, deux importants défis restent à relever. Le premier est celui d'une hospitalité sincère entre les deux communautés. Le second consiste en la prise en compte par les protagonistes de la nécessité de briser les frontières institutionnelles et culturelles afin de réaliser une intégration productive. Toutefois, les obstacles ci-dessus évoqués n'impactent aucunement sur les mouvements migratoires des Camerounais vers le Gabon comme l'atteste le tableau ci-après.

Tableau : évolution du nombre de migrants camerounais au Gabon

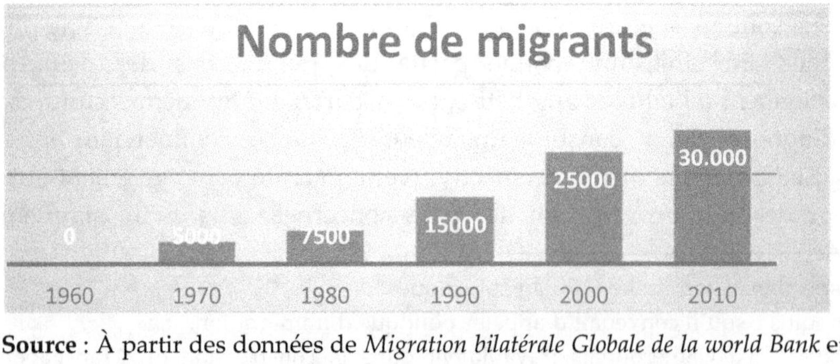

Source : À partir des données de *Migration bilatérale Globale de la world Bank* et des estimations de l'Ambassadeur du Cameroun au Gabon (CRTV, 2011)

Du tableau qui précède, on constate qu'il existe une relation linéaire réelle, et que le nombre de migrants camerounais au Gabon est sans cesse croissant. D'une proportion nulle en 1960, année de l'accession à la souveraineté internationale des deux pays respectifs, le flot migratoire camerounais au Gabon s'élèverait à 30 000 individus environs. Il faut noter que ces chiffres sont estimatifs dans la mesure où la plupart de Camerounais vivant au Gabon sont des aventuriers sans visa, environs 30 %[7], ce qui complexifie toute entreprise de quantification des Camerounais au Gabon. Lorsqu'on compare les estimations du nombre de Camerounais avec les données démographiques gabonaises, il est clair que l'écart entre les deux n'est pas stratosphérique. Dix ans après l'indépendance, la diaspora camerounaise au Gabon, pour la quasi-totalité valide, représente 10 % de la population gabonaise. En 1981, année de la crise qui fait l'objet de cette étude, le Gabon se trouve dans sa phase d'apogée économique grâce à une production pétrolière équivalent à 50 % du PIB. Entre 1973 et 1985, le Gabon connait un boom pétrolier couplé de politiques macroéconomiques expansionnistes qui ont boosté le produit réel à 4,5 % par an[8]. La combinaison d'une hausse du prix international du pétrole dans les années 1970 (+ 165 % entre 1970 et 1976) et d'une augmentation exponentielle de la production du pétrole (de 5,4 millions de tonnes en 1970 à 11,3 millions de tonnes en 1976) a contribué à une forte et rapide hausse du revenu réel qui, entre 1972 et 1985, est passé de 706 milliards de francs CFA à 1.356 milliards de francs CFA[9].

Le pays est donc un vaste chantier infrastructurel qui attire davantage la main d'œuvre des pays voisins et en particulier le Cameroun, pays où le taux d'accroissement est plus de dix fois supérieur à celui du Gabon. Cette embellie financière conduit à un programme ambitieux d'investissements publics (construction de chemin de fer de 600 km, industrialisation dans le secteur parapublic…), une politique salariale généreuse dans les secteurs public et parapublic (le SMIG a quasiment doublé entre 1977 et 1984). Autant d'opportunités d'emplois s'offrent donc aux populations camerounaises voisines qui n'hésitent pas à migrer vers le Gabon. Toutefois, entre les deux communautés (autochtones gabonais et allogènes camerounais), la cohabitation n'est pas des plus harmonieuses. Sporadiquement, on assiste à

---

[7] Informations données par l'ambassadeur du Cameroun au Gabon à travers les ondes de la *Cameroon Radio and Television* (CRTV) en 2011. Il faut noter, pour corroborer les déclarations du diplomate camerounais, que fort de certains facteurs l'immigration illégale de ses compatriotes en terre gabonaise est très développée.

[8] Rick Emery et al, *Rapport sur la croissance et l'emploi en République gabonaise*, Banque mondiale, p. 30.

[9] *Ibid.* p. 31.

de sautes d'humeur qui ne tardent pas à s'enflammer à la moindre étincelle comme ce fut le cas en 1981, à la suite d'un simple incident sportif.

2. L'incident sportif de douala : causes et répercutions sur le processus d'intégration

Cette section nous offre à découvrir non seulement le cours des évènements ayant conduit à l'importante crise socio-diplomatique entre le Cameroun et le Gabon en 1981, mais également ses effets sur les relations bilatérales entre les deux pays et le processus d'intégration dans la sous-région.

Le déclanchement de la crise et la détérioration de la cohabitation entre Gabonais et Camerounais au Gabon

L'enjeu de cette rencontre était important non seulement pour les deux équipes mais aussi pour les deux pays dont elles étaient respectivement les porte-étendards. Si pour les deux formations sportives en lice, il était question de se construire une réputation ou d'étoffer le palmarès, l'image du pays était également mise à l'épreuve si l'on s'en tient à la valeur diplomatique du sport. Dans ce dernier aspect, peut-être devons-nous préciser que dès que le sport s'est internationalisé, il a pris une dimension politique « soit comme arme du *soft power* pour les États soit comme outil de rapprochement des peuples[10] ». L'enjeu de la rencontre de football dont il est question ici pouvait dans ce cas être considéré comme le reflet culturel des rapports de force entre le Cameroun et le Gabon dans la sous-région d'Afrique centrale.

Créée en 1957, Union de Douala était l'équipe championne d'Afrique de l'édition 1979, soit deux années avant. Absent de cette compétition en 1981 parce que n'ayant pas remporté le championnat national en 1980, le Club de la capitale économique du Cameroun n'entendait pas perdre la coupe d'Afrique des vainqueurs de coupes, bien que celle-ci fût moins prestigieuse que celle des clubs champions. De son côté, le Football Canon 105 de Libreville caressait le rêve de se faire un nom sur la scène internationale en faisant bonne prestation dans la compétition. Tous les ingrédients étaient donc réunis pour une belle partie de football. Mais à Douala lors du match retour l'enjeu prit le dessus sur le jeu comme au match aller à Libreville au terme duquel les canonniers du Gabon perdirent 0-3, ce qui entraîna des actes xénophobes à l'endroit des Camerounais vivant au Gabon. Pour mieux

---

[10] Robert Frank, « Internationalisation du sport et diplomatie sportive », in Robert Frank, *Pour l'histoire des relations internationales*, Paris, PUF, 2012, p. 388.

appréhender le problème, il serait judicieux de l'analyser non sans présenter le fait que l'on pourrait considérer comme la cause immédiate. En effet, dans des situations de ce genre, de nombreuses versions se chevauchent et s'entremêlent, laissant libre court à la spéculation et à des conjectures. La synthèse des différentes versions, pour l'essentielles partisanes, donne à voir ce qui suit :

> Au cours de cette rencontre, notamment à la deuxième mi-temps, deux joueurs : un Gabonais et un Camerounais se heurtèrent violemment. L'arbitre ivoirien de la partie dut perdre le contrôle de la situation, d'où son hésitation à prendre une décision. C'est ainsi que survint une bagarre au cours de laquelle un joueur gabonais du nom de Delbrah fut blessé et transporté en urgence dans une clinique de la ville hôte puis rapatrié à bord de l'avion personnel du Président du FC 105, le Colonel Ngaki, par ailleurs chef d'État-major des Forces terrestres et navales du Gabon[11].

Ce qui au départ n'était qu'un simple incident sportif, se transforma en une crise socio-diplomatique caractérisée au premier plan par la détérioration de la cohabitation entre la forte communauté camerounaise et les Gabonais. Le même jour à Libreville et à Port-Gentil, la situation dégénéra entre Camerounais et Gabonais.

Selon des sources officielles françaises, les militaires gabonais auraient mis le feu aux poudres en divulguant l'information selon laquelle le joueur du FC105 avait été tué par les Camerounais. La presse gabonaise, selon les mêmes sources, contribua à envenimer la situation. Le Journal *l'Union* illustra la scène de Douala par des photos dont une présentait un joueur gabonais « Hors de combat après la bagarre ». On pouvait également lire en commentaire d'une autre photo : « Doumbe Léa[12] principal responsable des incidents, après avoir sérieusement blessé Delbrah, se tord de douleur à terre, puis s'acharne sur le Gabonais dénommé Bakissi. »[13].

Les militaires gabonais distribuèrent plusieurs pages de ce journal à la population de Libreville. Dans la nuit du jeudi à vendredi, la situation s'embrasa. Les établissements de commerce et domiciles des Camerounais furent systématiquement pillés. L'intervention tardive des forces de gendarmerie ne fut pas efficace ; une inefficacité due en partie à la mauvaise organisation de la gendarmerie, au rôle trouble des policiers et des militaires

---

[11] E. Messina Mvogo, « Les États d'Afrique centrale dans les négociations économiques internationales 1964-2006. Entre ingérences occidentales et leadership des chefs d'États », Thèse de doctorat, Université de Yaoundé I, 2016.

[12] Il fut le capitaine de l'équipe de football de l'Union sportive de Douala en 1981.

[13] Le Journal *l'Union*, hebdomadaire gabonais, 1981.

et au laxisme des autorités gouvernementales gabonaises[14]. En effet, la mobilisation des gendarmes fut tardive car ces derniers n'étaient pas encasernés. Aussi impertinent qu'incrédule que cela puisse paraître, certains policiers participaient aux pillages ainsi que des militaires. Toutefois, ces arguments peuvent être relativisés quand on sait qu'à cette époque les forces de l'ordre n'étaient pas en état technique et quantitatif de mener une intervention dans les délais aussi courts[15]. Le mutisme des hautes autorités gabonaises et en particulier celui du Président Bongo trahissait le laxisme complice dont il faisait preuve.

La réaction des autorités gabonaises et camerounaises

Le gouvernement d'Ahidjo prit un train de mesures dont les plus importantes furent le rapatriement des Camerounais qui souhaitaient quitter le Gabon, et la fermeture des frontières. Pour ce qui est du rapatriement, il faut noter d'emblée que la tâche ne fut pas facile. Le 24 mai, le gouvernement camerounais sollicita l'aide de la France. Cinq jours après, les autorités françaises réagirent favorablement à la demande camerounaise. Ainsi deux Transalls effectuèrent seize rotations entre Libreville, Douala et Yaoundé. Cette action que la France qualifia de philanthropique sera mentionnée dans l'une des correspondances diplomatiques entre l'ambassadeur de France à Libreville et sa tutelle. Les forces françaises apportèrent leur aide au rapatriement dans leur pays d'origine, du 26 au 29 mai par voie aérienne, des ressortissants camerounais et gabonais, à la suite des incidents survenus au Gabon les jours précédents.

Cette opération humanitaire accomplie, dans des conditions difficiles mais avec dynamisme, résultait d'un dévouement remarquable et une grande gentillesse, hautement appréciés tant par les autorités civiles camerounaises et gabonaises que par les bénéficiaires eux-mêmes. 1300 personnes furent rapatriées en 4 jours avec 100 tonnes de bagages[16]. Par ailleurs, les autorités camerounaises organisèrent, à l'aide d'appareils civils et militaires, un pont aérien dès le 24 mai. Une semaine après les incidents, ce pont aérien permit de rapatrier 6700 Camerounais, portant ainsi le nombre total des rapatriés à 9 000.

D'une manière générale, l'attitude des populations gabonaises vis-à-vis des immigrés camerounais trahissait l'état des relations délétères entre les

---

[14] E. Messina Mvogo, « Les États d'Afrique centrale… », *op. cit.*, p. 145.

[15] Il faut noter qu'en 1981, non seulement les effectifs de l'armée gabonaise étaient quantitativement négligeables, mais du pont de vue qualitatif cette armée était sous-équipée comme c'était le cas dans la plupart des ex-colonies françaises.

[16] ADN, 362PO/1/82, Rapport secret défense, ambassade de France au Gabon, 26 juin 1984.

deux chefs d'États respectifs et par conséquent l'état des relations entre les deux pays. Les querelles de leadership entre Ahmadou Ahidjo du Cameroun et Omar Bongo du Gabon dues en partie à la volonté d'affirmation du second avaient contribué à dégrader les échanges entre les deux territoires.

Ceci étant, il est évident que la manière dont une population immigrée est perçue et traitée par les natifs est indubitablement dépendante de l'état des rapports entre le pays de départ et le pays d'accueil[17]. Des exemples de ce type sont légions dans le monde. L'image détestable que se font les Équato-Guinéens des Camerounais est tributaire de la politique irrédentiste menée en sourdine par le président Ahidjo vis-à-vis de la Guinée-équatoriale au lendemain de l'indépendance de ce pays en 1968. Les clivages observés entre les deux pays dans la mise en place des projets intégrateurs pourraient également expliquer la xénophobie manifeste des Équato-Guinéens vis-à-vis des Camerounais. L'image que se font les Maghrébins et autres arabes, de certaines classes de la société française, reste largement tributaire des séquelles résistantes de la guerre d'Algérie. Il en est de même de la façon dont l'opinion arabo-musulmane réagit à la présence de minorités occidentales sur les territoires musulmans depuis le 11 septembre 2001 : conséquence des tensions tenaces qui opposent l'hyperpuissance américaine et son alliée israélienne aux États de l'aire arabo-islamique. C'est également dans la même perspective qu'Awoumou fait le lien entre les évènements de Douala et les relations entre les chefs d'États gabonais et camerounais. En travestissant la réalité des évènements survenus au stade de Douala, la presse gabonaise, à l'époque limitée aux médias d'État, avait suscité l'exacerbation d'une tension qui couvait depuis quelques années. Au niveau des instances dirigeantes, la tension était alimentée par une guerre de leadership opposant les deux États au sein de l'UDEAC[18]. Cette crise ne fut pas sans conséquences matérielles, économiques, diplomatiques et humaines pour les deux pays.

3. La gouvernance communautaire à l'épreuve de la démagogie diplomatique

La gestion de cette crise mit en lumière l'état des rapports instables entre le Cameroun et le Gabon. Elle attisa les querelles de leadership sous régional entre les présidents des deux pays qui prirent le dessus non seulement sur le

---

[17] Pierre Milza, « Migrations et relations internationales » in Robert Frank, *Pour l'Histoire des Relations internationales*, Paris, PUF, 2012, p. 336.

[18] Come Awoumou, *Le couple Cameroun-Gabon au sein de la CEMAC*, Paris, L'Harmattan, 2008.

principe de la coopération pacifique, mais également altérèrent davantage le poussif processus d'intégration de la sous-région.

La réaction des autorités gouvernementales et la prééminence de l'instinct identitaire

Du côté gabonais, on avait noté une sorte de cynisme chez le Président Bongo. En effet, sur instruction du Président Ahmadou Ahidjo, l'ambassadeur du Cameroun au Gabon sollicita en vain une audience du Président Bongo. Il fut finalement reçu par le Vice-Premier ministre, Georges Rawiri à qui il remit un message du Président Ahidjo et « auprès duquel il éleva une très vive protestation à propos des sévices infligés à ses compatriotes. »[19] Dans l'après-midi du même jour, le Président Ahidjo sollicita l'aide de la France, notamment son Ambassade à Libreville, pour entrer en contact téléphonique avec son homologue gabonais. Les deux représentations diplomatiques françaises du Cameroun et Gabon entrèrent en action et l'ambassadeur de France à Libreville parvint à joindre le Président Omar Bongo. À la fois très ému et très embarrassé, le chef d'État gabonais prit pour prétexte qu'étant à ce moment absent de Libreville, il ne pouvait entrer en communication avec Yaoundé. Il saisit l'occasion pour rejeter sur les Camerounais la responsabilité des événements et dénonça l'attitude scandaleuse et humiliante de la presse de Douala. Le rapport que la mission diplomatique française de Libreville adressa à sa hiérarchie à Paris quelque temps après les évènements malheureux confirma cette attitude du président du Gabon en ces termes :

> Le président déplore les évènements survenus la nuit précédente à Libreville sans approuver ses compatriotes, il comprend leur réaction, consécutive aux sévices subis par les joueurs gabonais à Douala (…), il a donné des instructions très strictes pour que l'ordre soit maintenu et que soit assurée la sécurité des Camerounais.[20]

À y regarder de près, cet extrait de correspondance présente, le moins que l'on puisse dire, tout le caractère naturel et fonctionnel d'un discours diplomatique. Autrement dit, la démagogie, l'ambiguïté et la subjectivité caractérisent cette note de lecture du discours du président gabonais au sujet des actes xénophobes en cours dans son pays. Ce texte suscite moult interprétations à la fois et corrobore la vision greimasienne selon laquelle

[19] ADN, 362PO/1/82, Rapport secret défense, ambassade de France au Gabon, 26 juin 1984.

[20] E. Messina, « Les États d'Afrique centrale… », *op. cit.*, p. 145

l'ambigüité est la caractéristique principale d'un énoncé qui présente simultanément une multitude de lecture[21]. Pour le cas d'espèce, le fait pour Omar Bongo de « comprendre » la réaction xénophobe de ses compatriotes contraste avec sa réelle volonté « d'assurer la sécurité de Camerounais ». Ce qui laisse libre court à diverses interprétations. La lecture du texte originale de ce discours trahit sans ambages les intentions du chef de l'État gabonais lorsqu'il déclare ce qui suit :

> Si les Camerounais désirent regagner leur pays, il ne s'y opposera pas et que c'est peut-être là-même, la meilleure solution. Aucune expulsion ne sera donc décidée. Compte tenu cependant de la responsabilité du Cameroun dans cette affaire, il n'est pas question que les pertes subies par les Camerounais fassent l'objet d'une indemnisation.[22]

Cette attitude du Président gabonais rapportée par les autorités françaises de Libreville, était étroitement liée à l'ambiance qui caractérisait les relations entre les deux pays, mieux les relations entre leurs dirigeants. En effet, rassuré par la solvabilité de son trésor, de son rang de premier pourvoyeur de fonds à la BEAC et des liens intimes avec les milieux du pouvoir français, le Président Omar Bongo disposait d'une marge de manœuvre lui permettant de tels écarts de comportement vis-à-vis de ses compères de la sous-région[23]. Bien plus, le président Ahmadou Ahidjo n'était pas en odeur de sainteté avec les dirigeants français. Les prises de position du président camerounais sur les questions africaines, parfois contre les intérêts français, n'étaient pas étrangères à cette situation. Les actes d'émancipation d'Ahmadou Ahidjo vis-à-vis de la France ainsi que sa volonté manifeste d'affirmer sa souveraineté sur le plan international avaient rythmé les relations franco-camerounaises entre la fin de la décennie 1960 et la fin des années 1970[24]. Dans un tel contexte, il était évident que la préférence de Paris pour Omar Bongo s'accrut au détriment son homologue du Cameroun.

---

[21] Algirdas Julien Greimas et Joseph Courtes, *Sémiotique. Dictionnaire raisonné de la théorie du langage*, Tome 1, Paris Hachette, 1979, p. 352.

[22] ADN, 4402PO/2/88, Rapport de l'ambassade de France au Gabon, le 26 juin 1981.

[23] E. Messina Mvogo, « Les États d'Afrique centrale… », *op. cit.*, pp. 144-152.

[24] Dès 1967 la discordance des voix entre Ahidjo et l'Élisée commence à se faire ressentir au sujet de la guerre du Biafra au cours de laquelle le chef de l'État camerounais soutient le pouvoir central du Nigéria tandis que la France milite en faveur de la sécession. Quelques années plus tard, le président Ahidjo s'oppose discursivement contre le programme nucléaire sud-africain pourtant soutenu par la France. Dans la même perspective, il condamne le raid israélien sur en Ouganda qu'il juge illégal.

Des répercutions socio-économiques contraires au paradigme fonctionnaliste

En décidant de mettre en place une structure à vocation communautaire comme l'UDEAC en 1964, les potentats d'Afrique centrale visaient à diluer leurs souverainetés respectives au sein d'une supra structure étatique douanière. Au lendemain des indépendances de ces territoires, on assista donc à l'illustration de la vision fonctionnaliste des relations internationales. La naissance de l'UDEAC supposait un marché commun donc une libre circulation des biens et des personnes dans les États membres. La proximité séculaire du « couple Cameroun-Gabon » était un atout majeur pour la réalisation d'un projet aussi lénifiant. Mais avant de débattre de cet échec, il ne serait pas banal de rappeler que la vision fonctionnaliste des relations internationales réside dans son objet. Ainsi parlant de l'ouvrage *The Théory of International Relations*[25], Marie-Claude Smouts écrit que pour les auteurs de ce livre, « l'objet des relations internationales est le fonctionnement de la planète ou, pour être plus précis, la structuration de l'espace mondial, par des réseaux d'interactions sociales ». Dans cet esprit, les États-locomotives de la sous – région comme le Cameroun et le Gabon serviraient d'exemple en matière de gestion des populations immigrés d'autant plus qu'en 1981, l'UDEAC achevait le premier quinquennat de la deuxième phase de son programme consacrée à l'implémentation effective des politiques d'intégration[26].

Cependant, les évènements de 1981 montraient *à contrario* que l'intégration n'était qu'une vue de l'esprit. Ils révélaient à suffisance les insuffisances structurelles, fonctionnelles de l'Union et trahissaient par la même occasion le manque de sincérité chez les dirigeants africains. L'idée du fonctionnalisme et plus particulièrement du néo-fonctionnalisme fait appel à une sorte d'engrenage institutionnel (*spill-over*) susceptible de rapprocher ou fusionner ne serait-ce qu'une partie des intérêts nationaux semblables ou différents avec pour finalité le dépassement de la notion d'identité nationale, la naissance d'une nouvelle forme d'unité politique[27]. La mise en place de l'UDEAC et l'opérationnalité de ses microstructures étaient une voie de rapprochement des économies de la sous-région. Mais les conséquences économiques de la crise ne furent pas de nature à sous-tendre cette vision.

---

[25] Kenneth Waltz, *The Théory of International Relations,* Reading, Adidison Wesley, 1979.

[26] En réalité, les chefs d'État membres de l'Union avaient consacré la première décennie à la mise en place des structures.

[27] Thierry de Montbrial, « Réflexions sur la théorie des relations internationales », in *Politique étrangère,* n° 3, 1999 – 64e année, p. 475.

Au plan national, le départ des Camerounais, une dizaine de milliers environ eut une incidence sur les activités économiques et financières du Gabon. La colonie camerounaise au Gabon était estimée à 45 000 individus dont 25 000 étaient immatriculés ; la majorité de ces Camerounais occupaient des emplois dans les secteurs sensibles : alimentation, comptabilité, gestion, transport... leur départ perturba logiquement les circuits commerciaux des produits de première nécessité et le fonctionnement de certaines entreprises gabonaises voire françaises qui perdirent une partie importante de leur personnel qualifié[28]. Avec la réduction considérable du nombre de taxi à Libreville, consécutivement à ces incidents, le transport urbain exercé majoritairement par les Camerounais, connut de graves perturbations. Bien plus, la construction du Transgabonais subit les effets de cette crise. Environ 115 sur 200 travailleurs camerounais furent rapatriés au Cameroun, créant un déficit d'ouvriers dans ce chantier qui était l'une des priorités d'Omar Bongo. Les travaux de réalisation du Transgabonais dans la localité de Ndjolé subirent également un coup car ils furent reportés à une date indéterminée.

Le 25 mai de la même année, le gouvernement gabonais prit la décision de bloquer tous les comptes bancaires et postaux des Camerounais et de suspendre tous les transferts de fonds, quelle que soit la nationalité du donneur d'ordre entre le Cameroun et le Gabon[29]. Cette décision, aussi précaire fut-elle, témoignait de l'état de détérioration des relations entre les deux pays. Les autorités étaient conscientes que de telles transactions joueraient sur l'activité financière du Gabon. Cependant, cette décision ne dura que le temps d'une rose, parce que prise à la hâte et dans l'ignorance totale des conséquences qui pouvaient en résulter. Elle fut rapidement annulée.

En termes de dégâts matériels, des chiffres n'avaient pas été communiqués, mais ils furent importants. Grâce aux informations tirées des déclarations et autres rapports de l'Ambassade de France à Libreville, on pouvait avoir un bilan en termes de dégâts humains. Les pertes en vies humaines étaient minimes et faisaient des populations gabonaises des victimes. Selon les chiffres de sources françaises, ces pertes se présentaient ainsi qu'il suit : trois morts à Port-Gentil dont deux Gabonais et un Camerounais. D'après le Consul de France à Port-Gentil, un Gabonais était mort des suites d'un coup de barre de fer à la tête, œuvre d'un policier qui

---

[28] Messina Mvogo, « Les États d'Afrique centrale... », *op. cit.*, p. 146.

[29] ADN, 463PO/1/102, Circulaire n° 324 du 23 mai adressée aux intermédiaires agréés, relatif au blocage des comptes bancaires et postaux des ressortissants Camerounais, ministre des Finances du Gabon, Jean Pierre Lemboumba-Lepandou.

disputait une caisse de bière dérobée dans une boutique camerounaise[30]. Un autre était mort de suite d'enivrement d'alcool[31]. Ce bilan était officiel et ne prenait pas en compte la situation de Libreville. On pouvait ainsi lire dans le rapport de l'Ambassade de France : « il est infiniment probable que quelques Camerounais ont été tués à Libreville ; ils auraient été inhumés de façon discrète par leurs compatriotes[32] ». Cette présentation de la situation pouvait-elle donner droit à une telle brouille socio-diplomatique ? Cette question peut trouver une réponse dans le contexte de leadership entre Bongo et Ahidjo. En fin de règne et délaissé par ses partenaires français, le président camerounais voyait son autorité sérieusement contestée par Omar Bongo qui, par contre, bénéficiait du soutien de la France.

Des implications bilatérales aux conséquences sous régionales

Sur le plan diplomatique, les relations entre les deux pays avaient certes pris un coup, mais il n'y avait pas eu rupture. Après une période d'incertitude caractérisée par l'absence d'interventions officielles au haut niveau des deux États, il apparut une volonté manifeste d'apaisement dans les deux camps. Ainsi, un émissaire du président Bongo, Amiar Nganga, ministre de la Formation professionnelle et de la promotion de l'artisanat, fut envoyé à Yaoundé, portant d'un message du chef de l'État gabonais à son homologue camerounais. Côté camerounais, l'ambassadeur du Cameroun au Gabon, Mongo Soo, fut rappelé à Yaoundé pour consultation.

Le président Ahmadou Ahidjo déplora la détérioration des rapports entre la communauté camerounaise au Gabon et les Gabonais. Il demanda en même temps à son homologue gabonais de prendre toutes les mesures nécessaires à la protection des Camerounais et de leurs biens. D'après le rapport de la Police gabonaise, bien que le Chef de l'État gabonais ait admonesté les trois chefs des unités de maintien de la paix pour leur manque total d'organisation dans la protection des citoyens camerounais, aucune sanction judiciaire ne fut prise[33]. Au contraire, tous les Gabonais qui avaient été arrêtés par les forces de police, soit 87 au total, furent relaxés rapidement avant que la police judiciaire n'ait commencé les auditions. En dépit des évènements survenus, les rapports entre ressortissants gabonais au

---

[30] E. Messina Mvogo, « Les États d'Afrique centrale… », *op. cit.*, p. 147.

[31] ADN, 362PO/1/82, Télégramme de l'Ambassadeur de France au Gabon du 26 juin 1984.

[32] ADN, 362PO/1/82. *Ibid.*

[33] ADN, 362PO/1/82, Rapport secret défense du 30 mai 1981.

Cameroun et Camerounais restèrent harmonieux et paisibles[34]. La protection des Gabonais vivant au Cameroun fut bien assurée, c'est ce qui justifie le nombre infime de candidats au rapatriement[35].

Des raisons géopolitiques pourraient avoir contribué à l'option de l'apaisement entre les deux États. Déjà engagé dans un conflit frontalier avec le Nigeria, il était peu réaliste pour le président Ahidjo de prendre une quelconque mesure militaire contre le Gabon, surtout qu'il n'y eut pas de mort. Face à la puissance militaire du Gabon très poussive voire embryonnaire, Ahmadou Ahidjo pouvait choisir d'envoyer un commando parachutiste sur Libreville. Une éventualité que l'Ambassade de France au Gabon envisageait comme faisable à cette époque[36]. Le Cameroun n'avait pas envisagé des rétorsions économiques contre le Gabon, car cet incident était loin de nécessiter une telle mesure diplomatique ; les deux pays étant très dépendants l'un de l'autre économiquement. Le président camerounais avait cependant envisagé de différer les sessions des grandes commissions mixtes prévues entre les deux pays et de réclamer à l'État gabonais d'indemniser les Camerounais pour les préjudices qu'ils ont subis.

En 1987, Maurice Kamto[37] faisait état des raisons à l'origine de l'échec de l'intégration en Afrique centrale. Selon lui, des raisons politiques expliquent l'échec des expériences passées d'intégration économique en Afrique. Les nationalismes exacerbés dont la principale conséquence était la xénophobie exercée sur les ressortissants de certains membres des pays hôtes, les querelles de leadership au fait que l'intégration viserait surtout à prolonger sur le plan international l'action interne des dirigeants en vue de la consolidation des États-nations en formation et la « surpolitisation institutionnelle »[38] qui transforme les organes de décision en foire politique sont autant de facteurs qui entravent le processus d'intégration.

La crise ayant opposé le Cameroun et le Gabon en 1981 étaye, dans une certaine mesure cette vision de Maurice Kamto. En effet, les négociations relatives à la mise en place de la CEEAC ont lieu dans un contexte de relations exécrables entre les deux pays. Des antécédents frontaliers entre les

---

[34] ADN, 362PO/1/82, Environ 40 candidats ont été enregistrés au rapatriement, Document ambassade.

[35] ADN, 362PO/1/82.

[36] ADN, 362PO/1/82.

[37] « La Communauté économique des États de l'Afrique centrale, une Communauté de plus ? », in : *Annuaire français de droit international*, volume 33, 1987, pp. 839-862.

[38] V. Ibou Diakité, « L'intégration régionale – réponses aux problèmes de l'État et de la nation dans l'Afrique d'aujourd'hui : Aspects juridiques », Présence Africaine, 1983, pp. 364-390 ; p. 387 ; Louis Balmond, « Intégration économique et droit des organisations internationales », thèse en droit, Nice, 1981, p. 15.

deux pays et de leadership au sein de l'UDEAC, et surtout la crise diplomatique née de l'incident de Douala lors du match opposant l'Union de Douala à FC105 de Libreville, qui était d'actualité[39], ont guidé l'attitude du Secrétaire général de l'OUA. Ce dernier avait livré le projet au dirigeant gabonais qui n'avait pas hésité d'en revendiquer la paternité ; d'où la convocation du sommet extraordinaire de l'UDEAC à Libreville auquel participait le Président Mobutu (non membre de l'UDEAC). Ahidjo refusa de s'y rendre et envoya son Premier ministre Paul Barthélémy Biya. Mais Omar Bongo refusa de le recevoir. Le principe de la création de la CEEAC fut arrêté au cours de cette session extraordinaire de l'UDEAC à laquelle ne participa pas le chef de l'État camerounais. Le président gabonais mit tous les moyens nécessaires à la matérialisation du projet. Ainsi, mis à part le fait que toutes les réunions en vue de construire cette nouvelle communauté se tenaient à Libreville, Omar Bongo prit en charge les frais de transport d'hébergement, de nutrition et de sécurité des délégations engagées.

> Dans la sous-région d'Afrique centrale, les opérations de refoulement sont presque immémoriales à l'accession des États à l'indépendance. Il s'agit d'un ancien mode d'expression qui permet d'illustrer l'incidence de la mauvaise qualité des rapports interétatiques sur les relations migratoires. C'est, en effet, en 1962 qu'on assista pour la première fois à cette politique non codifiée dans la sous-région d'Afrique centrale, avec l'expulsion de Gabonais du Congo-Brazzaville et vice versa. Survenue à la suite d'une rencontre de football entre les sélections nationales des deux pays, cette crise fut la manifestation d'une vieille rivalité remontant à l'époque coloniale et que des querelles de leadership avaient contribué à maintenir vivace au lendemain de leurs indépendances respectives[40].

Conclusion

En guise d'éléments de conclusion de tout ce qui précède, il est important de rappeler que la problématique liée à la gouvernance migratoire et l'intégration en Afrique centrale et notamment en zone CEAMC est au cœur de notre analyse. En définitive, cette étude impose plusieurs résultats aussi évidents que complexes à percevoir. *Primo,* l'immigration est une donnée importante dans le processus d'intégration – économique ou sociopolitique – des États. *Secundo,* le souverainisme des dirigeants du Cameroun et du

[39] Voir les aspects de cette crise dans les pages antérieures.

[40] Ngomo, Th. (1988), *Les relations entre le Gabon et le Congo depuis 1960,* Thèse de doctorat en Histoire, Université de Nantes, 1988, pp. 269-291.

Gabon constitue une sérieuse entrave à l'intégration de la sous-région. Sur la base parfois d'une vacuité législative ou d'un abus de pouvoir, ce souverainisme amène les dirigeants des deux pays à prendre des décisions xénophobes qui créent plutôt un sentiment de repli identitaire contraire à l'objectif d'intégration. *Tercio,* la crise socio-diplomatique de 1981, consécutive à un incident purement sportif fut le révélateur d'une politique d'intégration dénuée de toute gouvernance migratoire solide, c'est-à-dire que la libre circulation des personnes entre les deux entités étatiques ne dispose pas d'un cadre légal respecté. *Quarto,* les conséquences d'une crise opposant le Cameroun et le Gabon dépassent le cadre bilatéral et occupent l'espace sous régional, ce qui témoigne de la place centrale qu'occupent les deux États dans la sous-région d'Afrique centrale. À l'orée de cette étude, on est en droit d'établir un parallèle entre la situation d'antan et celle qui prévaut dans la même sous-région une trentaine d'année après. La difficulté de matérialiser la politique de libre circulation des personnes reste l'épineux problème auquel est confronté le processus d'intégration. Les communautés d'immigrés présents dans certains pays, en l'occurrence les moins peuplés et offrant plus de possibilités d'emplois, sont régulièrement victimes des actes xénophobes de la part des pays d'accueil avec la complicité tacite ou ouverte des autorités. Si la question de la régularisation des immigrés sert souvent de *modus vivendi* à ces actes de xénophobie, il est donc évident que la problématique de la gouvernance migratoire est une réalité indéniable qui interpelle les décideurs de cette sous-région.

Références bibliographiques

Documents d'archive

ADN, 362PO/1/82, Télégramme de l'Ambassadeur de France au Gabon du 26 juin 1984.

ADN, 362PO/1/82, Rapport secret défense du 30 mai 1981.

ADN, 362PO/1/82, Environ 40 candidats ont été enregistrés au rapatriement

Ouvrages, articles et thèses

- Awoumou C.D.G., *Le couple Cameroun-Gabon au sein de la CEMAC,* Paris, L'Harmattan, 2008.
- Bennafla K., *Le commerce frontalier en Afrique centrale. Acteurs, espaces, pratiques,* Paris, Karthala, 2002.
- Duroselle J.-B., *« L'invasion ». Les migrations humaines. Chance ou fatalité ?,* Paris, Plon, 1992.
- Kenneth Waltz, *The Theory of International Relations,* Reading, Adidison Wesley, 1979.

- Thierry de Montbrial, « Réflexions sur la théorie des relations internationales », *Politique étrangère,* n° 3, 1999, 64e année.
- Messina Mvogo E., « Les États d'Afrique centrale dans les négociations économiques internationales 1964-2006. Entre ingérences occidentales et leadership des chefs d'États », thèse de doctorat PhD, Université de Yaoundé I, 2015.
- Ngomo Th., *Les relations entre le Gabon et le Congo depuis 1960,* Thèse de doctorat en Histoire, Université de Nantes, 1988.
- « Gabon-Cameroun : la guerre du football », *Jeune Afrique,* n° 1096, 10 juin, 1981, pp. 20-21.
- « Démographie : surplus gabonais », *Jeune Afrique,* n° 1070, 8 juillet, 1981, p. 39.
- « Gabon, le paradis perdu des immigrés », *Jeune Afrique,* n° 1784, mars, 1995, pp. 16-22.
- « La xénophobie du Gabon », *Le Monde,* 13 au 14 mai 1979, p. 3.
- « Au Gabon, les ressortissants camerounais sont évacués », *Le Monde,* 27 mai 1981, p. 44.
- « Afrique centrale : à quand l'intégration ? », *Africa International,* n° 375, avril 2004, pp. 35-37.

Chapitre XII

La migration africaine clandestine en Algérie : état des lieux

Mokeddem Khedidja

Introduction

Dans cette communication, nous ne prétendons pas faire l'histoire de la migration africaine vers l'Algérie, ni même l'apologie des immigrés africains en Algérie. Mais comme toute chercheuse, ce phénomène de plus en plus important de personnes africaines dans la ville d'Oran, comme dans toutes les villes algériennes, attire mon attention. Ma contribution porte donc sur ce mouvement de populations africaines, utilisant les frontières algériennes, comme passerelle vers les pays de l'Europe ou le Maroc ou/et le nord du territoire algérien. En effet ce phénomène de migration africaine clandestine en Algérie est si préoccupant, qu'il nécessite une véritable gestion. Une forte présence visible de migrants africains clandestins dans l'espace public, squattant les stoppes, les entrées des mosquées, les seuils des magasins, les gares routières, les gares ferroviaires, quémandant de l'argent, commence à s'intensifier. Ce constat qui a été le point de départ de notre réflexion nous a emmené à poser les questions clés de notre communication qui sont les suivantes : qui sont-ils ? Combien sont-ils ? Comment vivent-ils une fois qu'ils sont sur le sol algérien ? Comment l'Algérie régule ce phénomène ? Ou quelles sont les manières de faire face au phénomène ?

L'État algérien est aujourd'hui soumis à de fortes pressions pour lutter contre les migrations irrégulières. L'objectif de ce texte est de cerner ce mouvement et le rendre intelligible. Il est aussi de voir comment ces migrants vivent leur présence sur le sol algérien. Le but est d'identifier les stratégies gouvernementales élaborées par l'État algérien pour maîtriser ce mouvement de mobilité illégale.

Selon les services de la Direction générale de la sûreté nationale (DGSN) plus de 50.000 Africains[1] résident illégalement en Algérie, en provenance du Mali, du Niger, du Nigeria, du Tchad et d'autres États subsahariens. Le Premier ministre, Abdelmalek Sellal, répondant à un Journaliste, déclare que

[1] Eco-News/mars 2014.

« le problème de migration clandestine vers l'Algérie pourrait perdurer en raison de l'insécurité qui prévaut dans les pays du Sahel »[2].

Ainsi, notre présentation se décline comme suit : dans un premier temps, on présente le Cadre général sur l'immigration africaine en Algérie et le contexte géopolitique de l'évolution de ce phénomène. Puis, on aborde le dispositif légal qui régule les entrées et séjours des migrants en Algérie. Ensuite les différents profils de ces migrants et leurs activités. Il faut rappeler que cette étude est en cours et pour répondre à notre questionnement, une démarche méthodologique a été entreprise : nous nous sommes appuyées sur des résultats d'une pré-enquête dégagée à partir d'une lecture des informations de journaux, et des recherches publiées sur la question particulièrement l'étude faite par Nacer-Eddine Hammouda, chercheur au CREAD[3], Alger. Dans un deuxième temps nous allons réaliser une étude de cas basée sur un guide d'entretien avec les migrants clandestins qu'ils soient hommes ou femmes pour parler de leurs expériences migratoires, des routes d'entrée sur le sol algérien, c'est-à-dire Comment ils ont atterri sur le territoire algérien ? Et pour approfondir aussi les raisons de leur migration vers l'Algérie.

1. Cadre général sur l'immigration africaine en Algérie et contexte géopolitique de l'évolution de ce phénomène

Quelques précisions terminologiques sont toutefois d'emblée nécessaires : par migration il faut entendre, selon *Le Nouveau Littré, dictionnaire de référence de la langue française* (p.1053/Éditions Garnier), l'action de passer d'un pays à un autre en parlant d'un peuple. Le mot migration est très large. Il s'applique le plus souvent au déplacement de population sans retour. Il revêt plusieurs cas de figures ; il peut s'agir d'une migration entre pays où la personne change définitivement de lieu de résidence (immigration et émigration, les deux désignent le flux migratoire) ou d'une migration locale saisonnière ou journalière (*migrations alternantes entre lieu de travail et le lieu de résidence*[4]). Les migrants sont définis comme des ressortissants étrangers ou nés à l'étranger qui se trouvent dans un pays autre que leur pays d'origine. Ils fixent leur résidence dans un autre pays, que celui où il résidait habituellement pour une période considérable. Le migrant forcé comme terme général se rapporte aux personnes réfugiées,

[2] Matin d'Algérie, 17 août, 2015.

[3] CREAD signifie : centre de recherche en économie appliquée pour le développement, Algérie.

[4] Gilles Ferréol, Philippe Cauche, Jean-Marie Duprez, Nicole Gadrey, Michel Simon, *Dictionnaire de Sociologie*, Paris, Armand Colin, 2002.

déplacés en raison de conflits ou de catastrophes naturelles, environnementales. Les demandeurs d'asile constituent des personnes qui ont franchi une frontière internationale en quête de protection et dont la demande de statut de réfugié n'a pas encore été déterminée.

Dans ce sens, l'émigration est le fait de quitter (sortir de) son pays pour aller s'établir dans un autre, pour des raisons politiques et socioéconomiques. L'immigration est le fait de rentrer dans un pays autre que son pays d'origine. Ainsi la migration est l'ensemble de ces deux mouvements (immigration, émigration) qui constituent la dynamique du phénomène migratoire. Dans cette réflexion, le terme de « migrants » s'avère convenable lorsqu'on ne sait pas vraiment s'il s'agit de personnes en transit ou d'immigrés.

Nous voudrions juste dire que ce phénomène de mouvement et de mobilité humaine, comme fait social, n'est pas propre qu'à l'Algérie. C'est un fait international qui joue un rôle important dans les sociétés de provenance comme dans celles qui accueillent les migrants. Cette migration, n'est pas temporaire ou limitée à une région donnée. Elle n'est pas non plus un fait nouveau. Les temps les plus reculés ont connu ce phénomène qui a sans doute joué un rôle important dans le peuplement du globe. La préhistoire se pose en termes de migration (Marcel Reinhard. p. 339). L'histoire des Hébreux, des Phéniciens et des Carthaginois, des Grecs, des Romains est riche en migrations de diverses sortes. Au moyen âge la mobilité humaine ne fut pas secondaire. L'apparition et le développement des moyens de communication et de transport, la croissance de la population mondiale, ont participé à l'augmentation du phénomène à l'époque moderne. On ne peut pas dire aussi, que ce phénomène de mouvement humain, est le fait du hasard. Depuis des siècles les personnes migrent pour des raisons multiples ; comme pour trouver du travail, ou pour explorer d'autres horizons. La décision de migrer que les individus ou les ménages prennent, est déterminée par des mobiles et entrainent des conséquences. À chaque époque la migration revêt son caractère et emprunte la direction qui correspond aux circonstances conjoncturelles.

Le sujet de la « migration » est présent dans la recherche scientifique, mais son traitement diffère d'un chercheur à un autre et d'une époque à une autre ; une évolution réelle s'est produite dans la manière de développer cette thématique. Elle marque véritablement l'introduction de la « migration » comme objet de réflexion primordiale. Ainsi ces recherches gravitent autour de l'expérience migratoire (les mobiles de la migration, les parcours de vie des migrants, les lieux de vie des migrants, la confrontation avec la société d'accueil, les luttes des migrants pour le droit de résidence dans le pays d'accueil ainsi que l'apport des migrants à la culture de la société d'accueil). Elles tournent aussi autour des statistiques de ces flux migratoires vers l'Europe et d'autres pays du monde, et des politiques migratoires. On note également des thèmes de recherches tels que les migrants et le développement, les migrants et l'asile, les conséquences de la migration, le discours public sur l'immigration et ainsi de suite.

Il faut ajouter aussi que depuis l'apparition du système des visas et la création de l'espace Schengen pour accéder aux pays européens et tout ce qu'on peut imaginer comme difficulté pour les obtenir, l'émergence de politiques restrictives en matière de circulation de personnes, l'immigration choisie qui ne répond pas aux attentes de tous ceux qui veulent partir, le durcissement des politiques d'accueil a provoqué en parallèle le développement de ce mouvement migratoire illégal et a contribué au développement de filières migratoires clandestines. Elles sont désormais, pour les candidats à l'émigration, la seule possibilité de réaliser leur projet en dépit des risques qu'ils prennent.

Jusqu'à la Première Guerre mondiale les migrants étaient libres et circulaient spontanément. Les personnes assumaient seules le risque de ce mouvement. Le peuplement des pays neufs s'est fabriqué de la sorte. Toutefois, ce n'est pas le cas actuellement, l'évolution du phénomène déjà visible entre les deux guerres mondiales a entrainé un surcroît important en matière d'organisation des migrations et d'assistance auprès des migrants. Les individus et les groupes ne franchissent plus les frontières d'une façon libre sans contrôle et sans formalités. Dans cette présentation, l'intérêt ici est porté à cette migration inter régionale irrégulière postcoloniale, principalement du Mali, du Niger et du Tchad, qui s'amplifie depuis les années (1970).

> Rachid Bellil et Badi enregistrent, durant les trois décennies de 1960 à 1990, quatre moments marquants pendant lesquels les Touaregs ont dû quitter leurs territoires pour migrer vers le Sud algérien : l'insécurité dans l'Adrar des Ifoghas en 1963-1964 ; la sécheresse au Sahel en 1972-1973 ; la persistance de la sécheresse en 1985-1986 ; l'insécurité au Niger et au Mali en 1990-1991. En une dizaine d'années (1975-1985), les Touaregs migrants se sont répartis autour des différents centres habités du Sahara algérien : Timyawin, Tin Zawatin, Bordj Baji Mokhtar, Reggan, Adrar, Tamanrasset, ln Guezzam, ln Salah, El Goléa, Ghardaïa, Ouargla, Timasinin, lllizi, Djanet.[5]

---

[5] Mohamed Saïb Musette et Noureddine Khaled, *L'Algérie pays d'immigration,* dossier 1298/2012 – Algérie-France, le temps du renouveau, publié in *Revue Homme et migration*, revue française de référence sur les dynamiques migratoires.

Cependant la migration en provenance de l'Afrique de l'Ouest n'a, réellement, pris de l'ampleur qu'au début des années 2000. Une combinaison de plusieurs facteurs, parmi lesquels, des conflits locaux, les déséquilibres régionaux, l'instabilité qui touche certains pays africains, par exemple, en Sierra Leone, au Libéria, en République Démocratique du Congo, au Nigeria, en Côte d'Ivoire et surtout au Mali ont joué un rôle important dans l'orientation de ces flux migratoires intra régionaux vers l'Afrique du Nord surtout le Maroc et l'Algérie et vers l'Europe. Principaux motifs de ces migrations, la recherche de meilleurs revenus et de meilleures conditions de vie.

Ce flux de migrants africains clandestins se produisait jadis vers les villes du sud, essentiellement, Tamanrasset, Adrar, Wargla. Néanmoins, cette époque où les migrants traversaient simplement l'Algérie pour une autre destination est révolue, surtout qu'ils savent que l'Algérie est un abri sûr, comparativement au climat de haine dont étaient victimes les peaux noires à l'époque de Kadhafi. L'impact politique, économique et social en sera différent. Ces mouvements de populations peuvent être temporaires ou définitifs. Ces derniers ont transformé ces villes en véritables ghettos où se propagent leurs habitudes et us. Actuellement, ils se rendent de plus en plus vers les villes du nord pour trouver travail et aumône.

Face à ce phénomène, l'Algérie se trouve dans une situation paradoxale : L'exigence sécuritaire qui impose la multiplication des mesures restrictives de contrôle des frontières et une règlementation des entrées de ces populations, de plus en plus importante, en raison de la menace terroriste et du banditisme à un moment où le pays se trouve dans un contexte de changement politique et économique sérieux exigeant de son gouvernement et de son législateur de développer une politique de gestion de ces flux migratoires d'une part. D'autre part, l'instabilité de la région est pour beaucoup depuis le déclenchement du conflit au Mali en 2012 et la fermeture et le renforcement de la sécurité aux frontières libyennes. Une grande partie de la population s'est enfuie en Algérie. L'insécurité alimentaire au Niger a fait que des familles entières font des départs massifs pour l'Algérie. Ainsi apparaît-il, au regard des publications et du suivi du développement de ce phénomène migratoire irrégulier qu'officiellement, l'Algérie n'a pas de politique d'émigration, mais, des positions de principes concernant la maîtrise des flux migratoires. La concertation et la coopération avec les États concernés ont été adoptées, fondées sur le droit. La migration n'est pas suffisamment intégrée dans les stratégies et les plans de développement national et régional. Il s'agit plus de règlements et de fermeture des frontières que d'interventions régionales pour mettre ensemble les ressources potentielles de la migration au service du développement. Des insuffisances visibles, dans la mise en œuvre d'un cadre politique régional, telle qu'une position africaine commune sur la migration et le développement. Il y a plusieurs raisons à cela dont les principales sont les suivantes : des lacunes en matière de connaissance et de compétences sur la question de l'intégration. Aussi un manque de données et de volonté politique. Une mauvaise gestion de la coordination entre les différents gouvernements africains impliqués et l'absence de collaboration entre les pays d'origine, de transit et de destination.

En second lieu, l'exigence humanitaire qui impose le devoir d'aide à ces migrants africains clandestins qui fuient les mauvaises conditions sociales et climatiques, la misère ; la famine, l'injustice sociale, la pauvreté et le mal-être, puisque l'Algérie depuis son indépendance a institutionnalisé cette libre circulation sur son territoire en lui donnant un cadre légal. Des accords de libre circulation existent entre l'Algérie, le Mali et le Niger qui permettent aux Nigériens et aux Maliens de circuler pour des durées de 90 jours sans qu'un visa leur soit demandé.

L'Algérie a aussi adhéré aux conventions et protocoles internationaux relatifs au droit d'asile et de protection des personnes migrantes sur son sol, notamment la convention de 1951 et celle de 1963, et le protocole de 1967 qu'elle a adopté sans réserve. L'Algérie a publié au numéro 2 de l'année 2005 du 5 janvier 2005 dans le Journal officiel de la République algérienne démocratique et populaire, la ratification de la Convention par décret présidentiel n° 04 441 du 29 décembre 2004. Cette ratification de 2004 a entraîné des changements importants, notamment dans le Code du travail et la loi sur l'emploi des étrangers en Algérie du 22 juillet 2008. La mise en œuvre de la Convention sur la protection des travailleurs migrants en Algérie, les 26 et 27 avril 2010 à Genève.

Il faut dire que les engagements internationaux de l'Algérie apportent un cadre exemplaire permettant de garantir le respect des droits de l'Homme des migrants, réfugiés et demandeurs d'asile. Ils ouvrent la possibilité aux victimes de violations de ces droits ou à leurs représentants de former des recours devant les organes internationaux. Des accords pertinents d'association et de collaboration avec l'Union Européenne et les Nations unies ont été pris par l'Algérie contre la traite et le trafic des êtres humains. Ils visent ainsi à incriminer ces comportements et à les condamner. Ces instruments internationaux complètent et enrichissent le dispositif légal encadrant la mobilité étrangère en Algérie qui prévoit de sévères restrictions quant à l'entrée et la circulation de ces derniers d'une manière illégale.

2. Entrée et séjour en Algérie : quel dispositif légal ?

Un ensemble de mesures législatives et règlementaires ont été prises par L'État algérien définissant le statut de l'étranger et fixant les conditions de son entrée sur son territoire national. Les évolutions des textes depuis le regain de la souveraineté nationale en 1962 témoignent d'une politique pragmatique dans ce domaine qui varie en fonction de la situation développementale et sécuritaire du pays. Aujourd'hui, diverses dispositions légales ont été adoptées à l'égard des catégories de personnes en situation migratoire sur le territoire algérien.

La Constitution algérienne charge l'État de la responsabilité spécifique de protection de tout citoyen algérien résidant à l'étranger (article 24) et tout étranger qui se trouve légalement ou qui transite par le territoire national, jouit pour sa personne et ses biens, de la protection de la loi (article 67). Le texte de base de l'ordonnance numéro 66-21 du 26 juillet 1966 donne une large définition de l'étranger. L'article 2 de cette ordonnance, qualifie les non nationalisés « D'apatrides ».

On distingue aussi dans la constitution les étrangers résidents et non-résidents. Le Journal officiel de la République algérienne publiait une nouvelle loi « relative aux conditions d'entrée, de séjour et de circulation des étrangers » dans le pays, la loi n° 28-11 du 25 juin 2008. L'article 5 accorde au ministre de l'Intérieur, ainsi qu'aux « walis », le pouvoir de refuser à un étranger l'entrée en Algérie pour des raisons relatives à l'ordre public et/ou à la sécurité de l'État. Ou pour des raisons pouvant porter atteinte aux intérêts fondamentaux et diplomatique de l'État ». L'article 15 stipule que :

> À l'occasion de la demande du visa ou lors de contrôles de police au niveau des postes-frontières ou du territoire algérien, des empreintes digitales et une photographie d'identité des ressortissants étrangers peuvent être relevées, mémorisées et faire l'objet d'un traitement informatisé.[6]

L'ancienne législation ne comportait aucune disposition similaire. Il faut attirer l'attention sur le fait que la législation algérienne portant sur l'entrée, le séjour et la circulation des étrangers en Algérie est demeurée inchangée de 1966 à 2008. Constituée de 52 articles, cette loi est assez sévère quant à la pénalisation de la migration irrégulière, autant pour le migrant que pour ceux qui les aident à rentrer qu'ils soient (passeurs, transporteurs, trafiquant ou logeur). Les pénalités à leur égard, sont plus ou moins les mêmes selon les dispositions pénales (chapitre 8, article 38 à 50).

[6] La loi n° 28-11 du 25 juin 2008 en Algérie, article 15.

L'article 28 durcit les conditions de déclaration par les employeurs algériens de leurs employés non algériens. Le délai de déclaration, de 30 jours dans l'ordonnance de 1966, est ramené à seulement 48 heures. L'article 37 précise que « le placement d'un étranger dans les centres peut être ordonné par arrêté du wali territorialement compétent, pour une période maximale de 30 jours renouvelable. Même le cadre règlementaire a connu une révision tant pour les migrants algériens vers l'étranger « les haraga[7] », que pour les migrants qui transitent par l'Algérie vers un autre pays.

La loi 2008 a apporté des nouveautés qui ne concernent pas seulement l'aggravation des peines. Elle prévoit en plus l'autorité du wali à procéder à l'expulsion de tout étranger en situation irrégulière (l'article 36) ; la création de centres d'hébergement pour ces migrants en situation clandestine, en attente des procédures d'expulsion (l'article 37) ; le placement dans ces centres peut être ordonné par le wali pour une durée de 30 jours, renouvelable. Par ailleurs les mariages mixtes ou entre étrangers, surtout en bande, dans le but d'obtenir une carte de résident pour un étranger, sont pénalisés sévèrement comme le stipule (l'alinéa 2) de (l'article 48) de cette loi. Les peines sont encore plus sévères pour les récidives. Le nouveau Code pénal que l'Algérie a réajusté pour lutter contre les migrations irrégulières « comble un vide juridique ». Il a aussi souligné qu'il est inconcevable d'incriminer ceux qui s'introduisent dans le territoire national de manière illégale et d'être tolérant à l'égard de ceux qui quittent le pays de la même manière[8]. Avec la création du secrétariat d'État en mai 2010[9], auprès du ministère des Affaires étrangères en remplacement du ministère de la Solidarité nationale, de la Famille et de la Communauté nationale à l'étranger, la politique algérienne en matière d'immigration marque un saut qualitatif indicateur de changement et de l'intérêt croissant que porte la diplomatie algérienne à cette question qui concerne et la population algérienne établie à l'étranger, et le contrôle des flux migratoires ainsi que le respect de leurs droits sur le sol algérien.

Ainsi l'Algérie est devant un défi. Elle est appelée à envisager de nouveaux instruments juridiques et à rendre plus efficaces ceux qui existent déjà pour se protéger contre ce problème qui déstabilise le pays sur le plan

[7] Le mot « Harage » apprend, le fait de « bruler » cette appellation désigne ce flux de jeunes Algériens qui migrent d'une façon clandestine par la mère.

[8] Mohamed Saïb Musette et Noureddine Khaled, *L'Algérie pays d'immigration,* dossier 1298/2012 – Algérie-France, le temps du renouveau, publié in *Revue Homme et migration*, revue française de référence sur les dynamiques migratoires.

[9] Décret présidentiel numéro-149 du 14 Joumada – Ethania 1431 correspondant au 28/mai 2010, portant nomination des membres du gouvernement, Jorna numéro 31.

économique, social, juridique, politique et sécuritaire. Les dispositifs en vigueur expriment un contexte global d'affirmation du cadre policier comme mode dominant de gestion de la question migratoire au profit du champ politique. Nombre de lacunes subsistent, compte tenu de l'inadéquation du système juridique actuel, porteur d'une législation et d'une réglementation caractérisée spécialement par une approche sécuritaire et diplomatique qui semble encore insuffisante pour pouvoir gérer efficacement l'ensemble du phénomène migratoire.

3. Les profils de ces migrants – Qui sont-ils ? Combien sont-ils ?

Il est difficile d'obtenir des chiffres exacts sur cette population. Les autorités avancent le chiffre de 20 000 clandestins, les associations de terrain parlent, elles, de plus de 100 000 ressortissants subsahariens sur le sol algérien. Quel est en définitive le chiffre exact de cette migration ? Le Comité international pour le développement des Peuples (CISP) indique qu'entre 60 000 et 85 000 migrants subsahariens, dont 26 000 en situation irrégulière sont en Algérie. Le nombre d'arrestations de migrants en situation irrégulière était de 7 824 par an en 2008, et il est en constante augmentation. Donc selon les statistiques données par le (CISP), 70 % des migrants se fixent de manière définitive en Algérie. Quant au reste, une partie est en transit pour gagner l'Europe, une deuxième souhaite retourner au pays mais n'en a pas les moyens, et une troisième souhaite obtenir le statut de réfugié. Hammouda avance des chiffres qui révèlent que la plupart viennent de pays frontaliers, soit 62,3 % du Niger.52, 1 % du Mali. De l'Afrique occidental, le Nigeria (5,9 %), du Ghana, 6,2 % et de l'Afrique centrale le Cameroun avec 6,3 %.

Il s'agit de migrants majoritairement masculins (87,8 %) dont 47,2 % ont moins de 30 ans, deux-tiers ont moins de 35 ans. Plus de la moitié d'entre eux sont mariés. Leur moyenne d'âge se situe entre 20 et 39 ans. Les plus âgés ont 60 ans et les moins âgés ont moins de 20 ans. Ces données témoignent du jeune âge des migrants. Quant à leur niveau d'instruction, plus de deux tiers ont le niveau primaire. Plus d'un cinquième a le niveau du secondaire et 5 % niveau universitaire (Hammouda, 2008). 63, 9 % sont d'origine urbaine. 86,8 % exerçaient une activité professionnelle dans leur pays d'origine, mais pour les deux tiers d'entre eux ce travail était précaire (Hammouda, 2008)[10].

[10] Hammouda Nacer-Eddine, *La migration irrégulière vers et à travers l'Algérie,* Irregular Migration Series, Notes 2008/75. URL : http://cadmus.eui.eu/handle/1814/10508

La plupart de ces migrants, viennent de l'Afrique de l'Ouest et de l'Afrique Centrale. Parmi ces migrants on distingue trois catégories : ceux pour qui l'Algérie constitue un lieu de passage ou de transit vers l'Europe.

Ces derniers habitent les zones urbaines (villes du nord), ils ont un bon niveau d'expression et d'instruction, majoritairement jeunes et célibataires. La deuxième catégorie est celle qui veut rester en Algérie, elle se débrouille bien en langue arabe, grâce à un long séjour en Algérie. Une troisième qui développe le désir de retour. Cette catégorie est constituée de ceux et celles qui se sont mariés et ont migré à l'âge adulte. La migration requiert en effet de disposer d'un minimum de capital, à la fois humain, financier et social. Ainsi le fait de quitter son pays, renvoie au fait d'entrer dans un pays étranger et donc d'intégrer un contexte socioéconomique et culturel juridique différent. Le constat fait, la gestion statistique du phénomène est révélatrice en soi de la délicatesse de la question et des enjeux stratégiques qui lui sont associés par les autorités algériennes. Confrontés au refoulement vers les frontières, les migrants développent des stratégies d'évitement qui consistent à échapper et à se protéger des incursions de police. Dans ce jeu de cache-cache permanent avec la police, un nombre important se réfugient aux marges de la ville et s'installent dans les quartiers périphériques, les quartiers populaires, voire dans les rues, mais pas dans le centre-ville. Ils vivent dans des foyers surpeuplés.

4. Activités des migrants

Le secteur du bâtiment et des travaux publics offre du travail à cette main-d'œuvre sans papiers. Ces migrants sont employés illégalement, sans couverture sociale. Ils sont mal rémunérés par les employeurs locaux. Ces derniers constituent une main-d'œuvre de contribution appréciée des habitants et entrepreneurs. Des informations recueillies auprès d'un haut responsable, lors de notre enquête de terrain dans la ville de Tamanrasset (2016) nous apprennent que leur salaire est inférieur au salaire perçu par un Algérien (moins que la moitié). Sans papiers, ces travailleurs africains cèdent au chantage de ceux qui les emploient et menacent de les déclarer au service de sécurité, alors ils ne protestent pas contre cette exploitation. La ligue algérienne pour la défense des droits de l'homme (LADDH) dénonce dans un communiqué de presse[11] l'exploitation que subissent ces Africains. Elle attire l'attention sur la manière dont sont utilisés ces employés, et qui n'est pas conforme à la loi de travail algérien en vigueur (la loi 11/90) relative aux relations de travail. Ils participent aussi aux travaux agricoles et à la restauration des barrages contre la dune (dans le sud). Les femmes sont

[11] Impact, 24 Info, 16, Algérie, janvier 2016.

sollicitées par les paysans pour la cueillette, le sarclage. Elles sont souvent employées pour faire le travail ménager. Certains ont réussi à travailler dans la confection. Ils sont aussi employés comme vendeurs dans les magasins d'artisanats. Ils occupent également une place spécifique grâce à de menus travaux dans le secteur informel. D'autres subsistent de divers trafics et de ressources provenant de la mendicité.

Dans son article Hammouda nous apprend qu'un tiers de cette population déclare que le revenu perçu leur suffit pour couvrir leurs besoins, ce qui n'est pas le cas pour les deux tiers restants ; parmi ceux-là, une personne sur cinq envoie la moitié du salaire au pays. En conséquence, deux remarques sont à souligner : d'abord que ces migrants africains subsahariens arrivent à trouver du travail en Algérie, qui leur permet même une épargne et le transfert vers le pays d'origine. Deuxièmement l'Algérie est en train de devenir une terre d'immigration pour ces derniers ; il en résulte dès lors que la perception de l'Algérie comme pays de transit uniquement est à revoir.

Conclusion

Il faut imaginer ce que réserve l'avenir à ce phénomène qui constitue en soi une expérience inquiétante pour l'Algérie, aujourd'hui menacé par de multiples crises. Une politique migratoire ne pourrait être poursuivie pour elle-même. Elle ne peut être isolée d'une politique démographique elle-même insérée dans une politique d'ensemble économique et sociale, et ce en analysant le problème au regard : 1 – du taux annuel de migrants africains clandestins qui rentre sur le sol algérien. 2– des causes à l'origine de ce phénomène, de la durée et des lieux de destination. 3– du dispositif du contrôle du phénomène et d'aide à ces migrants. Toutefois, il faut dire que ces dernières années et depuis le déclenchent des conflits sur le Sahel, un travail de sensibilisation est en mise. Les médias s'y intéressent de plus en plus, les institutions publiques et la société civile changent de regard. On assiste à une amélioration de l'accès aux soins. Récemment, le ministère de l'Éducation a rappelé que tous les enfants ont droit à l'école. Une plate-forme migration, rassemblant une dizaine d'associations, est même née à la mi-décembre (2015) : elle salue les dernières avancées mais rappelle les discriminations et le besoin d'une loi sur l'asile. Une feuille de route a été élaborée par le ministère de la Solidarité nationale, de la Famille et de la Condition de la femme, pour la prise en charge des migrants. Les migrants africains, qui « n'ont pas encore officiellement le statut de réfugié », devraient bénéficier d'une « meilleure prise en charge alimentaire et sanitaire » de la part des autorités algériennes.

Références bibliographiques

Les dictionnaires

- Gilles Ferréol, Philippe Cauche, Jean-Marie Duprez, Nicole Gadrey, Michel Simon, *Dictionnaire de Sociologie*. Paris, Armand Colin.
- *Encyclopédia Universalis, corpus* 15, Paris 1996

Les articles de revues

- Mohamed Saïb Musette, Noureddine Khaled, « L'Algérie pays d'immigration, dossier 1298/2012 – Algérie-France, le temps du renouveau », publié in Revue *Homme et migration,* revue française de référence sur les dynamiques migratoires.

Les rapports

- Caroline Demoulin Les flux migratoires en Méditerranée. HAL Id : dumas-00651402 http://dumas.ccsd.cnrs.fr/dumas-00651402. Décembre, 2011
- Hammouda Nacer-Eddine, *La migration irrégulière vers et à travers l'Algérie,* Irregular Migration Series, Notes 2008/75, in http://cadmus.eui.eu/handle/1814/10508.

Les journaux

Eco-News/mars 2014 – Matin d'Algérie, 17 aout, 2015 – Impact 24 Info, 16, janvier 2016 – Le Nouveau Littré.

Chapitre XIII

Territorialité des pratiques de migration et de coopération décentralisée au Mali

Hawa Coulibaly

L'une des caractéristiques des migrations maliennes concerne les liens créés entre les lieux d'origine et d'accueil de la part des migrants. Ceux-ci s'organisent en association dans le but de réaliser des projets destinés à l'amélioration des conditions de vie des populations restées sur place. Progressivement, la mobilisation des associations croise la coopération décentralisée laquelle traduit une action de mise en lien des territoires. Dans le contexte du Mali, cette coopération représente un dispositif public sur lequel s'appuient parfois les associations de migrants et les collectivités territoriales afin d'agir collectivement dans les territoires locaux. Certains groupements de migrants s'intègrent dans cette forme d'action dans le but de multiplier les stratégies de transfert des ressources vers les lieux de départ. Quant aux collectivités territoriales d'accueil/d'origine, celles-ci coopèrent avec les migrants dans une stratégie de légitimation et de renforcement de leur participation aux relations internationales. Ainsi, cet article explique le processus de mise en réseau des associations de migrants et des collectivités territoriales. Il s'agit également de mettre en exergue les enjeux sociaux et politiques de la mobilisation de ces acteurs dans les territoires d'accueil/d'origine.

Mots clés : migration, coopération, décentralisation, territoire, développement.

Introduction

Les pratiques de migration et de coopération décentralisée font partie intégrante des dynamiques territoriales au Mali. Dans de nombreuses localités, la mise en place des projets de développement est fortement liée à la mobilisation des acteurs de la migration et de la coopération. D'une part, il s'agit des actions menées par les migrants maliens en direction des villages, communes d'origine dans le but d'améliorer les conditions de vie des populations restées sur place. D'autre part, il s'agit des projets de développement local issus des liens de coopération établis entre les collectivités territoriales françaises et maliennes.

La mobilisation des migrants aussi bien que celle des collectivités territoriales se focalisent sur le niveau territorial. Dans ce sens, la territorialité occupe une place centrale dans les logiques d'intervention de ces acteurs. Cette territorialité détermine les rapports aux territoires locaux de la part des acteurs agissant en réseau. J. Aldhuy définit la territorialité :

> [...] comme l'ensemble des rapports existentiels et sociaux que les individus en groupe entretiennent avec l'espace qu'ils produisent et reproduisent quotidiennement à travers les figures, les images, les catégories et les objets géographiques qu'ils mobilisent dans un projet de production de la société plus ou moins intentionnel et explicité (2008 : 4).

Notre contribution s'intéresse principalement au rôle des migrants maliens installés en France dans le processus de mise en place des projets de coopération décentralisée destinés à leurs villages ou communes d'origine. Il importe d'expliquer : quels sont les mécanismes de croisement entre les associations de migrants et les collectivités territoriales ? Quels sont les enjeux sociaux et politiques de la mobilisation de ces acteurs dans les territoires locaux ? Comment les politiques étatiques de migration s'immiscent-elles dans la mobilisation collective des collectivités territoriales et des associations de migrants ?

1. Migrations internationales et transferts de ressources au Mali

En 2013 selon les données de la Banque Mondiale, les transferts de fonds effectués par les migrants représentaient 7,2 % du PIB malien. Les transferts sont de types individuels et collectifs. D'une part, sur le plan individuel, les migrants envoient des fonds destinés à leurs propres familles restées sur place afin de participer à la prise en charge des dépenses quotidiennes de celles-ci. D'autre part, certains migrants s'engagent dans des transferts collectifs lesquels représentent les pratiques associatives en direction des communautés d'origine.

En effet dans la plupart des pays d'immigration, la mobilisation associative est une pratique courante animant la vie sociale des migrants maliens. Selon leur appartenance à une même zone de départ, ceux-ci s'organisent en association afin de mettre en place à la fois un système d'entraide entre eux dans le lieu d'accueil et de réaliser des projets en direction du lieu d'origine. De ce fait dans les localités maliennes, souvent les actions portées par les associations de migrants visent des lieux où l'État central intervient très peu en termes de mise en place des projets de développement. En se substituant à l'État, la mobilisation des migrants consiste à réaliser des infrastructures socio-sanitaires de base (centres de santé communautaire, écoles, adductions d'eau, coopératives…) permettant d'améliorer les conditions de vie des populations locales. Ainsi, les activités associatives des migrants font partie intégrante des systèmes d'acteurs lesquels animent les territoires d'origine/d'accueil. Cela exprime donc leur double appartenance à des lieux interconnectés.

Le dynamisme des associations de migrants maliens a été démontré dans de nombreux travaux. Notamment dans ses travaux sur « Les Associations de Maliens en France », C. Daum démontre : *« l'ampleur du mouvement associatif au sein de la migration sahélienne, pour introduire les transformations sociales induites et véhiculées par ce mouvement »* (1998 : 16). Cependant, il importe de rappeler ici qu'au Mali malgré la dépendance de nombreux villages à des ressources issues des migrations, la reconnaissance officielle des migrants comme des acteurs de développement est relativement récente. Car les relations entre les migrants et l'État central étaient complexes avant l'instauration de la démocratie (1991) dans ce pays. Dans un contexte de gestion centralisée du pouvoir et de liberté associative restreinte, l'État n'a ni soutenu, ni condamné, les projets portés par les migrants. Les rapports entre ceux-ci et le pouvoir central étaient marqués par une forme de défiance.

La démocratisation marque un tournant dans l'histoire des transferts de ressources migratoires vers le Mali dans le sens où elle a progressivement attribué aux migrants, une légitimité d'action dans les politiques publiques. D'une part, la création du Ministère des Maliens de l'Extérieur et de l'Intégration Africaine démontre une volonté étatique d'officialiser la place des migrants dans les stratégies de mobilisation des ressources en direction du pays. Cette structure renommée « Ministère des Maliens de l'Extérieur » en 2004 est un organe étatique cherchant à cadrer les dynamiques migratoires et à orienter les transferts effectués par les migrants. La dimension économique est l'un des objectifs majeurs de ce ministère dans le sens où les politiques cherchent à orienter les migrants vers les investissements productifs.

D'autre part, l'implication des migrants fut renforcée dans la gouvernance locale à travers leur participation au processus de décentralisation territoriale de 1993 à 1999. Dans ce cadre, la création de nouvelles collectivités territoriales a permis d'affirmer l'aspect multidimensionnel des ressources migratoires dans la gouvernance locale. Celles-ci occupent des fonctions sociales, politiques et économiques. De ce point de vue, les associations se sont fortement investies par exemple dans la construction et le fonctionnement des mairies, dans les dialogues entre les populations locales et les élus locaux… afin de soutenir la décentralisation. Selon S. Lima :

> En effet, un nouveau cadre de concertation s'offre aux associations, en rupture avec les tensions qui animaient jusqu'à présent les relations établies entre elles et l'État, notamment via les administrations régionales. Les associations sont désormais dans un espace de négociation différent, dans la mesure où leur engagement qui répondait aux carences de l'État n'est plus d'actualité. Leur position marquée, « contre » l'État, n'est plus pertinente dans la mesure où l'institution communale représente l'État d'un côté et les villages de l'autre. Le « contre » et « à la place de » l'État est appelé à se transformer en « travailler avec » (2010 : 267).

En somme, les transferts effectués par les Maliens de l'extérieur intéressent autant l'État central que les collectivités territoriales. D'une part au niveau national, l'institutionnalisation des flux migratoires représente une stratégie de captation des ressources migratoires. D'autre part, les collectivités territoriales d'accueil et d'origine s'intéressent à la capacité de mobilisation des migrants pour les projets de développement et de promotion de la citoyenneté locale/transnationale. De ce fait, il existe des modes de cofinancement des projets destinés aux lieux d'origine impliquant les associations de migrants ainsi que les collectivités territoriales. L'un de ces modes d'action passe par la participation des associations à la mise en œuvre des projets de coopération décentralisée. Cela est le reflet d'une contribution des migrants aux politiques publiques. Ainsi comment ceux-ci se retrouvent-ils dans une dynamique de coopération avec les institutions locales ?

2. Processus d'articulation des pratiques de coopération décentralisée et de migration

La coopération décentralisée ou l'action extérieure des collectivités territoriales est une coopération de territoire à territoire. Dans ce sens, elle consiste à mettre en relation des collectivités territoriales situées dans différents États en ces termes :

> Phénomène multiforme en permanence réinventé et jouissant – pour l'instant – d'une grande marge d'inventivité, la coopération décentralisée est à la fois une nouvelle manifestation et un bon révélateur de l'évolution des relations internationales. Participant de la logique des politiques publiques locales et de l'idéalisme militant de ceux qui veulent améliorer le monde ou simplement s'ouvrir à lui, la coopération décentralisée rencontre sur sa route toutes les grandes questions internationales – mises à part, sans doute, les questions de défense – qu'il s'agisse de la construction européenne, de la décentralisation et de la démocratisation au sud, du développement, de la question urbaine, des crises humanitaires, de l'immigration, de la croissance

des réseaux ou de la remise en cause des politiques du Fonds monétaire international (FMI) ou de la Banque mondiale (Gallet, 2005 : 62).

Dans le contexte du Mali, l'avènement de cette forme de coopération n'a pas forcément de lien direct avec la mobilisation des associations de migrants en direction du pays d'origine. Dans ce sens, les initiatives de coopération et celles de migration ne s'inscrivent pas dans une même temporalité. Les transferts issus des circulations migratoires sont plus anciens. Les travaux de F. Manchuelle sur :

> Les diasporas des travailleurs soninké (1848 -1960) » ont déjà démontré : « Le rôle émancipateur de la migration de travail pour les classes les plus basses et les groupes subordonnés (les esclaves et les jeunes en Afrique) est également un phénomène répandu. Nous avons également vu que la migration de travail soninké est passée d'un stade de migration saisonnière rurale-rurale à un stade de migration pluriannuelle pour se transformer ensuite en une migration urbaine "à vie" et finalement permanente. Ce schéma historique est commun à toute l'Europe. Il suit l'évolution de l'économie moderne en temps qu'il en résulte » (2004 : 328).

L'ancrage historique du rôle de la migration dans la quête des ressources ainsi que dans la reconfiguration des lieux de vie reste pertinente au Mali (et en général à l'échelle internationale). Quant aux pratiques de coopération décentralisée, celles-ci ont surtout émergé au Mali à partir des années 1980 et 1990. Durant ces périodes, de nombreuses collectivités territoriales en France ont noué des relations de coopération avec leurs homologues du Mali. Cette mise en lien des collectivités territoriales est consécutive à plusieurs événements dont la crise humanitaire au sahel (due à la sécheresse), les ajustements structurels ainsi que les réformes politiques de décentralisation.

En effet, outre les conséquences des cycles de sécheresse, les ajustements structurels imposés par la Banque mondiale ont fortement contribué à dégrader les conditions de vie des populations locales. Dans ce contexte, la mobilisation des acteurs non étatiques (collectivités territoriales, ONG, associations) fut une alternative ayant permis de créer de nouvelles modalités d'intervention dans les territoires locaux. L'émergence de la coopération décentralisée s'inscrit ainsi dans la reconfiguration des modes d'action au niveau local.

En plus, de 1993 à 1999, le Mali s'est engagé dans une politique de décentralisation laquelle a entraîné une réorganisation administrative du pays sur la base des proximités géographiques. Suite à cette décentralisation, les rapports entre l'État et les acteurs locaux ont évolué. La responsabilisation des collectivités territoriales à élaborer leurs propres plans de développement a permis à celles-ci d'obtenir la liberté de s'engager dans la coopération internationale. Il importe ici d'insister sur le fait que la coopération décentralisée représente une marge de manœuvre pour les collectivités territoriales maliennes lesquelles manquent considérablement de ressources pour assumer les compétences qui leur ont été déléguées par l'État. Car le transfert des compétences vers les collectivités territoriales n'a pas été accompagné par une transmission des moyens indispensables à la gouvernance locale. Par conséquent les collectivités maliennes considèrent la coopération comme un moyen d'accéder à des ressources complémentaires pour réaliser des projets de développement local.

Néanmoins, la mise en œuvre des projets de coopération repose sur la mobilisation d'une multiplicité d'acteurs dont parfois les associations de migrants. C'est à partir de la France que la dynamique entre les collectivités territoriales et les associations se construit en direction du pays d'origine. Progressivement, par stratégie de recherche de ressources et de construction de légitimité d'action, il y a eu en France un mécanisme de croisement entre les associations et les collectivités qui ont décidé d'agir collectivement vers les villages ou les communes d'origine des migrants.

Diversité des modalités de croisement

L'implication des migrants dans la coopération est un processus lequel varie selon les contextes territoriaux. Car les modalités de croisement entre les associations de migrants et les collectivités territoriales sont multiformes. Les liens entre ces acteurs résultent d'une stratégie de quête de ressources (financières, humaines…) de part et d'autre. De ce point de vue parfois la mobilisation associative des migrants a attiré l'attention de certains élus locaux en France.

> Les stratégies des migrants en direction des zones de départ évoluent. Si au début des années soixante les migrants agissaient seuls, depuis quelques années ce n'est plus le cas. Ils collaborent avec des organisations non gouvernementales locales ou étrangères et/ou des collectivités territoriales européennes qui agissent dans le cadre de la coopération décentralisée. La mise en réseau de ces différents acteurs aux compétences variées et aux stratégies parfois divergentes signe l'avènement d'un mode nouveau de gestion des ressources naturelles et humaines » (Ba, 2010 : 201).

La plupart des collectivités françaises intervenant au Mali sont situées dans la région Île-de-France. Cette région abrite en effet la majorité des associations de migrants maliens. Cette proximité géographique est un atout ayant souvent favorisé la création des liens de partenariat entre migrants et collectivités territoriales. Ainsi en France dès les années 1980, certaines collectivités territoriales accueillant de fortes communautés maliennes ont pris l'initiative de coopérer avec les associations de migrants[1]. Cette initiative des élus a permis de construire une forme de mobilisation collective entre les acteurs sociaux et politiques en direction du lieu d'origine des migrants. Cela a également contribué à une légitimation de la participation des collectivités territoriales à la coopération internationale laquelle fut longtemps dominée par les États.

En dehors de l'initiative de rapprochement créée par les élus locaux, parfois les associations de migrants cherchent également à s'impliquer dans la coopération en vue de multiplier les formes de transferts des ressources vers le lieu d'origine. Dans ce cas, celles-ci initient des démarches afin de créer des relations de coopération entre leurs lieux d'accueil et d'origine. En quête de ressources, de nombreuses associations de migrants cherchent de plus en plus à accéder à d'autres moyens de financement des projets destinés aux villages, communes d'origine. Car auparavant, la plupart de ces associations étaient habituées à financer ces actions sur la base des seules cotisations recueillies au sein de leurs groupements. Or, face à une régression des cotisations dues au manque de motivation de certains ressortissants, les associations cherchent à créer des relations avec des acteurs institutionnels. En plus de la dimension financière, la participation à la coopération contribue à une institutionnalisation de la mobilisation des migrants en direction du lieu d'origine. Les projets mis en œuvre s'inscrivent dans un cadre formel intégrant à la fois les logiques sociales et politiques des acteurs.

Cependant, il importe de signaler que les collectivités territoriales et les associations de migrants ne cherchent pas à s'engager dans une dynamique commune dans tous les cas. Au moment où certaines associations considèrent la coopération décentralisée comme une occasion complémentaire de mobilisation des ressources vers les lieux d'origine, d'autres groupements de migrants rejettent cette coopération comme mode d'action. Souvent, ces derniers expriment un rejet des normes politiques lesquelles influencent la détermination des domaines et des lieux d'action de la coopération.

---

[1] Néanmoins certaines collectivités territoriales s'intéressant à la mobilisation des migrants n'abritent pas forcément de forte communauté malienne. Du fait de l'éloignement géographique, ces collectivités territoriales ont du mal à localiser les associations de migrants afin d'établir des liens de coopération. Mais il existe parfois des relations de coopération impliquant les associations et les collectivités territoriales qui sont géographiquement éloignées. Ces relations sont souvent occasionnées par l'implication des acteurs intermédiaires dont les agents d'ONG dans la mise en œuvre des projets.

En effet parfois les priorités d'action (choix des lieux, des types de projets) exprimées par les collectivités territoriales ne correspondent pas à celles des migrants. Particulièrement, les zones d'action classées prioritaires par les collectivités territoriales ne correspondent pas souvent aux zones privilégiées des migrants. Ceux-ci priorisent les zones dont ils sont directement originaires. De ce point de vue, la sélection des lieux de mise en place des projets génère parfois des tensions entre les acteurs de la coopération. Il s'agit d'un exercice suscitant des débats intenses entre les collectivités territoriales et les associations de migrants. Car l'enjeu est de pouvoir répondre à la fois aux intérêts communs et singuliers des acteurs.

Également dans le pays d'accueil, certains élus locaux arguent que les projets de coopération doivent être distingués des activités associatives des migrants. Car les collectivités territoriales et les associations de migrants ayant des logiques divergentes, leurs rapports restent complexes. D'où le constat parfois dans un même territoire, d'une coexistence entre les actions menées par les structures de migrants et celles portées par les collectivités territoriales. Dans ce cas, ces acteurs ne cherchent pas à s'inscrire dans une dynamique commune. De ce fait, des projets parallèles peuvent coexister dans un même territoire. Par ailleurs, l'implication des États et des institutions internationales dans la mise en œuvre des projets de coopération démontre l'influence des normes politiques dans le choix des domaines et des lieux d'action. De ce point de vue, le financement des projets de coopération par le dispositif « codéveloppement » amène à réfléchir sur les rapports entre les politiques étatiques de gestion des flux migratoires et les actions de développement initiées par les acteurs locaux.

3. Le dispositif codéveloppement : quels impacts sur la dynamique des acteurs locaux au Mali ?

Le dispositif codéveloppement est lié à la mise en place du programme « Fonds de Solidarité Prioritaire (FSP) codéveloppement Mali » en 2002 en France. D'une part, le programme proposait une somme de 7 000 euros aux migrants acceptant de s'inscrire dans une démarche de retour volontaire au pays d'origine. D'autre part, le FSP proposait également d'appuyer les projets de développement local impliquant les migrants et les collectivités territoriales. En 2009, le dispositif fut récupéré par l'Union Européenne qui se focalise sur le financement des projets de développement local impliquant les associations de migrants. Selon P. Gonin et N. Kotlok :

> Les acteurs du codéveloppement inscrivent leurs actions à différentes échelles. Pour les États du Nord et du Sud, et pour la France, elles sont

> notamment inscrites dans les accords bilatéraux surtout de « réadmission ». Les collectivités territoriales, avec la coopération décentralisée, peuvent imaginer différentes formes de coopération, de même que les ONG engagées dans le soutien à des initiatives d'associations de migrants. Ces trois catégories d'acteurs ne parlent pas le même langage, mais surtout n'ont pas les mêmes objectifs (2009 : 29).

Dans ce contexte, le dispositif codéveloppement propose de financer des projets de coopération à hauteur de 75 % à condition que les migrants soient impliqués dans ces actions. Ceux-ci doivent par conséquent s'engager à prendre en charge 10 % du coût global du projet destiné à leur lieu d'origine. Cet engagement des migrants est une condition impérative pour l'éligibilité du projet.

La mise en place de ce dispositif a permis de réaliser des projets de développement local dans certaines régions du Mali. Ces projets sont surtout nombreux dans la région de Kayes dont les ressortissants sont majoritaires en France par rapport à d'autres régions maliennes. Ainsi, le dispositif contribue à orienter les projets de coopération en direction des lieux dont les ressortissants se trouvent en Europe par rapport à des lieux n'ayant pas d'associations de ressortissants sur ce même continent. Or dans les localités, il est observable que la priorité réservée aux lieux de départ des migrants contribue à créer des inégalités en termes d'accès aux projets de développement entre les territoires. Des villages ou des communes ayant des groupements de ressortissants installés à l'étranger ne sont pas forcément les plus pauvres par rapport à d'autres lieux qui ne peuvent compter que sur les interventions ponctuelles de l'État, des ONG. En outre, la considération accordée aux lieux d'origine des migrants par rapport à d'autres lieux qui sont moins concernés par le phénomène migratoire engendre une accumulation des ressources dans certains territoires attirant à la fois les associations de migrants, les collectivités territoriales, les ONG et organisations internationales.

Conclusion

La territorialité se révèle centrale dans la dynamique des associations de migrants et des collectivités territoriales. Ces acteurs dont les interventions se focalisent sur le niveau local s'affirment également dans la construction d'un système d'action transnational.

> En premier lieu, le caractère transnational de l'action collective se définit par la présence de militants ou de groupes appartenant à plus d'un État. C'est donc le caractère interétatique ou multiétatique des coalitions qui est mis de l'avant, sans que les liens entre États et appartenances nationales ne

soient précisés. Deuxièmement, la cible des actions doit être internationale ou multinationale pour revêtir un caractère transnational. Finalement, la cible doit s'apparenter à une institution (étatique ou non étatique) » (Dufour, Goyer, 2009 : 114).

Dans le cadre de la coopération décentralisée, les projets mis en œuvre impliquent à la fois les acteurs des pays d'accueil et d'origine. Ainsi, la coopération décentralisée laquelle se détermine comme une coopération de territoire à territoire se caractérise par la diversité de ses acteurs ayant parfois des intérêts divergents. Cela renvoie au croisement dans cette forme de coopération, des acteurs orientés par des logiques sociales et des acteurs politiques. Il s'agit d'un processus de reconfiguration des modalités de mise en place des projets de développement. Car les associations de migrants, les collectivités territoriales agissant habituellement de manière parallèle, décident de se mettre en réseau. Malgré les tensions qui peuvent surgir dans ce réseau (du fait de la divergence des logiques d'action), les acteurs renforcent leur capacité d'action en multipliant leurs stratégies d'accéder à des ressources diverses. La mobilisation collective des acteurs sociaux et politiques est devenue une modalité d'action permettant la mise en place des projets de développement dans ces lieux. Au final, l'interdépendance des acteurs est une donnée indissociable de la mobilisation des acteurs s'intéressant au développement local.

Références bibliographiques

- Aldhuy Julien, « Au-delà du territoire, la territorialité ? », Geodoc, 2008, pp. 35-42.
- Ba Abdoul Hameth, « Reconstitution territoriale et codéveloppement », *Hommes et migrations*, n° 1286-1287, 2010, p. 200-211
- Commission Nationale de la Coopération décentralisée, *Guide de la coopération décentralisée : échanges et partenariats internationaux des collectivités territoriales, la documentation française*, Paris, 2006, 171 p.
- Commission Nationale de la Coopération décentralisée, *Vade-mecum : coopération décentralisée et intercommunalités*, Paris, 2004, 85 p.
- Coulibaly Hawa, Lafay Marina, « La coopération décentralisée franco-malienne : une coopération multiforme », n° 3 des *Cahiers de la coopération décentralisée*, CUF, pp. 24-35, septembre 2012.
- Dantonel-Cor Nadine, *Droit des collectivités territoriales*, Paris, Bréal, 2007.
- Daum Christophe, *Les associations maliennes en France : migration, développement et citoyenneté*, Paris, Karthala, 1998.
- Daum Christophe, « Le codéveloppement, grandeur et décadence d'une aspiration généreuse », in *Revue internationale et stratégique*, n° 68, 2007, pp. 49-59.
- D'Aquino Patrick, *Débat. Le local, le territoire et la planification ascendante, l'espace géographique*, 2002/1, tome 31, pp. 37-48.

- Dia Hamidou, Les villages multi-situés sénégalais dans la nouvelle configuration migratoire mondiale, *Hommes et migrations*, Paris 2010, pp. 234-244.
- Di Méo Guy, *Géographie sociale et territoires*, Nathan Université, 1998, 320 p.
- Dufour Pascale et Goyer Renaud, « Analyse de la transnationalisation de l'action collective : proposition pour une géographie des solidarités transnationales », in *Sociologie et sociétés*, vol. 41, n° 2, 2009, pp. 111-134.
- Gallet Bertrand, « Les enjeux de la coopération décentralisée », in *Revue internationale et stratégique* 2005/1 (n° 57), pp. 61-70.
- Gildas Simon, *La planète migratoire dans la mondialisation*, Paris, Armand Colin, 2008, p. 255.
- Gonin Patrick, Kotlok Nathalie, « Penser autrement un développement partagé », in *Plein droit* 2009/4 (n° 83), pp. 26-29.
- Lima Stéphanie, *Découpage entre espace et territoire : la fin des limites ? La fabrique des* territoires communaux dans la région de Kayes (Mali), sous la direction de Patrick Gonin, décembre 2003, 532 p.
- Lima Stéphanie, « Territorialités en mouvement », in *Hommes et migrations*, 2010, pp. 258-267.
- Manchuelle François, *Les diasporas des travailleurs Soninké 1848-1960 : migrants volontaires*, Paris, Karthala, 2004, 348 p.
- Pinson Gilles, « Le maire et ses partenaires : du schéma centre-périphérie à la gouvernance multi-niveaux », in *Pouvoirs*, 2014/1 n° 148, pp. 95-111.
- Vanier Martin, *Le pouvoir des territoires : essai sur l'intercommunalité*, Paris, Economica, 2010, 158 p.

Chapitre XIV

Les réformes institutionnelles de la diplomatie culturelle française et leurs conséquences sur l'immigration subsaharienne en France dans la décennie 1990

Belmond Nicaise Mpegna

La France a redéfini à la fin de la guerre froide sa politique culturelle extérieure, afin de pouvoir adapter les anciennes structures de la coopération aux enjeux et défis nouveaux nés de la dislocation de l'URSS et du triomphe anglo-saxon. Ces réformes, essentiellement institutionnelles, vont permettre de renforcer la diplomatie culturelle française dans le monde en général et en Afrique francophone en particulier. Cette diplomatie culturelle a eu des conséquences multiples, tant sur le plan positif que négatif. L'objectif de cette étude est de questionner les conséquences de ces réformes sur l'immigration africaine en Afrique. Nous partons d'un postulat simple : outre les causes classiques du déplacement des populations que sont les guerres et autres crises politiques, la misère et la pauvreté, l'accroissement de l'immigration africaine en France dans la décennie 90 trouve aussi son explication dans la diplomatie culturelle française en Afrique francophone au cours de la décennie 90. À travers une double approche à la fois chronologique et analytique des faits historiques, nous sommes arrivés aux résultats suivants : les restructurations de la diplomatie culturelle française au cours de la décennie 90 vont aboutir à l'intensification de la coopération culturelle franco-africaine, et par conséquent, à la mobilité des populations africaines, soit dans le cadre des études, des arts, des mariages mixes ou encore tout simplement de manière clandestine.

Mots clés : coopération culturelle, France, diplomatie, Afrique francophone, acculturation, immigration.

Introduction

Nous définissons la diplomatie culturelle comme l'étude des relations culturelles internationales sous le prisme des institutions officielles d'un pays.[1] Il s'agit plus précisément de voir comment un état intègre sa culture comme instrument diplomatique ; la diplomatie se définissant elle-même comme la conduite des relations internationales par l'entremise des officiels d'un pays, de ses représentants officiels. La diplomatie culturelle reste donc, comme l'affirme François Roche[2], le premier angle d'étude des relations culturelles internationales. La France reste depuis 1960, date des indépendances de la majorité des pays francophones, le premier partenaire des pays africains en matière de coopération culturelle. Elle a en effet signé avec l'ensemble des pays francophones des conventions de coopérations culturelles dans les années 1960. Ces conventions de coopération culturelle touchent divers aspects de la coopération tels que l'Assistance technique, l'éducation, l'enseignement supérieur, la recherche scientifique, l'information et surtout les activités culturelles, représentant en somme les trois quarts du volume de la coopération française avec les pays africains et constituant du même coup la base juridique de sa diplomatie culturelle avec les pays d'Afrique francophone. Cependant au cours de la décennie 70, cette place de partenaire privilégié fut remise en cause par les pays d'Afrique francophone, conduisant à une révision ou « normalisation » des relations culturelles franco-africaines. Cette normalisation entraine une distanciation progressive de nombreux pays africains francophones vis-à-vis de la France.

À partir de 1990, les changements de la conjoncture internationale, marqués notamment par la chute du mur de Berlin, l'éclatement de l'URSS et la fin de la guerre froide placent le monde dans un contexte de mondialisation. Devant ces changements internationaux qui laissent le champ libre aux Anglo-américains, la France décide de ne pas se laisser faire et de relancer sa coopération culturelle internationale, tant dans le bloc de l'Est laissé libre par l'Union Soviétique mais aussi dans les anciennes colonies africaines chahutées en ce début de décennie par des troubles politiques qui risquent de voir arriver au pouvoir des régimes pro-américains. Pour cela, la France choisit de moderniser et mettre en place de nouvelles institutions de coopération culturelle pour répondre aux défis imposés par les offensives culturelles anglo-saxonnes. Cette mise en place de nouvelles institutions culturelles et la modernisation de celles qui existaient déjà, ont fortement impulsé la dynamique de coopération culturelle entre la France et les pays africains. Cet article a deux objectifs : identifier et faire savoir les principales réformes institutionnelles de la diplomatie culturelle

---

[1] M. Gerbault Loïc, « La diplomatie culturelle française : La culture face à de nouveaux enjeux ? », mémoire de recherche présenté à l'EIP de Toulouse, 2008, p. 8.

[2] Alain Dubosclard & als, *Contributions à l'histoire de la diplomatie culturelle*, Paris, Presses de la Sorbonne, 2002, p. 197.

française et surtout montrer l'impact qu'elle a eu dans l'immigration des Africains subsahariens francophones en France durant cette décennie ; car en effet, exceptés les immigrés maghrébins (Algérie, Tunisie, Maroc) non concernés par cette étude, de même que l'immigration ouest africaine (Mali et Sénégal en l'occurrence), l'immigration des autres pays d'Afrique subsaharienne en France reste très récente, située par l'INSEE lors de son dernier recensement de 1999 comme « nouvelle ». Cet article a l'intérêt de sortir les sujets d'études des rapports franco-africains des sentiers battus de la « Françafrique », de même que des explications classiques des migrations que sont les guerres et la pauvreté.

1. Les réformes institutionnelles de la diplomatie culturelle française des années 1990

Ces réformes concernent à la fois les services centraux du Ministère des Affaires étrangères, mais aussi la création de nouvelles structures extérieures de coopération culturelles, avec un statut spécial réservé aux pays africains. Mais avant de voir ces principales réformes, il s'avère nécessaire, pour mieux mesurer les enjeux, d'évoquer brièvement les raisons de ces réformes.

Les enjeux des réformes institutionnelles de la diplomatie culturelle française des années 1990

Pour mieux comprendre l'action et le dynamisme culturel français qui s'observe sur le terrain durant la décennie 90 en Afrique, il est indispensable de remonter en amont, et observer la réorganisation institutionnelle qui touche les structures autrefois chargées de cette politique culturelle. Les raisons de cette réorganisation sont évidentes : d'abord l'évolution du contexte international symbolisé par la fin de la guerre froide et le triomphe du modèle anglo-saxon, qui entraîne de nouveaux challenges en matière de politique culturelle extérieure et par conséquent la nécessité de réadapter les anciennes structures aux nouveaux enjeux culturels imposées par la mondialisation.

La politique culturelle extérieure de la France a toujours varié en fonction des conjonctures internationales et nationales. Avec la fin de la guerre froide, de nouveaux champs d'influences culturelles s'ouvrent, notamment en Europe de l'Est, laissée libre par la longue et étouffante tutelle de l'URSS. La France n'entend pas laisser le monopole aux Anglo-saxons et espère étendre son influence culturelle dans cette partie du monde. Les enjeux politiques et économiques ne sont plus à démontrer. Il en est de même pour l'Asie du Sud-Est, région du monde autrefois sous influence culturelle française[3].

Avec le dégel du communisme, à la fin des années 1980, la France entend revenir dans cette région. Un rapport de 1993 dresse l'état des lieux de l'influence culturelle française au Vietnam, Laos et Cambodge et montre qu'une évolution se fait sentir, notamment sur le plan de l'audio-visuel[4].

En dehors de ces nouveaux champs d'expansion culturelle qui s'ouvrent à la France, il y a bien évidemment l'Afrique francophone où les États-Unis entendent, sans trop d'efforts, étendre leur influence[5]. Au regard de tous ces nouveaux enjeux, la France va reformer son dispositif de la coopération culturelle. Ces reformes se font en deux étapes : d'abord la réforme Levitte[6] en 1994 et la fusion du ministère des Affaires étrangères et de la coopération en 1998, puis la création des services de coopération et d'actions culturelles chargés de coordonner à l'échelle locale les politiques de coopération en général et en matière culturelle en particulier en Afrique.

Les réformes au sein du Ministère des Affaires étrangères

– La réforme Levitte

Le but de la réforme était de restructurer et mieux organiser les institutions qui intervenaient dans la politique culturelle extérieure de la France. L'objectif étant de rendre la machine moins coûteuse et plus performante. Même si cette réforme n'a pas eu en apparence une incidence directe sur la politique culturelle internationale de la France en elle-même, elle a permis de regrouper toutes les institutions au niveau central, à partir d'un appareil institutionnel rénové. En effet, au niveau central, au sein du ministère des Affaires étrangères, il y a une réforme de la Direction générale des relations culturelles, composée de trois sous directions : celles de la coopération scientifique et technique, de la coopération culturelle et linguistique et celle de l'audiovisuel extérieur. Ceci s'accompagne de la recherche des partenaires locaux, autres que le réseau traditionnel constitué

---

[3] La France colonisa l'Indochine, mais à la suite d'une longue guerre qui vit la victoire des troupes de Hô Chi Min à Dien Bien Phu en 1954, l'Indochine bascula dans le communisme. La longue guerre menée par les États-Unis au Vietnam dans les années 1970 ne réussit pas à renverser les régimes communistes dans cette région du monde.

[4] Rapport n° 1274 rédigé par Michel Pericard, député des Yvelines entre avril et décembre1993, au nom de la commission des affaires culturelles, familiales et sociales.

[5] Lire *supra* sur l'influence grandissante des États-Unis au Cameroun.

[6] Jean David Levitte, directeur général des Affaires culturelles en 1994.

des centres culturels et des alliances françaises. Il s'agit des associations partenaires telles que l'AFAA (Association française d'action artistique) et plus tard, AFRICREA (Afrique en création), une association à vocation culturelle qui aura des incidences sur la coopération culturelle française dans le secteur artistique en Afrique.

Cette réforme crée un rapprochement et une plus grande synergie des réseaux culturels français à l'étranger, qui avaient tendance à être en compétition. Il est demandé à ces structures de fabriquer et proposer des offres culturelles en adéquation avec les besoins locaux. Deux nouveaux instruments voient le jour : Le CCCL (Centre de coopération culturel et linguistique, de même que les CCC (Centres culturels et linguistiques). L'autre grand bouleversement concerne la fusion du ministère des Affaires étrangères et du ministère de la Coopération en 1998.

– La fusion du ministère des Affaires étrangères et du ministère de la Coopération

Cette fusion déterminante est une petite révolution dans la politique extérieure de la France car elle replace la culture au cœur même du système du ministère des Affaires étrangères. Comme l'affirmait Hubert Védrine, à l'époque ministre des Affaires étrangères en ces termes :

> La culture est au cœur de l'action du ministère des Affaires étrangères. (…) Je considère que si le centre de la politique étrangère est diplomatique, politique et stratégique, ses dimensions économiques et culturelles sont également déterminantes. Cela forme un tout.[7]

Cette phrase permet d'éclairer sur le rôle incontournable que prendra le ministère des Affaires étrangères sur la politique culturelle extérieure dans le monde entier. Autrefois, la coopération avec l'Afrique était la chasse gardée du ministère de la Coopération, structure ministérielle considérée à juste titre comme étant un avatar de l'époque coloniale[8]. Tous les établissements culturels œuvrant en Afrique étaient alors placés sous la tutelle du ministère de la Coopération.

---

[7] Entretien accordé à Beaux-arts magazine, 25 août 1999, cité in *politique culturelle internationale,* Alain Lombard, Paris, Maison des cultures du monde, 2003.

[8] Le ministère de la Coopération succéda au ministère des Colonies aux lendemains des indépendances africaines en 1960. Il avait la compétence des affaires africaines. Il fut intégré en 1963 au ministère des Affaires étrangères, puis est redevenu un ministère autonome sous le gouvernement Chirac en 1974. Sa fusion définitive avec le ministère des Affaires étrangères s'opéra le 1er janvier 1999.

Avec cette fusion, l'action culturelle extérieure de la France est du ressort exclusif du ministère des Affaires étrangères. Le socle de la nouvelle organisation est constitué par la toute nouvelle Direction générale de la coopération et du développement (DGCID), qui remplace l'ancienne direction générale des affaires culturelles. Le mot « culturel » disparaît certes, mais cela, n'a aucune incidence néfaste sur la politique culturelle extérieure de la France. C'est même le contraire qui se passera.

– Une place de choix à l'Afrique francophone

La fusion du ministère des Affaires étrangères avec celui de la coopération a pour conséquence, le rattachement de trente établissements culturels relevant de la coopération avec la nouvelle structure centrale du MAE en charge de politique culturelle extérieure, la DGCID à partir du 1er janvier 1999. Ce réseau africain doit donc suivre l'ensemble des directives données par le ministère des Affaires étrangères en matière culturel[9].

Une zone de solidarité prioritaire (ZSP[10]) de la politique culturelle française est mise en place, notamment pour les pays sous-développés, avec un fond de solidarité prioritaire (FSP), finançant les actions culturelles dans ces zones. Ces missions reviennent donc à l'Association française d'action artistique (AFAA), principale partenaire du ministère des Affaires étrangères, qui intègre « Afrique en création » (AFRICREA), principale partenaire de l'ancien ministère de la Coopération pour le développement culturel et artistique en Afrique. À partir de là, l'on peut avoir une meilleure visibilité sur les acteurs et les actions qui seront menées dans le secteur culturel en Afrique. Une autre structure importante issue de cette restructuration entre le ministère des Affaires étrangères et celui de la Coopération sur laquelle nous souhaitons revenir est la Direction générale de la coopération internationale et du développement (DGCID).

– La création de la Direction Générale de la Coopération Internationale et du Développement (DGCID)

La DGCID est donc depuis le 1er décembre 1999, le « bras armé » de la politique culturelle extérieure du ministère des Affaires étrangères. Cette direction, de loin la plus importante du MAE, gère la quasi-totalité des actions liées à la politique culturelle extérieure de la France et exerce une

[9] M.-C., Kessler, « La politique culturelle extérieure de la France… », *op. cit.*, p. 117.

[10] La Zone de solidarité prioritaire (ZSP), est une politique d'action culturelle extérieure, qui fusionne les coopérations africaines d'avec les coopérations internationales, en réservant un champ préférentiel et prioritaire au pré carré africain, l'Afrique francophone.

tutelle sur tous les opérateurs travaillant dans ce domaine, et détient également des compétences élargies en matière de coopération scientifique et technique. Direction la plus importante du ministère tant en terme budgétaire (près de 2,2 milliards d'euros au titre du projet de loi de finances pour 2005 soit pratiquement 50 % du budget du ministère) qu'en termes de personnels (elle compte près de 600 agents sur Paris et en gère dix fois plus à travers le monde), la DGCID se compose de quatre directions verticales (direction de la coopération culturelle et du français, direction de l'audiovisuel extérieur et des techniques de communication, direction de la coopération scientifique, universitaire et de la recherche et direction du développement et de la coopération technique) et de deux services transversaux (le service de la coordination géographique et le service de la stratégie, des moyens et de l'évaluation)[11]. – Promouvoir la pensée française (favoriser l'usage du français dans le monde, appuyer le multilinguisme en Europe, contribuer au développement culturel, faire entendre la voix de la France dans le débat mondial des idées, diffuser la création contemporaine française, poursuivre la modernisation de son réseau d'établissements culturels et scolaires, développer les échanges de jeunes). Au total le ministère des Affaires étrangères, à travers sa Direction générale de la coopération internationale et du développement (DGCID), devient l'unique patron de la politique culturelle extérieure de la France.

Après avoir vu les réformes qui touchent les administrations centrales en matière de politique culturelle extérieure de la France, quelles sont les nouvelles structures locales en charge d'appliquer sur le terrain africain les nouvelles dispositions de cette politique culturelle extérieure ? Les structures chargées de mettre en application cette politique culturelle associée à la coopération française en général, sur le plan local en Afrique s'appellent les services de coopération et d'actions culturelles (SCAC), et les centres culturels et Alliances françaises.

Les structures locales chargées de mettre en application la nouvelle diplomatie culturelle

Outre ces restructurations au sein du ministère des affaires étrangères et de la coopération, une réorganisation des structures locales en Afrique est mise en place. Ce sont elles qui ont pour mission d'opérationnaliser la nouvelle politique culturelle extérieure de la France

[11] Rapport d'information n° 91 (2004-2005) de Louis Duvernois, rapporteur de la commission des affaires culturelles, déposé le 1 décembre 2004, in Sénat.fr. De nombreuses informations sont issues de ce rapport déposé au sénat et ouvert au public via le lien sus cité.

– Les Services français de coopération et d'actions culturelles (SCAC)

Intégré au sein des ambassades françaises en Afrique, ces services ont pour objectifs de rendre opérationnelle cette politique culturelle extérieure. Dans un rapport[12] du Sénateur Louis Duvernois[13], l'on peut lire ceci :

> Comme pouvait le laisser présager la disparition du terme « culture » dans l'intitulé de la direction générale, la DGCID considère que le développement culturel est indissociable des actions générales d'appui au développement des 54 pays intégrés dans la Zone de Solidarité Prioritaire (ZSP). On peut regretter ce choix tant devraient être animées de philosophies différentes – et par conséquent pourvues d'outils spécialisés – l'aide au développement, d'une part, et la diffusion de notre culture à l'étranger, d'autre part[14].

Cet extrait nous montre que la mise en place de la politique culturelle extérieure de la France en Afrique, à travers une feuille de route dite « Zone de solidarité prioritaire », est inhérente à tout le reste de la politique de coopération. Les services de coopération et d'actions culturelles (SCAC) des ambassades de France en Afrique sont les nouveaux instruments de la mise en œuvre sur le terrain de la coopération française en Afrique. Ses missions essentielles sont : l'assistance technique, la gestion des projets du fond de solidarité prioritaire (FSP), l'enseignement supérieur, la recherche, les bourses et stages, le secteur culturel. Elle mène toute la conduite de la politique culturelle extérieure de la France dans ces pays. Pour leurs actions dans les secteurs culturels, les Services de coopération et d'actions culturelles ont eu les moyens humains de leur politique : un conseiller culturel, des attachés culturels, des assistants techniques, des centres culturels, et des Alliances françaises implantées localement, de même que des financements tirés des programmes FSP[15].

– Les centres culturels français et le réseau des Alliances françaises

En une décennie, les centres culturels français en Afrique francophone sont devenus des carrefours incontournables de la culture. Ces centres

[12] Rapport d'information n° 91 (2004-2005) de M. Louis Duvernois, fait au nom de la commission des affaires culturelles, déposé le 1 décembre 2004, *op. cit.*

[13] Louis Duvernois est Sénateur des français à l'étranger depuis 2001.

[14] Rapport d'information n° 91, *op. cit.*

[15] *Équinoxe 2000* : revue annuelle de la coopération française au Cameroun, *op. cit.*, p. 32.

culturels ont des missions quasi identiques : la diffusion de la culture française dans tous les secteurs et le soutien à la vie artistique locale, par la diffusion et la circulation des œuvres et par une aide logistique[16], de même que par des conseils à la création et la formation artistique. Les Alliances françaises quant à elles sont des associations de droit local, subventionnées par la France, administrées par des comités locaux et animées par des directeurs français. Les Alliances françaises sont des lieux de rencontres et d'échanges dont l'ambition est de soutenir la vie culturelle et artistique de leur région d'implantation.

Elles ont pour mission de contribuer au développement de la culture locale en contribuant à une meilleure connaissance mutuelle entre la France et l'Afrique par un développement des échanges culturels et linguistiques, la promotion de la lecture (bibliothèques) ; le développement des activités culturelles (expositions, théâtres, musique, danse, cinéma, ateliers de pratiques artistiques et littéraires) ; et associer davantage les jeunes à la vie culturelle. Ces Alliances sont généralement implantées dans des zones où les centres culturels n'existent pas. La question qu'on se pose est de savoir quelles conséquences peut-on relever de cette nouvelle politique de coopération culturelle depuis 1990, notamment en matière d'exode migratoire des Africains vers la France ?

2. Les conséquences des réformes sur l'immigration des Africains subsahariens en France

Si l'on se réfère au dernier recensement de la population de l'INSEE en 1999, la part des immigrés issus de l'Afrique subsaharienne en France est passée de 4,2 % en 1982 à près de 10 % en 1999[17]. Cette immigration d'Afrique subsaharienne est décrite comme étant récente, et qu'elle a connu un essor dans les décennies 90. Il existe, à bien y voir, des liens étroits avec la politique culturelle extérieure de France en Afrique subsaharienne durant cette décennie. Les principales causes des déplacements des populations sont généralement : les catastrophes naturelles, les guerres et la pauvreté. Dans le cadre de nos recherches, nous sommes arrivés au constat selon lequel, la coopération culturelle française très active durant cette décennie, a encouragé, ou du moins, a eu des incidences sur la décision de nombreux Africains subsahariens de prendre le chemin de l'exil. Nous classons cette immigration dans deux registres : l'immigration officielle (Étudiants,

---

[16] Prêt ou location de matériel et de locaux, mise à la disposition des techniciens.

[17] L'Institut national de la statistique et des études économiques de France (INSEE), recensement de la population, 1999.

mariage, regroupement familial) et l'immigration clandestine. L'une ou l'autre a connu son essor par le biais de la coopération culturelle.

L'immigration officielle

– Le cas des étudiants africains

En dehors des axes majeurs de la politique française de coopération culturelle en Afrique que sont : l'assistance technique, le fond de solidarité prioritaire, l'agence française de développement, les prêts d'ajustement structurels, l'octroi des bourses et des stages ont été en cette décennie 90 l'une des actions de la coopération culturelle française constituant une cause du départ définitif de nombreux Africains vers l'Europe. Ce point de la politique française de coopération culturelle, loin d'être une action philanthropique, car il a contribué aussi à dépouiller l'Afrique de ses matières grises, avait pour but d'installer en Afrique une élite francophone capable de perpétuer le lien culturel, linguistique et historique avec la France, face à l'hyperpuissance américaine en cette décennie, de même que les velléités chinoises d'implantation dans ce pré carré africain francophone. Les crédits alloués aux bourses et stages ont permis à des étudiants africains d'immigrer définitivement en France. Les organismes de financements furent essentiellement : le ministère des Affaires étrangères, le ministère de la Culture, les bourses de l'Agence Universitaire de la Francophonie (AUF), les bourses à la mobilité du ministère de l'Enseignement supérieur.

Avec la création d'EduFrance en 1998, la France avait décidé de se doter d'un organisme de promotion de l'enseignement supérieur à l'étranger. Troisième pays en matière d'accueil des étudiants étrangers à la fin des années 2000 avec plus de 260 000 étudiants sur son territoire, la France, grâce à son réseau diplomatique, le troisième au monde, comptait ainsi préserver son rang de leader en matière d'enseignement supérieur. Les raisons se trouvent en partie dans cet extrait de la conférence de presse de Claude Allègre lors de la création de l'agence EduFrance en 1998 :

> Il y avait nécessité pour la France d'entrer agressivement dans le marché de l'éducation pour en retirer des avantages économiques directs, l'Agence devait « vendre notre offre de formation supérieure » et, dans le même temps, elle devait aider à « gagner la bataille du XXIe siècle de la matière grise » en favorisant la venue des élites « solvables » des grands pays émergents. On souhaitait s'adresser directement à une population étudiante internationale individuelle et consumériste qu'il fallait séduire, notamment par l'organisation de salons professionnels. Dans le même temps, on développait par volontarisme politique l'idée d'une capacité d'influence (*soft power*) dont l'Agence devait être l'instrument. Il y avait d'ailleurs urgence

puisque la croissance annuelle d'étudiants étrangers en France était négative depuis 1994. Enfin, il était demandé de mettre en place une « stratégie de co-développement spécifique à l'Afrique » pour des formations professionnelles[18].

Mais il est évident que le séjour pour études des étrangers en France a été souvent transformé à des fins migratoires, avec d'ailleurs le soutien des autorités françaises. Malgré la création d'une autorisation provisoire de séjour (APS)[19] en 2006, les étudiants étrangers à la fin de leurs études s'installent pour la majorité en France pour avoir une première expérience professionnelle. Selon une étude[20] réalisée par le point de contact français du Réseau européen des migrations (REM), 40 % des étudiants s'installeraient en France à la fin de leurs études, 10 % par le biais du changement de statut « salarié » et 30 % par regroupement familial, conséquence des unions ou des liens établis sur le territoire français. Ce pourcentage pourrait atteindre les 60 % pour l'Afrique subsaharienne. Au regard de cette situation, une circulaire du 31 mai 2011 relative à l'immigration professionnelle du ministère de l'Intérieur est venu durcir les conditions d'installation des étudiants étrangers en fin d'études.

Qu'à cela ne tienne, le taux des étudiants étrangers en France est passé de 160 000 environ en 1990 à 284 000, représentant 12 % des étudiants français. L'Afrique subsaharienne et le Maghreb constituent à 42 % le contingent des étudiants étrangers en France[21]. Mais l'immigration des étudiants africains n'est pas la seule à mettre au crédit de l'action culturelle française en Afrique subsaharienne en cette décennie 90. Il y a aussi les artistes africains.

– L'immigration des artistes africains

Cette immigration, souvent méconnue, a été la première et la plus significative durant les années 1980-1990. Elle a été favorisée par les réformes de jack Lang au ministère de la Culture. Entre autres actions et réformes Lang, on peut trouver, la volonté de faire de la France, la capitale mondiale

[18] Conférence de presse de Claude Allègre alors ministre de l'Éducation nationale du gouvernement Jospin le 6 novembre 1998, cité par André Siganos in « D'EduFrance à Campus France », intervention lors du colloque sur l'action culturelle de la France dans le monde, Sciences Po Paris, 29 janvier 2008.

[19] Loi du 24 juillet 2006 visant à limiter l'installation des étudiants étrangers à la fin de leurs études.

[20] Étude réalisée par le point de contact français du Réseau européen des migrations (REM) du ministère de l'Intérieur sur les étudiants étrangers en France, septembre 2012.

[21] *Ibid.*

de la culture, comme on peut lire sur le site du ministère de la Culture à propos de l'action de Jack Lang en faveur de la culture à l'international :

> De grands artistes étrangers sont systématiquement accueillis à Paris, y compris pour y diriger des institutions telles que l'Odéon, l'Orchestre de Paris, l'Opéra de Paris. Il ne s'agit plus seulement de faire rayonner la culture nationale à l'étranger comme le tente le ministère des Affaires étrangères de chaque pays, mais d'accueillir avec éclat et efficacité toutes les cultures du monde à Paris et en province. Les crédits de « l'action internationale » sont également multipliés par cent par rapport à un début très faible. Une « Maison de la Culture des mondes » est créée. La musique et le cinéma africains sont professionnalisés et internationalisés à partir de Paris. Un fond audiovisuel international est créé[22].

Avec la redéfinition de l'ensemble de la politique culturelle extérieure de la France en cette décennie 90, les pays d'Afrique francophone obtiennent le statut de Zone de Solidarité Prioritaire (ZSP), c'est-à-dire qu'ils constituent la priorité de la politique culturelle extérieure de la France. Dans le cadre de son action culturelle en faveur des artistes africains, il leur sera facilité l'obtention des visas afin de venir développer leurs talents artistiques en France. Entre les années 1980 et 1990, on observa l'exode des artistes d'Afrique francophone. Le secteur de la musique fut le plus visible. On peut aisément situer entre ces deux décennies l'immigration définitive de nombreuses vedettes de la musique africaine. Si on prend l'exemple d'un pays francophone subsaharien comme le Cameroun, la décennie 80 est celle de l'internationalisation de sa musique, grâce notamment au rôle des précurseurs tels Manu Dibango dans les années 1970, dont le titre *Soul Makossa* fut repris par le Chanteur Michael Jackson en 1982. En 1979, avec la création du célèbre groupe *Kassav,* considéré comme fondateur du rythme *zouk,* issu d'un mélange de plusieurs rythmes antillais et africains parmi lesquels *le Makossa,* rythme traditionnel camerounais, deux Africains, Douglas Mbida et Guy Nsangue, font alors partie de l'aventure. À partir de cette époque, les chanteurs africains s'établissent tous en France, pour préparer leurs tubes, en collaborant avec d'autres grosses pointures de la musique africaine. Puis, il eut la création du prix Maracas d'or, récompensant les meilleurs artistes afro caribéens de l'époque. Paris est alors devenu la vitrine de la musique de l'Afrique subsaharienne. C'est de là que

[22] Ministère de la Cuture de France, « Histoire du ministre Jack Lang ». URL : http://www.culturecommunication.gouv.fr/Ministere/Histoire-du-ministere/Les-ministres/Jack-Lang

naissaient tous les grands tubes africains ; toutes les tendances musicales, artistiques et culturelles prenaient leur essor en France.

Avec la Création en 1991 du programme Afrique Caraïbes en Créations, la volonté de Jack Lang de faire de la France et Paris plus encore la plaque tournante de la culture africaine va s'accélérer. L'objectif était alors de favoriser l'immigration des artistes africains à travers d'autres programmes qui existent encore, à l'instar du programme Visas pour la création de l'Institut français. Afrique et Caraïbes en création avait alors comme missions de favoriser le départ de nombreux artistes africains pour la France, en leur permettant d'avoir accès à des structures de production et de promotions plus professionnelles. Ce projet a certes permis l'éclosion de nouveaux talents, mais il a aussi contribué à augmenter indéniablement le nombre d'immigrés d'Afrique subsaharienne Francophone en France en cette décennie 90.

Les mariages mixtes

Grâce à l'apparition d'internet et des sites de rencontres, les années 1990 ont vu apparaître un nouveau phénomène en Afrique : les mariages mixtes 2.0 avec des Occidentaux. Il s'agissait en grande majorité des jeunes femmes africaines, qui épousaient via des réseaux internet, des hommes français. Cette situation, qui fut un vrai phénomène de société en Afrique, est au cœur de notre réflexion sur l'accroissement de l'immigration africaine en France. Avant les années 1990, la médiatisation de la France restait très faible dans les pays d'Afrique subsaharienne. La principale immigration africaine en France restait celle des Maghrébins, qui représentaient en 1999, 34 % de la population totale immigrée en France. Mais les nouveaux outils de communication vont mettre en relation des femmes d'Afrique subsaharienne et des hommes européens, français pour la grande majorité. En quoi la coopération culturelle française y est-elle responsable ?

La redéfinition de la politique culturelle extérieure de la France a vu naître de nouveaux objectifs et de nouveaux outils comme nous l'avons montré supra : La diffusion de la langue et de la culture française à travers plusieurs supports institutionnels ; parmi lesquels l'audiovisuel et les médias. La présence audiovisuelle française et francophone est un enjeu majeur de la politique culturelle française en Afrique, comme nous l'avons montré dans notre partie consacrée à la redéfinition de cette nouvelle politique et les nouvelles structures créées. Commencée au début des années 1970, elle a pris de l'ampleur avec la fin de la bipolarisation du monde et l'influence grandissante des États-Unis dans le monde.

Avec la création d'un conseil audiovisuel extérieur par le ministre Alain Decaux[23] en 1989, la création d'une direction de l'audiovisuel extérieur au ministère des Affaires étrangères à partir de 1994, la succession des plans quinquennaux définissant la stratégie audiovisuelle de la France (1994,1999), la France entend marquer le monde de sa présence audiovisuelle. En dehors de cette réorganisation structurelle, on note également un effort considérable des crédits alloués au budget de l'audiovisuel extérieur. En 1994, son budget s'élevait à 982 millions de FF ; il passera à 1.387 millions de FF en 1999. Le but principal étant de concurrencer autant que possible des chaînes américaines telles que CNN. Les trois instruments audiovisuels sont : radio France internationale (RFI), TV5, et Canal France Internationale (CFI).

En Afrique subsaharienne, les effets ne se font pas attendre. Avec le vent de démocratisations, la libéralisation de la vie politique et donc de l'audiovisuel dans la décennie 90, la présence audiovisuelle française se renforce. Le groupe *Vivendi* (via Canalsat) détient encore aujourd'hui l'exclusivité de la commercialisation de la télévision par satellite. 90 % des chaînes diffusées et proposées aux Africains francophones par satellite sont françaises ou francophones. Cette situation va contribuer à exposer au quotidien la France aux Africains, comme un mirage à atteindre. Par le biais donc de la médiatisation, phénomène sans doute inévitable dans cette décennie de la mondialisation, il y aura un rapprochement entre les deux cultures et des mariages, très nombreux en cette décennie, viendront augmenter la part de l'immigration africaine subsaharienne en France. Ici aussi, les chiffres du recensement de 1999, font apparaître une balance en faveur des femmes africaines, plus nombreuses que les hommes à immigrer officiellement en Europe.

L'immigration clandestine

Selon une étude du Centre Populations et Développement[24] de l'Université Paris Descartes, les Africains subsahariens étaient estimés à 570 000 environ en 2004, se référant au recensement de 1999 et des chiffres du ministère de l'Intérieur. Mais à ce chiffre, il fallait ajouter ceux en situation irrégulière, probablement plus nombreux. Notre réflexion ne peut donc ignorer cette catégorie d'immigrés, sans doute les plus concernés d'ailleurs ici, malgré l'absence exacte de données statistiques. Quel lien faire avec la politique française de coopération culturelle en Afrique noire ? Il est

---

[23] Ministre délégué auprès du ministre des Affaires étrangères, en charge de la Francophonie de 1988 à 1991, sous le deuxième gouvernement de Michel Rocard.
[24] UMR 196- Paris Descartes- IRD.

à peu près le même que celui que nous avons fait à partir des mariages mixtes : l'aliénation culturelle, l'acculturation, la médiatisation de la vie en France par la présence audiovisuelle, la diffusion du français et de la culture française au détriment des cultures locales, la dévalorisation sans cesse des modèles africains. Cette volonté de donner une image de marque de la France, combinée certes à d'autres facteurs politiques et économiques, explique en profondeur l'attrait que représentent la France et l'accroissement de l'immigration des Africains subsahariens francophones en France durant les années 1990. On peut lire dans ces lignes de Marie-Christine Kessler, les limites et les effets pervers que cette politique culturelle peut revêtir :

Les limites de cette politique apparaissent clairement :

> Elles s'inscrivent dans une continuité psychologique et idéologique, celle de la francophonie. Il n'y a pas de nouvelles dimensions ouvertes, de perspectives d'avenir originales clairement dessinées. Une politique publique est conditionnée par des représentations, par des valeurs qui correspondent à la vision que les acteurs ont de leur environnement et des nécessités auxquelles ils estiment devoir répondre. (...). On observe dans les préoccupations des dirigeants politiques et administratifs du corps diplomatique (français), une volonté d'inclure la culture dans la politique étrangère comme élément de présence, de puissance et rayonnement de la France à l'étranger[25].

Cette remarque de l'auteur est judicieuse et édifiante sur les effets négatifs de l'action culturelle française en Afrique en général et sur l'exode des Africains vers l'Europe et en particulier la France, concernée par cette étude. En effet, la première critique qu'on pourrait faire est celle liée à une volonté de domination. Initiée depuis l'époque coloniale par le biais de l'assimilation, la politique culturelle française en Afrique revêt un caractère d'affirmation de puissance, d'influence. La France utilise sa culture pour s'affirmer, pour s'imposer. Bien plus, il y a des dangers liés à l'acculturation même, à l'aliénation culturelle des Africains, qui ont souffert pendant l'époque coloniale, d'une politique coloniale qui faisait de l'assimilation, le fer de lance de l'impérialisme français en Afrique. Les dangers aujourd'hui résident dans la négation et la dévalorisation de soi, de l'identité culturelle africaine et de l'admiration des modèles extérieurs, français notamment.

La France dans sa volonté de répandre sa culture en Afrique pour des raisons économiques et géopolitiques, a mis l'accent sur le développement de sa culture et de son image de marque. Cette diplomatie de la culture n'a pas laissé de place aux modèles culturels endogènes et n'a pas valorisé les

---

[25] M.-C., Kessler, *op. cit.*, p. 112.

œuvres culturelles endogènes. Ce qui aurait sans doute permis d'accroire un sentiment de fierté culturelle et de non-détestation de soi par les Africains. En effet, l'écho de la puissance des médias français est réel en Afrique. Les sujets furent toujours les mêmes durant ces premières années de la libération audiovisuelle : des images d'un occident riche et prospère et d'une France magnifique, avec ses musées et monuments, à contrario des reportages sur une Afrique triste, pauvre, sale et malade. Ayant elle-même lancé un combat en faveur de l'exception culturelle au regard de la puissance médiatique anglo-américaine qui ravageait tout sur son passage tel un ouragan en ces débuts de la mondialisation et de la libre circulation des biens et des idées, la France n'a sans doute pas pris conscience du retour de bâton de sa politique culturelle des années 1990 en Afrique.

Si on compare avec les décennies précédentes depuis les indépendances des pays africains autrefois sous influence coloniale française en 1960, les années 1960-1970, pourtant très instables politiquement en Afrique subsaharienne, n'ont pas généré un exode massif des Africains en France. C'est dire qu'outre les crises politiques et économiques, il serait judicieux de trouver d'autres explications, afin de comprendre globalement ce phénomène. L'accélération de l'immigration clandestine trouve aussi son explication dans cette diplomatie de la culture.

Conclusion

En définitive, notre objectif dans cette étude était de ressortir les principales réformes institutionnelles de la diplomatie culturelle française au début des années 1990, et montrer leur impact sur l'immigration des Africains subsahariens francophones durant cette époque. Après avoir montré les enjeux de la redéfinition de la politique culturelle extérieure de la France à cette époque, nous avons en effet dit que ces réformes institutionnelles de la politique culturelle extérieure de la France lui ont permis de relancer et moderniser ses outils de coopération culturelle dans le monde et en Afrique en particulier. Ces réformes structurelles furent : la reforme Levitte de 1994, la fusion du ministère des Affaires étrangères et de la Coopération en 1998, la création de la puissante Direction générale de la coopération internationale et du développement (DGCID) et enfin, la création des services de coopération et d'action culturelle (SCAC) sensés mettre en application la politique de coopération culturelle à l'échelle locale. Mais cette politique culturelle a eu une grande influence sur l'immigration des populations africaines subsahariennes en France pendant les années 1990. Considérée comme nouvelle et située par le dernier recensement de la population, notamment celui de 1999 autour des années 1980-1990, l'immigration africaine subsaharienne a augmenté de 4 %

entre 1990 et le début des années 2000, passant de 9 % à 13 % environ, pour l'immigration officielle. Mais l'immigration clandestine, parfois plus importante, difficilement quantifiable, est aussi concernée par cette politique culturelle extérieure de la France. À travers sa politique d'accueil des étudiants et des artistes africains, la coopération culturelle française a contribué directement à l'augmentation du nombre d'immigrés africains subsahariens en France. À travers sa politique culturelle agressive en Afrique francophone par la diffusion de la langue, de la culture française et de la promotion des modèles de vies occidentaux via l'audiovisuel français omniprésent et en totale position dominante, la diplomatie culturelle française a contribué indirectement via le phénomène des mariages « internet » et de l'immigration clandestine, à l'accroissement de l'immigration africaine en France et en Europe en général. La prise en compte de telles études pourrait permettre de recentrer cette politique culturelle extérieure de la France, en tenant compte de ces nouveaux enjeux, et de la nécessité d'un réel dialogue culturel, tenant compte des réalités culturelles locales, en valorisant les efforts de développements endogènes.

Références bibliographiques

- Dubosclard, A., et all : *Entre rayonnement et réciprocité : contributions à l'histoire de la diplomatie culturelle,* Paris, Publications de la Sorbonne, 2002.
- Ligot, M., *Les accords de coopération entre la France et les nouveaux États africains et malgaches d'expression française,* Paris, La documentation française, 1964.
- Ndam Njoya, A., *Le Cameroun dans les relations internationales,* Paris, PUF, 1976.
- De Lusignan, G., *L'Afrique noire depuis les indépendances (évolution des États francophones,* Paris, Fayard, 1970.
- Feuer, G., *Les accords culturels passés par la France avec les nouveaux États d'Afrique noire* ; Paris, Imprimerie Jean-Louis, 1964.
- Penne, G., Villepin, X., et Brisepierre P., « L'Afrique centrale, un nouveau départ, l'exemple du Cameroun et du Congo », *Rapport du sénat* n° 376, commission des Affaires étrangères, de la défense et des forces armées, Paris, 1997, 1998.
- Roche, F., (sous la direction), *La culture dans les relations internationales,* Rome, École française de Rome, 2002. *La culture dans l'espace international,* Paris, L'Harmattan, 2002.
- Crubellier, M., Histoire culturelle de la France, Paris, Armand Colin, 1974, 454 pages.
- Cointet, M., *Histoire culturelle de la France de 1918 à 1959,* Paris, SEDES, 1959.

- Rioux et Sirinelli, J.F., *Histoire culturelle de la France,* Paris, Seuil, 2005, coll. « points : histoire », 4 vol.
- Lombard, A., *La politique culturelle internationale,* Paris, PUF, 2003.
- Atangana Zang, A.M., « Les relations socio culturelles franco-camerounaises », *Mémoire de troisième cycle,* Yaoundé, IRIC, 1975.
- Baboke, O., *La question de la restitution des biens culturels dans les relations internationales,* Yaoundé, IRIC, 2000.
- Billy Eko, J., « Culture as an instrument of foreign policy : the example of France", Yaoundé, IRIC, 1990, *Mémoire de maîtrise en relations internationales*.
- Essama, J., « Approche critique des relations France – Cameroun », *Thèse de doctorat d'État en science politique,* Paris, Sorbonne, 1994.
- Kaya, G., « Problèmes de la culture et des valeurs dans le monde contemporain ; action de l'UNESCO », *Rapport de stage diplomatique,* Yaoundé, IRIC, 1994.

Chapitre XV

De l'ingouvernabilité des migrations

Emmanuel Noël Babissagana

L'Europe est aujourd'hui confrontée à sa pire « crise migratoire » depuis la fin de la Seconde Guerre mondiale ; une crise qui fait peser une menace existentielle sur l'espace Schengen. La menace de l'envahissement, voire de l'invasion organisée, semble plus que jamais prise au sérieux, et plus seulement par les partis d'extrême droite. Des années d'inflation législative et réglementaire, de directives et partenariats anti-migratoires tous azimuts, de criminalisation sans cesse croissante des migrations, de militarisation des frontières terrestres et maritimes, etc., sont visiblement loin d'avoir endigué la dynamique migratoire en direction de l'Europe. Cet échec global des politiques migratoires européennes fait l'objet de plusieurs diagnostics différents et contrastés. Loin de prétendre trancher entre ces différentes lectures, la question que l'on examine dans ce texte, aussi étonnante qu'elle puisse a priori paraître, est de savoir si les migrations, comme telles, et plus encore celles de notre temps, peuvent faire l'objet d'une politique régulatrice. Sont-elles à proprement parler gouvernables, si l'on retient du concept de gouvernement ou de gouvernance l'idée d'organisation, de gestion ou encore de prévision ? Les lignes qui suivent, prémisses d'une réflexion plus étendue sur le sujet, entendent répondre par la négative à cette question, en montrant que le concept de migration, bien compris et explicité, laisse apparaître l'évidence d'une contradiction dans les termes inhérente à l'expression « politique migratoire », au sens où l'un exclut l'autre, et vice versa.

Introduction

Depuis la fin du siècle dernier, la plupart des pays développés, et particulièrement ceux de l'Union européenne (ci-après l'Europe), semblent s'enliser dans une psychose anti-migratoire dont l'issue paraît aujourd'hui aussi incertaine qu'inquiétante. Hormis les catastrophes naturelles (inondations, tremblements de terre, tsunami, etc.) qui causent des déplacements forcés, et les effets pervers du réchauffement climatiques (sécheresse, famine, pauvreté, déplacements massifs des populations, etc.), l'on trouve à l'origine de cette psychose trois principales causes. La première, les politiques d'ajustement structurel imposées aux pays en difficulté économique par les Institutions de Bretton Woods. Dès les années 1980, elles ont systématiquement démantelé les politiques sociales des pays du Sud, imposant au passage des privatisations massives et un dégraissage tous azimuts des effectifs. Les nouvelles tables de la loi néolibérale s'accommodaient en effet mal du keynésianisme qui avait jusque-là préservé la cohésion sociale. Les conséquences n'ont dès lors pas tardé à se faire sentir. Des millions d'êtres humains ont basculé dans la précarité et la pauvreté. Faute de perspectives sur place, ceux qui le pouvaient ont ainsi massivement emprunté les routes migratoires en quête de mieux-être ou simplement de survie, en direction de territoires plus prospères dont notamment l'Europe. D'où l'interminable série de drames dits de l'immigration que nous connaissons jusqu'à ce jour, avec tant de vies et de destins brisés au fond de la méditerranée, et sur les nombreuses routes migratoires.

La deuxième principale origine de la psychose qui semble gagner l'Europe aujourd'hui est à mettre au titre de l'ordre économique et politique mondial, dominé par le néolibéralisme et les rapports de force. Incapables de subventionner leurs économies autant que les pays du Nord, les pays de Sud ne peuvent faire face à l'impitoyable concurrence qu'impose le dogme néolibéral de la libre concurrence. À cela s'ajoute notamment la dégradation des termes de l'échange entre le Nord et le Sud, les premiers imposant des prix trop bas sur les matières premières produites ou extraites chez les seconds. Au plan politique, bon nombre des pays du Sud demeurent sous influence des pays du Nord, notamment en Afrique où continue de sévir, majoritairement, une forme de néocolonisation, avec à la tête des États d'inamovibles dirigeants illégitimes à la solde d'intérêts étrangers. Toute perspective d'émergence économique et politique pour ces pays se trouve par conséquent entravée du fait de la pauvreté endémique et de la paupérisation galopante qui en résultent. Majoritairement composés de jeunes de moins de 25 ans, parfois à jusqu'à 60-70 %, ces pays voient donc fatalement leurs forces les plus vives se lancer massivement dans l'aventure migratoire, en direction des pôles de prospérité les plus accessibles, en Afrique d'abord et majoritairement, puis en Occident notamment.

Quant à la troisième origine de la psychose anti-migratoire qui affecte l'Europe, elle tient aux conséquences de la multiplication des conflits armées post-guerre froide, dont les guerres menées tous azimuts contre le terrorisme, pour raisons humanitaires, à titre préventif, ou encore pour des raisons inavouables de stratégie ou de prédation. Rien que pour l'année 2015, ces conflits armés ont provoqué quelque 40 millions de déplacés, dont là aussi une bonne partie en direction de l'Union européenne, notamment en provenance d'Irak et de Syrie. Cette accélération des mouvements migratoires est en outre facilitée par le développement des transports, des moyens de communication et de l'industrie des passeurs paradoxalement alimentée par des législations migratoires toujours plus restrictives.

Aussi l'Europe est-elle aujourd'hui confrontée à sa pire crise migratoire depuis la fin de la Seconde Guerre mondiale ; une crise qui fait peser une menace existentielle sur l'espace Schengen, au regard du rétablissement tous azimuts des contrôles aux frontières et des murs entre ses États membres. La menace de l'envahissement, voire de l'invasion organisée, semble plus que jamais prise au sérieux, et plus seulement par les partis d'extrême droite. Des années d'inflation législative et réglementaire, de directives et partenariats anti-migratoires tous azimuts, de criminalisation sans cesse croissante des migrations, de militarisation des frontières terrestres et maritimes, etc., sont visiblement loin d'avoir endigué la dynamique migratoire en direction de l'Europe. Entre agendas nationaux concurrents, solidarité déficiente, déni de réalité, solutions partielles, superficielles, conjoncturelles ou à court terme, rigidité économique et politique, manœuvres dilatoires, opinions publiques de plus en plus sensibles aux discours xénophobes, etc., les capitales européennes n'en finissent pas de se déchirer autour des mesures à adopter pour rendre enfin cohérente(s) et efficace(s) leur(s) politique(s) migratoire(s), de manière à la (les) hisser à la hauteur des énormes défis que posent les migrations actuelles.

Cet échec global de la politique migratoire européenne donne lieu à des diagnostics différents et contrastés ; les uns la trouvant trop laxiste ou pas assez rigoureuse, d'autres la jugeant par contre déjà trop restrictive et à bien des égards contraires aux principes et règles du droit international des droits de l'homme et du droit international humanitaire. Loin de prétendre trancher entre ces deux tendances, qui dessinent par ailleurs une des multiples lignes de fracture de l'Europe sur le sujet, la question que l'on se propose d'examiner ici, aussi étonnante qu'elle puisse a priori paraître, est de savoir si les migrations, comme telles, et plus encore celles de notre temps, peuvent faire l'objet d'une politique régulatrice ou d'une régulation politique. Sont-elles à proprement parler gouvernables, si l'on retient du concept de gouvernement ou de gouvernance l'idée d'organisation, de gestion ou encore de prévision ?

Les lignes qui suivent, prémisses d'une réflexion plus étendue sur le sujet, entendent répondre par la négative à cette question. Il s'agira principalement de montrer que le concept de migration, bien compris et explicité, laisse apparaître l'évidence d'une contradiction dans les termes inhérente à l'expression « politique migratoire », au sens où l'un exclut l'autre, et vice versa. Pour ce faire, l'on procédera successivement à l'analyse terminologique, puis sémantique, épistémologique et phénoménologique de la migration, afin de cerner de manière pertinente l'extension et la compréhension actuelles de son concept. Il sera alors loisible, en fin de compte, et d'en tirer les conclusions visées.

Préliminaires

À force d'évocation dans les médias, les termes « migration et immigration » nous sont aujourd'hui devenus relativement familiers. Mais la familiarité avec un terme, pas plus que son usage régulier, ne sauraient se confondre avec l'articulation de son sens, ou l'élaboration de son concept. Bien au contraire, comme l'a notamment montré Saint Augustin, les termes les plus usuels sont généralement les plus difficiles à définir. Ainsi à la question de savoir ce qu'était le temps, il répondait, « Si personne ne me pose la question, je le sais ; si quelqu'un pose la question et que je veuille expliquer, je ne sais plus. »[1].

Peut-être la familiarité avec ces expressions courantes nous prive-t-elle de la distance minimale nécessaire au travail de conceptualisation. Ce que met donc ainsi en lumière Saint Augustin, est que face au travail d'élaboration conceptuel, nos connaissances ou certitudes relatives à la notion du temps se révèlent *in fine* être le fruit d'une relative ignorance de sa complexité. Il en est de même du terme « migration » dont l'extrême complexité se révèle, nous allons le voir, à travers la mise en exergue des différents écueils qui rendent plus que laborieuse l'élaboration de son concept.

1. L'analyse terminologique

La racine « *migrare* » commune aux termes « migration » et « immigration » évoque l'idée de déplacement dans l'espace, de changement de lieu ou de résidence. Cette première détermination fondamentale reste toutefois très générale et trop vague pour spécifier comme telle la migration. En outre, il n'existe pas au plan international une définition universellement

---

[1] Saint Augustin, *Confessions,* XI, 14, 17. En outre, si l'on veut authentiquement honorer la réflexion de Saint Augustin sur le temps, on ne saurait faire l'impasse sur les questions spirituelles qui l'ont habitée et orientée. Merleau-Ponty, pour qui « la notion du temps n'est pas un objet de notre savoir, mais une dimension de notre être », l'a si bien perçu. (Merleau-Ponty, Maurice, *Phénoménologie de la perception,* Paris, Gallimard, 1949, p. 475 sv., La temporalité.). En sorte que lorsque l'on traite du temps chez Augustin, il faudrait pouvoir élargir la question au sens même de l'existence, ce qui rend l'énigme du temps encore plus profonde.

acceptée du terme « migrant »[2], d'où on pourrait déduire une définition équivalente de la migration. Selon l'Organisation internationale pour les Migrations toutefois, le terme « migration » désigne le « Déplacement d'une personne ou d'un groupe de personnes, soit entre pays, soit dans un pays entre deux lieux situés sur son territoire. La notion de migration englobe tous les types de mouvements de population impliquant un changement du lieu de résidence habituelle, quelles que soient leur cause, leur composition, leur durée, incluant ainsi notamment les mouvements des travailleurs, des réfugiés, des personnes déplacées ou déracinées » (OIM).

Une définition aussi englobante, on en conviendra, est à l'évidence pratiquement inopérante. Car à vouloir désigner ou regrouper sous un même vocable des réalités et des statuts aussi différents que le déplacement, l'exil, l'expatriation, la transplantation, l'implantation, l'exode, la fuite, l'immigration, etc., on finit par ne rien désigner en particulier. Ainsi le terme migration finit-il par se diluer ou se perdre derrière la pluralité des réalités qu'il est censé recouvrer. Ce qui laisse toute ouverte la question du ou des critères spécifiques permettant de distinguer le migrant de l'immigrant, de l'immigré, de l'expatrié, du déplacé, de l'exilé, du déserteur, du fugitif, du réfugié, etc. Deuxième difficulté, le changement de résidence ou le déplacement d'un lieu à un autre est différemment apprécié et qualifié, selon que l'on se situe du point de vue du lieu de départ ou d'arrivée d'une part, et d'autre part selon qu'il se déploie du Nord au Sud et inversement. Qu'est-ce à-dire ?

D'abord une remarque préalable. Pour les utilisateurs du vocabulaire migratoire en effet, le fait de quitter un lieu pour s'installer dans un autre constitue, du point de vue du lieu de départ, une émigration ; tandis que du point de vue du lieu d'arrivée ou d'accueil, ce même phénomène constitue une immigration. Il en résulte que la migration est un processus qui se décline indissociablement sous les deux aspects de l'émigration et de l'immigration. Bien qu'il ne soit pas certain que l'émigration pose moins de problèmes que l'immigration, force est de constater que c'est ce deuxième moment de la migration qui fait le plus l'objet de réflexions et de débats. Aussi les lignes qui suivent renverront-elles davantage, sauf indication contraire, à l'immigration, comme moment critique de la migration.

---

[2] Selon l'Organisation Internationale pour les Migrations (www.oim.int) le terme *migrant* « s'applique habituellement lorsque la décision d'émigrer est prise librement par l'individu concerné, pour des raisons de convenance personnelle et sans intervention d'un facteur contraignant externe. Ce terme s'applique donc aux personnes se déplaçant vers un autre pays ou une autre région aux fins d'améliorer leurs conditions matérielles et sociales, leurs perspectives d'avenir ou celles de leur famille ».

D'autre part et dans le même ordre d'idées, lorsqu'une personne en provenance du Sud (un sudiste ci-après) s'installe au Nord, elle est généralement qualifiée d'immigré ; tandis qu'inversement lorsqu'une personne en provenance du Nord (nordiste ci-après) s'installe au Sud, elle est généralement désignée par d'autres termes ou qualificatifs : expatrié, coopérant, belge, français… ou encore étranger, etc. Il en résulte qu'au Sud, les termes « migrant » et « immigré » sont relativement étrangers à ceux que l'on désigne comme tels au Nord. Ce sont des attributs qu'ils découvrent pour ainsi dire à la troisième personne ; ils ne se désignent pas eux-mêmes comme tels. En effet, le sudiste qui décide de s'installer au Nord ne dit en général pas qu'il va migrer ou immigrer. Son vocabulaire est tout autre, « je voyage », « je vais bouger », « je vais traverser (la mer) », « je vais me chercher ailleurs », « je vais tenter ma chance », « je vais sortir (du pays) », etc. Pour lui et pour l'opinion sudiste en général, les mots « migration » et « immigration » ne sont donc pas *a priori* d'application locale, ils sont en réalité des termes exogènes ou exotiques, d'importation ou d'imposition. Et à y regarder de près, l'on s'apercevra que cette différence terminologique en cache une autre, bien plus profonde et plus significative, au plan sémantique. On verra que décidemment, « Quand les gens descendent du nord au sud ce n'est pas du tout la même chose que quand ils montent du sud vers le nord »[3].

2. L'analyse sémantique

Il est en effet significatif de remarquer que même pour les citoyens du Nord, les termes « immigré » ou « migrant » ne s'appliquent pas à toutes les personnes qui changent de résidence, d'un lieu ou d'un pays à un autre. Ils désignent plutôt généralement des personnes en situation de précarité, appartenant à des classes sociales inférieures, qui quittent leur pays à la recherche de meilleures conditions de vie. Et quant aux personnes de classes sociales plus aisées, qui pour une raison quelconque changent de lieu ou de pays de résidence, elles sont généralement désignées soit par leur nationalité, soit par leur fonction, leur titre, leur origine, etc. En sorte que les termes « immigré » ou « migrant » d'une part, expatrié, coopérant, etc., d'autre part, abriteraient plus qu'une simple différence terminologique relative à la même réalité. Ces termes, nous semble-t-il, désignent des réalités différentes et véhiculent des idées distinctes. Il existe entre eux une

---

[3] Angélique Ionatos, chanteuse grecque, cité par Marie-Claire Caloz-Tschopp, « Un même monde ou deux mondes dont un monde à part ? À propos de lieux et de mobilité des populations », *in Vers Un ailleurs prometteur… l'émigration, une réponse universelle à une situation de crise ?*, Paris, PUF, 1993, p. 121.

différence de fond, plutôt conceptuelle ou sémantique. Ainsi le concept de « migration » et tous les termes apparentés, sous leur apparence purement descriptive, se révèlent-ils être des concepts plus normatifs que descriptifs.

Cela paraît encore plus évident si l'on se réfère à l'histoire contemporaine des phénomènes migratoires, tel que le fait notamment Abdelmalek Sayad, en mettant en lumière le fait que l'immigration s'inscrit dans la relation de dominant/dominé, qu'elle est surdéterminée voire totalement constituée par cette relation de domination[4]. Elle est le paradigme de l'univers domestique qui a ici pour homologue l'univers national, avec ses hiérarchies, ses rôles et ses places préalablement assignés ou dévolus aux uns et autres, etc. En sorte que sous les apparences de description phénoménologique ou de simple désignation, le concept de migration recouvre finalement une catégorisation sociale bien déterminée. Il se dévoile comme un concept qui classe les êtres humains ou suppose leur classification sociale ou globale, un concept généralement d'usage chez une classe en direction d'une autre, et en ce sens un véritable « concept de classe ».

Mais la norme ou la catégorisation sociale que ce concept met en exergue est toutefois loin de faire l'unanimité, en raison de son caractère discriminatoire, ce qui ne facilite pas davantage l'effort d'explicitation et d'objectivation de son contenu. En outre, selon qu'on appartient à la classe des dominés ou à celle des dominants, le contenu et l'orientation du concept diffèrent en principe. Le dominé ou ici le migrant mettra davantage l'accent sur des éléments tels que l'arrachement à la terre natale, le dépaysement, la souffrance, les causes et les difficultés du choix de partir, etc.[5] Tandis que le dominant aura généralement tendance, dans le meilleur des cas, à être indifférent à ces éléments soit par ignorance soit par mépris. Seront en principe davantage mis en exergue les changements et les problèmes sociaux, les difficultés ou les avantages économiques, culturels, politiques, etc., qui résultent du fait de l'immigration. L'accent sera donc majoritairement voire exclusivement mis sur la dimension problématique

---

[4] Abdelmalek Sayad, *L'immigration, ou les paradoxes de l'altérité,* Bruxelles, De Boeck-Wesmael, s.a., 1991, p. 66.

[5] L'immigration, notre expérience en témoigne parmi tant d'autres, est en effet une aventure ambigüe ou ambivalente, où se mêlent tout à la fois la joie, l'espoir de partir vers des cieux qui nous apparaissent comme étant meilleurs, mais aussi la souffrance de la séparation d'avec ses proches, de l'arrachement à sa terre natale. C'est certainement fort d'une expérience similaire qu'A. Sayad peut affirmer « qu'on n'émigre pas (i.e. on ne se coupe pas de son univers social, économique, culturel, coutumier) et on n'immigre pas (i.e. on ne s'agrège pas, même marginalement et très superficiellement à un autre système social) impunément (i.e. sans conséquence)... » (*Ibid.*, p. 70).

de l'immigration, en sorte que le concept qui en résultera présentera davantage l'immigration comme un problème (pour la société d'accueil) que comme un arrachement ou une perte (pour le migrant et la société de départ). Comme le dit en effet Jesse Hiraoka, « La manière dont on conçoit la migration détermine la limite et la portée des explications. »[6]. Voilà qui nous amène à la troisième principale difficulté, qui relève pour ainsi dire du positionnement épistémologique face à l'immigration.

3. L'analyse épistémologique

La troisième remarque est corrélative à la précédente, dont elle dégage en quelque sorte l'une des conséquences majeures, au plan épistémologique. En effet le déplacement du Sud vers le Nord, on vient de le voir, fait l'objet, de la part du sudiste, d'un vocabulaire positif, révélateur d'ambition et porteur d'espoirs : « se chercher », « tenter sa chance », etc. À l'inverse, la même réalité a au Nord une connotation variable, tantôt positive, tantôt négative, en fonction des circonstances, de la conjoncture. Lorsque celle-ci est favorable, on en vante plutôt l'immigration, ses bienfaits, son utilité, on se félicite de ses propres valeurs d'ouverture, de sa civilisation, etc.

Mais lorsque la conjoncture devient défavorable, le terme « immigration » semble tout à coup désigner une autre réalité, un problème. La question de l'immigration, de sa conceptualisation, de ses perspectives, de sa maîtrise, etc., ne se pose alors vraiment que lorsque l'immigration pose problème[7]. Dans ces circonstances, tout est mis en œuvre pour justifier auprès de l'opinion les mesures restrictives et les traitements infligés à l'immigré. Ainsi l'immigration est-elle par exemple évoquée toujours en rapport avec un problème : immigration et emploi, immigration et chômage, immigration et sécurité, terrorisme, logement, scolarisation, intégration, natalité, formation, démographie, protection sociale, délinquance, crise, etc.

Avec le temps, même la vieillesse des immigrés commence à faire partie des problèmes de l'immigration, des stratégies utilisées pour l'ériger ou la constituer comme problème en soi, en anomalie dans l'imaginaire collectif. Ainsi voit-on que l'immigration est préalablement constituée ou plutôt

---

[6] « Émigration et bipolarité : l'espace divergent » (pp. 47-52), in *Vers un ailleurs prometteur…*, *op. cit.*, p. 47.

[7] La formule est de Pierre Bourdieu, qui affirme que la société d'accueil ne se pose le problème des « immigrés » que pour autant que les immigrés lui « posent des problèmes » (*L'immigration ou les paradoxes de l'altérité*, *op. cit.*, préface, p. 9).

imposée comme problème social, avant d'être objet des sciences sociales[8]. Elle n'acquiert d'intérêt scientifique que quand elle devient problématique. Aussi sa conceptualisation se trouve-t-elle en quelque sorte piégée, potentiellement viciée par le contexte de son déploiement. Au point de vue épistémologique, la « science de l'immigré ou du migrant » qui en découle, cette science du « pauvre », n'est-t-elle pas finalement, comme se le demande A. Sayad, une « pauvre » science, une science qui n'a ni la maîtrise de son objet (il est constitué en dehors d'elle), ni celle de son fonctionnement (celui-ci dépend à chaque fois d'une problématique imposée de l'extérieur), ni même celle de sa visée[9] (elle aussi dépend à chaque fois de la problématique imposée en amont et aboutit d'une manière ou d'une autre à la légitimation scientifique du discours officiel) ? Le problème épistémologique majeur qui en résulte est donc bien celui de faire preuve, dans le procès de conceptualisation et d'analyse du phénomène migratoire, de ce que Lucien Goldman nomme « le maximum d'objectivité subjectivement possible »[10]. En d'autres termes, la question posée est celle de l'authenticité et partant de l'universalité de la « science de l'immigré », de la conceptualisation de l'immigration, dans un contexte où celle-ci tend à être présentée comme problème en soi[11].

Sous-jacent à ce problème d'objectivité scientifique, se pose celui de la neutralité éthique. Est-il en effet possible, dans un contexte social marqué par la *bouc-émissairisation* de l'immigré, de traiter de l'objet « immigration » en toute rigueur scientifique, sans être influencé par les considérations morales y afférentes, et notamment par l'institutionnalisation sociopolitique de son anormalité ? Mais peut-être est-ce la question même qui manque de sens, car elle revient à demander si l'on peut traiter en toute neutralité d'un phénomène d'emblée présenté, constitué et imposé comme anomalie. Toute la difficulté pour la suite consiste donc à revenir de l'anomalie au phénomène, pour en abstraire le concept.

4. L'analyse phénoménologique

Appréhender l'immigration dans sa pureté phénoménologique pose de multiples problèmes relatifs au sujet, comme nous venons de le voir ; mais l'objet « immigration » lui-même n'est pas en reste, car il est pour ainsi dire

---

[8]A. Sayad, *L'immigration ou les paradoxes de l'altérité, ibid.*, pp. 62-63.

[9]A. Sayad, *L'immigration ou les paradoxes de l'altérité, op. cit.*, pp. 20-23.

[10]Propos prêtés à L. Goldman par Mohammed Fouad Ammor, « Rapport de synthèse » (pp. 223-231), in *La migration clandestine, enjeux et perspectives, Actes du colloque organisé par l'Association Marocaine d'Études et de Recherche sur les Migrations*, Rabat, 29-30 avril 1999, p. 228.

[11]A. Sayad., *op. cit.*, p. 63.

habité par une ambiguïté intrinsèque, qui n'est pas moins problématique. Qu'est-ce à dire ?

L'une des caractéristiques fondamentales du phénomène de l'immigration, est qu'il tend généralement à se dissimuler à lui-même sa propre vérité. Tiraillé entre le droit qui le présente comme provisoire et le fait qui l'établit comme durable, le phénomène de l'immigration semble voué à une contradiction interne : on ne sait en effet pas s'il s'agit d'un état provisoire qu'on se plaît à prolonger, ou s'il s'agit plutôt d'un état durable qu'on préfère cependant vivre avec la conviction qu'il est provisoire. Oscillant entre ces deux représentations contradictoires qu'elle s'ingénie à contredire, tout se passe alors comme si l'immigration avait besoin, pour se perpétuer, de s'ignorer (ou de le feindre) et d'être ignorée comme provisoire et, en même temps, de ne pas s'avouer comme « transplantation » définitive. Cette contradiction constitutive de la condition même de l'immigré conduit à entretenir l'illusion collective d'une situation ou d'un état qui n'est ni provisoire ni permanent. Et si toutes les parties concernées par l'immigration finissent par s'accorder sur cette illusion, c'est sans doute parce qu'elle permet à chacun de s'accommoder des contradictions propres à sa situation, et ce sans avoir le sentiment d'enfreindre les catégories habituelles par lesquelles on pense et on constitue les immigrés, ou encore par lesquelles ils se pensent et se constituent eux-mêmes[12].

Tant que la conjoncture économique est favorable, tout concourt donc à faire partager cette illusion collective, qui est la base même de l'immigration. Celle-ci est alors présentée comme utile, nécessaire à l'économie, à la démographie, etc., au point que l'on finit, et l'immigré en premier, par être persuadé de la permanence de l'immigration. Mais lorsque se dégrade le contexte économique, la série de dissimulations et d'illusions dont se nourrissait l'immigration tombent soudainement en désuétude, elles ne sont plus de mise. Resurgit alors la définition classique de l'immigré comme travailleur provisoire et de l'immigration comme séjour littéralement provisoire. Tout est dès lors mis en œuvre pour que la réalité (l'immigration) corresponde à la définition conjoncturelle qu'on en donne. Dans cette oscillation entre le permanent et le provisoire, c'est le fait même de l'immigration qui se dérobe à l'appréhension, qui se soustrait à une perception claire et distincte ; et c'est l'essence de l'immigration qui se dissimule, résiste à l'analyse et se réduit à sa dimension instrumentale. C'est enfin une conception purement économiste ou utilitariste qui tend à se substituer au concept même de l'immigration, à en épuiser les significations pourtant multiples et irréductibles, tant en raison de la complexité croissante

[12] A. Sayad, *op. cit.*, pp. 51-52.

du phénomène que de la variété des disciplines qui aujourd'hui ont pour objet légitime l'immigration.

Complexité du phénomène et diversité des approches

Le phénomène migratoire, les lignes qui précèdent le montrent déjà assez, est loin d'être d'accès et de compréhension aisés, lorsqu'on s'y intéresse de plus près. Et cette complexité est sans cesse grandissante, sous l'effet combiné de la globalisation qui accentue la mobilité des hommes, des effets néfastes du néolibéralisme, et des législations de plus en plus restrictives y afférentes. L'immigration est donc un objet éminemment dynamique, évoluant et s'adaptant constamment en fonction des circonstances ; ce qui donne à penser que les sciences de l'immigration courent constamment après leur objet, tant il est fluctuant voire fuyant. Un second point sur lequel tend à se dégager un consensus, c'est bien le fait que le phénomène migratoire est un fait social total, au sens où il touche à tous les aspects de la vie en société. En sorte que c'est tout l'itinéraire de l'immigré qui se donne *in fine* comme itinéraire épistémologique, un itinéraire nous conduisant au croisement de multiples disciplines scientifiques, l'histoire, la géographie, la démographie, l'économie, la statistique, le droit, la sociologie, la psychologie, la génétique, la science politique, l'anthropologie (sociale, culturelle, etc.), et naturellement la philosophie, qui n'est pas en reste.

Chacune de ces disciplines met l'accent sur une dimension particulière de l'immigration, le déplacement, la recomposition sociale, le changement social, l'instabilité politique, le coût économique, le transfert de gènes, etc. Il en résulte une multitude de conceptions et d'acceptions de l'immigration qu'il importe à présent de subsumer sous l'unité du seul concept. Pour ce faire, la méthode idoine consiste à revenir sur le chemin parcouru, sur les écueils conceptuels examinés pour, à chaque étape, esquisser la ou les solutions envisageables.

Le concept

L'on est parti du fait que les termes « migration » et « immigration » avaient en commun la racine *migrare* qui indique l'idée de déplacement d'un espace à un autre, de changement de résidence. Mais il est apparu que cette détermination était très vague pour spécifier comme tels la migration, ce d'autant que la littérature offrait une large palette d'expressions pour désigner les changements de résidence ou les déplacements des populations d'un lieu à un autre. Cette diversité terminologique s'est ensuite révélée problématique, à plus d'un titre. L'on a ainsi remarqué d'emblée que les termes « migration » et « immigration » étaient davantage d'usage au Nord, tandis qu'au Sud on avait plutôt généralement recours à d'autres expressions telles que : expatriés, étrangers, coopérant, etc. En outre, on a vu que même au Nord, le vocabulaire migratoire était en général réservé aux déplacements des catégories sociales les moins aisées. On a par ailleurs mis en exergue le fait que la migration était un phénomène comportant deux moments essentiels, l'émigration d'une part, et d'autre part l'immigration.

Cette détermination du concept de migration s'est toutefois révélée loin d'en épuiser les significations, pour différentes raisons d'ordre épistémologique et phénoménologique. Au plan épistémologique, l'on a ainsi vu que le fait que l'immigration soit en général constituée en problème avant d'être objet des sciences sociales avait pour effet potentiel de vicier le contexte de son appréhension conceptuelle. Au plan phénoménologique, il est apparu comme une sorte d'auto-dissimulation du phénomène de l'immigration, d'ambiguïté intrinsèque, liée au fait qu'*in fine*, l'on ne savait pas, en ce compris l'immigré lui-même, si l'immigration relevait de l'ordre du provisoire, du définitif, du provisoirement définitif ou du définitivement provisoire. De surcroît, la complexification croissante du phénomène migratoire, et la multiplication corrélative des disciplines y afférentes, permettent d'en dégager une grande variété d'approches, de dimensions et de significations. La diversité des causes (parfois chez un seul individu), des motivations, des itinéraires de la migration permettent en effet aujourd'hui d'en dégager plusieurs conceptions et une typologie très variée qu'il n'est pas aisé de subsumer sous l'unité d'un concept.

De là à conclure à l'indétermination conceptuelle de la migration, il n'y qu'un pas qu'on se gardera cependant de franchir, du moins à ce stade. L'enjeu n'est pas de figer la migration dans une définition quelconque, fut-elle consensuelle. Car toute définition, par nature, comporte un parfum de mort. Or, on ne saurait durcir en mots l'essence d'une réalité aussi mouvante et plurielle que la migration. Il suffira par conséquent ici d'en expliciter les principaux éléments caractéristiques qui se dégagent des lignes qui précèdent. L'objectif étant, au regard de ses modalités contemporaines, de cerner le cadre d'une intelligibilité suffisamment pertinente et fonctionnelle du phénomène migratoire. La migration sera ainsi caractérisée comme :

– le déplacement, vu du nord, de personnes en situation de précarité ou en quête d'un mieux-être, d'un lieu de résidence vers un autre ;

– ce processus comporte deux moments constitutifs, l'émigration ou le départ du lieu d'origine, puis l'immigration ou l'installation au lieu d'arrivée.

– D'autre part, le terme « migration » est exclusivement utilisé lorsque ces déplacements sont massifs, tandis que celui d'immigration s'emploie pour désigner le même phénomène mais à une échelle plus réduite ou individuelle. Cette distinction est mise en exergue notamment par Umberto Eco pour qui l'on parle d'immigration lorsque « quelques individus (voire beaucoup, mais dans une mesure statistiquement négligeable par rapport à la souche d'origine » se transfèrent d'un pays à l'autre (comme les Italiens ou les Irlandais en Amérique, ou les Turcs aujourd'hui en Allemagne).

– Les phénomènes d'immigration, ajoute U. Eco, peuvent être contrôlés politiquement, limités, encouragés, programmés ou acceptés »[13]. Mais il n'en va pas de même des migrations, s'empresse d'ajouter Umberto Eco, car explique-t-il, quelles qu'en soient les modalités, les migrations se produisent comme des phénomènes naturels, et sont ainsi par définition non contrôlables. Ainsi a-t-on migration quand « un peuple entier, peu à peu, se déplace d'un territoire à un autre. »[14].

– La distinction ainsi établie entre la migration et l'immigration en appelle chez U. Eco une autre, encore plus radicale, au plan culturel. Ainsi soutient-il, on n'a « immigration » que « lorsque les immigrés, (admis sur décisions politiques) acceptent en grande partie les coutumes du pays où ils immigrent [...]. »[15], tandis que l'on a « migration » « lorsque les migrants (que personne ne peut arrêter aux frontières) transforment radicalement la culture du territoire où ils immigrent »[16].

Conclusion

En résumé, il apparaît donc :

– Que la migration est un terme d'usage répandu au Nord, pour désigner le déplacement massif de personnes en situation de précarité. Ces déplacements se produisant comme des phénomènes naturels, donc non

---

[13] Umberto Eco, *Cinq questions de morale*, Paris, Grasset, 1997, p. 153.

[14] *Ibid.*, pp. 153-154. Pour expliciter son propos, Umberto Eco poursuit en affirmant qu'il y a eu « de grandes migrations d'est en ouest, au cours desquelles les peuples du Caucase ont changé la culture et l'hérédité biologique des natifs. Il y a eu les migrations des peuples dénommés « barbares » qui ont envahi l'empire romain et ont créé de nouveaux règnes et de nouvelles cultures dits justement « romano-barbares » ou « romains-germaniques ». Il y a eu la migration européenne vers le continent américain, d'une part des côtes Est jusqu'en Californie, d'autre part des îles Caraïbes et du Mexique jusqu'à la Terre de Feu. [...]. Il y a eu des migrations interrompues, comme celle des peuples d'origine arabe vers la péninsule ibérique. Il y a eu des formes de migration programmée et partielle, mais non moins influente pour autant, comme celle des Européens vers l'est et le sud (d'où la naissance des nations dites « post-coloniales »), où les migrants ont malgré tout changé la culture des populations autochtones » (*Ibid.*, pp. 154-155).

[15] *Ibid.*, p. 155.

[16] *Ibid.*

maîtrisables ou contrôlables, et de nature à transformer la culture des pays d'arrivée ou d'accueil.

– Que les migrations, ainsi comprises, relèvent de maux plus profonds, d'origine naturelle ou humaine, dont elles ne sont réalité que des symptômes. Face à la précarité existentielle, tout être vivant, s'il le peut, migre naturellement, voir instinctivement à la recherche de meilleures conditions de vie. Et aucune barrière, aucun mur, aucune loi, aucune armée, ne peut sur la durée empêcher cette mobilité vitale. Il est dès lors vain de s'acharner sur les symptômes multiformes et irrépressibles de maux que l'on refuse de voir ou de traiter. En dehors du simulacre, cela relève à la fois du non-sens politique et du contre-sens historique voire anthropologique, car c'est dans et par la mobilité qu'historiquement l'humanité advient, se développe, se transmet et se perpétue. L'homme est par essence *homo mobilis*, et toute politique visant exclusivement à empêcher cette mobilité existentielle vire à l'insignifiance.

– Que si l'on convient donc ainsi du caractère relativement imprévisible, incontrôlable et surtout irrépressible des migrations, alors l'idée de les soumettre à quelque politique ou gouvernance perd spontanément de son sens, et c'est l'expression même de « politique migratoire » qui se révèle *in fine* être une contraction dans les termes.

Il en résulte, en outre :

– Que la « politique migratoire » de l'Europe repose aujourd'hui sur une confusion entretenue entre immigration et migrations, probablement pour ne pas devoir s'attaquer aux causes profondes de ces dernières. La plupart de celles-ci figurent pourtant dans *L'Approche globale des migrations* élaborée par l'UE, mais n'ont jamais véritablement été prises en compte, au profit du tout sécuritaire et répressif, ou de mesures conjoncturelles là où sont requis de profonds changements d'ordre structurel.

– Que les phénomènes que l'Europe essaie encore d'affronter comme de l'immigration sont en réalité des cas de migration.[17].

– Que sauf brusque changement du cours des choses, du fait de ces migrations, nos sociétés sont appelées à connaître un brassage de grande ampleur dans les décennies à venir ; et que la race blanche n'y sera plus forcément majoritaire. Il en résultera, qu'on le veuille ou non, un métissage profond de nos sociétés, semblable à celui opéré en Amérique latine par exemple, où il est aujourd'hui difficile voire impossible de dire « si un Mexicain ou Péruvien est d'origine européenne ou amérindienne, et ne parlons pas d'un Jamaïcain »[18]. Eh bien, conclut U. Eco, « c'est un

---

[17] Umberto Eco, *Cinq questions de morale*, Paris, Grasset, 1997, *op. cit.*, p. 156.

[18] *Ibid.*, pp. 152-153.

phénomène de ce genre qui attend l'Europe, et aucun raciste, aucun réactionnaire nostalgique ne pourra l'empêcher »[19].

[19] Umberto Eco, *Cinq questions de morale*, Paris, Grasset, 1997, *op. cit.*, pp. 152-153.

5e PARTIE

L'Afrique et les nouveaux enjeux géopolitiques

Chapitre XVI

Conflits d'intérêts des organisations régionales dans la recherche de la paix en Afrique de l'Ouest

Daouda Kaboré

Introduction

Dans une Afrique encore fragilisée par un passé balafré par de nombreuses crises politico-militaires et socio-économiques, les organisations régionales notamment la CEDEAO ou continentale en l'occurrence l'Union africaine (UA), se présentent comme les plus habilitées ou outillées à établir une obligation au retour à la paix, souvent par décisions unilatérales. L'instabilité créée à la suite d'une crise politico-militaire impose aux États faillis de s'en remettre aux décisions de ces organisations pour une éventuelle sortie de crise. Que valent réellement ces décisions ? Contrairement aux mécanismes institués dans le cadre du règlement des crises qui offrent un cadre plus ou moins acceptable pour une sortie de crise, on assiste à une aggravation des problèmes et une difficile réconciliation entre les parties en conflit. Si la paix se construit afin de garantir une stabilité politique permanente, ce défi relève souvent des comportements kafkaïens de certains États membres. La stabilité politique qui serait une « illusion d'optique créée par la maîtrise de l'instabilité politique » selon Mathieu Kirongozi Bomet[1], est mise à mal par les mêmes acteurs et textes qui sont censés apporter la stabilité. Au-delà même des règles adoptées, il se joue un jeu de conflit d'intérêts des États qui cherchent à protéger leur(s) allié(s) ou tout simplement à profiter du chaos par stratégie politique ou économique. Cette contribution vise à analyser le jeu des États membres des organisations sous régionale et continentale, en l'occurrence la CEDEAO et l'Union africaine, dans la lutte pour une démocratie globale et effective des États africains. Ce travail que nous présentons tire sa substance de mes recherches actuelles dans le cadre de ma thèse sur l'implication des organisations internationales et régionales dans le rétablissement de la paix et la construction de la démocratie en Afrique de l'ouest. Il s'agira pour nous de partir des crises enregistrées dans la région du fleuve Mano, notamment le

[1] Mathieu Kirongozi Bomet, *De Gaulle et Mobutu : deux figures paradoxales en quête de stabilité politique*, Paris, L'Harmattan, 2012, p. 189.

conflit libérien, sierra léonais et ivoirien afin de comprendre les forces et faiblesses des mécanismes et Protocoles adoptés en faveur de la paix en mettant un accent particulier sur les échecs des mécanismes, favorisés par une ingérence maladroite ou souhaitée des États membres de la CEDEAO et de l'Organisation de l'Unité Africaine (OUA)/UA. Pourquoi après l'adoption de tant de mécanismes et protocoles de paix, de tentative de prévention des conflits et leur règlement, l'Afrique de l'Ouest reste encore une zone d'instabilité majeure ? Quelle est la contribution des États membres dans l'échec des mécanismes de gestion des crises ? Ces questions poussent à réévaluer les textes de la CEDEAO, les confondre à la réalité de l'évolution sociopolitique et surtout à analyser les conflits d'intérêts ou encore la concurrence des priorités des États membres de la CEDEAO et de l'UA dans la recherche de solutions durables de la paix.

Le travail sera traité en deux parties. La première partie sera consacrée à l'analyse crise armées et des Protocoles et mécanismes de paix signés et adoptés depuis les années 1990. Dans la seconde partie, le double-jeu des acteurs étatiques et ses répercussions sur la réussite des missions de paix sera analysée.

1. La course aux Protocoles de paix et aux mécanismes de gestion des conflits

L'État des lieux des systèmes de sécurité collective en Afrique montre que l'Afrique reste encore loin des attentes du défi sécuritaire et de la stabilité des institutions des États. Pis, l'Afrique fait partie des zones à risque avec une prévalence à l'insécurité qui continue de peser lourd dans la balance économique du continent. L'autopsie des violences armées et l'injonction faite par la communauté internationale afin que les organisations régionale et continentale se mettent au diapason des normes internationales ont créé une réelle ferveur institutionnelle. Sommées de s'adapter aux exigences démocratiques, qui s'annoncent bien difficiles, la CEDEAO et l'OUA ont entamé une série de manœuvres afin de s'aligner sur les nouveaux critères de la gestion des affaires publiques. Ainsi des Protocoles sont-ils adoptés et des mécanismes mis en place pour le respect de cette ligne de conduite.

Au regard des multiples protocoles d'accords de sortie des crises qui ont été signés, nous avons l'impression que les Africains eux-mêmes se contentent de rester à la périphérie des actes politiques majeurs et des décisions protocolaires devant rétablir la stabilité politique dans leurs États. Cette vision de l'incapacité politique des pays africains à trouver une issue favorable aux multiples crises qui les gangrènent trouve sa réponse dans la faiblesse des instruments mis en place par les États membres. L'analyse de cet engagement des pays africains portera sur deux d'entre ces instruments, qui pour moi semblent une réelle avancée politique dans la lutte contre les actes subversifs, à savoir :

– Le Protocole relatif au Mécanisme de Prévention, de Gestion, de Règlement des Conflits, de Maintien de la Paix et de la Sécurité de la CEDEAO signé le 10 décembre 1999

– Le Protocole de 2003 portant création du Conseil de Paix et de Sécurité de l'Union Africaine.

Le Protocole relatif au mécanisme de prévention, de gestion, de règlement des conflits, de maintien de la paix et de la sécurité de la CEDEAO

Avant l'analyse de ce mécanisme, il est important de faire un peu d'histoire et de rappeler quelques dispositifs sécuritaires adoptés par la CEDEAO depuis sa création le 28 mai 1975. Depuis sa mise en activité, la CEDEAO a signé un ensemble de protocoles visant à construire un espace de défense commune et éviter des agressions interétatiques, sans que les comportements des États ne suivent ces dispositions. À ce sujet, il y a l'Accord-cadre de non-agression et d'assistance en matière de défense (ANAD), signé à Abidjan le 9 juin 1977, le Protocole de Non-agression signé à Lagos le 22 avril 1978 et le Protocole d'Assistance mutuelle en matière de Défense (PAMD) signé à Freetown le 29 mai 1981. Il faudra attendre 1986 pour que ce protocole n'entre en vigueur.

Au début des années 1990, il faut admettre que ces différents protocoles et accord-cadre n'avaient pas réussi à sécuriser la sous-région. Puis, plusieurs crises armées ont éclaté mettant à mal le développement des États. L'échec de ces dispositifs dans la stabilité dans la sous-région ouest africaine n'était plus à démontrer. Les nombreux coups d'États, les violations des Protocoles de non-agression des pays voisins et le manque de cohésion au sein même de la « maison CEDEAO » ont fini par présenter la communauté comme une organisation de plus, dont on pourrait se passer. Si la CEDEAO et l'UA sont des partenaires intéressants pour les organisations internationales, elles ne confirment pas pour le moment leurs forces de frappe dans la politique de stabilisation de la sous-région. Après 15 ans d'amateurisme, sanctionnés par un accroissement des conflits intra étatiques, l'urgence de la question de la gestion des conflits armés s'est présentée comme l'une des options de la mise en œuvre de la politique de développement économique qui soutient l'idée de la création de la CEDEAO en 1975. Voilà pourquoi depuis les années 1990, la CEDEAO s'est engagée dans une révolution stratégique. Ses objectifs semblent désormais très clairs c'est-à-dire réussir à allier – développement et paix. Elle met un pont d'honneur dans la lutte contre la résurgence des conflits armés et mise sur la prévention pour réussir le développement économique des États membres. Nous porterons notre analyse sur les périodes pré/post-adoption du Protocole relatif au Mécanisme de Prévention, de Gestion, de Règlement des Conflits, de Maintien de la Paix et de la Sécurité de 1999.

Suite au déclenchement du conflit libérien en 1989 et les difficultés d'y mettre un terme, l'organisation régionale entame une nouvelle phase de la révision de ses textes pour l'adapter à l'évolution politique marquée par des bouleversements constitutionnels et des changements de régimes. Ainsi, le 24 juillet 1993, ses membres signent le traité révisé de la CEDEAO. Ce Traité révisé lui donne de nouveaux instruments et présente de nouveaux objectifs, qui sont encore très minimaux au regard des enjeux sécuritaires de la région. Si le Protocole d'Assistance Mutuelle en matière de Défense signé en 1981 peut être considéré comme « le point de départ dans la construction d'une défense commune en Afrique de l'Ouest »[2], Il faudra attendre le 10 décembre 1999 pour que l'organisation régionale se dote d'un mécanisme de prévention, de gestion, de règlement des conflits, de maintien de la paix et de la sécurité.

Au niveau normatif, ce mécanisme de prévention, de gestion, de règlement des conflits et du maintien de la paix et de la sécurité, dresse un ensemble d'objectifs cohérents et indispensables pour la sécurité et la paix dans l'espace CEDEAO. De nouvelles institutions voient le jour dans le lexique de la Communauté. Sont créées par exemple : – Le Système d'Alerte Précoce – Le Conseil de Médiation et de Sécurité (art.8 du Protocole) – La Commission de Défense et de Sécurité (art.18) – Un Conseil des Sages (art.20) – un Représentant Spécial (art.32) – Un Centre d'observation et de suivi[3] (art.58 du Traité révisé et 32 du protocole)

Notons toutefois que la surveillance de la mise en œuvre de ce mécanisme est avant tout de la responsabilité de la Conférence des Chefs d'États et de gouvernements des États membres (CCEG). Cette institution est l'une des instances décisionnelles de la CEDEAO, mise en place dans le cadre du Traité révisé du 24 juillet 1993 relatif aux principes fondamentaux portant sur la non-agression et le maintien de la paix et du renforcement du bon voisinage. Elle donne un cadre de concertation mutuelle pour le règlement des différends entre États membres. Elle est l'institution suprême de la CEDEAO. Son pouvoir élargi fait obligation aux États membres de

---

[2] CEDEAO, opérations de paix, in http://www.operationspaix.net/2-fiche-d-information-de-l-organisation-cedeao.html, consulté le 10 février 2016.

[3] En 1993, le Traité révisé envisageait la création d'un Observatoire régional de la paix et de la sécurité. En 1999, cet observatoire est créé sous le nom de Centre d'observation et de suivi.

respecter ses décisions sauf exception. Cette exception porte ici sur la Cour de Justice qui jouit d'une autonomie explicite. Mais dans les faits, les décisions de cette institution sont régulièrement violées et certains chefs d'État opposés à ces décisions. La violation des embargos ou encore le rôle de certains chefs d'États dans la création de certains groupes armés dans les pays voisins traité dans la deuxième partie de cette communication nous aidera à mieux cerner cette dimension de la question.

Il faut aussi relever le contexte particulier qui entoure l'adoption du mécanisme de prévention et de gestion des conflits. Le mécanisme est né dans un contexte particulier, alors que la sous-région est secouée par deux crises armées majeures : celle au Libéria qui a commencé en 1989 et celle en Sierra Léone en 1991. La souveraineté des pays cités fut violée par des actes subversifs de certains États membres et de la Libye. En 1990, les buts et les objectifs étaient purement orientés vers le développement économique des États membres, laissant de côté le volet sécuritaire. L'agression du Libéria par Charles Taylor depuis la Côte d'Ivoire et le conflit en Sierra Léone poussent les États membres à requalifier leurs objectifs et surtout à trouver une solution rapide aux conflits. C'est alors qu'il est décidé de déployer une force sous régionale appelée ECOMOG (groupe d'observateurs militaires de la CEDEAO) en 1990. Les premières négociations qui eurent lieu sous les auspices du Comité permanent de médiation de la CEDEAO permettent de signer un accord de cessez-le-feu entre les belligérants (National Patriotic Front for Liberation et le gouvernement provisoire). C'est le premier acte fort et la première expérience d'une organisation régionale dans la conduite d'une opération du maintien de la paix[4]. Ce *protosuccès* est enregistré alors que les premiers bataillons de l'ECOMOG sont déployés dans le pays. Mais la mise en place de cette force d'interposition révèle des oppositions au sein même de la CEDEAO. Les États membres jouent la stratégie ce qui fragilise l'ECOMOG. Plusieurs pays membres de l'organisation régionale apportent leur soutien à chacune des parties en conflit. La Côte d'Ivoire soutient officieusement la rébellion menée par Taylor en accordant une base arrière à l'ouest de son territoire, facilitant la mobilité des rebelles. Le Burkina Faso, où plusieurs d'entre les rebelles ont été formés, apportent aussi un aide logistique autant que la Libye et ce malgré les Protocoles de non-agression signés par les mêmes États membres.

La suite des évènements au Libéria valide l'inefficacité des mesures de prévention de la CEDEAO. En 1991, c'est la Sierra Léone qui tombe dans le

[4] Peter Arthur, « ECOWAS and Regional Peacekeeping Integration in West Africa: Lessons for the Future », in *Africa Today*, Indiana University Press, Volume 57, Number 2, Winter 2010, pp. 3 24.

cercle vicieux des conflits armés après une attaque lancée depuis l'ouest libérien par le Front révolutionnaire uni de Foday Sankho. Et là encore, les institutions du mécanisme de prévention et de gestion et du maintien de la Paix n'ont pas été capables d'évaluer les risques et de prendre les dispositions adéquates pour l'éviter. On enregistre près de 14 accords signés entre la CEDEAO et les acteurs du conflit libérien entre août 1990 et août 1996 (durant la première phase du conflit) sans vraiment mettre un terme définitif au conflit. Avant que n'éclate le conflit libérien en 1989, les connexions entre Mohamar Kadhafi, Charles Taylor et certains étudiants réactionnaires libériens étaient établies et constituaient une réelle menace pour la sous-région. Ainsi, la Libye a continué d'être un soutien, l'une des bases arrière et militaires de Taylor et d'officiers du Front révolutionnaires unis (RUF) en Sierra Léone et un fournisseur d'armes durant le conflit. La Côte d'Ivoire a également été utilisée comme base arrière pour l'organisation militaire de Charles Taylor (National Patriotic Forces for Liberation) jusqu'au début des années 2000. Nous reviendrons sur cette implication et les actes subversifs dans la deuxième partie de notre analyse.

Alors que la Sierra Léone subit des actes subversifs de Charles Taylor depuis le Libéria, en mai 1997, le chef de la faction rebelle AFRC, le major Johnny Paul Koroma, chasse du pouvoir le président Tejan Kabbah qui s'exile en Guinée Conakry. Le pouvoir est alors cogéré avec le Front révolutionnaire uni de Foday Sankho, bras armé de Charles Taylor en Sierra Léone. Il fallut l'intervention armée collective de la Mission d'observation des Nations unies, de la CEDEAO et de la pression internationale pour rétablir le président Tejan Kabbah dans ses fonctions en 1998. Alors que le calme semble retrouver avec l'élection de Taylor à la présidence de la République en 1997 et le retour du président déchu Tejan Kabbah en sierra Léone en 1998, la réactivation des groupes armés, soutenus par des États voisins replonge la région dans la violence. Après avoir été au centre de la déstabilisation de pays voisins, la Côte d'Ivoire est touchée par une crise politico-militaire en décembre 1999, quelques semaines après l'adoption du mécanisme de prévention des conflits de la CEDEAO. À partir de septembre 2002, le pays sombre dans un conflit armé[5]. Cette nouvelle expérience de la gestion des conflits par la CEDEAO a confirmé la faiblesse des pouvoirs dont disposent les institutions de la communauté. Malgré la création de la force

[5] La première décision du mécanisme en faveur de la Côte d'Ivoire fut le déploiement de la Mission de la CEDEAO en Côte d'Ivoire (ECOMICI), avec pour mandat le respect du cessez-le-feu signé le 17 octobre 2002 entre Laurent Gbagbo et le MPCI (Mouvement Patriotique de la Côte d'Ivoire). Ce cessez-le-feu ne tardera pas à être violé par les signataires.

ECOMICI (Mission de la CEDEAO en Côte d'Ivoire) en 2003, et les pourparlers, le pays n'arrive pas à se stabiliser. Le renfort de la communauté internationale et principalement de la France et des États unis permettent à la CEDEAO de sauver la face.

Dans le règlement des conflits, la diplomatie déployée par la CEDEAO ne convainc pas toujours, ce qui la pousse généralement à solliciter l'aide de la communauté internationale, notamment les Nations Unies. À cette diplomatie molle, il faut relever sa difficulté à mettre en œuvre les mécanismes de suivi des programmes de désarmement des factions armées.

Les programmes de désarmement développés au Libéria en 1994 et en Sierra Léone en 1999, et en Côte d'Ivoire dès 2007 avec la flamme de la paix de Bouaké, encouragé par les États membres de la CEDEAO, de l'Union africaine et des Nations Unies, n'ont pas été couronnés de succès. Le manque de volonté politique des dirigeants et des chefs militaires et surtout la faiblesse même des institutions de la Communauté et de l'OUA puis de l'UA ont constitué des obstacles au bon déroulement du processus de sortie de crise. La Libye, pourvoyeuse en armes du Libéria n'avait aucun intérêt à saluer une amélioration du processus de désarmement. Aussi, ni le président Laurent Gbagbo en Côte d'Ivoire, ni les rebelles n'avaient réellement l'intention de conduire un processus de paix qui, depuis l'extérieur, était contrôlé.

Dans l'adoption même du mécanisme de paix de 1999, il faut toutefois y voir une contrainte de la communauté internationale. Le développement des États était assujetti à une amélioration du niveau de sécurité des pays et de l'évolution de la démocratisation des régimes. Ce mécanisme mérite une attention particulière pour diverses raisons. D'abord au niveau de la sous-région. À ce niveau il y a l'ambition et le désir institutionnel de contrer les sources de l'instabilité politique par un effort collaboratif et la mise en place d'instruments capables d'accompagner à la réalisation de la politique sécuritaire. Ensuite, il y la question de la volonté politique des États membres. À cette échelle, la problématique reste grande et ouverte à débats. Nous y reviendrons dans la deuxième partie de mon analyse sur les jeux d'intérêts. Pour réussir le pari du maintien de la paix, plusieurs autres dispositifs et décisions sont prises au sein de la Communauté et sur le continent. Les changements antidémocratiques au sommet des États sont très vite analysés par la CEDEAO qui tente de renforcer ses dispositifs de maintien de la paix. On peut citer la Décision d'Alger de 1999 sur les changements anticonstitutionnels de gouvernement, la Déclaration de Lomé de 2000 sur une réaction de l'OUA face aux changements anticonstitutionnels de gouvernement, la Déclaration de l'OUA/UA sur les principes régissant les élections démocratiques en Afrique adoptée en 2002.

En 2000, le Protocole de 1999 sur le mécanisme de prévention, de gestion et de règlement des conflits est amendé. Un Protocole additionnel est signé. La bonne gouvernance et des principes de convergences constitutionnelles sont inclus et considérés comme des moyens de lutter contre les conflits armés. Dans ce nouveau document, les États membres rappellent l'obligation qui leur faite de faire de l'accession au pouvoir à travers le respect des principes démocratiques, notamment les élections, dans des conditions dites libres, de transparence et honnêtes, la nouvelle norme. Les coups de force sont unanimement condamnés et il est rappelé le rôle apolitique que doit jouer l'armée dans la stabilité des États. Si la CEDEAO salue sa capacité à faire face aux conflits, ce qui est très discutable, elle reconnaît toutefois en 2008 son manque d'approche stratégique dans la mise œuvre des volets préventifs du Mécanisme[6]. Un mea-culpa est alors fait au sein même de l'organisation sous régionale. Ainsi, selon les termes de la Conférence des Chefs d'États et de gouvernement, durant ses activités, le mécanisme aurait manqué de collaboration au niveau interne et ses instruments ont été très limités dans leur utilisation, sans oublier la mauvaise orientation de ces capacités humaines[7]. Ces graves manquements conduisent à la mise en place d'un nouveau cadre de prévention et de la gestion des crises, appelée Cadre de Prévention des Conflits, adopté le 16 janvier 2008. Il s'agit là de prendre les mesures pour la protection de la « sécurité humaine, la création des conditions visant à éliminer les menaces insidieuses aux droits des peuples et des individus, aux moyens d'existence, à la sécurité et à la vie, la protection des droits humains et démocratiques, ainsi que la promotion du développement humain afin de garantir des sociétés à l'abri de la crainte et du besoin »[8].

Si le Libéria et la Sierra Léone ont presque réussi leur entrée dans le concert des pays démocratiques et sont présentés comme des exemples à suivre, le cas de la Côte d'Ivoire continue de mobiliser les attentions malgré le verdict final de la communauté internationale sur les résultats des élections de 2010. La participation directe ou indirecte de certains pays voisins et étrangers et le silence de la CEDEAO contribuent à jeter l'opprobre sur les dispositifs sécuritaires adoptés par les États membres de la communauté ouest-africaine. Les échecs des mécanismes ont conduit à la naissance du Conseil de paix et de sécurité de l'Union Africaine en 2003.

---

[6] Règlement MSC/REG.1/01/08, Document cadre de prévention des conflits.

[7] *Ibid.*

[8] *Ibid.*

Le Protocole de 2003 portant création du Conseil de Paix et de Sécurité de l'Union Africaine

En 2000, les conclusions du rapport de Margaret Vogt et de Monde Muyangwa pour l'*International Peace Academy*[9]présentent l'Union Africaine comme un acteur périphérique dans la résolution des conflits en Afrique[10]. La difficile tâche de la recherche de la paix de l'organe continental le conduit à se doter d'un instrument coercitif. Dans le cadre du renforcement de sa politique de prévention des conflits sur le continent africain en général et en Afrique de l'Ouest en particulier, l'Union Africaine se dote d'un nouvel organe sécuritaire à la conférence de Durban (Afrique du Sud) le 9 juillet 2002 : le Conseil de paix et de Sécurité.

Cet organe, considéré comme « la clé de la nouvelle architecture de stabilité en Afrique »[11] peut être présenté comme l'organe de puissance, de l'usage de la force dans la gestion et le règlement des crises armées. C'est une naissance *ceteris paribus*[12], comme le Conseil de sécurité de l'ONU. Une dimension novatrice dans la mise en œuvre de l'Architecture africaine de paix et de sécurité. Mais quelle est réellement la force de cet organe de puissance dans une Afrique difficile à manier et où la sécurité de certaines régions reste fragile ?

Si l'idée et même la posture de l'Union Africaine est à saluer, elles posent d'énormes zones d'ombres et suscitent beaucoup d'interrogations. D'abord sur sa capacité et les moyens dont elle dispose ou disposerait à court, moyen et long terme, afin de remplir sa mission et agir en tant qu'organisation de puissance. Au niveau financier, l'Union Africaine peine à trouver un équilibre. En 2011, seuls cinq pays contribuaient réellement et de manière régulière aux financements de l'organisation. Il s'agit du l'Algérie, de l'Égypte, du Nigéria, de l'Afrique du Sud et de la Libye (avec 15 % du financement)[13]. Malgré les appels à contribution, les caisses de l'UA restent à la limite du dépôt de bilan. Mais avec l'aide extérieure, l'UA continue de mener sa politique sécuritaire, avec malgré tout encore des difficultés.

---

[9] Margaret Vogt, Monde Muyangwa, *An Assessment of the OAU Mechanism for Conflict Prevention, Management, and Resolution,* 1993-2000, 12 July 2000, 33 pages.

[10] Delphine Lecoutre, « Le Conseil de paix et de sécurité de l'Union Africaine, clé d'une nouvelle architecture de stabilité en Afrique ? », www.operationspaix.net

[11] *Ibid.*

[12] La locution *ceteris paribus sic stantibus signifie* « toutes choses étant égales par ailleurs ».

[13] 77 % des financements de l'UA viennent de l'étranger. Confère Jean-Michel Meyer, « Mauvaise passe financière pour l'Union africaine ? », *Jeune Afrique,* 29 mars 2011.

Ensuite se pose la question de sa volonté politique réelle. Selon l'acte constitutif de sa création le Conseil de paix et de sécurité se présente comme « un système de sécurité collective et d'alerte rapide, visant à permettre une réaction rapide et efficace aux situations de conflit et de crise en Afrique ».[14] Il est aussi présenté comme un ensemble d'organes censés soutenir les actions du Conseil de paix et de sécurité, notamment un système continental d'alerte rapide, une force africaine pré positionnée ou encore un fonds spécial.

Dans les faits, le système d'alerte rapide présenté par l'Union Africaine et la Force africaine pré-positionnée sont encore très loin d'atteindre leurs objectifs. Le système d'alerte rapide travaille sur la base d'informations collectées par les communautés économiques régionales et leurs mécanismes de prévention, de gestion et de règlement des conflits. Or dans le cadre de la prévention de la lutte contre les menaces, les États ne sont pas toujours coopératifs. À cela s'ajoute le manque de formation des militaires. À ce niveau, il faut attendre l'appui des pays étrangers comme la France à travers son soutien aux forces armées par des exercices militaires au sein du dispositif RECAMP (Renforcement des capacités africaines de maintien de la paix) lancé depuis les années 1990 ou encore britannique avec the *African peacekeeping* training support program pour voir émerger un embryon de force continental.

Depuis son entrée en vigueur le 26 décembre 2003, le Conseil de paix et de sécurité se lance dans une course pour un engagement total des États membres. Le Fonds de la paix de l'Union ne mobilise pas les membres. Ce manquement aux obligations est attentatoire. On prend le cas de la mission africaine au Burundi (MIAB)[15] en avril 2003 à laquelle aucun État membre n'a contribué au financement[16]. Les pays contributeurs, à savoir l'Afrique du Sud, le Mozambique et l'Éthiopie ont supporté la quasi-totalité des frais de cette mission. En claire, le Burundi ne constitue pas une priorité pour certaines puissances du continent. Cette manière de conduire la sécurité du continent est problématique et même suicidaire. Les priorités dans la gouvernance des États membres pèsent lourdement sur la capacité de l'UA à

[14] Article 2 du Protocole relatif à la création du Conseil de Paix et de Sécurité de l'Union Africaine, 9 juillet 2002.

[15] Elle a été créée en février 2002 afin de mettre en œuvre les accords de cessez-le-feu des 7 octobre et 12 décembre 2002 au Burundi. La mission était composée de 866 soldats éthiopiens, 228 soldats Mozambicains et 1 508 soldats sud-africains. La mission prit fin le 1er juin 2004 après le déploiement de l'ONUB.

[16] Union Africaine, *Rapport du Président de la commission sur la mise en place d'une architecture continentale de paix et de sécurité et sur l'état des processus de paix en Afrique*, PSC/AHG/3(IX), 25 mai 2004.

réaliser ses missions et atteindre les objectifs assignés dans son statut de création.

L'organisation même du Conseil de paix et de sécurité de l'UA a soulevé de vifs débats surtout autour de la question de l'instauration ou non du statut de membres permanent et non permanents, comme au sein du Conseil de sécurité des Nations Unies. Le principe d'égalité des droits, de la représentation régionale équitable et de la rotation des membres fait du CPS de l'UA un organe démocratique. Mais cette démocratie est source de fragilisation. Si les petits pays se satisfont de cette disposition, le CPS fait face à un manque d'engagement dans la contribution à la promotion et au maintien de la paix et de la sécurité en Afrique, surtout dans le domaine des opérations d'appui à la paix ou encore dans la contribution au Fonds de la paix, comme l'impose l'article 5 de son statut. Les pays les plus forts ne participent pas toujours, et à la hauteur des besoins, aux missions de paix, soit par pure stratégie politique, soit pour des raisons d'ordre financières.

2. Les intérêts particuliers au centre des échecs

En reconnaissant que « le conflit est un moteur de mutations »[17] et qu'il « soit positif soit négatif », la CEDEAO autant que l'Union Africaine sont conscientes des faiblesses formelles de leurs instruments et surtout de la complexité des crises à résoudre. Elles se doivent donc de s'adapter aux mutations institutionnelles et surveiller les politiques des États membres dans la gestion des crises. Contrairement à tous les discours politiques sur l'intérêt de conduire une politique commune dans la lutte contre les causes des conflits armés en Afrique, les chefs d'États et de gouvernements s'inscrivent plutôt dans une logique de conflit d'intérêts qui nuisent au bon fonctionnement des mécanismes adoptés. Les membres s'adonnent à des actes subversifs, foulant aux pieds le respect des dispositions communautaires, sans vraiment être inquiétés. Ce *voyourisme* étatique s'observe dans la violation des mesures coercitives prises à l'encontre de certains pays en crise, notamment la violation des embargos du Conseil de sécurité ou encore le soutien aux groupes armés non-étatiques, en violation des mécanismes de sécurité, de prévention, de gestion des conflits et de la paix. Analysons d'abord les violations des embargos par les États africains eux-mêmes et ensuite les diplomaties obliques. Nous entendons par diplomatie oblique les comportements subversifs des États qui entretiennent un climat d'insécurité permanent dans les grands ensembles régionaux.

[17] Règlement MSC/REG.1/01/08, Document cadre de prévention des conflits.

La violation des embargos

Le Protocole relatif au Mécanisme de Prévention des Conflits, de Maintien de la Paix et de la Sécurité prescrit l'accroissement de la coopération entre les États membres dans les domaines de la prévention des conflits, de l'alerte précoce, des opérations de maintien de la paix et du contrôle de la criminalité transfrontalière, du terrorisme international et la prolifération des armes légères. Alors que la CEDEAO avait des difficultés à faire respecter les accords de paix de Yamoussoukro IV, signés dans la capitale politique de la Côte d'Ivoire en octobre 1991, elle fait appel à l'aide de la communauté internationale. Un embargo général et complet est alors décidé par le Conseil de sécurité par la résolution 788 du 19 novembre 1992. Il porte sur les armes et munitions et équipements militaires à destination du Libéria sauf à destination de l'ECOMOG. Il s'agissait pour cette décision de réduire les attaques contre les soldats de l'ECOMOG et surtout pousser les belligérants à se conformer aux accords de Yamoussoukro IV.

Pour contrer les attaques du NPFL, la faction de Charles Taylor aidée par la Côte d'Ivoire, l'ECOMOG s'attache les services des groupes armés opposés, notamment l'ULIMO[18] dirigé par George Boiley, les AFL (Forces armées libériennes) et le Liberian Peace Council (Conseil de paix du Libéria). Il faut noter ici que l'ECOMOG a été à l'un des auteurs à l'initiative de la création de ce dernier groupe armé rebelle, ce qui est contraire aux textes de la CEDEAO et au droit international. Une aide logistique et matériel aurait même été apportée par la force de la Communauté à ce groupe armé[19]. La CEDEAO, à travers sa branche armée l'ECOMOG collaborait avec des groupes armés, qui sont considérés comme acteurs directs au conflit et une menace sur la sécurité des civils. Par cette stratégie, l'organisation choisit de violer ses propres règles pour atteindre ses objectifs. On assiste à une perversité du risque et à une autodestruction.

La violation des embargos est aussi l'œuvre des États membres. Alors qu'ils sont signataires des différents protocoles et mécanismes de paix mis en place, des chefs d'État violent consciemment l'obligation qui leur faite de respecter et d'application les décisions liés aux embargos sur les armes et sur les ressources naturelles des pays en conflit notamment le Burkina Faso, la

[18] Ce groupe est créé en 1991 par des réfugiés libériens basés en Sierra Léone et en Guinée, partisans de Samuel Doe tué en 1990.

[19] Cette nouvelle faction opposée au NPFL de Taylor est créée en octobre 1993 par George Boley qui aurait reçu un appui de l'ECOMOG dans ce sens. L'ECOMOG est aussi soupçonnée d'apporter un appui logistique (armes et munitions) à cette faction. Fabrice Weissman, « Libéria, derrière le chaos, crise et interventions internationales » in *Relations Internationales et Stratégiques*, n° 24, Paris, IRIS, 1996.

Côte d'Ivoire, la Guinée Conakry ou encore la Libye. Durant le conflit libérien, Charles Taylor a bénéficié d'un soutien militaire, logistique et de conseil de la part du Burkina Faso, de la Côte d'Ivoire (entre 1989 et 2000) et de la Libye, en violation de la résolution 788. Cette ingérence interétatique dans le conflit armé a aggravé la situation, déclenchant une intervention internationale. Cette diversité des intervenants a créé « une collusion des volontés et logiques d'influences » selon Mélèdje Djedjro[20]. Aucune sanction des pays concerné n'est à notifier, seulement un simple rappel au respect des dispositions règlementaires au sein de la Communauté et des condamnations des Conseil de sécurité de l'Union Africaine et de l'ONU.

Les diplomaties obliques

L'une des crises au sein de la CEDEAO et qui va menacer la bonne conduite des opérations de sécurisation de la sous-région date de 1990 avec la création de l'ECOMOG. Le Comité permanent de médiation, dont l'idée de création est présentée en 1978 dans le Protocole de non-agression signé le 22 avril 1978, voit le jour à la Conférence de Banjul le 30 mai 1990. Ce Comité permanent de médiation dans l'analyse de la situation sécuritaire au Libéria et le développement des évènements prend la décision de mettre sur pied une force régionale, la force d'observation de la CEDEAO, c'est-à-dire l'ECOMOG. Cette force composée de plusieurs modules polyvalents (civils et militaires) avait pour mission l'observation, le suivi, le maintien et le rétablissement de la paix ; l'humanitaire ; l'application de sanctions notamment l'embargo. Elle est déployée le 25 août 1990. Les conditions de la sa création posent problème au sein même des membres de la CEDEAO. Le Sénégal et le Burkina Faso reprochent le non conformisme de la création de la force d'interposition. Selon ces pays, la création de l'ECOMOG ne devrait pas échoir au comité de médiation mais au Secrétariat général.

Des problèmes de leadership se sont rapidement visibles, entre la Côte d'Ivoire et le Nigéria, les deux leaders de la sous-région ouest africaine. Le commandement de la force d'interposition de la CEDEAO fut accordé au Nigéria qui était à même de fournir des effectifs importants pour la mission et le seul État capable de déployer à court terme un grand nombre de soldats dans le cadre des OPEX (opérations extérieures). La lutte pour le contrôle de l'ECOMOG fragilise la mission alors que Charles Taylor présente ce groupe d'observateurs militaires comme une force combattante et partisane,

---

[20] F. Mélèdje Djedjro, « la guerre civile du Libéria et la question de l'ingérence dans les affaires intérieures des États », in *Revue belge de droit international*, 1993/2, Bruxelles, Bruylant, p. 398.

refusant sa présence sur le sol libérien. D'où des attaques des positions de l'ECOMOG par le NPFL.

À cela, il faut ajouter la participation aux combats de certaines unités d'élites d'États membres. En 1990, on note la présence des troupes d'élite du Burkina Faso sur le terrain des opérations aux côtés de Charles Taylor, alors que l'ECOMOG est déjà déployé[21]. La Côte d'Ivoire a « autorisé » Charles Taylor à utiliser son territoire comme base arrière. La Libye, considérée comme l'un des centres de formation militaires des combattants de Taylor a contribué à l'aggravation du conflit[22]. Le Libéria et la Burkina ont aidé le Front révolutionnaire unifié (RUF) en Sierra Léone avec en toile de fond le pillage des ressources minières et naturelles.

Le conflit militaro-politique en Côte d'Ivoire et ses graves manquements de l'Union Africaine démontrent bien cette fragilisation. Les premières années de la crise, maquées par les violations graves des droits de l'homme, n'ont pas donné lieu à des actions concrètes quant à des condamnations des auteurs des violations du droit commun. Le Conseil de paix et de sécurité de l'UA s'est plutôt contenté « d'adopter des documents »[23]. La dispersion stratégique dont font preuve les membres dans le règlement du conflit et les vives critiques subies par l'organisation n'arrangent pas les choses. Alors que l'UA est qualifiée de « syndicat de chefs d'État »[24], ou encore dirigée par des personnalités à moralité démocratique douteuse, la Conseil de paix et de sécurité paie pour cette désunion et ce syndicalisme au sommet de l'organisation. La présence du Burkina Faso dans la résolution du conflit pose aussi problème. Accusé par le pouvoir en place pour complicité avec les rebelles, c'est le président Blaise Compaoré, alors président de Burkina Faso et président en exercice de la CEDEAO depuis janvier 2007 (jusqu'à décembre 2008) qui est désigné comme facilitateur du dialogue direct entre Laurent Gbagbo et Guillaume Soro. Il réussit toutefois à faire signer les

---

[21] *Jeune Afrique*, n° 1550 du 12 au 18 sept. 1990 cité par F. Mélèdje Djedjro, « la guerre civile du Libéria et la question de l'ingérence dans les affaires intérieures des États, *op. cit.*

[22] *Jeune Afrique*, n° 1516 du 22 févr. 1990, n° 1537 du 13 au 19 juin 1990. Cité par F. Mélèdje D., « La guerre civile du Libéria et la question de l'ingérence dans les affaires intérieures des États », in *Revue belge de droit international*, 1993/2, *op. cit.*, p. 399.

[23] Institut d'études de sécurité, *Rapport sur le Conseil de paix et de sécurité*, n° 76, décembre 2015 / janvier 2016, p. 2.

[24] Observatoire politique et stratégique de l'Afrique, Projet de recherche de l'OPSA, *l'Union Africaine face aux enjeux de la paix, de la sécurité et de la défense*, Paris, avril 2002.

accords de paix à Ouagadougou le 04 mars 2007 après que le président sud-africain Thabo Mbéki ait apporté un soutien à son homologue ivoirien[25].

Conclusion

Depuis 1990, les États membres de la CEDEAO et de l'OUA/Union africaine s'adonnent à un jeu de déstabilisation interne. Tout porte à croire que la CEDEAO et l'UA n'existent que parce que les intérêts tirés de l'exploitation qu'en font leurs membres. La gouvernance politique régionale et continentale n'obéit plus vraiment aux schémas globaux de la recherche de la paix mais plutôt à des priorités étatiques, individuelles. Les mécanismes et Protocoles signés jusque-là s'accumulent mais peinent à résoudre durablement les crises dans la sous-région. Face à cette impuissance du mécanisme à juguler les crises et surtout à anticiper et éviter la naissance de conflit dans la sous-région, il se pose la question du développement de moyens appropriés. Ainsi, en s'inspirant de l'analyse de Minrich, Guido et Alvora sur les crises en Afrique disent ceci :

> Tant que les instances sous-régionales ou purement africaines n'auront pas développé les moyens appropriés de gestion et de règlement des crises… l'Europe sera souvent considérée comme la seule option lorsqu'il s'agira de faire avorter un coup d'État antidémocratique, de protéger un pays faible contre des voisins puissants ou de venir en aide aux victimes de tragédies[26].

Les membres de la CEDEAO et de l'UA se comportent comme des émissaires, torpillant le bon fonctionnement des institutions et des mécanismes de sortie de crise. La *gouvernementalité* au sein de ces organisations ne correspond en rien aux principes de bonne gouvernance et de l'adhésion aux principes mêmes des textes qui régissent ces organisations. Nous nous trouvons face à des prébendiers autour desquels se forgent malheureusement des stratégies de construction d'un espace de paix. On comprend aisément l'analyse de François Borella quand il avance que *« Ce qui est en cause, avant les mécanismes démocratiques ou non, c'est le cadre*

[25] L'Afrique du Sud allait devenir membre du conseil de sécurité en janvier 2007, ce qui arrangeait les affaires de Laurent Gbagbo qui y voyait une opportunité de faire valoir ses plans de sortie de crise. Confère Crisis Group, « Côte d'Ivoire : faut-il croire à l'accord de Ouagadougou ? », in *Rapport Afrique* n° 127, 27 juin 2007.

[26] Winrich Kühne, Guido Lenzi, Alvaro Vasconcelos, « gestion de crise et règlement des conflits en Afrique sub-saharienne : Rôle de l'UEO », in *Cahier du Chaillot* 22, décembre 1995, p. 8.

dans lequel ils se déploient. »[27]. La mauvaise foi de certains dirigeants politiques met à mal le bon fonctionnement des instruments de paix. Le comportement subversif de la CEDEAO, fragilisée par son impuissance structurelle, logistique et financière, porte un coup d'arrêt dans la marche vers une sous-région pacifiée et pacifique. Considéré un pays en conflit comme un morceau de gâteau sous régional que l'on peut utiliser à dessein, pour des intérêts politico-économiques, au risque de maintenir une spirale de violence politique englobant, c'est traduire pour le long terme la sous-région devant l'Histoire.

Références bibliographiques

- « Protocole relatif au mécanisme de prévention, de gestion, de règlement des conflits, de maintien de la paix et de la sécurité », in *Journal Officiel de la CEDEAO,* volume 37, décembre1999.
- African Union, *African Charter on democracy, elections and governance, Addis Ababa, Ethiopia,* 30 January 2007.
- Bach Daniel et Sindjoun Luc, « Introduction générale. Ordre et désordre en Afrique », in D. Bach/L. Sindjoun (dir.), *Enjeux stratégiques et gestion des conflits en Afrique, Polis,* vol. IV, n° 2, 1997, pp. 3-18.
- Borella François, « L'État en Afrique : crise des modèles et retour aux réalités », in *Mélatiges René Gendannes,* Woippy, Serpenoise, 1996.
- Boris Petric (s/d), *La fabrique de la démocratie,* Paris, Édition de la Maison des sciences de l'Homme, 2012, 310 p.
- Charles Zorgbibe, « Pour une charte africaine de diplomatie préventive et du maintien de la paix », in Dominique Bangoura (dir.), *L'Union africaine face aux enjeux de paix, de sécurité et de défense,* Paris, L'Harmattan, 2003, pp. 37-50.
- Chouala Yves Alexandre, « puissance, résolution des conflits et sécurité collective à l'ère de l'union africaine théorie et pratique », in *Annuaire français des relations internationales,* AFRI 2005, volume VI, Bruxelles, Bruylant.
- Crisis Group, « Côte d'Ivoire : faut-il croire à l'accord de Ouagadougou ? », in *Rapport Afrique,* n° 127, 27 juin 2007.
- De Serarclens Pierre et Ariffin Yohan, *La politique internationale : théories et enjeux contemporains,* Paris, Arman Colin, 5e édition, 266 p.
- Gorée Institute, *Systèmes de conflits et enjeux sécuritaires en Afrique de l'Ouest,* 2012.
- Hermet Guy, Kazancigil Ali, Prud'homme Jean-François, *La gouvernance : un concept et ses applications,* Paris, Karthala, 2005, 228 p.
- http://www.operationspaix.net/2-fiche-d-information-de-l-organisation-cedeao.html. Consulté le 10 février 2016.
- Institut d'Études de sécurité, *Rapport sur le Conseil de paix et de sécurité,* n° 76, décembre 2015 – janvier 2016.

[27] François Borella, « L'État en Afrique : crise des modèles et retour aux réalités », in *Mélatiges René Gendannes,* Woippy, Serpenoise, 1996, pp. 229-236.

- *Jeune Afrique*, n° 1516 du 22 févr. 1990, n° 1537 du 13 au 19 juin 1990.
- Kirongozi Bomet Mathieu, *De Gaulle et Mobutu : deux figures paradoxales en quête de stabilité politique*, Paris, L'Harmattan, 2012, 189 p.
- Kühne Winrich, Lenzi Guido, Vasconcelos Alvaro, « gestion de crise et règlement des conflits en Afrique sub-saharienne : Rôle de l'UEO », *Cahier du Chaillot*, n° 22, décembre 1995, 59 p.
- Le Club du Sahel et de l'Afrique de l'Ouest, *Perspectives régionales de développement à moyen et long terme de l'Afrique de l'Ouest*, Symposium organisé à l'occasion du 30e anniversaire de la Communauté Économique des États de l'Afrique de l'Ouest (CEDEAO) Abuja (Nigeria), 25 et 26 mai 2005.
- Lecoutre Delphine, *Le Conseil de paix et de sécurité de l'Union africaine, clef d'une nouvelle architecture de stabilité en Afrique ?*, www.operationspaix.net.
- Mélèdje Djedjro F., « La guerre civile du Libéria et la question de l'ingérence dans les affaires intérieures des États », in *Revue belge de droit international*, 1993/2, Bruxelles, Bruylant.
- Meyer Jean-Michel, « Mauvaise passe financière pour l'Union africaine ? » in *Jeune Afrique*, 29 mars 2011.
- Observatoire politique et stratégique de l'Afrique, Projet de recherche de l'OPSA, *L'Union africaine face aux enjeux de la paix, de la sécurité et de la défense*, Paris, avril 2002.
- Peter Arthur, « ECOWAS and Regional Peacekeeping Integration in West Africa: Lessons for the Future", in *Africa Today*, Indiana University Press, vol. 57, Number 2, Winter2010.
- Règlement MSC/REG.1/01/08, Document Cadre de Prévention des Conflits.
- UNDP, « Ecowas small arms control program (Ecosap), programme to tackle the illicit proliferation of small arms and light, weapons in Ecowas states », *Programme document*, August 2007.
- Union Africaine, *Rapport du Président de la commission sur la mise en place d'une architecture continentale de paix et de sécurité et sur l'état des processus de paix en Afrique*, PSC/AHG/3(IX), 25 mai 2004.
- Vogt Margaret, Muyangwa Monde, *An Assessment of the OAU Mechanism for Conflict Prevention, Management, and Resolution*, 1993-2000, 12 July 2000, 33 p.
- Weissman Fabrice, « Libéria, derrière le chaos, crise et interventions internationales » in *Relations Internationales et Stratégiques*, n° 24, Paris, IRIS, 1996.

Chapitre XVII

La montée en puissance de la Chine en Afrique depuis 1949 : un enjeu géopolitique africain

Xavier Aurégan

Cet article se propose d'analyser les relations entre la Chine et l'Afrique depuis les années 1950 à travers trois principaux temps qui permettent de mettre en perspective les « vingt glorieuses » de la Chine en Afrique, soit les rapports économiques et politiques afférents depuis 1994. Si le continent africain est un faiseur de puissance, l'inverse est également vrai puisque la Chine populaire est bien le principal acteur de la reconfiguration géopolitique africaine. En d'autres termes, la présence accrue de Pékin impose *de facto* une reconsidération des Afriques cosmopolitiques, qui se veut désormais essentiellement économique, mais pas uniquement. En cela, l'historicité de ce rapport global Chine-Afrique permet de reconsidérer ce changement de paradigme et d'en comprendre les différentes modalités et temporalités.

Introduction

Entre 1994, année de la création de deux des trois *Policy Banks*[1] chinoises, et 2014, lorsque Xi Jinping est officiellement intronisé Président de la République populaire de Chine (RPC), deux décennies de développement tous azimuts ont conduit Pékin à devenir la première puissance économique mondiale. Si les indicateurs économiques révèlent certains faits structurants, ils cachent néanmoins l'évolution sous-jacente ainsi que les moyens mis en œuvre par les dirigeants chinois pour faire réémerger « l'Empire du Milieu ». De fait, si certains évènements ont favorisé l'essor économique et (géo)politique chinois, y compris le 11 septembre 2001 et la crise des *Subprimes*, ce sont surtout les réformes endogènes qui ont favorisé l'internationalisation de la Chine, de ses entreprises à capitaux publics et de ses acteurs. Par conséquent, la Chine, pays réémergent et plurimillénaire, est bien l'un des principaux acteurs géopolitiques de ce début du XXIe siècle.

[1] L'*Export-Import Bank of China* (Exim) et la *China Development Bank* ont effectivement été créées en 1994 et forment, avec l'*Agricultural Development Bank of China*, les *Policy Banks* qui ont pour mission de financer le développement économique et les projets soutenus par l'État.

Nous sommes effectivement entrés dans ce siècle du Pacifique induit par ce changement configurationnel de la mondialisation, empli de ruptures, de nouveaux paradigmes, de bouleversements et lié au déplacement du centre de gravité international.

S'il est bien un territoire, un continent où cette résurgence des puissances en réémergences (Inde et Chine) et émergentes (Brésil par exemple) est palpable et effective, c'est d'une manière qui peut apparaitre paradoxale l'Afrique, et notamment l'Afrique subsaharienne. C'est effectivement par ces influences et présences économique, politique, culturelle et diplomatique au sein des Afriques que la montée en puissance chinoise se fait jour. Pour aborder ce partenariat sino-africain à travers lequel la Chine populaire peut être représentée comme le principal acteur de la reconfiguration géopolitique du continent, il est envisageable de découper cette relation en trois phases. La première, entre les années 1950 et l'accession de Pékin au Conseil de sécurité de l'Organisation des Nations unies (ONU), est celle de l'assise diplomatique et « idéologique » de la politique chinoise en Afrique.

À l'image des non-lieux de Marc Augé, la deuxième phase (1972-1993) est un non-temps et est synonyme de recentrement puisque les efforts chinois sont essentiellement endogènes, orientés vers sa politique intérieure : c'est l'époque des conflits politiques internes pour la succession de Mao puis des réformes de Deng Xiaoping. Ce deuxième temps de la Chine en Afrique correspond par ailleurs aux rivalités sino-taiwanaises afin d'obtenir les reconnaissances diplomatiques africaines. Enfin, le dernier temps, depuis 1994, correspond aux « vingt glorieuses » de la Chine en Afrique. Depuis le milieu des années 1990, nous assistons à la progression des relations multilatérales et bilatérales entre la Chine, le continent africain et les États qui le composent. Ces trois temps de la Chine en Afrique doivent permettre de recontextualiser l'historicité de ces deux parties amenées à jouer un rôle démographique, économique et politique prépondérant au XXIe siècle.

1. De la proclamation à l'accession de la RPC à l'ONU : le premier temps sino-africain (1949-1971)

En évinçant les expéditions de Zheng He[2] et après la proclamation de la RPC en 1949, la première date importante dans les rapports sino-africains est 1955. En ce début des années 1950, la Chine de Mao Zedong souhaite

[2] Entre 1417-1419 et 1431-1433, l'eunuque Zheng He a conduit deux expéditions en Asie et au large de la côte orientale africaine (Somalie, Kenya, Tanzanie, etc.). Ces missions réécrivent ainsi l'histoire – et notamment la découverte du continent africain, puisque la Chine aurait précédé de septante ans Vasco de Gama et les Occidentaux.

rattraper un retard pris volontairement (sous la dynastie Ming) ou involontairement (Traités inégaux, ouverture forcée et colonialisme européen), et s'affirme déjà comme une puissance politique à l'aura internationale lors de la Conférence indonésienne de Bandoeng de 1955. C'est la première Conférence internationale des États dits du Tiers-Monde et non-alignés. En Indonésie, chez Sukarno, 29 délégations sont présentes, soit la moitié de la population mondiale (1,4 sur 3 milliards). Parmi elles, la Chine et l'Inde s'affrontent à travers leurs leaders respectifs, Zhou Enlaï (ministre des Affaires étrangères) et Nehru (Premier ministre). Profitant de l'absence de la néanmoins influente Union des républiques socialistes soviétiques (URSS), la Chine tire son épingle du jeu en s'imposant *de facto* comme le défenseur des opprimés, des territoires et populations colonisés, et peut-être surtout comme la principale alternative aux deux blocs. Surtout, l'effort indien pour désidéologiser les propos et discours est adroitement suivi par Zhou Enlai, qui ne peut se couper d'États et de représentants éloignés ou hostiles aux principes fondamentaux du marxisme-léninisme. La Conférence adopte ces cinq principes[3] guidant les rapports de ce que l'on appellerait, aujourd'hui, les relations Sud-Sud. C'est donc bien cette Conférence qui représente le lancement de la politique chinoise – au sud du Sahara.

La « Chine-Afrique » est née, et la posture chinoise se matérialise *a posteriori* par le premier voyage de Zhou Enlai en Afrique (1963-1964)[4]. Durant cette tournée africaine, Zhou visite dix capitales africaines. Selon ses interlocuteurs, il est alternativement le libéral de Bandoeng, le révolutionnaire maoïste, l'anti-impérialiste, (inter)nationaliste et progressiste, voire, parfois, l'antisoviétique. L'objectif de ce voyage est de gagner à sa cause plurielle de nouveaux partenaires diplomatiques (Tunisie), d'évincer si possible l'URSS (en Égypte, en Algérie, au Mali, en Guinée et en Somalie), mais surtout de négocier l'organisation d'une nouvelle conférence au Sommet des pays afro-asiatiques qui doit se dérouler en 1964 à Alger. Ajournée quatre fois, du fait notamment des rivalités sino-indo-soviétiques, cette non-conférence signe la fin de la politique afro-asiatique à la chinoise et eut de lourdes conséquences sur les moyens mis en œuvre depuis Pékin pour négocier cette « troisième voie à la chinoise » dans les mondes asiatique et africain : de multilatérale, la politique devient bilatérale. Isolée puisque coupée du monde occidental, partiellement de l'internationale socialiste et

---

[3] Coexistence pacifique ; non-ingérence dans les affaires internes ; égalité et bénéfice mutuels ; non-agression ; respect de l'intégrité territoriale et des autres nations.

[4] La délégation chinoise visite Le Caire, Alger, Tunis, Rabat, Accra, Bamako, Conakry, Khartoum, Asmara et Mogadiscio.

plus certainement de l'URSS, la Chine choisit d'inscrire sa candidature à l'hégémonie mondiale, avec le Conseil de sécurité onusien en point de mire.

Durant les décennies 1950 et 1960, la politique étrangère pékinoise est influencée par cette rivalité sino-indo-soviétique. Plusieurs points et temps forts la caractérisent, dont le voyage de Nehru à Moscou en 1955 : c'est une victoire diplomatique pour l'Inde, Moscou signant les cinq principes de la coexistence pacifique. Quelques mois plus tard, Boulganine rompt avec les principes du marxisme-léninisme et cette rupture est pour le moins mal vécue à Pékin. Dès lors, le communisme devient officiellement polycentrique et, pour les potentiels partenaires, un choix doit être opéré entre soutenir Pékin ou Moscou. Omniprésents dans sa représentation du monde et des relations internationales, les rapports sino-soviétiques impactent la capacité de Pékin à s'ouvrir à l'outre-mer et influencent leurs partenaires respectifs, dont Cuba, les axes Pékin-Tirana et Pékin-Jakarta, ou encore Tito et Nasser. En février 1963, la conférence générale du comité de Moshi, en Tanzanie, représente en définitive le divorce sino-soviétique en matière de politique étrangère. Si les hostilités débutent entre Indiens et Chinois, ce sont bien les représentants de l'URSS qui dénoncent la position chinoise. Liu Ning-yi est accusé de propos racistes envers les « blancs » soviétiques. Ce prisme racial est repris par l'URSS, qui dénonce le péril jaune et « certains dirigeants nationalistes [chinois qui] voudraient diriger le mouvement de solidarité non pas contre l'impérialisme, le colonialisme et ses agents mais contre tous les hommes blancs » (Laïdi, 1979 : 25).

Pour la Chine – en Afrique –, ces années marquées par des conflits endogènes et dont l'apothéose fut la Révolution culturelle[5] sont celles des contributions chinoises aux Mouvements de libération nationale (MNL)[6]. Un certain nombre d'entre eux sont soutenus par Pékin : par exemple, des armes ont été livrées au Congo-Brazzaville, en Tanzanie, en Angola, en Algérie ou en Guinée. Dans ce cadre, la Défense et notamment le soutien militaire et politique aux MLN peuvent être considérés comme l'un des premiers « domaines » d'intervention et de coopération sur le continent. Contrairement aux présences étasuniennes et soviétiques, celle de la Chine populaire s'effectue essentiellement par ses armes et ses services de renseignement, dont le Département des Affaires spéciales (*Tewu*). Néanmoins, dans les années 1960, les forces chinoises étaient amoindries et

[5] Entre septembre 1965 et avril 1969, la purge des élites, des intellectuels et de la bureaucratie du Parti communiste chinois (PCC) aurait fait entre 400 000 et 3 millions de morts.

[6] En Afrique du Sud, en Angola, au Cameroun, au Cap-Vert, au Congo belge, en Guinée, en Éthiopie, en Érythrée, au Mozambique, au Niger, etc.

l'Armée populaire de libération (APL) sous-équipée du fait de la rupture des relations diplomatiques – et militaires – avec le voisin soviétique en 1960. *A contrario*, la RPC envoyait des instructeurs, présents en Tanzanie, formait des chefs nationalistes, dont Jonas Savimbi, le fondateur de l'Union nationale pour l'indépendance totale de l'Angola (UNITA), ou fournissait matériels et uniformes. De fait, dans cette seconde partie du siècle, Pékin souhaitait reproduire ce que Moscou avait été à la première, et les exemples angolais et biafrais mettent surtout en exergue le déficit d'influence et de capacité de projection chinois.

Ce premier temps sino-africain s'achève avec l'année 1971, qui est celle de l'accession chinoise comme membre permanent au Conseil de sécurité de l'ONU. Après un certain isolement sur la scène internationale (entre 1958 et 1968) et africaine en particulier, la Chine populaire remporte victoire sur victoire diplomatique, France comprise. En 1971, un certain nombre d'États africains n'ont pas voté pour Pékin, et ces derniers sont principalement francophones, auparavant intégrés au sein des Afrique Occidentale et Équatoriale française (AOF et AEF). La photographie historique et cartographique de ces États africains opposés aux « Rouges » est à mettre en parallèle de celle qui met en exergue ceux ayant joué le jeu des deux Chines, qui ont donc reconnu alternativement Pékin et Taipeh (Carte 1). Ces États sont une nouvelle fois majoritairement francophones et les deux cartes se superposent donc partiellement. Dans ce cadre, l'économie joue un rôle primordial : au Burkina Faso, pour évincer Pékin et en plus d'accorder des pots-de-vin aux dirigeants, Taiwan a octroyé un chèque substantiel calculé à partir de la population de cet État ouest-africain enclavé, soit environ 50 millions de dollars (Aurégan, 2011).

Avant 1971, le continent africain a ainsi été le théâtre d'affrontements diplomatiques entre la Chine populaire et sa « vingt-troisième province ». Ces rivalités sino-taïwanaises ont débuté en 1958, année du lancement du Grand Bond en avant aux conséquences humaines et politiques pour le moins néfastes[7], et se sont achevées en 1970, quelques mois avant la victoire diplomatique et stratégique pékinoise. Elles ont toutefois repris entre 1988 et 1998, année où l'Afrique du Sud reconnait Pékin. Ainsi, en mettant en parallèle les chronologies chinoise, taïwanaise et africaine, Taipeh et sa politique du chéquier ont donc clairement profité des contextes endogènes chinois pour démarcher des partenaires politiques en Afrique – et ailleurs. Désormais en situation de « précarité diplomatique », Formose ne compte plus que trois ambassades en Afrique (Burkina Faso, Sao Tomé-et-Principe et

[7] Souhaitant impulser une modernisation économique, le gouvernement chinois a engendré une famine ayant causé le décès de 15 à 30 millions de ses ressortissants.

Swaziland), et les dirigeants africains sont de moins en moins enclins à irriter les pouvoirs politiques, économiques et culturels de la Chine continentale.

Après 1971 et la victoire diplomatique et géopolitique chinoise au CSNU, c'est paradoxalement le début du recul idéologique et d'un changement paradigmatique consistant en le primat de l'économie sur le politique et sur l'idéologie. On assiste ici au relatif mais néanmoins réel recul de la projection politique chinoise sur le continent, contre-représenté par le décaissement de 400 millions $ à l'égard de la voie ferrée reliant Dar es Salam en Tanzanie (Tanzam).

Carte 1

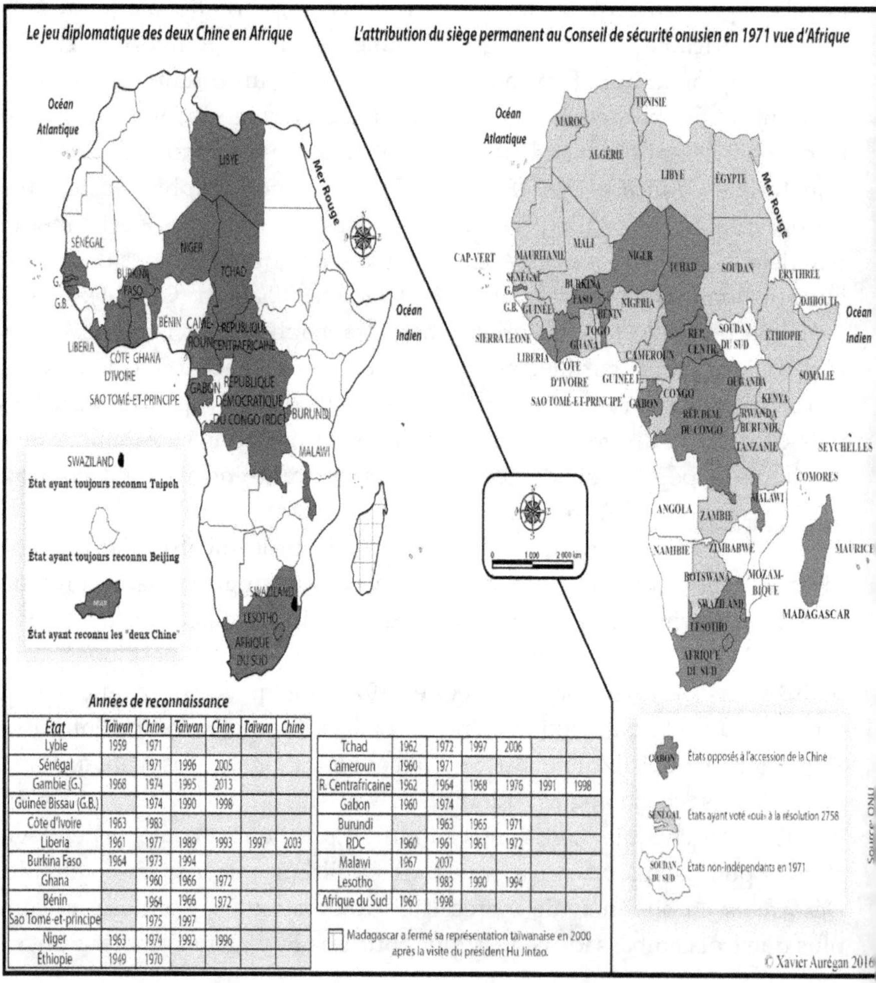

Années de reconnaissance

État	*Taïwan*	*Chine*	*Taïwan*	*Chine*	*Taïwan*	*Chine*
Lybie	1959	1971				
Sénégal		1971	1996	2005		
Gambie (G.)	1968	1974	1995	2013		
Guinée Bissau (G.B.)		1974	1990	1998		
Côte d'Ivoire	1963	1983				
Liberia	1961	1977	1989	1993	1997	2003
Burkina Faso	1964	1973	1994			
Ghana		1960	1966	1972		
Bénin		1964	1966	1972		
Sao Tomé-et-principe		1975	1997			
Niger	1963	1974	1992	1996		
Éthiopie	1949	1970				
Tchad	1962	1972	1997	2006		
Cameroun	1960	1971				
R. Centrafricaine	1962	1964	1968	1976	1991	1998
Gabon	1960	1974				
Burundi		1963	1965	1971		
RDC	1960	1961	1961	1972		
Malawi	1967	2007				
Lesotho		1983	1990	1994		
Afrique du Sud	1960	1998				

Madagascar a fermé sa représentation taïwanaise en 2000 après la visite du président Hu Jintao.

2. 1972-1993 : le « non-temps » de la Chine en Afrique

Cette deuxième phase des relations sino-africaines débute ainsi par le principal ouvrage et projet de coopération réalisé par la Chine en Afrique. Le pharaonique Tanzam est une voie ferrée de 1 600 kilomètres reliant Lusaka, en Zambie, à Dar es Salam, en Tanzanie. Après deux refus de la part des Occidentaux (Banque mondiale et britannique), le gouvernement zambien, soucieux d'exporter son cuivre, se tourne vers Pékin qui voit dans la réalisation de cette infrastructure l'équivalent du barrage égyptien d'Assouan – construit par l'URSS. Financée par un prêt sans intérêts de trois décennies dont huit années de grâce et construit entre 1973 et 1976 avec une année d'avance, cette ligne de chemin de fer aurait mobilisé jusqu'à 50 000 ouvriers chinois et reste, tant dans les représentations africaines que dans le discours chinois, comme la principale collaboration Sud-Sud.

Nonobstant le Tanzam, à partir du milieu des années 1970 et malgré le nouveau statut international de la Chine populaire, ces années post-1971 coïncident avec un bilan africain en demi-teinte. Il l'est jusqu'à Tian'anmen et au début des années 1990. Ce « non-temps » chinois en Afrique, à relativiser, est moins le fait de contextes africains ou internationaux (Fonds monétaire international, chocs pétroliers, chute des cours des matières premières, crises sociopolitiques et coups d'État) que de plusieurs facteurs qui sont principalement liés à la Chine. Diplomatiquement, le bilan est mitigé dans ces premières années post-onusiennes. Les visites à Pékin de Kissinger en 1970 et de Nixon en 1972 s'opposent à la timide reprise des relations avec l'URSS en 1970. Si la politique étrangère n'est pas remisée, moyens comme forces se concentrent sur l'intérieur puisque le retour de Deng Xiaoping, en 1973, est à corréler aux décès de Zhou Enlai (8 janvier 1976) et de Mao Zedong (9 septembre). L'Assemblée nationale populaire adopte également en 1975 les Quatre Modernisations[8] qui vont contribuer à l'ouverture économique du pays et des Zones économiques spéciales (ZES) en 1979. La fin officielle de la Révolution culturelle en 1977, et finalement la victoire de Deng Xiaoping au plénum du Comité central de décembre 1978, obligent les dirigeants à se concentrer sur la politique intérieure.

Cette période est donc surtout celle des réformes économiques, sociales et politiques. De la décollectivisation à l'ouverture économique internationale, la Chine ferme définitivement le chapitre Mao et ouvre celui de Deng. Les principaux faits marquants sont : la quatrième constitution de 1982, la réforme des communes populaires en 1983 et les réformes économiques de 1984. De fait, la réforme des entreprises publiques, est au

[8] Agricole, industrielle, de Défense et scientifique.

cœur de la « nouvelle » politique économique chinoise ; depuis 1978, les unités de travail disparaissent progressivement en faveur des entreprises, puis des sociétés de capitaux et finalement des sociétés par actions (depuis 2003). Le droit privé et la dématérialisation des actifs publics[9] progressent et les provinces gagnent en responsabilités et pouvoirs. L'ensemble de ces réformes va finalement avoir un rôle primordial dans notre manière d'analyser le rôle et l'influence des présences chinoises sur le continent, forcément plurielles. Alors que les relations avec l'URSS se normalisent et sont officiellement rétablies avec la Russie en 1992, la visite écourtée de Mikhail Gorbatchev, initiateur de la glasnost, la démocratisation taïwanaise et surtout le décès de Hu Yaobang qui déclenchent « paradoxalement » les évènements d'avril-juin 1989 sur la place Tian'anmen. L'aile réformatrice du régime chinois est écartée. D'une manière qui peut paraître paradoxale, la répression est peu critiquée en Afrique : nombre de gouvernements doivent ou vont également composer avec des « élans démocratiques » orchestrés ou souhaités par les bailleurs du « Nord ». De leurs points de vue, si la démocratie est dépendante de la politique, l'inverse n'est pas nécessaire. En prolongeant cette réflexion, développement et démocratie ne sont pas interdépendants comme en Occident, et nul besoin d'être démocrate pour s'enrichir.

Entre la résolution 2758 et l'année 1988, le gouvernement chinois poursuit néanmoins ses coopérations avec les États reconnaissant le principe d'une Chine unique. Elle en retire un certain prestige auprès des dirigeants et des populations concernées, puisque d'une part ses réalisations sont symboliques et ostentatoires (palais, stades, hôpitaux ou ports), et d'autre part, elles sont adressées aux populations rurales (riziculture et missions médicales). Si les montants, hormis pour le Tanzam, ne rivalisent pas avec l'URSS et les anciennes puissances coloniales, cette modeste contribution est globalement bien accueillie. Néanmoins, ce contre-modèle est politiquement un échec puisque, finalement, les modes opératoires chinois sont une adaptation de ceux utilisés par les camps occidental ou soviétique. Il en résulte un retrait du continent, relatif, certes, mais perceptible. Les diplomates rappelés lors de la Révolution culturelle ne sont jamais revenus pour la plupart. Leurs successeurs n'ont ni la même formation ni la même expérience. Avec des moyens limités, une idéologie vacillante et une stratégie qui manque de clarté, ils peinent à surfer sur le nouveau statut de puissance internationale que la Chine a obtenu en 1971. En interne, en Chine,

[9] Stratégie des groupes publics chinois visant, à pratiquer des fusions-acquisitions et à réaliser des Investissements directs internationaux (IDI) à l'international pour rapatrier des capitaux et contourner les législations nationales contraignantes.

les évolutions politiques et institutionnelles vont avoir un impact considérable sur l'extérieur. Les réformes économiques chinoises sont donc les véritables moteurs ou facteurs explicatifs de la « percée » économique et politique chinoise en Afrique. Au lendemain de Tian'anmen, la Chine va s'engager dans un nouveau cycle de réformes qui concernent directement le continent africain, du moins l'Afrique dans son rapport à la Chine et vice-versa. Nous entrons dans deux décennies de développement tous azimuts, du point de vue commercial, des investissements et des relations (culturelles, économiques et politiques) : ce sont les « vingt glorieuses de la Chine en Afrique », rendues possibles par les réformes structurelles chinoises.

3. Les « vingt glorieuses » de la Chine en Afrique

De nombreux facteurs ont entrainé et favorisé le « retour de la Chine en Afrique », dont la décentralisation des politiques économiques et des moyens au profit des provinces, la perte d'influence relative du gouvernement central, la corruption endémique suite au slogan « Enrichissez-vous ! », l'évidement moral et idéologique des élus, des nommés et des dirigeants, les migrations d'intellectuels et de scientifiques, etc. Synthétiquement, deux cadres analytiques peuvent résumer les évolutions majeures qui ont conduit Pékin et ses acteurs à se réintéresser au continent. Le premier est lié à l'ensemble des réformes qui touchent les entreprises et leurs statuts juridiques.

Le second est dû aux réformes institutionnelles et stratégiques. Elles ont permis le développement du secteur financier avec la création des instruments permettant d'accroitre considérablement l'aide octroyée à l'outremer et à l'Afrique spécifiquement. Entre le lancement de la politique de *Going Out* en 1993 et le sixième Forum de coopération Chine-Afrique (FOCAC) de décembre 2015, la Chine est ainsi passée par d'innombrables temps forts, impossibles à évoquer *in extenso*. Les réformes liées aux statuts des entreprises chinoises ont partiellement aligné ces dernières sur le modèle libéral et capitaliste occidental et ont surtout permis aux acteurs économiques chinois de « sortir » du territoire. Cette évolution peut être représentée par la promulgation des Principes généraux du droit civil instaurant les personnes physiques et morales en 1986, et par la place de plus en plus prépondérante du droit privé : des unités de travail avant 1978 aux entreprises à partir de 1988 et jusqu'aux sociétés – à responsabilité limitée, par actions et à capitaux – à partir de 1993. Cette politique de dématérialisation des actifs publics et de transposition dans le droit privé fut consacrée dix ans plus tard, en 2003, avec la création de la Commission de supervision et d'administration des biens publics (SASAC). Celle-ci gère les Entreprises d'État et notamment les entreprises sous tutelle centrale (ETC), au nombre de 112 en 2015 – ces « champions nationaux » classés par le Fortune Global 500 et opérant de plus en plus à l'étranger, Afrique incluse. Ces derniers sont, avec les États africains, les principaux bénéficiaires de l'aide liée chinoise qui transite pour partie via l'*Exim Bank of China, créée* en 1994. En se juxtaposant aux réformes institutionnelles et stratégiques, ces réformes liées aux entreprises vont permettre à la Chine de regagner sa place au FMI et à la Banque mondiale (1980), d'intégrer le *General Agreement on Tariffs and Trade* (GATT) en 1982, ou de devenir membre de l'Accord multifibres en 1983. En cela, la consécration intervient en 2001 lorsque la Chine intègre l'Organisation mondiale du commerce (OMC). Ce contexte réformateur des décennies 1980, 1990 et 2000 et les sept séries de réformes attenantes ont fait évoluer la Chine vers ce capitalisme d'État (Bergère, 2013). Pour la Chine-Afrique, ce corpus de réformes plurielles a ainsi engendré les « vingt glorieuses » de la Chine en Afrique et ses trois principales composantes : l'aide, les investissements et le commerce.

Sans prétendre à l'exhaustivité, d'autres facteurs sont à intégrer dans cette montée en puissance chinoise en Afrique. En sus des ressentiments, en Afrique, à l'égard des États occidentaux, ces facteurs sont politiques avec la recherche d'alliances après Tian'anmen et la seconde parenthèse taïwanaise en Afrique, la chute du Mur et la dissolution de l'URSS, l'hégémonie étasunienne puis la multipolarisation des pouvoirs économique et politique, ou encore le développement des relations Sud-Sud jusqu'à la création de la Nouvelle banque de développement des BRICs en juillet 2014. Ces facteurs sont également économiques et géopolitiques, avec la crise économique asiatique de 1997, le rebasculement économique international vers l'Est et l'Asie, la baisse de l'aide européenne en Afrique réorientée vers les Pays d'Europe centrale et orientale (PECO), ou la dépendance énergétique chinoise, Pékin étant amené à faire des *resource-seeking investments* (investissements stratégiques) au Moyen-Orient, en Amérique latine, et donc en Afrique.

En ce qui concerne cette dernière, les trois principaux leviers de la Chine sont économiques et sont relatifs au commerce, aux investissements et à l'aide. Bien qu'interdépendants et enchevêtrés à des stratégies politiques hétérogènes et parfois disparates, il est plus aisé de les séparer pour décomposer cette relation sino-africaine.

Les échanges commerciaux sont certainement les plus scrutés par les observateurs et puissances traditionnelles du continent africain. À la faveur de la crise économique et financière de 2008-2009, la Chine populaire est devenue le premier partenaire commercial de l'Afrique en 2009, supplantant les États-Unis après avoir dépassé l'Allemagne en 2004, l'Italie en 2005 ou la France en 2006. Selon la base de données de la Conférence des Nations Unies sur le commerce et le développement (CNUCED), entre 1995 et 2014, ces échanges ont ainsi été multipliés par 53, passant de 3,8 milliards $ à 221 milliards $ en 2014 ! S'ils concernent tous les États africains, même ceux qui n'accueillent pas d'ambassade chinoise, les flux commerciaux sont très hétérogènes d'un pays à l'autre et représentent de profonds déséquilibres. Géographiques tout d'abord, puisque l'Afrique du Sud (24,3 %) et l'Angola (18,2 %) accaparent près de la moitié des échanges (42,5 %) entre 1995 et 2014. Émerge un deuxième groupe d'États africains, composé du Nigeria (6 %), de l'Égypte et du Soudan du Nord (5 %), de l'Algérie (4 %), de la Libye et du Congo Brazzaville (3 %), qui totalise 26 % des importations et exportations chinoises cumulées. Enfin, 47 États africains ne représentent que 31,5 % du commerce sino-africain. Huit États africains concentrent donc 70,9 % du commerce sino-africain. Dans la structure même de ce commerce également, puisque la majorité des territoires non exportateurs de matières premières voit leur déficit commercial se creuser année après année, dont le Nigeria et l'Égypte (56 et 49 milliards $ au total entre 1995 et 2014), contrairement à l'Angola, principal exportateur de pétrole en Chine, qui dispose d'une balance commerciale excédentaire avec Pékin (171 milliards $).

De fait, la structure de ce commerce sino-africain ressemble trait pour trait à celle des États-Unis, la Chine exportant des articles manufacturés à 92 % et important du pétrole et des minerais à 78 %. En Afrique ou dans la Triade, cette composante des relations entraine de nombreuses réactions et critiques, alimentant également les arguments de celles et ceux décrivant comme (néo)coloniale la politique chinoise au Nord et au sud du Sahara. Simpliste et simplificatrice, cette représentation s'appuie par ailleurs sur les impacts locaux et macroéconomiques de l'aide au développement, et sur les investissements chinois réalisés *in situ*.

Encore relativement faibles, les investissements directs à l'étranger ou internationaux (IDE-IDI) chinois en Afrique sont annuellement de l'ordre de 2 milliards $, soit 4 % des investissements chinois à l'étranger (Pairault, 2010, 2012 et 2014). Bien que de plus en largement distribués, d'un point de vue géographie comme sectoriel, ils sont encore largement concentrés aux secteurs pétroliers, des minerais, des télécommunications et *last but not least*, des infrastructures. L'agriculture et la santé font partie des nouvelles niches investies par les entreprises sous tutelles centrale et locale, soit des groupes à capitaux publics respectivement administrés par la SASAC et les provinces. D'origine publique, ces investissements sont également réalisés par des entreprises de droit privé[10], des *Wholly Foreign Enterprises* (WFOE)[11] et, de plus

[10] Telle *Huawei*, une société privée à capital fermé (*Chinese Private Equity Firm*).

en plus, par des migrants-investisseurs (Aurégan, 2013-b), ces Chinois-es établi-e-s en Afrique et créant sur place une société de droit ivoirien, angolais ou sud-africain. Estimés entre 500 000 et un million, ces ressortissants chinois sont parfois installés depuis plusieurs décennies (Afrique du Sud ou Madagascar) et sont généralement intégrés dans les 2 000 entreprises « chinoises » exerçant en Afrique. Contradictoires et diversifiées, les stratégies d'investissement des publics et privés chinois mettent à mal les positions des tenants d'une politique africaine de la Chine décidée unilatéralement au sein du Conseil d'État et appliquée dans les ministères techniques. L'aide au développement apportée par Pékin pourrait y pourvoir, mais ce serait omettre ses objectifs ambivalents, à l'image de ceux des ministères du Commerce (MOFCOM) ou des Affaires étrangères.

A priori, de 2000 à 2015, soit entre le premier et le sixième FOCAC, l'aide chinoise octroyée à l'Afrique serait passée de 5 à 60 milliards $. Pourtant, à y regarder de plus près, ces sommes ne constituent pas *in extenso* de l'aide qui, dans tous les cas, est très éloignée de celle définie par le Comité d'aide au développement de l'Organisation de coopération et de développement économiques (CAD de l'OCDE). De fait, l'aide chinoise ne forme que la partie congrue de cette « coopération » sino-africaine, à peine 5 %. Ce que nous nommons « coopération » intègre l'aide, une aide chinoise qui est liée au sens de l'OCDE (2008), et qui, en plus des jumelages et des remises de dettes, comprend trois formes d'interventions : les dons, les prêts sans intérêts, et les prêts avec intérêts. Parfois dirigés vers des coentreprises, ces derniers sont des investissements publics lorsqu'ils sont intégrés à un *package* où se croisent dons et autres prêts. S'ils sont avec intérêts, ces prêts sont majoritairement octroyés et garantis par l'Exim. La coopération exclut donc naturellement le commerce, les investissements publics sortant du cadre de l'aide et les investissements privés.

Prenons un exemple. En Côte d'Ivoire (Aurégan, 2016-a et 2013-a), la Chine est désormais le deuxième bailleur, certes loin derrière la France, mais devant les États-Unis, l'Allemagne ou le Royaume-Uni. Entre 1983 et 2014, la Chine a accordé 4,2 milliards € aux différents gouvernements qui se sont succédé. Les dons (aide au sens strict) représentent 115 millions €, soit 2,7 % du total. Les prêts sans intérêts, avec 209 millions €, forment 5 % de l'aide prise au sens large, complétée par les remises de dettes (26 millions € ou 0,6 %). Ces trois composantes ne totalisent que 8,3 % du montant global. Les 91,7 % restant sont ainsi des crédits acheteurs, soient des prêts avec intérêts et des « investissements » qui sont, au moins pour les crédits, comptabilisés

---

[11] Dans le droit privé chinois, entreprise à responsabilité limitée destinée aux étrangers qui ne sont pas astreints à s'associer à un national.

dans les plans d'action des FOCAC (Aurégan, 2015). À la recherche de marchés, de débouchés et d'expériences pour ses groupes publics, la Chine « financiarise » sa politique d'aide qui, de désintéressée avant les années 1990, s'est progressivement muée en un instrument diplomatique, politique et financier. Malgré les indéniables retombées positives que nous pouvons constater sur le terrain (Aurégan, 2016-b et 2016-c), ce dispositif complexe est à même de soutenir les investissements chinois à l'outre-mer, de soutenir les entreprises s'y attelant, et en définitive, de soutenir la croissance économique endogène.

Conclusion

Durant ces sept décennies de relations sino-africaines, trois phases antagoniques mettent en exergue l'évolution de la Chine populaire et de ses relations avec le continent africain. Le premier temps (1949-1971) est celui de l'idéologie, de l'APL et des MNL, avec en toile de fond la rivalité sino-indo-soviétique pour le leadership au sein du Tiers-Monde. Le deuxième (1972-1993) se caractérise par un repli endogène, marqué par les impacts de la Révolution Culturelle et les réformes denguistes, mais également par les Programmes d'ajustement structurels (PAS) du FMI découlant des crises économiques des années 1970 et 1980. À partir de 1993, la poursuite des réformes chinoises, les nouveaux acteurs, institutions et moyens mis au service de la politique extérieure pékinoise, la dépendance énergétique chinoise, sa réserve de devises et son extraordinaire croissance sont à corréler aux contextes africains et internationaux, l'ensemble favorisant ce « retour » chinois en Afrique. Les États occidentaux s'étant partiellement détournés du continent durant les années 1990, la Chine y a vu une opportunité économique, financière, politique, diplomatique et culturelle. Schématiquement, l'Afrique « a fait » la France et le Royaume-Uni, elle pourvoit donc depuis les années 1990 et 2000 à l'ascension de la puissance chinoise, et pourquoi pas demain, à celles de l'Inde, du Brésil, de la Turquie, de l'Indonésie, etc.

Au cœur des dynamiques politiques, économiques et géopolitiques internationales, dans lesquelles la Chine fait *a fortiori* partie et joue un rôle de premier plan, le continent africain peut ainsi être appréhendé *via* la médiatique percée des « vingt glorieuses » de la Chine en Afrique. Laquelle doit être remise en perspective vis-à-vis des décennies précédant le premier FOCAC de l'an 2000. Encore faut-il objectiver que, sans réflexion globale, multilatérale et multiscalaire de la part des 51 États africains ayant des relations diplomatiques officielles avec Pékin, sans prise de position et sans « politique chinoise » de l'Union Africaine, ce que l'on nomme Chine-Afrique n'est rien d'autre que des relations bilatérales *a fortiori* asymétriques et inégales entre les États africains et la puissance chinoise, que ces dernières soient économiques, politiques, géopolitiques, culturelles et commerciales.

Ces relations doivent également être appréhendées à travers la multiplicité d'acteurs impliqués et il convient de distinguer les migrants-investisseurs, ces entrepreneurs privés qui profitent d'opportunités ; la diaspora ; l'État chinois, qui va orienter la politique en tant que telle ; et de plus en plus, les grands – et puissants – groupes publics chinois, qui, eux, mettent en œuvre leurs propres stratégies commerciales, qui sont plus ou moins indépendants de l'État central ou des provinces, et qui sont de plus en plus identiques aux Firmes transnationales occidentales. Sans omettre les institutions et les banques, dont l'Exim.

La majorité de ces acteurs s'insère dans un enchevêtrement complexe où influences économiques et politiques gouvernementales forment une toile dans laquelle demeure une dualité : premièrement, ces acteurs entendent maximiser leurs profits. Secondement, l'État les incite à développer des lignes d'approvisionnement transcontinentales pour alimenter la dorénavant mondialisée « China Corporation ». Ainsi, elle est un des visages de la *gouvernementalité* de Michel Foucault, avec le rôle central de l'État, soit un modèle anti-occidental s'opposant au Consensus de Washington et à ses apôtres.

Références bibliographiques

- Askouri A. [2011], « Investissements chinois en Afrique : les ingrédients d'une stratégie de déstabilisation », *Alternatives Sud,* volume XVIII – 2011/2, pp. 133-143. : http://www.cetri.be/IMG/pdf/06-2.pdf (page consultée le 21 août 2015).
- Aurégan X. [2016-a], « Aide, investissements et migrants-investisseurs : les interventions chinoises en Côte d'Ivoire », *Autrepart,* n° 70.
- Aurégan X. [2016-b], « The Millennium Development Goals and Chinese involvement in French-speaking West Africa: which contributions for which issues? », *African Geographical Review,* Special Issue: From MDGs to SDGs: Africa in the Post-2015 Development Agenda. À Geographical Perspective, 16 p.
- Aurégan X. [2016-c], *Géopolitique de la Chine en Côte d'Ivoire,* Paris, Riveneuve, 350 p.
- Aurégan X. [2013-a], « La Chine, d'un État honni à incontournable en Côte d'Ivoire », *Croisements,* n° 3, pp. 86-111.
- Aurégan X. [2013-b], « Représentations, "intégrations" et organisations : les enjeux des dynamiques migratoires chinoises à Abidjan (Côte d'Ivoire) », *Monde chinois,* n° 33, pp. 55-66.
- Aurégan X. [2011], « Le Burkina Faso et les « deux Chines », *Outre-Terre,* n° 30, pp. 381-390.
- Azoulay G. [2011], « Les nouvelles formes de l'aide publique au développement et l'éventuel "retour de l'État" dans les pays d'Afrique subsaharienne », *Mondes en développement,* n° 153, pp. 57-70.

- Bergère, M-C [2013], *Chine, le nouveau capitalisme d'État,* Fayard, Saint-Amand-Montrond, 310 p.
- Berthélemy J.-C. [2009], « Impact of China's engagement on the sectorial allocation of resources and aid effectiveness in Africa », *in* « Fostering development in an era of financial and economic crises », *African economic conference 2009,* 32 p. http://www.uneca.org/sites/default/files/uploaded-documents/AEC/2009/aec2009backgroundpaper.pdf (page consultée le 27 août 2015)
- Chaponnière J.-R. [2008], « L'aide chinoise à l'Afrique : origines, modalités et enjeux », *L'Économie politique,* n° 38, pp. 7-28.
- Chaponnière J.-R. [2012], « China in Africa : the aid trade investment nexus», *in* « Issues on development aid: an European perspective », *Korea Institute of Economic Policy,* Seoul, 15 p.
http://crbc.ehess.fr/docannexe/file/1050/brics_25_mars_2013_jrc_kiep_china_africa_aid_investment_trade_nexus_2013.pdf (page consultée le 20 mai 2014).
- CNUCED [2015], *Centre de données,* Genève, Conférence des Nations Unies sur le commerce et le développement :
http://unctadstat.unctad.org/wds/ReportFolders/reportFolders.aspx?sCS_ChosenLang=fr (page consultée le 27 août 2015).
- Downs E.S. [2011], « China Development Bank's oil loans, pursuing policy and profit », *China economic quarterly,* December 9, pp. 43-47.
- Foucault M. [2004]. *Sécurité, territoire, population : Cours au Collège de France (1977-1978),* Paris, Seuil, 435 p.
- Gabas J.-J., Chaponnière J.-R. [2012], *Le Temps de la Chine en Afrique–Enjeux et réalités au sud du Sahara,* Paris, Karthala, 216 p.
- Goldstein A., Pinaud N., Reisen H., Chen X. [2006], *The Rise of China and India: What's in it for Africa?,* Paris, OCDE, 150 p.
- Héricourt J., Poncet S. [2007], « FDI and credit constraints: firm level evidence in China », *Economic Systems,* vol. 33, n° 1, pp. 1-21. URL : http://dx.doi.org/10.1016/j.ecosys.2008.07.001 (page consultée le 25 août 2015).
- Huchet J.-F., Richet X. [2005], « Gouvernance, coopération et stratégie des firmes chinoises », Paris, L'Harmattan, 212 p.
- Huchet J.-F., Ruet J. [2008], « Les multinationales chinoises et indiennes à la conquête du monde », in Jaffrelot C., *L'Enjeu mondial. Les pays émergents,* Paris, Presses de Sciences Po, pp. 209-220.
- Hugon P. [2008], « La Chine en Afrique, néocolonialisme ou opportunités pour le développement ? », *Revue internationale et stratégique,* n° 72, pp. 219-230.
- Hugon P. [2011], « L'économie politique tricontinentale : le cas des relations de l'Afrique avec la Chine et l'Inde », *Tiers monde,* n° 208, pp. 45-63.
- Laïdi Z. [1979], « Les grandes puissances et l'Afrique », *Cahiers Cheam,* n° 7, p. 25.
- OCDE [2008], *Définition de référence de l'OCDE des investissements directs internationaux,* Quatrième édition, Paris, Organisation de coopération et de développement économiques, 284 p.
- Pairault T. [2014], « Chinese direct investment in Africa. A State Strategy ? ». *Région et Développement,* n° 37, pp. 259-284. URL : https://halshs.archives-ouvertes.fr/halshs-00981417/document (page consultée le 23 mai 2015).

- Pairault T. [2012], « Sur l'investissement chinois en Afrique », *Chine–Afrique* : http://www.pairault.fr/sinaf/index.php/l-investissement-chinois-en-afrique (page consultée le 23 mai 2015).
- Pairault T. [2010], « Le rôle des investissements directs étrangers entrants et sortants en Chine : une appréciation », *Région et Développement*, n° 311, pp. 119-142. : https://halshs.archives-ouvertes.fr/halshs-00982768/document (page consultée le 25 août 2015).
- Richet X. [2013], « Internationalisation des firmes chinoises : croissance, motivations, stratégies », Séminaire BRICs, UP3 université Sorbonne nouvelle, mars 2013, 21 p. : https://halshs.archives-ouvertes.fr/halshs-00796197 (page consultée le 25 août 2015).
- Sasac [2014], *Liste des entreprises centrales*, publiée le 09/02/2015, Beijing, PRC, Sasac : http://www.sasac.gov.cn/n1180/n1226/n2425/ (page en chinois consultée le 9 mai 2015).

Chapitre XVIII

Grandes puissances, pétrole et décomposition sécuritaire dans le golfe de Guinée

Japhet A. Anafak et Leonel K. Nguefack

La question centrale de cette thématique repose sur le rôle trouble des grandes puissances dans le golfe de guinée. Dans un contexte international post Guerre froide de plus en plus conflictuel, marqué par les attentats du 11 septembre qui ont enflammé le moyen orient, cette région, de par ses enjeux énergétiques, est devenue non seulement le nouvel *eldorado* des grandes puissances en matière énergétique, mais constitue une des zones importantes de la sécurité continentale et internationale. On assiste à une concurrence de ces puissances, dominées par les États-Unis et la Chine. Les États Unis, attaqués le 11 septembre ont alors amorcé une inflexion vers plus diversification et notamment une plus grande présence dans le golfe de Guinée. Ce retour est caractérisé par une politique étrangère axée autour de la lutte contre le terrorisme et l'occupation des couloirs énergétiques stratégiques. Dans un contexte de forte concurrence des acteurs redoutables comme la Chine, cette politique s'appuie sur des instruments à la fois soft et hard que nous avons appelés ici politiques étrangère 3D. Quant à la Chine, bien que les relations avec l'Afrique soient très anciennes, l'implication stratégique, géopolitique et politico-diplomatique de Pékin dans le golfe de guinée est relativement récente. Mais la Chine doit faire face à un double défi. D'abord la rude concurrence des autres pays qu'elle va essayer de contourner par un développement économique et culturel sans précèdent et ensuite l'intensification de sa présence militaire dans la région.

Introduction

La découverte des premiers barils de pétrole dans le golfe de Guinée[1] dans les années 1950, a de façon significative, orienté la configuration sociopolitique de la région. Depuis lors, ce hub énergétique au cœur de

[1] Le golfe de Guinée est un espace en définition. Sa définition varie en fonction des disciplines et des chercheurs. Dans le cadre de cet article, nous optons pour la définition institutions qui définit le golfe de Guinée comme un ensemble constitué de huit pays que sont l'Angola, le Cameroun, le Congo-Brazzaville, le Gabon, la Guinée équatoriale, le Nigéria, la RDC et enfin Sao Tomé-et-Principe.

l'Afrique subsaharienne est devenu le théâtre d'opération de la politique politicienne, de la géopolitique, de la diplomatie mais surtout de la guerre et la corruption. Câble d'alimentation d'abord de *la Françafrique*, puis de la *Chinafrique* et de l'*Américanafrique* ensuite, ces ressources sont au cœur d'une des batailles géopolitiques les plus agressives du XXIe. Toutefois, l'engouement qu'elles suscitent peine à cacher un déficit sécuritaire profond et préoccupant nourri par la mal gouvernance et de multiples manœuvres de déstabilisation d'origine interne et externe. Le rôle trouble des grandes puissances (pompiers-pyromane) rend complexe toute recherche en vue de cerner les véritables enjeux de leurs implications dans la lutte contre l'insécurité dans cet espace géopolitique qui n'a pas encore finit de dévoiler son potentiel énergétique. L'objet de cet article est, d'une part, de montrer les actions diplomatiques des grandes puissances (Chine-USA) dans le golfe de Guinée en vue du maintien de la paix menacée par de nombreux conflits. Et, d'autre part, de monter que les importantes réserves pétrolières offshores, participent à cette décomposition sécuritaire. En s'appuyant sur la théorie de Joseph Nye sur la puissance (*soft-hart-smart power*)[2], cet article essaie, en se fondant sur les rapports du Sénat de France et une bibliographie actuelle, de clarifier le rôle de pompier-pyromane de la Chine et des États-Unis dans cette instabilité du golfe de Guinée, liée en grande partie à la manne pétrolière mais aussi la gouvernance et l'environnement.

1. Actions diplomatiques de paix et de sécurité des États-Unis dans le golfe de Guinée

Au fur et à mesure que le golfe de Guinée dévoile son potentiel énergétique, les grandes puissances s'organisent dans leurs politiques extérieures pour préserver, étendre et défendre leurs intérêts. L'objet de cette partie est d'analyser la stratégie de chaque acteur dans la région. Layne Christopher[3] en son temps répartissait la stratégie en trois étapes : la détermination des intérêts sécuritaires vitaux d'un État, l'identification des menaces de ces intérêts, la décision sur la meilleure manière d'employer les ressources politiques, militaires et économiques de l'État afin de protéger ces intérêts. Ainsi perçue, la stratégie américaine et chinoise dans le golfe de Guinée nous interpelle particulièrement lorsqu'on sait que chacune de ces puissances a souvent mené une politique étrangère teintée d'endiguement à

---

[2] Joseph Nye, *Le leadership américain : quand les règles du jeu changent*, Nancy, Presses universitaires de Nancy, 1992.

[3] Christopher Layne cité par Struye Tanguy, *La Chine et le repositionnement des grandes puissances en Afrique : analyse géostratégique et géoéconomique*, Louvain-la-Neuve, Presses universitaires de Louvain, 2010.

l'égard de potentiels adversaires. Une realpolitik souvent déployée sous couvert d'actions humanitaires, de droit international ou d'aide au développement. Il est impérieux de se pencher sur les stratégies de chaque acteur au regard des enjeux respectifs dans le golfe de Guinée.

Washington et la question sécuritaire dans le golfe de Guinée : une politique étrangère 3D (diplomatie – défense – développement)

Le partenariat sécuritaire entre les USA et le continent africain est ancien. Cependant, il faut dire qu'avec les attentats terroristes du 11 septembre 2001, il a changé de nature et a pris une tournure inédite. Jamais la sécurité nationale, depuis la politique de « la chasse aux sorcières » initiée par le général Mc Carthy après la Seconde Guerre Mondiale, n'avait pris de telles proportions dans la politique étrangère et intérieure des États-Unis.

La sécurité nationale a connu une gradation inédite et s'est hissée comme mission ultime des administrations américaines post 11 septembre. Dans la guerre globale engagée pour traquer les terroristes et les présumés terroristes partout où ils se trouvent, l'Afrique où la piraterie maritime et le terrorisme sont présents depuis des décennies sans susciter de réaction particulière de la communauté internationale est devenue une région d'importance prioritaire.

Ayant servi pendant des décennies de théâtre d'opération entre des blocs idéologiquement opposés, elle a été laissée pour compte depuis la fin des querelles idéologiques et surtout au fur et à mesure que les relations entre les deux blocs se normalisaient. Cependant, si l'objectif avoué de Washington est de traquer les terroristes, il semble, au regard des faits, n'être qu'un vernis couvrant des ambitions autrement plus profondes. Dans l'offensive initiée par l'administration Bush dès 2003, se dégage un double objectif : pourchasser les terroristes à leur dernier retranchement et occuper les couloirs stratégiques en vue de la sécurisation des intérêts énergétiques américains. Ce nouveau déploiement s'opère par plusieurs instruments de politique étrangère à la fois « *hard* » et « *soft* ».

– Hard power

Le désastre somalien[4] de 1993 survenu dans le cadre de l'opération américaine « *restore Hope* » provoquée elle-même par ce que d'aucuns ont

[4] La diffusion des images de guerre civile et de famine en Somalie par la chaine d'information américaine CNN sensibilisa l'opinion publique nationale et internationale sur la situation humanitaire en Somalie.

appelé « effet CNN »[5], a marqué un tournant décisif dans la politique africaine des USA. L'administration démocrate américaine qui commençait progressivement, malgré l'opposition du Congrès à ajuster la position économique des États-Unis sur le continent et s'impliquait dans la lutte contre le sida, est stoppée dans son élan. Face au drame somalien considéré comme une humiliation inacceptable et la pression de l'opinion publique, l'administration Clinton opère un revirement dans sa politique vis-à-vis de l'Afrique. Il faut trouver des solutions africaines aux problèmes africains, limiter les interventions directes des États-Unis en Afrique et chercher des relais sur place. Cette politique est qualifiée de préventive, de défensive ou pragmatique[6].Si elle n'a pas été remise en question au début de l'administration Bush, les événements du 11 septembre et les problèmes énergétiques vont pousser Washington à la revisiter sans l'abandonner entièrement. La contre-offensive de Bush se fait sur fond de ce qu'on peut appeler semi-revirement par rapport à la politique de son prédécesseur. Il faut continuer la sous-traitance dans les pays de moindre importance géopolitique. Depuis l'épisode somalien, la sous-traitance a constitué jusqu'aux attaques du 11 septembre, la ligne directrice de la politique sécuritaire de Washington en Afrique. Cette politique s'est matérialisée par une gamme variée de programmes mis sur pied par Washington pour former les soldats originaires de la région. Les moyens investis varient en fonction de l'évolution des intérêts américains.

Ainsi, il est mis sur pied plusieurs programmes d'assistance militaire. Dans ceux déjà existants, sont admis un nombre de plus en plus important d'Africains. Trois de ces programmes se détachent du lot à savoir *l'International Military Education Training (IMET), Joint Combined Exchange Training* (J-CET) et *l'African Crisis Response Initiative (ACRI)/Africa Contingency Operations Training Assistance* (ACOTA). Ces programmes à la base, sont surtout destinés aux pays susceptibles d'assurer la stabilité et la sécurité régionale encore appelés « États-pivot ». D'abord ouverts à l'Afrique du Sud et au Kenya, ils se sont étendus au Nigéria et dans d'autres pays du golfe de Guinée au fur et à mesure que la région gagne de l'importance pour les intérêts américains. L'IMET par exemple a été mis sur pied depuis 1976 pour faciliter la coopération militaire entre les États-Unis et ses alliés. Par la suite, il est devenu un instrument incontournable dans la lutte contre

---

[5] Alors qu'il faisait partie du contingent américain dans le cadre de l'opération *Restore Hope*, un soldat américain a été assassiné et son corps traîné dans les rues de Mogadiscio.

[6] Frédéric Leriche, « La politique africaine des États-Unis : une mise en perspective », in *Afrique contemporaine*, n° 3, 2003, p. 207.

l'insécurité dans le golfe de Guinée. Il s'est étendu à la quasi-totalité des pays de la région. Lincoln P. Bloomfield Jr, secrétaire d'État adjoint aux Affaires politiques et militaires déclarait qu'il est devenu avec le temps, une composante clé de la sécurité nationale et de la politique étrangère des États-Unis[7].

Un autre instrument de la batterie militaire américaine déployé dans la lutte contre l'insécurité en Afrique, c'est Africom. Il s'agit de la première structure militaire américaine destinée à l'Afrique. L'Africom est une illustration de cette consolidation de la politique africaine des États-Unis. Il s'agit d'un instrument militaire axé principalement sur la guerre contre le terrorisme et la sécurisation des approvisionnements énergétiques Rogalky[8]. Il a cette particularité qu'il n'est pas géré seulement par des militaires, mais par des civile du département d'État et des agences d'aide économique. Cette triple dimension d'Africom peut être interprétée comme la volonté de Washington d'aller au-delà de la réponse sécuritaire pour s'attaquer aux racines de l'insécurité en Afrique en général et dans le golfe de Guinée en particulier. « *Il est censé être dans une posture de prévention et d'anticipation et non pas de réaction. La moitié de ses personnels pourraient être des civils et se consacrer à des tâches de reconstruction et de stabilisation en situation de post-conflits* »[9]. On a noté selon le colonel Tom Davis, directeur des affaires publics d'Africom, qu'entre 2012 et 2013, une trentaine d'entrainements communs d'envergure ont été opérés au Cameroun, au Gabon, au Nigeria, etc.

De leur côté, le Tchad, la Mauritanie et le Niger ont bénéficié de formation au contreterrorisme ainsi que d'équipements militaires. Cependant, cette structure malgré ses « bonnes intentions » suscite plus d'inquiétude que d'espoir sur le continent. Elle fait l'objet de débats houleux dans les milieux politiques et intellectuels. L'objet de cette controverse étant l'identification des réelles motivations des États-Unis. En 2002, les hauts responsables de l'administration américaine, du Congrès, du département d'État et les compagnies pétrolières ont projeté la vision énergétique des USA vis-à-vis du golfe de Guinée à travers l'*African Oil Policy Initiative Group*. Ce groupe a recommandé que le golfe de Guinée soit érigé en zone d'intérêt vital, que le gouvernement américain y installe une structure de commandement des forces américaines et qu'il examine la possibilité d'y établir une base militaire.

---

7 Philippe Sébille-Lopez, *Géopolitique du pétrole*, Paris, Armand Colin, 2006.

8 Michel Rogalski, « Afrique / États-Unis : une relation singulière », in *Recherches internationales*, n° 85, janvier-mars 2009, p. 95.

9 *Ibid.*, pp. 95.

Dès septembre 2002, les États-Unis ont ouvert leurs premières bases militaires à Djibouti avec un contingent qui est passé de 1000 soldats en 2002 à 2000 en 2014. De faramineux montants investis dans cette aventure militaire témoignent de l'ampleur des ambitions américaines dans la région. En effet, de 2009 à 2012, le gouvernement américain a investi un montant de 390 millions de dollars pour moderniser le camp Lemonnier, leur base militaire à Djibouti[10]. Le choix de Djibouti n'est pas un hasard parce que Djibouti est un État portuaire situé à la jonction entre golfe d'Aden et la mer Rouge par où transitent 40 % du trafic maritime mondial. C'est un État-pivot pour le contrôle du commerce maritime de l'Afrique en général et du golfe de Guinée en particulier.

Mis sur pied depuis 1976 pour faciliter la coopération militaire entre les États-Unis et ses alliés, le programme IMET[11] est devenu un instrument incontournable dans la lutte contre l'insécurité dans le golfe de Guinée. Il s'est étendu à la quasi-totalité des pays de la région. Et pour reprendre Lincoln P. Bloomfield Jr, secrétaire d'État adjoint aux Affaires politiques et militaires, il est devenu avec le temps, une composante clé de la sécurité nationale et de la politique étrangère des États-Unis[12].

On constate cependant que cette forte implication politico-militaire reste limitée à des points d'importance stratégique. Sur le continent, les États-Unis n'ont pas rompu avec le principe de sous-traitance sécuritaire. Celui-ci reste d'application surtout dans les pays où ils n'ont quasiment pas d'intérêt à défendre. Au moment où la base militaire de Djibouti est ouverte et que les pressions américaines sont de plus en plus pesantes sur les dirigeants africains, sommés d'ouvrir leurs bases militaires, Washington préfère sous-traiter la crise libérienne de 2003 à la Communauté Économique des États de l'Afrique de l'Ouest (CEDEAO) malgré les sollicitations des Nations Unies. Pourtant, son implication militaire est largement proportionnée à l'évolution de ses intérêts. Elle est orientée selon la vision et la stratégie de chaque administration. Si sous l'administration Bush elle était caractérisée par des invasions à grande échelle, elle est passée sous Obama à une présence militaire légère et diversifiée caractérisée par l'usage des drones et des opérations spéciales pour combattre les terroristes. Cependant, on observe que la sous-traitance aux armées locales est restée la ligne directrice. Turse[13] observe que sous la présidence Obama, les opérations militaires de

[10] Nick Turse, *Les nouvelles armes de l'empire américain : drones, bases secrètes, cyber guerre, opérations spéciales, missions d'espionnage, guerres par procuration*, Paris, La Découverte, 2014.

[11] IMET: International Military Education and Training.

[12] Lincoln P. Bloomfield Jr cité par Sébille-Lopez, *op. cit.*, p. 146.

[13] Nick Turse, *op. cit.*, p. 54.

Washington appuyées pour la plupart des campagnes de drones, lancées depuis les aéroports et les bases militaires de Djibouti, d'Éthiopie et des Seychelles ont été plus nombreuses que les interventions des années Bush. Ce déploiement des moyens et stratégies militaires n'est pas exhaustif de l'ensemble du dispositif américain dans la lutte contre le terrorisme et la quête des ressources énergétiques.

– Soft power

Si les ressources énergétiques et les préoccupations sécuritaires dans le golfe de Guinée suscitent en amont un déploiement militaire multiforme de Washington, on observe en aval, pour les mêmes objectifs, un dynamisme politique et diplomatique sans précédent. Il se structure autour de deux thèmes majeurs : le développement politique et le développement économique que Tedom[14]appelle la « dialectique des intelligences » avec Paris. L'objectif étant dans un premier temps de combattre l'insécurité et dans un deuxième temps de faciliter l'accès au marché énergétique africain.

Comment Washington combat l'insécurité dans le golfe de Guinée par les stratégies de *soft power* ?

Dans le golfe de Guinée, la stratégie du soft power de Washington dans la lutte contre l'insécurité obéit sensiblement à la même logique que les politiques d'aide appliquées en Europe et au Japon après la Seconde Guerre mondiale. Depuis le plan Marshall, la sécurité est la ligne directrice, l'épine dorsale de la politique d'aide des États-Unis. Après le 11 septembre, l'administration Bush a fait de l'aide au développement et de la contribution à la bonne gouvernance une stratégie de sécurité nationale. Cette vision constitue l'armature du discours du président Bush à l'occasion du lancement du *Millenium Challenge Corporation* (MCC) :

> La pauvreté ne cause pas le terrorisme. […] Cependant, une pauvreté et une oppression persistante peuvent conduire au désespoir et au sentiment d'impuissance. Et quand les gouvernements ne parviennent pas à satisfaire les besoins les plus essentiels de leur population, ces États défaillants peuvent devenir des refuges pour le terrorisme. […] Le développement fournit les ressources pour construire l'espoir, la prospérité et la sécurité[15].

---

[14] Alain Fogue Tedom, « AFRICOM : Le commandement militaire américain pour l'Afrique » in, *Diploweb, La revue de géopolitique*, novembre 2011.

[15] Bush, 2002 cité par Benoit Daviron et Thierry Giordano, « Le Millennium Challenge Account : une nouvelle conception de l'aide publique au développement ? », *Actes du séminaire dgcid-iddri 2005-2006*, p. 12.

Cette déclaration du président Bush a été renchérie par Paul Applegarth, directeur générale du MCC qui estimait que : « *Quand on fournit à un pays, respectable mais faible, les moyens de croître et de se développer, les intérêts sécuritaires des États-Unis sont mieux protégés* »[16]. L'aide au développement sera alors un élément essentiel de la stratégie globale des États-Unis de lutte contre le terrorisme. Le projet de MCC en quête de légitimité se veut neutre et débarrassé de toute pression du Congrès, des lobbies et des *think tanks.*

Les intérêts sécuritaires de Washington dans le golfe de Guinée suivent une double logique. Dans un premier temps, Washington veut combattre l'insécurité en insistant sur les progrès démocratiques et donc la bonne gouvernance. L'objectif est alors d'attaquer le mal à la racine. Cette logique est inscrite au cœur du MCA *(Millenium Challenge Corporation* (MCC) ou *Millenium Challenge Account* selon les appellations.

Ce fut l'un des premiers instruments de politique étrangère annoncé par l'administration Bush en 2002 mais mis sur pied en 2004. Il s'agit d'un fonds bilatéral destiné aux pays qui ont opéré des réformes et progrès démocratiques jugés acceptables par Washington. Les priorités démocratiques de Washington exprimées dans ce programme sont axées sur trois domaines : la bonne gouvernance dans la gestion des affaires publiques, la création d'un environnement favorable à l'initiative privée, et l'engagement de l'État à faire des investissements conséquents dans le secteur social. Il s'agit surtout d'un instrument de soft power qui accompagne la stratégique américaine de conquête et de lutte contre l'insécurité en Afrique en général et dans le golfe de Guinée en particulier. Ses objectifs sont clairement exprimés ainsi :

> Il récompensera les nations qui combattent la corruption, respectent les droits de l'homme et adhèrent à l'État de droit. Les citoyens éduqués et en bonne santé étant des agents de développement, nous récompenserons les nations qui investissent dans un meilleur système de santé, d'éducation et une plus large immunisation. [...] Les pays qui respectent ces orientations – gouverner loyalement, investir dans le capital humain et encourager la liberté économique – recevront davantage d'aide de la part des États-Unis[17].

Le MCC va jouer un rôle crucial dans le deuxième objectif de Washington.

---

[16] Bush, 2002 cités par Benoit Daviron et Thierry Giordano, *op. cit.*, p. 12.
[17] *Ibid.*, p. 13.

Comment Washington utilise le *soft power* pour conquérir le marché énergétique dans le golfe de Guinée ?

Il faut dire que Washington supporte mal l'emprise politique et économique des puissances européennes notamment la France dans les pays de la région ainsi que la percée de la Chine. Pour circonscrire le périmètre défensif de la France, il a adopté une stratégie qui consiste à instrumentaliser les défaillances françaises en dénonçant la françafrique. Elle est caractérisée comme nous l'avons vu plus haut par la tutelle de Paris sur ses anciennes colonies, les détournements massifs en faveur de l'élite internes et externes, des multinationales, le soutien de Paris à certaines dictatures, la corruption de l'élite politique qui prive les pays de la région de tout avantage financier etc. Dans cette stratégie d'instrumentalisation, Washington ne perd pas de vue des liaisons incestueuses entre Paris et ses anciennes colonies qui accélèrent la paupérisation des populations et par extension affectent la sécurité régionale. Quant à la Chine, Washington dénonce l'absence de transparence et de considération pour le respect des droits de l'Homme.

À travers ces stratégies et d'autres à caractère diplomatiques, militaires etc., Washington manifeste clairement son intention d'avoir ou d'accroitre sa part de brut sur le marché de la région. Un marché opaque dominé par le réseau corporatiste tissé par Paris à travers le réseau françafricain. Washington n'ignore pas que dans ce contexte, le pays qui noue des relations personnelles avec l'élite africaine se réserve la possibilité d'acquérir les matières premières à profusion et à bon prix[18]. Ainsi, les États-Unis reposent l'une de ses stratégies sur le libéralisme offensif et conquérant en visant à ouvrir le marché africain aux investisseurs américains. Une fois de plus, le *Millenium Challenge Corporation* joue un rôle fondamental et est un des instruments privilégiés dans cette seconde stratégie.

La politique pétrolière de Washington dans le golfe de Guinée comme partout ailleurs est certes offensive, mais s'opère dans un cadre libéral. Ce qui n'est pas le cas de la France dont la stratégie a souvent consisté à s'approprier les réserves africaines pour couvrir ses propres besoins pétroliers. « *Les États-Unis ont, depuis les années Reagan, explicitement fondé leur politique pétrolière sur le recours aux forces du marché dans l'optique libérale qui est la leur* »[19]. Ces auteurs faisaient en même temps remarquer que le « soft power » américain en matière d'extension du marché dans le golfe de Guinée « *vise à susciter des conditions politiques et institutionnelles favorables aux*

[18] Alain Fogue Tedom, « AFRICOM : Le commandement militaire américain pour l'Afrique », in *Diploweb, La Revue de géopolitique*, novembre 2011.

[19] Philippes Copinschi et Pierre Noel, « L'Afrique dans la géopolitique mondiale du pétrole », in *Afrique contemporaine*, n° 216, 2005/4, p. 33.

investissements des compagnies multinationales » Surtout qu'après avoir confié l'approvisionnement national de pétrole au secteur privé, les politiques publiques américaines en matière d'énergie visent désormais deux objectifs principaux : la libéralisation du marché dans le but de favoriser l'accès aux entreprises américaines et la sécurisation du marché pour éviter les perturbations de l'offre pétrolière.

2. L'action diplomatique de la Chine dans le golfe de Guinée

Comme mentionné plus haut, les relations entre la Chine et l'Afrique sont anciennes. Toutefois, l'implication stratégique, géopolitique et politico-diplomatique de Pékin dans le golfe de Guinée est relativement récente, mais évolue à un rythme effréné. Confronté aux besoins énergétiques sans cesse croissants, Pékin doit renforcer ses positions dans le golfe de Guinée. Mais en plus de la rude concurrence à laquelle la Chine fait face, elle doit affronter le défi sécuritaire qui constitue une entrave majeure à ses intérêts. Pour cela, la Chine développe des moyens qui s'inscrivent dans la logique du *hard power* et du *soft power*.

Le *hard power* : du golf d'Eden vers le golfe de Guinée comme axe de déploiement ?

Au regard du niveau d'investissements extrêmement élevé et le nombre de plus en plus important de ses ressortissants dans le golfe de Guinée, on est en droit de s'interroger sur la posture à adopter par une puissance émergente comme la Chine dans une région où le défi sécuritaire se pose avec acuité. La récurrence des actes de piraterie, de terrorisme menaçant ses intérêts de plus en plus grandissants ont poussé dès 2008 la Chine à déployer 60 navires dans le Golfe d'Aden. Mais sa force de frappe et sa capacité de réaction restant limitées en raison de l'absence de base logistique pour réapprovisionner ses navires, la Chine va franchir le cap et envisager la présence plus forte de ses soldats sur le sol africain. On observe malgré cette avancée, que sa présence militaire reste relativement timide. Elle se limite à l'envoi de soldats dans le cadre de missions de maintien de la paix des Nations Unies. En 2011, environ 1500 soldats chinois étaient présents sur le sol africain notamment au Congo dans le cadre du projet onusien de préservation de la paix.

Mais 2017, marque une étape particulièrement importante dans sa politique de sécurité et de défense avec l'annonce de l'ouverture à Djibouti de sa première base militaire permanente à l'étranger. Cependant, il faut préciser que le premier contingent des forces chinoises occupe le port de Djibouti en attendant la fin des travaux de leur base qui sera construite dans la région d'Obock, région où la deuxième base militaire américaine a été délogée. La base militaire chinoise intervient dans un contexte où les intérêts chinois en Afrique semblent constituer la cible privilégiée des pirates et des terroristes.

Le déploiement militaire vise à combattre l'insécurité dans la région et protéger près de 2500 sociétés chinoises en Afrique et près d'un million de travailleurs chinois qui y résident. Les enjeux sont d'autant immenses que la Chine peut compter sur la modernisation de son armée. La réorientation de la politique étrangère de la Chine sous Hu Jintao s'est accompagnée d'une accélération de son budget militaire. Il s'est accru à un rythme exponentiel passant de 6.65 milliards d'euros en 1989 à 56 milliards en 2008.

Le choix de Djibouti n'est pas un hasard. Considéré déjà comme la capitale de la *chinafrique,* il constitue la porte d'entrée idéale pour Pékin dans le continent africain. À partir de Djibouti, les Chinois peuvent facilement sécuriser le trafic maritime essentiel aux importations d'hydrocarbures et de gaz en direction de la Chine et à l'exportation de leurs produits vers le reste du monde. Pour la Chine, Djibouti constitue aussi un axe pivot dans la sécurisation de Bad-el-Mandeb[20]. Mais également, il facilite les exportations des produits chinois vers le reste du monde. En dernier ressort, la base militaire aura pour but de sécuriser l'oléoduc qui relierait les champs pétroliers sud-soudanais au port de Djibouti.

Le *soft power* chinois : axe majeur du déploiement de la Chine en Afrique ?

Si la progression chinoise en Afrique provoque une terrifiante fièvre dans les chancelleries occidentales, on constate que le moyen privilégié de la Chine pour s'intégrer dans le système international est la voie douce : le soft power. Ce constat émane de la comparaison entre le budget investi dans les instruments de hard power et celui investi dans les instruments de soft power. Certes, les chiffres en provenance de Pékin sont souvent traités avec grande prudence, mais il ressort que, malgré une armée en modernisation, Pékin construit sa puissance autour de l'économie et la culture. L'aspect militaire étant relégué au second plan. Ainsi, la Chine : « *a fait son choix, et a même fait officiellement du soft power sa stratégie en matière de développement et de politique extérieure, et ce depuis le 17e congrès du parti communiste chinois en 2007* »[21]

[20] Bd-el-Mande : détroit séparant Djibouti et le Yémen. Il relie la mer rouge au golfe d'Aden.

[21] Karine Prémont, *La politique étrangère des grandes puissances : l'impossible convergence des intérêts*, Québec, Presses de l'Université Laval, 2011, p. 284.

3. Pétrole et décomposition sécuritaire dans le golfe de Guinée

Le pétrole est souvent à tort ou à raison perçu comme étant une source de malédiction pour les pays qui le possèdent. Certes, il alimente les frustrations sociales et/ou les guerres dans certains pays ou certaines communautés. Mais, la tendance est à perdre de vue le fait qu'il permet à d'autres de se développer et projeter leurs puissances sur la scène internationale. La problématique qui nous semble plutôt importante à soulever est celle de la réflexion non pas sur son existence ou son absence dans un pays, mais sur sa gestion politique. Lorsqu'on veut établir le rapport entre pétrole et sécurité, deux facteurs nous semblent importants à relever à savoir : sa gestion politique et le degré de puissance du pays possesseur. Si François Rabelais disait que : « Science sans conscience n'est que ruine de l'âme », alors nous pouvons dire que le pétrole sans puissance n'est que ruine de l'État. La puissance dont il est question ici n'est pas une puissance essentiellement militaire, mais une puissance qui se traduit par la capacité de l'État à assurer ses missions régaliennes[22]. Pour analyser la corrélation entre le pétrole et la situation sécuritaire dans le golfe de Guinée, l'étude mobilisera plusieurs éléments relevant à la fois des facteurs endogènes et exogènes.

Les visages de la gouvernance pétrolière dans le golfe de Guinée : pour quelle stabilité sociale ?

Analyser la relation pétrole-insécurité dans les pays du golfe de Guinée nécessite de se pencher au préalable et de façon sérieuse sur la géopolitique interne de chaque État. Il s'agit d'entrer au cœur de la gestion des revenus pétroliers dans la relation entre le centre et la périphérie pour comprendre la pauvreté ambiante dans ces pays producteurs et parfois particulièrement les provinces pétrolières. L'évolution politique et socioéconomique de certains de ces pays retiendra notre attention car ils rendent mieux compte de la profondeur du « mal pétrolier » qui agite la quasi-totalité des pays de la région.

On a observé à travers l'analyse ci-dessus que la production pétrolière a augmenté avec le temps, talonnant celle de certains pays tels que l'Iran et le Venezuela. Mais, le niveau de vie des populations s'est paradoxalement dégradé et de manière considérable. En 2005, la majorité des pays du golfe de Guinée occupaient les derniers rangs mondiaux en termes d'Indice de

[22] Il s'agit de la capacité de l'État à assurer la sécurité intérieure (police et justice), la sécurité extérieure (armée) et la monnaie.

Développement Humain. En prenant le cas du Nigéria, pourtant producteur prépondérant du pétrole dans la région, le pays était classé 158e mondiale sur 177 en 2005. En 2015, il est classé 152e sur 188 et légèrement supérieur au Cameroun producteur de pétrole aussi. Ce classement ne peut surprendre lorsqu'on observe la gestion pétrolière dans la majorité pour ne pas dire dans la quasi-totalité de ces pays. Elle se structure autour d'un centre et d'une ou plusieurs périphéries.

Le centre est perçu ici comme étant le sommet du pouvoir politique et économique qui baigne dans l'opulence et parfois l'insolence. Il est le principal bénéficiaire des recettes pétrolières. Les revenus pétroliers sont confisqués par des dirigeants peu soucieux et déconnectés des réalités quotidiennes de la majorité de la population. Ces populations constituent la deuxième catégorie que nous appelons périphérie. Il s'agit des administrés qui, privés des revenus pétroliers, contestent de façon plus ou moins violente la suprématie du centre et utilisent les méthodes plus ou moins asymétriques pour tenter de briser le statut quo et tirer les bénéfices de la manne pétrolière. Cette contradiction des volontés et des intérêts constitue le nœud de l'insécurité. Elle constitue l'objet du débat portant sur la gestion des recettes pétrolières et la conflictualité dans le golfe de Guinée. Dans ce schéma comme on l'a vu au Congo, en Angola ou au Nigeria, l'État ou le « centre » perd le monopole de la violence légitime et est concurrencé par la « périphérie » le plus souvent constituée de milices ethniques ou tribales qui, très souvent, bénéficient des appuis internationaux. Face à cette situation alarmante, Boillot & Dembinski concluent avec regret que : « *Nulle part ailleurs, le pétrole n'aura été associé à ce point à la guerre, à la mauvaise gouvernance, au mal développement et aux inégalités, alors qu'il pourrait financer un décollage économique* ».[23]

Au Nigéria, au Gabon, en l'Angola, au Congo-Brazzaville, au Cameroun et autre, la manne pétrolière n'a pas réellement contribué à lutter contre la pauvreté ni à améliorer les conditions de vie des populations. La redistribution des recettes pétrolières est inégale et obéit à une logique tribale, népotiste et clientéliste. Dans certains cas, les revenus pétroliers permettent d'alimenter les réseaux mafieux et surtout à entretenir l'armée disposée à étouffer toute revendication ou tout germe de contestation. Pourtant, aucune politique publique visant à favoriser l'intégration socioéconomique via des services publics (santé, eau potable, éducation) n'est visible. Ce processus participe de ce que Frédéric Ramel appelle la désintégration de l'État par le haut. Quand l'État constitue lui-même un

[23] Jean-Joseph Boillot & Stanislas Dembinski, *Chindiafrique : la Chine, l'Inde et l'Afrique feront le monde de demain*, Paris, Odile Jacob, 2013.

danger, quand il fait montre de graves carences et d'une série de disfonctionnements et se trouve en incapacité d'assurer la sécurité, l'État de droit, la justice, il en résulte des frustrations et des sentiments d'exclusion au sein de la population marginalisée. Il engendre des « *situations conflictuelles qui peuvent être individuelles ou collectives, passagères ou plus durables. Ces dernières peuvent prendre des formes diverses, allant jusqu'à la criminalité organisée ou la dissidence armée* »[24].

Ce fut le cas du Delta du Niger. À peine dix ans après le forage du premier puit pétrolier en 1956 par la compagnie anglaise British Petroleum et Shell, le pays a montré les premiers symptômes de sa fragilité. On a assisté à l'ouverture de premières poches de tensions expliquées par trois facteurs essentiels : la gestion catastrophique des rentes et recettes pétrolières par les autorités politiques, l'ostracisme et l'attitude des compagnies pétrolières souvent jugées prédatrices, et enfin, les velléités sécessionnistes des provinces pétrolières.

La guerre causée par la tentative de sécession de l'État du Biafra qui s'est déroulée sur fond de tension autour de *l'or noir*, ne semble pas avoir constituée une sonnette d'alarme. Bien au contraire, la sécession a été violemment réprimée tandis que les sécessionnistes trouvaient insuffisante la *Land Use* act[25] proposée en 1978 par les autorités. Par conséquent, le pays n'a pas tardé à renouer avec le cycle de la violence qui a connu une recrudescence en 2003 avec des attaques répétées contre les compagnies pétrolières. La situation n'est pas surprenante au regard des statistiques sur le Nigéria. En 2003, alors que le pétrole constituait 83 % des revenus du gouvernement fédéral, plus de 70 % des Nigérians vivaient avec moins d'un dollar par jour. En l'absence de transparence et mécanique de contrôle, le pétrole n'a généré que petite bourgeoisie. Entre temps, l'essentiel de la population côtoie une misère extrême caractérisée par l'absence d'infrastructure viable et le taux de mortalité infantile est parmi les plus élevés au monde. Au regard des chiffres, on constate depuis les premières années de la production pétrolière que les Nigérians se sont même appauvris « grâce » au pétrole. En 1971, le PIB par habitant était de 382 dollars dont 103 dollars de revenus pétroliers. Mais en 2000, ces revenus étaient de 170 dollars tandis que le PIB global à parité de pouvoir d'achat est passé en-

---

[24] Frédéric Ramel, « l'État du monde en 2015 », in *Nouvelle guerre*, 2014, p. 37.

[25] La gestion des ressources pétrolières au Nigéria tel que stipulée dans la Land Use de act 1978 consiste pour l'État à exploiter les richesses naturelles dont recèlent les régions du pays et assurer le partage des bénéfices financiers à l'ensemble des États de la fédération (Noah, 2013). Cette mesure intervenue après la crise du Biafra visant à centraliser les revenus du pétrole ne semble pas avoir répondu aux attentes au regard de la situation actuelle du pays.

dessous du niveau constaté vingt-neuf ans plus tôt[26]. En outre, la rente pétrolière a continué de favoriser le développement du Sud majoritairement chrétien au détriment du Nord musulman. Rejetant ce système de gouvernance qu'il attribue à l'éducation occidentale, le prédicateur Muhammad Yusuf crée en 1995 le Mouvement sunnite pour la prédication et le djihad (actuel Boko Haram) dans l'optique de former une nouvelle génération de leaders selon la loi islamique qui appliquerait la justice et l'égalité. C'est dans le réservoir de la masse populaire misérable et frustrée qu'il recruta l'essentiel de ses combattants. Paul Richards parle à cet effet du « drame de l'exclusion sociale[27] ». Selon le journal Jeune Afrique :

> La mauvaise gestion et de la corruption généralisée autour de la manne pétrolière, les populations du Delta n'ont quasiment pas profité des retombées financières. Au contraire, la région a plongé dans des décennies de violences, avec des attaques répétées contre les installations pétrolières et les personnels des compagnies, mêlant banditisme et revendications politiques de groupes rebelles exigeant une meilleure redistribution des richesses[28].

Comment comprendre cette situation alors que la règlementation, depuis la colonisation britannique, accordait 50 % des revenus pétroliers aux territoires producteurs ? L'exemple du Tchad nous amène à esquisser une réponse. Au Nigéria comme au Tchad par exemple, les raisons dites d'État ont été à l'origine des décisions qui, dans le cas du Nigéria peuvent être taxées de regrettables et du « *just wait and see* » dans le cas du Tchad.

En 1968 en pleine crise, le régime militaire en place au Nigéria supprime les 50 % des recettes pétrolières réservés aux territoires producteurs tel que prévu dans les dispositifs règlementaires du colonisateur britannique. Cette école semble avoir inspiré le Tchad qui, confronté à la montée de l'opposition armée en 2006 et à la nécessité d'augmenter son budget militaire, a décidé de supprimer le 1/3 des recettes pétrolières réservées aux collectivités locales tel que prévu par la Banque Mondiale en 1999. Cette méthode qui semble devenue une stratégie punitive à l'égard des rebelles, une façon d'asphyxier financièrement les populations qui font des revendications plus ou moins violentes est l'une des causes de

---

[26] Benjamin Augé, « Pillage et vandalisme dans le Delta du Niger », in *Hérodote,* n° 3, 2009/134, pp. 151-175.

[27] Paul Richards, "fighting for the rain Forest War, Youth and Resources in Sierra Leone", in *African Issues Series,* n° 5, Oxford, 1996, p. xiv.

[28] Agence France Presse (AFP), « Nigéria : le pétrole, un espoir de développement étouffé par Boko Haram », in *Jeune Afrique,* 28 septembre 2014.

l'embrasement du golfe de Guinée comme en témoigne le cas du Nigéria aujourd'hui. Qu'en sera-t-il les années à venir du Tchad, de la Guinée Équatoriale, du Congo Brazzaville, du Cameroun etc. ?

Au demeurant, si de multiples réserves du sol et sous-sol dont regorge le golfe de Guinée laissent présager de fortes potentialités économiques susceptibles de sortir cette région de sa situation de pauvreté et de précarité extrême, le constat est plutôt alarmant au regard des développements précédents. L'extrême pauvreté que côtoient les populations du golfe de Guinée semble paradoxale par rapport aux potentialités du sol et sous-sol de la région. L'exploitation des gisements de pétrole s'accompagne d'un profond malaise social. Si certains pays ne sont pas encore le théâtre de conflit ouvert, comme le Nigéria, les tensions sociales et épisodiques laissent présager des lendemains plus sombres.

On peut conclure sans risque de se tromper que la piraterie même si elle se présente comme une activité lucrative englobant même les acteurs nationaux et internationaux les plus insoupçonnés, était à la base l'expression des frustrations des populations paupérisées en quête de moyens de subsistance. Dans le golfe de Guinée, elle tire ses origines de la défaillance dans le système de redistribution des rentes pétrolières et autres réserves du sol et sous-sol. La tentative de sécession de l'État du Biafra en 1967 présageait le chaos de ces États au sous-sol densément riche mais en manque de structures étatiques fortes capables de fédérer les intérêts pour créer une cohésion nationale en cas d'obtention d'une indépendance. La victoire militaire de l'État centrale n'a pas été une solution pour éradiquer ce phénomène naissant. Les mêmes politiques ont été menées au lendemain de la guerre de Sécession renforçant les frustrations qui ont généré, dès le début de la décennie 2000, le MEND (Mouvement pour l'émancipation du delta du Niger). Par effet de domino, tout le golfe de Guinée venait de signer un contrat à durée indéterminé avec la piraterie maritime et plus tard le terrorisme. Dans la quasi-totalité de ces pays, les effets positifs des revenus pétroliers se mesurent surtout au niveau des chiffres, des statistiques de la croissance et dans une certaine mesure dans les infrastructures. Cependant, l'indice de développement humain (IDH) évolue très lentement ou régresse même dans certains cas. Il faudrait comprendre alors qu'une « *meilleure redistribution des bénéfices de la production pétrolière n'est pas seulement un impératif moral, mais également une condition sine qua non d'un monde plus stable et d'un développement durable* »[29]. En l'absence de cette prise de conscience, la paix restera une vue de l'esprit.

Le rôle des grandes puissances étrangères

Un nombre non négligeable de conflits du golfe de Guinée sont créés, alimentés et soutenus depuis l'extérieur. Il s'agit des conflits sanglants qui obéissent au schéma des manœuvres géopolitiques et des puissances extérieures ou des multinationales.

Depuis la décolonisation, ces pays victimes de leurs richesses, sont devenus le théâtre d'expérimentation de la théorie ou du stratagème inspiré par Thomas Edward Lawrence. Cet agent de renseignement britannique, ayant combattu aux côtés des forces arabes contre l'Empire ottoman après la Première Guerre mondiale, a montré les bénéfices qu'un État en guerre peut tirer du soutien à une insurrection irrégulière sur les arrières de son adversaire. Dans son approche, Thomas Edward Lawrence[30] conseille une stratégie indirecte qui consiste à encourager la révolte, alimenter en armes et en hommes par le biais de parachutages et de coordination, les partisans locaux et les forces régulières alliées. Ce stratagème a fait ses preuves en Afrique et a été à l'origine de plusieurs guerres souvent révolutionnaires menées sous les auspices de forces spéciales et d'agents d'opérations clandestines étrangers. Les guerres du Biafra et d'Angola s'inscrivent dans ce schéma. L'instabilité qui a secoué le Nigéria à partir de 1967 est souvent considérée comme étant les premiers troubles politiques liés directement aux ressources pétrolières. Ce point de vue est fort discutable au regard des troubles politiques dans les pays d'Afrique subsaharienne à la veille des années 1960. Ces troubles qui ont généré dans certains pays, ce qu'on a appelé, les guerres d'indépendance, au-delà de la dimension apparemment politique, avaient une coloration fortement énergétique. Ils ont constitué dans les colonies ou les ex-colonies françaises, le champ d'expérimentation de la françafrique dont le pétrole constitue l'épine dorsale.

Bien avant l'indépendance, le droit de prospection exclusif au Nigéria fut accordé aux Compagnies pétrolières Shell et BP. L'absence d'adéquation entre la politique de ces compagnies et les intérêts locaux a généré des frustrations. Ces frustrations ont eu pour conséquences directes l'excroissance de l'instabilité caractérisée par les attaques répétées

---

[29] Gary Ian et Karl Terry Lynn, « Le fond du baril : boom pétrolier et pauvreté en Afrique », in *Catholic Relief Services*, 2003, p. 7.

[30] Thomas Edward Lawrence est un officier de liaison britannique durant la grande révolte arabe de 1916-1918, il est considéré comme l'un des officiers les plus influents dans le développement d'une doctrine insurrectionnelle au XXe siècle.

(kidnapping, détérioration des installations, perçage d'oléoducs) contre les principales compagnies pétrolières du pays (Shell, Eni, Chevron-Texaco, Exxon-Mobil, Total ou Addaxe etc.) mais aussi contre la population civile. Ce fut le début d'une insécurité grandissante dont la menace varie en fonction de la cible.

Les troubles liés à la bataille autour de la manne pétrolière ont entrainé la tentative de sécession de l'État du Biafra. Cette tentative a débouché sur un conflit armé impliquant à la fois des acteurs internes et externes. D'origine apparemment ethnique, ces troubles ont servi de porte d'entrée à certaines puissances qui, pour accroitre leurs gains énergétiques, ne rêvaient que de la déchirure du pays. L'attitude de certaines compagnies pétrolières à l'instar de Shell n'a que conforté l'idée de Tavaresqui, qui déclarait que :

> Les conflits « ethniques » ne sont souvent que le paravent des calculs d'intérêt effectués par des pouvoirs en place ou des multinationales. Ces derniers instrumentent des conflits régionaux ou locaux pour obtenir ou conserver des marchés et des concessions[31].

En effet, certaines compagnies pétrolières multinationales se sont avérées être le *cheval de Troie* de leur pays d'origine placé au cœur du golfe de Guinée. Dans les pays francophones d'Afrique notamment au Gabon, au Congo, au Cameroun etc., Elf a longtemps eu une logique politique au service des intérêts de la France. Quant à l'Angola, la compagnie pétrolière alors américaine Gulf Oil a été rachetée par Chevron en 1984 au plus fort de la guerre civile. Elle a accordé son soutient indirectement à l'UNITA (Union nationale pour l'indépendance totale de l'Angola) contre le régime marxiste en place du MPLA (Mouvement populaire pour la libération de l'Angola) dont la philosophie et l'idéologie furent contraires aux intérêts américains.

Nous avons vu jusqu'ici que, pour la quasi-totalité des pays, la question énergétique est une question de sécurité nationale. Pour les grandes puissances en particulier, elle a des implications majeures pour ne pas dire consubstantielles à la politique de sécurité et de défense nationale. Au-delà de la dimension politique consistant à négocier les accords et les contrats pétroliers, le facteur militaire intervient non seulement pour sécuriser certains couloirs d'approvisionnement jugés sensibles, mais peut servir aussi à un pays de contraindre de façon plus ou moins violente un autre pays producteur de pétrole et hostile à l'ouverture de son marché. Les prédictions

---

[31] Pierre Franklin Tavares, « Désintégration des souverainetés nationales : Pourquoi tous ces coups d'État en Afrique ? », in *Le Monde Diplomatique*, janvier 2004, pp. 16-17.

de Michael Klare[32]s'inscrivent dans cette logique. Son analyse débouche sur la conclusion selon laquelle les besoins énergétiques des USA et les efforts que l'administration Bush visant à combler ses besoins vont inévitablement entrainer l'exacerbation des tensions et la recrudescence de la violence dans plusieurs régions productrices. Pour Michael Klare :

> Si les États-Unis préfèrent éviter de recourir à la force dans de telles situations, il est possible qu'ils finissent par conclure que la seule façon de garantir la continuité des flux d'hydrocarbures dans certains cas, passe par le déploiement d'une force (soldats, milices ou entreprises privées) pour garder les gisements et surveiller oléoducs et gazoducs.[33]

Insécurité environnementale

Il serait préjudiciable de confiner la recherche sur l'insécurité dans le golfe de Guinée sous un angle essentiellement sociopolitique en oubliant l'aspect environnemental aux conséquences aussi dévastatrices. Cette forme d'insécurité constitue de plus en plus une sérieuse menace à la paix et à la sécurité internationale. Les pays pauvres en général et ceux d'Afrique au sud du Sahara en particulier sont les plus exposés. L'économie étant pour l'essentiel rurale, le quotidien des populations est profondément dégradé.

La pression qui s'exerce sur l'environnement, le réchauffement climatique qui en découle et surtout les activités d'extraction du pétrole qui, pour l'essentiel, ne respectent pas les normes sécuritaires internationales mettent en péril la sécurité des personnes. Pourtant, l'Afrique est le continent le moins pollueur avec 4 % d'émission de gaz à effet de serre.

Dans le Delta du Niger en particulier, plus de 60 % de la population vit du milieu naturel[34]. Si ce dernier dispose d'importants gisements de pétrole, l'agriculture et la pêche y constituent encore ou y constituaient presque le seul moyen de subsistance. Cette région, qui est l'une des régions les plus polluées d'Afrique, a subi d'importants déversements d'hydrocarbures, des déchets et la combustion de torchère. Ainsi, selon Amnesty International : « *Plusieurs centaines de fois par an, du pétrole est déversé dans la nature, et environ 2000 sites contaminés ont été recensés par l'Agence Nationale Nigériane pour la détection et la réaction aux déversements de pétrole* »[35].

---

[32] Michael T. Klare, *Resource Wars: The New Landscape of Global Conflict and the forthcoming petropolitics*, Metropolis Books, 2002.

[33] Klare, 2002, cité par Sébile-Lopez, *op. cit.*, p78.

[34] Amnesty International Nigéria, « Pétrole, pollution et pauvreté dans le Delta du Niger », juin 2009, p. 1.

[35] *Ibid.*, p. 2.

Le pétrole, de l'extraction à la consommation, nécessite une batterie d'instruments, de technologies et de précautions qui requièrent une extrême vigilance des autorités compétentes. Ce dernier point constitue le ventre mou de la majorité des gouvernements des pays du golfe de Guinée. Au-delà de la faiblesse qui caractérise certains de ces États face aux multinationales, s'invite la corruption lors des signatures des contrats et à l'exécution des travaux. La pose d'oléoducs, la mise sur pied des infrastructures et les travaux d'aménagement, visant à rendre la région du Delta du Niger accessible par voie routière et par bateau, ont entrainé des conséquences environnementales catastrophiques.

Si cette situation, associée aux autres incongruités liées à l'exploitation du pétrole, a entrainé de vives réprobations d'une partie de la communauté internationale, et contribué à la naissance du MESOP, réprimée par les autorités nigérianes, elle a surtout détérioré la qualité de vie des populations fortement contaminées par les hydrocarbures. Le MESOP[36] a dénoncé la pollution de l'eau (cuisson, agriculture, bain) qui a fortement affecté l'agriculture, la pêche, l'alimentation etc. Les enquêtes d'Amnesty Internationale[37] font état des plaintes liées aux troubles respiratoires et à des lésions. Le Delta a en outre été terriblement souillé par la pollution liée à la production de pétrole, par des majors internationaux peu soucieux du respect de l'environnement[38]. À cause de cette situation, certains pêcheurs et agriculteurs abandonnent leurs activités qui ne sont plus rentables pour la piraterie maritime et de plus en plus le terrorisme[39].

Conclusion

Sur la base des fondements de la libéralisation issue de la fin de la Guerre froide et de l'empire soviétique, les pays tels les États-Unis, la Chine et certains pays émergents, considérant qu'il n'y avait plus de chasse gardée d'une puissance en Afrique, se sont lancés dans cette course effrénée vers le golfe de Guinée, nouvelle province pétrolière stratégique. Cette ruée marqua la fin des zones d'influence et consacra en même temps le début de l'amoindrissement de la prépondérance française. Si on ne peut nier qu'elle y reste un acteur important, le contexte international tendu en raison de la situation sécuritaire au Moyen Orient et la fluctuation des prix du baril de

[36] MESOP: Movement for the Survival of the Ogoni People.

[37] Amnesty International, *op. cit.*, 2009.

[38] AFP, Nigéria, « le pétrole, un espoir de développement étouffé par Boko Haram », *Jeune Afrique*, 28 septembre 2014, *op. cit.*

[39] Augé, *op. cit.*, 2009.

pétrole ont profondément influencé les enjeux économico-stratégiques ainsi que la pétro – diplomatie des deux géants de la scène internationale (Chine et États-Unis) entrainant un amoindrissement de ses positions. Le pétrole du golfe de Guinée est passé tout naturellement d'une affaire de politique intérieure de quelques puissances coloniales à un enjeu géopolitique majeur tant au niveau local qu'au niveau mondial. Déjà en proie à de nombreuses formes de déstabilisations, elle a atteint en 2006 une dimension inégalable en raison de la naissance de plusieurs mouvements rebelles ou terroristes disposant de moyens de plus en plus sophistiqués. Les revenus pétroliers issus des canaux parallèles (détérioration des installations pétrolières et perçage d'oléoducs) ont favorisé le développement de ces filières criminelles et a accru la capacité de nuisance de deux types d'acteurs qui s'érigent désormais en de véritables ennemis de la paix dans la région : le pirate et le terroriste. À cause du trafic d'armes qui échappe au contrôle des États régionaux, ces acteurs disposent désormais de bateaux surpuissants, d'armes ultramodernes leur permettant de livrer des guerres asymétriques même aux armées les plus redoutables.

L'action internationale pour la sécurisation du golfe de Guinée s'est traduite par un déploiement massif d'une gamme variée d'instruments en appui aux efforts régionaux. Mais chaque puissance s'implique à la hauteur de ses enjeux. Le choix du « hard power » ou « soft power » ou les deux combinés visent avant tout à sécuriser les intérêts et renforcer leurs positions. Ce déploiement de ces puissances n'est pas sans susciter l'inquiétude et la méfiance dans la région. Certains déploiements sont suspectés de cacher les manœuvres de déstabilisation ou de recolonisation de la région. On ne peut nier que ces puissances sont des vecteurs de sécurité au regard des dispositifs sécuritaires déployés qui ont été développés tout au long de ce travail. Ils sont en même temps des facteurs d'insécurité. Autant ils sont responsables du pillage des ressources notamment énergétiques en laissant les populations dans un état de paupérisation avancée, parce qu'impliqués dans le tourbillon politique que connait la région.

Il serait, malgré de tableau sombre, erroné de considérer les ressources énergétiques comme une source de malédiction. Cette tentation au découragement de certains Africains est une erreur. Cette richesse n'est pas un obstacle, mais plutôt l'incapacité de l'État à s'imposer et à dicter sa loi. Les monarchies pétrolières du golfe ne connaissent pas le même sort que les pays du golfe de Guinée. Après son industrie d'armement, la Russie se sert de ses ressources énergétiques comme arme capable d'influencer ses rapports avec ses partenaires même les plus puissants. Les pays du golfe de Guinée ne jouent qu'un rôle marginal dans l'exploitation de leurs hydrocarbures. Le secteur reste dominé par les compagnies pétrolières multinationales dont la conduite et la vision stratégique obéissent aux intérêts de leurs pays d'origine. Le secteur est frappé par un manque de vision stratégique et opérationnelle comme en témoigne la somnolence de la majorité des compagnies pétrolières nationales. Une corruption endémique des multinationales qui est généralement dénoncée par la presse. Ayant constitué pendant des décennies le nerf de la Françafrique, le pétrole obéit aujourd'hui aux ordres géopolitiques internationaux. Une Afrique dépourvue de cette ressource aurait été peut-être plus pauvre qu'elle ne l'est aujourd'hui, mais sans aucun doute plus stable d'un point de vue sociopolitique.

Références bibliographiques

Ouvrages

- Blanchard Pascal. (dir)., *La fracture coloniale : la société française au prisme de l'héritage colonial*, Paris, La Découverte, 2005.
- Boillot Jean-Joseph & Dembinski Stanislas, *Chindiafrique : la Chine, l'Inde et l'Afrique feront le monde de demain*, Paris, Odile Jacob.
- Bokilo Julien, *China in Africa: competition between China, traditional trade partners of Africa and BRIC countries*, Paris, L'Harmattan, 2011.
- Cabestan Jean-Pierre, *La politique internationale de la Chine : entre intégration et volonté de puissance*, Paris, Presses de Sciences Po, 2010.
- Daviron Benoit et Giordano Thierry, *Le Millennium Challenge Account : une nouvelle conception de l'aide publique au développement ?* Actes du séminaire dgcid-iddri 2005-2006, 146 p.
- Ian Gary et Terry Lynn Karl, *Le fond du baril : boom pétrolier et pauvreté en Afrique, Catholic Relief Services*, 2003, p. 7.
- Laurent Éric, *La face cachée du pétrole*, Paris, Plon, 2006, 277 p.
- Ntuda Ébodé, J. (dir), *Terrorisme et piraterie. De nouveaux enjeux sécuritaires en Afrique centrale*, Yaoundé, Presses universitaires d'Afrique, 2010.
- Nye Joseph S., *Le leadership américain : quand les règles du jeu changent*, Nancy, Presses universitaires de Nancy, 1992.
- Pierre Noël, *Pétrole et sécurité internationale : de nouveaux enjeux*, Institut d'Économie et de Politique de l'Énergie, Grenoble, CNRS, 1998.
- Prémont Karine, *La politique étrangère des grandes puissances : l'impossible convergence des intérêts*, Québec, Presses de l'Université Laval, 2011.
- De Swielande Struye Tanguy, *La Chine et le repositionnement des grandes puissances en Afrique : analyse géostratégique et géoéconomique*, Louvain-la-Neuve, Presses universitaires de Louvain, 2010.
- N'diaye Tidiane, *La percée sournoise de la chine en Afrique : le jaune et le noir*, Paris, Gallimard, 2013.
- Serges Michel & Beuret Michel, *La Chinafrique*. Paris, Grasset, 2008, 352 p.

- Turse Nick, *Les nouvelles armes de l'empire américain : drones, bases secrètes, cyber guerre, opérations spéciales, missions d'espionnage, guerres par procuration*, Paris, La Découverte, 2014, 152 p.
- Verschave François-Xavier, *La Françafrique : le plus long scandale de la République*, Paris, Stock, 1988, 379 p.
- Waldron Arthur, *China in Africa*, Washington: Jamestown Foundation, 2008, 114 p.
- Zbigniew Brzezinski, *Le grand échiquier : l'Amérique et le reste du monde*, Paris, Bayard, 1997, 273 p.

Articles de revues et journaux

- AFP, Nigeria, « Le pétrole, un espoir de développement étouffé par Boko Haram », in *Jeune Afrique*, 28 septembre 2014.
- Amnesty international, *La vraie « tragédie », Retards et incapacité à stopper les fuites de pétrole dans le Delta du Niger*, London, novembre 2011.
- Amnesty International, *Nigéria. Pétrole, pollution et pauvreté dans le Delta du Niger*, juin 2009.
- Auge Benjamin, « Pillage et vandalisme dans le Delta du Niger », in *Hérodote*, n° 3, 2009/134, pp. 151-175.
- Copinschi Pierre Noël, « L'Afrique dans la géopolitique mondiale du pétrole », in *Afrique contemporaine*, n° 216, 2005/4, pp. 29-42.
- Favennec Jean-Pierre et al., « Les nouveaux enjeux pétroliers en Afrique », in *Politique africaine*, 2003, pp. 127-148.
- Favennec Jean-Pierre, « Géopolitique de l'énergie : Besoins, ressources, échanges mondiaux », in *Alternatives Économiques*, 2010, février.
- Lafarge François, « Chine/États-Unis. La course aux hydrocarbures », in *Les Grands Dossiers des Sciences Humaines*, n° 8, 2007, pp. 23-23.
- Leriche Frédéric, « La politique africaine des États-Unis : une mise en perspective », *in Afrique contemporaine*, 2003.
- Lorgeoux Jeanny, Trillard André & et Bockel Jean-Marie, « Golfe de Guinée : la prévention des conflits à l'épreuve de Boko Haram », in *Rapport d'information du Sénat*, 2015.
- Meloupou Jean-Pierre, « Société africaine et défense : de la stratégie des moyens », Frères d'Armes, *Revue de liaison des forces armées françaises, africaines et malgaches*, 1995, pp. 30-35.
- Ramel Frédéric, « L'État du monde en 2015 » in *Nouvelle guerre*, 2014, p. 37.
- Rogalski Michel, « Afrique/États-Unis : une relation singulière », in *Recherches internationales*, n° 85, janvier-mars 2009, pp. 89-101.
- Servant Jean-Christophe, « Une priorité géostratégique : Offensive sur l'or noir africain », *Le monde diplomatique*, 2003, p. 19. Lu le 31/05/2016, in https://www.monde-diplomatique.fr/2003/01/SERVANT/9856
- Taje Mehdi, « Les perspectives africaines », Realpolitik.tv, juin 2010, in http://www.realpolitik.tv/2010/06/les-perspectives-africaines/

- Tavares AVAR Pierre Franklin, « Désintégration des souverainetés nationales : Pourquoi tous ces coups d'État en Afrique ? », in *Le Monde Diplomatique,* janvier 2004, pp. 16-17.
- Tedom Fogue Alain, « AFRICOM : Le commandement militaire américain pour l'Afrique » in *La Revue géopolitique, Diploweb,* novembre 2011.
- Vampouille Thomas, « La Françafrique, mode d'emploi d'une filière occulte », *Le Figaro,* 13/09/2011, in (http://www.lefigaro.fr/actualite-france/2011/09/13/01016-20110913ARTFIG00450-la-francafrique-mode-d-emploi-d-une-filiere-occulte.php)

Mémoires et thèses

- Dosimont Clémence, « Les enjeux de la lutte contre la piraterie maritime au large de la Corne de l'Afrique : étude de cas : la Chine », mémoire master en sciences politiques relations internationales, Louvain-la-Neuve, UCL (Belgique), 2013.
- Noah Noah Fabrice, « Enjeux énergétiques et insécurité dans le golfe de guinée : contribution à l'étude des menaces liées à la ruée vers le pétrole au Nigéria », mémoire DEA en géostratégie, Yaoundé, Université de Yaoundé II – Soa (Cameroun), 2013.

Dossiers numériques

http://www.senat.fr/rap/r14-410/r14-410_mono.html

http://www.scienceshumaines.com/chine-etats-unis-la-course-aux-hydrocarbures_fr_21236.html

http://www.knowckers.org/2009/07/guerre-economique-dans-le-golfe-de-guinee/

Chapitre XIX

Monde post Guerre froide et reconfiguration de la notion de puissance : quel espace pour l'Afrique ?

Japhet Anafak

Introduction

Le contexte international des années 1980 est marqué par l'accentuation de la détente. L'arrivée au pouvoir en URSS de Mikhail Gorbatchev favorise le rapprochement entre le bloc de l'Est et le Bloc de l'Ouest. Les réformes engagées par Gorbatchev dénommées *la Perestroika*[1]*et la Glasnost*[2], accélèrent la chute du bloc soviétique par la destruction du mur de Berlin en 1989, la dissolution du pacte de Varsovie en 1989, et la fin de l'URSS remplacée par la CEI (Communauté des États indépendants). Malgré la crise économique mondiale des années nonante (1990), le bloc occidental, sous le leadership des États-Unis, prend le contrôle temporaire de la géopolitique internationale. Francis Fukuyama, dans *La fin de l'Histoire* théorise l'Unipolarisation du monde, marqué par le triomphe de la civilisation occidentale, la démocratie libérale, la culture judéo-chrétienne[3]. Sauf que l'évolution du monde, une décennie après, a plutôt vue triompher les prévisions de Samuel Huttington[4] sur le choc des civilisations. Le monde bipolaire disparu est remplacé par des regroupements liés aux civilisations religieuses. Les attentats du 11 septembre 2001 aux États-Unis, sont à cet effet, un marqueur réel de cette nouvelle donne. Ce choc des civilisations a mis en difficulté l'émergence d'un pôle central fort et global. Selon Bernard

[1] La perestroïka signifie *reconstruction* en langue russe et est une série de réformes économiques entreprises par l'URSS de 1985 à 1991 pour rattraper ces retards économiques et technologiques par rapport aux États-Unis, elle fut l'œuvre de Mikhaïl Gorbatchev.

[2] La glasnost se traduit en russe, par la *transparence*. C'est une politique de liberté d'expression et de la publication d'informations mise en œuvre après l'accident nucléaire de Tchernobyl en 1986 en URSS. Son but était fut de contrer les conservateurs du parti opposés à la perestroïka (politique de restructuration économique).

[3] Francis, Fukuyama, *La fin de l'histoire*, le dernier homme, Paris, Flammarion 1992.

[4] Samuel Huntington, *Le Choc des Civilisations*, Paris, Odile Jacob, 1996, introduction.

Badié, un pôle est une capacité pour un groupe d'exercer une influence sur les espaces qui l'environnent et remplit donc des fonctions centrales. C'est donc un lieu, un espace qui attire.[5] La polarisation, c'est-à-dire l'attraction exercée par un pôle, s'exerce jusqu'à une certaine distance, ce qui permet de dessiner la zone ou le champ d'influence d'un pôle.[6] Lorsque plusieurs pôles se concurrencent sur un espace, on peut qualifier celui-ci de multipolaire.[7] L'apparition de nouveaux pôles (les émergents) qui contestent aux États Unis la primauté économique et culturelle a atténué sinon modifié les instruments de puissance. Le *hard power* (pouvoir militaire et économique) est désormais couplé du *soft power* (pouvoir culturel notamment les médias, le sport, la musique, l'art, la tradition, les croyances etc.), théorisée par Joseph Nye. Face à cette nouvelle donne, l'Afrique peut-elle alors dans le cadre de la nouvelle mondialisation peser par le *soft power* que par le *hard power* (elle est militairement et économiquement en retard sur les autres continents) ? L'objet de cet article est de questionner la place de l'Afrique dans cette nouvelle configuration du monde après avoir analysé la situation et le contexte international lié au déploiement de la puissance et l'équilibre des forces. Il est question ici de développer la théorie de la puissance selon Joseph Nye et voir en quel sens elle peut être adoptée par l'Afrique.

1. De la logique du *hard power* à la prise en compte du *soft power* : quel enjeu pour l'Afrique ?

Qu'est-ce que la puissance dans le contexte mondial post Guerre froide ?

En relations internationales, une théorie à succès, est celle reprise par le politique et sa mise en application ensuite. En ce sens, Joseph Nye, théoricien du *soft power* en est une parfaite illustration de cette vulgarisation de théorie. De manière générale, Serge Sur, s'inspirant de Raymond Aron définit la puissance comme : « une capacité – capacité de faire ; capacité de faire faire ; capacité d'empêcher de faire ; capacité de refuser de faire »[8]. Jean-François Fiorina, Directeur de l'ESC (École supérieure de commerce) de Grenoble sur la question de la puissance au XXIe siècle donne une explication plus approfondie du terme puissance en ces termes :

---

[5] Bernard Badié, *Carnets d'après-Guerre froide,* Paris, CNRS Éditions le Monde.fr, 2012.

[6] *Ibid.*

[7] Serge Sur, *Relations internationales,* Paris, Montchrestien, 2000, p. 229. Cité par Patrice Gourdin, *Géopolitiques,* manuel pratique, Paris, Publications de l'Institut Choiseul, 2010, p. 19.

[8] *Ibid.*, p. 19.

> (…) la puissance m'apparaît comme le facteur explicatif le plus pertinent de l'ordre interne des sociétés et surtout de l'ordre du monde depuis que le monde est monde. En allemand comme en anglais, puissance et pouvoir sont un seul et même mot. Autrement dit, c'est la capacité d'agir sur le monde qui nous entoure. De fait, pour en avoir une perception adéquate, la puissance doit être dégagée de ses connotations quelque peu sulfureuses, imputables à ses excès, qui la font percevoir comme condamnable. De la même façon, je récuse ceux qui, à l'instar d'une certaine école américaine, succombent à la fascination de la puissance pour la puissance. Au contraire, j'ai souhaité procéder à une approche distanciée et dépassionnée de la notion de puissance, pour traiter le sujet sans parti pris (…)[9].

Ainsi, Jean-François Fiorina convoque d'autres valeurs que la force, le nationalisme et l'impérialisme comme éléments de pouvoir. Pour Pierre Buhler, la puissance est un terme à coupler avec l'innovation. Il la conçoit ainsi :

> Dans la dynamique incessante de la puissance, qui affecte tant sa distribution que ses formes, la variable décisive est la vitesse, le rythme, de l'adaptation, et plus encore l'innovation. C'est en effet dans le rapport à l'innovation, sous toutes ses formes, pas seulement technologique, mais aussi sociale, économique, intellectuelle, que s'esquissent les « lignes de fuite » de la puissance. Et que se détachent ceux qui ont compris et appris les règles de cette « grammaire de la puissance » qui, dans sa logique intemporelle comme dans ses manifestations nouvelles, gouvernera sa redistribution au XXIe siècle[10].

Pendant la Guerre froide, la puissance était en grande partie due aux intelligences militaires et économiques susceptibles d'imposer le maintien d'ordre ou alors la mise en place d'un ordre nouveau. On disposait alors de deux pôles ou deux blocs puissants qui imposaient leurs vues sur le reste de la planète. Le monde était alors régulé par ce que Joseph Nye appelle le *hard power*. Le *hard power* est un concept utilisé principalement par le réalisme dans les relations internationales qui désigne la capacité d'un corps politique à imposer sa volonté à d'autres corps politiques à l'aide de moyens militaires et économiques. Qu'en est-il de l'Afrique et le *hard power* ?

Parvenus pour la plupart aux indépendances après le Seconde Guerre mondiale, les pays africains n'ont pas connu de révolution industrielle du 19e siècle. À la veille des indépendances, les métropoles se mettent d'accord

---

[9] Jean-François Fiorina, *Entretiens géopolitiques*, n° 12, Clés, mars 2012.

[10] Pierre Buhler, *La puissance au XXIe siècle, les nouvelles définitions du monde*, préfacé par Hubert Védrine, Paris, CNRS éditions, 2011.

pour maintenir les Africains dans le socle néocolonial à travers les accords ACP-UE. Aussi, les pays africains n'eurent pas accès au transfert de technologies leur permettant de transformer leurs immenses richesses du sol et du sous-sol. Entre les années 1960 et 1990, l'Afrique fut alors le champ de bataille des puissances de la Guerre froide. Les crises du Congo-Zaïre, de l'Angola, et du Mozambique en sont quelques-unes des illustrations. L'OUA, qui s'est fixée parmi ses objectifs, le développement intégré de l'Afrique focalise ses efforts à la libération du reste de l'Afrique du joug colonial et du régime d'Apartheid d'Afrique du Sud. Les tensions civiles entraînent de nombreuses guerres civiles et coups d'État.

Ainsi, c'est une Afrique non intégrée, militairement et économiquement en retard par rapport au reste du monde paradoxalement à ses immenses richesses, en retard sur le plan de l'émancipation politique, qui va affronter la mondialisation. En clair, au vu de la définition de la puissance comme *hard power*, l'Afrique divisée, représentant moins de 2 % des échanges économiques et ne possédant pas d'industries d'armements à l'exception de l'Afrique du Sud, ne pouvait prétendre aucunement exercer ce type de puissance dans le concert des nations.

Le *soft power* comme réponse au déclinisme ?

La notion de *soft power* est évoquée par Joseph Nye[11] en 1990 dans son ouvrage *Bound to Lead*. Il l'améliore en 2004 avec *Soft Power : The Means to Success in World Politics*. Initialement, le *soft power*, tel que pensé par Nye, fut une réponse à l'historien britannique Paul Kennedy qui, en 1987, théorisa l'inéluctable déclin de l'Amérique[12]. Pour Nye, la thèse de Kennedy était alors erronée pour une raison conceptuelle parce que le pouvoir a muté à la fin du XXe siècle. Et il ne pouvait alors plus être analysé de la même manière qu'en 1500, date choisie par Robert Kennedy comme point de départ de sa réflexion. En clair, dans le contexte actuel, la puissance ne se mesure plus uniquement à l'armement militaire normal ou nucléaire. Ainsi, Nye réfute le terme déclin et milite simplement pour un changement de paradigme.

Ce basculement de la notion de puissance est rendu possible grâce au concept même de *soft power*. Le *soft*, par définition, s'oppose au *hard* qui est la force coercitive, militaire le plus généralement, mais aussi économique, qui comprend la détention de ressources naturelles. Le *soft*, lui, ne se mesure ni en « carottes » ni en « bâtons », pour reprendre une image chère à l'auteur. *Stricto sensu*, le *soft power* est la capacité d'un État à obtenir ce qu'il

---

[11] Joseph Nye fut le sous-secrétaire d'État sous l'administration de Jimmy Carter, puis secrétaire d'État adjoint à la Défense sous celle de Bill Clinton.

[12] Joseph Nye, *The futur of Power*, New-York, Public Affairs, 2011.

souhaite de la part d'un autre État sans que celui-ci n'en soit même conscient « *Co-opt people rather than coerce them* »[13].

Multiplication ou fin des hégémonies ?

Selon Nye, la fin de l'hégémonie américaine, n'implique pas le déclin brutal de cette grande puissance. La fin de l'hégémonie des États-Unis est tout simplement celle du *principe* hégémonique lié à l'évolution. Par exemple, l'empire du Mali de Soundiata Keita ne deviendra plus le plus grand empire d'Afrique. La fin de l'hégémonie américaine après la mort de l'URSS est donc le reflet de la revitalisation de la sphère internationale qui a fait émerger de nouveaux pôles de puissance concurrents des États-Unis notamment le Brésil, la Turquie, le Nigeria ou encore la Corée du Sud, quand d'autres continuent leur progression vers la puissance comme la Chine, le Japon et l'Inde.

Malgré cette multipolarité, Joseph Nye, n'envisage pas un déclassement sur l'échiquier international. Même la Chine ne semble pas, selon lui, en mesure d'inquiéter réellement les États-Unis. *L'Empire du milieu* ne s'édifiera pas en puissance hégémonique, à l'instar des immenses empires des siècles passés parce qu'elle est en compétition asiatique interne, principalement avec le Japon. Ainsi, « *une Asie unie n'est pas un challenger plausible pour détrôner les États-Unis* »[14] affirme-t-il. Enfin, la Chine devra prendre en compte d'autres puissances nouvelles à l'instar de l'Inde et dans une moindre mesure le Pakistan et la Malaisie. Tous ces facteurs ne permettront pas à la Chine d'assurer une transition hégémonique à son profit. Elle défiera les États-Unis sur le Pacifique, mais ne pourra prétendre au leadership de l'opposition sur la scène internationale.[15] On assiste alors à une tentative de multiplication des hégémonies non abouties et la certitude de la fin de l'hégémonie américaine de la fin des années 1990. Face à ce nouvel équilibre mondial fait des États-Unis et leurs alliés européens d'une part, la Chine, et les nouveaux émergents d'autre part, l'Afrique a-t-elle une place ?

---

[13] Nonfiction, Théo Corbucci, & Pierre William Fregonèse, « Soft Power, hard Power, smart Power : le pouvoir selon Joseph Nye », in Slate Afrique, 14/06/2014. URL : www.slate.fr

[14] Les intérêts chinois et japonais, s'ils se recoupent finalement entre les ennemis intimes, ne dépasseront pas les antagonismes historiques entre les deux pays et la Chine ne pourra projeter l'intégralité de sa puissance sur le Pacifique, laissant ainsi une marge de manœuvre aux États-Unis.

[15] Nonfiction, Théo Corbucci, & Pierre William Fregonèse, « Soft Power, hard Power, smart Power : le pouvoir selon Joseph Nye », in Slate Afrique, 14/06/2014, slate.fr

2. Le *smart power* comme synthèse entre soft et *hard power* : L'Afrique comme acteur ou sujet ?

Pour apporter une réponse aux critiques sur l'efficacité du soft power qui pour certains s'apparentait au pacifisme, Les États-Unis introduisent un nouveau concept : le *smart power*. Ainsi, la puissance étatique ne peut être uniquement *soft* ou uniquement *hard*. Théoriquement, un État au *soft power* développé, sans capacité de se défendre militairement au besoin, ne peut être considéré comme puissant. Tout au plus, il peut être influent, et encore dans des limites évidentes. À l'inverse, un État au *hard power* important peut temporairement réussir des opérations militaires, éviter certains conflits ou imposer ses vues sur la scène internationale, mais aura des difficultés à capitaliser politiquement ces « victoires ». L'idéal selon Nye est alors logiquement, un mélange de *soft* et *hard power*. Cette addition aboutit au pouvoir « intelligent » : le *smart power*[16].

Le *smart power* n'est ni le *hard power* ni le *soft power,* mais l'habile combinaison des deux. Le *smart power* signifie le développement d'une stratégie intégrée, d'une base de ressources et d'une trousse d'outils pour atteindre les objectifs américains, en s'inspirant à la fois du *hard power* et du *soft power*. C'est une approche qui souligne la nécessité d'une armée forte mais qui, également, investit massivement dans des alliances, des partenariats et des institutions à tous les niveaux pour élargir l'influence américaine et établir la légitimité de l'action américaine[17].

La non prise en compte du *soft power* dans la conquête de l'Irak de 2003 a entrainé une sorte d'enlisement des États Unis et justifié la nécessité de prendre en compte impérativement le *smart power*. Selon Mathieu Guidère, « l'Irak offre la démonstration des limites du *"soft power"* américain »[18]. En effet, malgré la victoire militaire, les États-Unis ont perdu la bataille de la communication, de l'opinion internationale et culturelle. On a constaté sur le terrain, après la victoire militaire de nombreuses faiblesses notamment : le maillon faible des traducteurs, le processus de la « libération » est passé et a été perçu comme « l'occupation », la bataille perdue de la communication par les bavures de l'armée méconnaissant des réalités locales, l'échec de « l'industrie langagière », l'absence de médiation interculturelle, bref un *soft*

---

[16] Nonfiction, Théo Corbucci, & Pierre William Fregonèse, « Soft Power, hard Power, smart Power : le pouvoir selon Joseph Nye », *op. cit.*

[17] *Ibid.*

[18] Entretien avec Mathieu Guidère, professeur à l'université de Genève, directeur du département français de traductologie, « L'Irak offre la démonstration des limites du "soft Power" américain », in *Le nouvel économiste*, par Philippe Plassart, le 06/10/2010, www.lenouveleconomiste.fr

power fragilisé par l'absence d'un projet intellectualisé[19].Leur incapacité à stabiliser l'Irak après la fin du régime de Saddam Hussein a justifié le retrait des troupes américaines par Barack Obama dans une ambiance de chaos qui laissa place quelques années plus tard à l'avènement de l'EI (État islamique) en Irak.

En revanche, le *soft power* est l'arme des puissances impériales, c'est-à-dire des grands pays et des cultures ayant une prétention à l'universalité comme la France.[20] En effet, la France a affiché cette prétention, pendant près de 2 siècles de son histoire. Elle se donne aujourd'hui l'illusion de cette ambition en se référant à la vocation universelle de ses principes pour tenter d'imposer par la séduction son modèle aux autres peuples qui résistent. La mise en œuvre délibérée du *soft power* d'un point de vue stratégique se heurte encore à une méconnaissance de son contenu par les acteurs chargés de le promouvoir. Néanmoins, face à la domination de la société néolibérale dans le monde, la bataille culturelle semble vouloir se substituer à la Guerre froide et les véritables puissances combinent alors *hard power* et *soft power* à l'instar de la France.[21]

Il ressort de cette démonstration, qu'il est nécessaire de coupler la force économico-militaire à la force culturelle pour être un pôle durable d'influence sur la scène internationale. L'Afrique dispose d'immenses ressources, mais reste économiquement à la traine du fait qu'elle ne les transforme pas et importe la plupart de ses produits de consommation. Le tissu industriel à quelques exceptions est embryonnaire et donc ne permet pas la mise en place d'une d'industrie d'armement malgré les réserves en uranium, en cuivre, en acier etc. L'Afrique ne peut, en l'état actuel de la configuration du monde, prétendre s'imposer par le *hard power*. Il lui reste alors à déployer ses immenses richesses culturelles et minérales pour se singulariser dans la mondialisation en inventant sa forme de *smart power* avec ses moyens.

Comment inventer un *smart power* africain ?

L'État des lieux de l'ensemble des éléments du potentiel de puissance en Afrique montre des atouts dans les domaines des ressources minérales, de la démographie dynamique, et dans les domaines culturels. Le rapport du Groupe d'études internationales sur les régimes miniers de l'Afrique de la

---

[19]Entretien avec Mathieu Guidère, *op. cit.*

[20]*Ibid.*

[21]Entretien avec Pierre Bulher, « Géopolitique et nouveaux visages de la puissance » par Jean-François Fiorina, ESC Grenoble, Buhler-Fiorina/Cles n° 12, mars 2012. URL : www.diploweb.com

Commission économique pour l'Afrique (Union Africaine), sur les ressources minérales et le développement de l'Afrique, publié en 2011 montre que l'Afrique dispose d'immenses richesses minérales encore non exploitées et parfois illicitement exploitées au détriment des populations.[22] Paulo de Sa et Gary McMahon, dans un article intitulé : « Les ressources minérales un atout pour le développement de l'Afrique subsaharienne ? », constatent que le pourcentage des recettes fiscales du secteur minier est généralement faible (RDC 18 % en 2007, Ghana 4,7 %, Guinée 19,3 %, Sierra Leone 1 %, Zambie 8,9 %, Namibie 7,7 %, Botswana 44 %, Afrique du Sud 1,8 %). Ils en conclurent que les ressources minérales n'ont pas été au 20e siècle un atout pour le développement des pays de l'Afrique à l'exception de quelques pays de l'Afrique Australe. Il y a là alors matière à réflexion pour faire de ces immenses richesses de l'Afrique un facteur de développement et alors un instrument de puissance.[23]

Selon les données du World Population Prospects, la population de l'Afrique oscillait autour de 100 millions d'habitants en 1900, 275 millions dans les années 1950-1960, puis 650 millions en 1990. Elle est aujourd'hui estimée à 1,2 milliard environ d'habitants. En comparaison avec les autres continents, l'Afrique représentait environ 17 % de la population mondiale il y a 4 siècles c'est-à-dire autour de l'an 1600. Avec la Traite négrière, l'esclavage, la colonisation et les travaux forcés entrainant des morts à l'instar de l'État indépendant du Congo de (1884-1908), la population de l'Afrique ne représentait plus que 7 % de la population mondiale en 1900.[24] La forte croissance démographique de l'Afrique, croisée à la diminution de taux de natalité en Europe et en Amérique place l'Afrique à 16 % en 2016 et 17 % en 2017 de la population mondiale. Cette population est jeune avec un taux de fécondité de 4,7 enfants par femme contre 2,5 de moyenne mondiale, contrairement au vieillissement des autres populations notamment les pays développés grâce à une espérance moyenne de vie forte de 69 ans. Selon les projections démographiques, la population de l'Afrique se situera autour 3 milliards en 2050 et de 4,4 milliards en 2100. Malgré une espérance de vie moyenne faible de l'Afrique de 57 ans, l'Afrique représente l'avenir

---

[22] Le Rapport du groupe d'études internationales sur les régimes miniers de l'Afrique de la Commission économique pour l'Afrique (Union Africaine), sur les ressources minérales et le développement de l'Afrique, publié en 2011. URL : www.uneca.org/sites/defauft/files/PublicationsFiles/mineral_report_fre.pdf

[23] Paulo de Sa et Gary McMahon, dans un article intitulé, « Les ressources minérales un atout pour le développement de l'Afrique subsaharienne ? », in *Annales des mines-responsabilité et environnement*, Paris, ESKA, n° 58, 2010.

[24] World Population Prospects, 2017. URL : www.esa.un.org/unpd/wpp/

démographique du monde.[25] Elle est et sera un grand marché d'investissement et de consommation. Ainsi, elle peut et pourra s'appuyer sur cette jeunesse et son dynamisme.

L'Afrique reste parmi les continents les moins connus culturellement par rapport à l'Europe, l'Amérique et l'Asie. Elle disposait d'une civilisation propre que la colonisation a tenté en vain d'effacer. Dans ce contexte de mondialisation où on assiste d'une part à la volonté de l'Occident à imposer l'unipolarisation, et d'autre part, la réaction de l'Orient islamique qui fait penser au choc des civilisations, l'Afrique a sa propre civilisation jadis bâillonnée par l'esclavage et la colonisation. Cette civilisation faite de techniques, d'art, de sciences, de langues, de religions spirituelles, de sport, de musique, de traditions, de méthodes de gouvernements et rationalisation des richesses (économies) est aujourd'hui, depuis les travaux de Cheikh Anta Diop[26], une voix à suivre par l'Afrique pour affirmer sa spécificité et briser les chaines de l'assujettissement. La montée de la musique nigériane, la force des sportifs Africains dans des sports tels que l'Athlétisme (Kenya, Éthiopie, etc.), l'immense richesse non exploitée de la pharmacopée africaine, sont des atouts divers susceptibles de construire une particularité, un modèle africain permettant de changer les paradigmes de puissances par la remise en cause par exemple de certains brevets d'inventions presqu'exclusivement la propriété des pays industrialisés.

Conclusion

Cet article a voulu analyser la dynamique de la notion de puissance depuis la fin de la Guerre froide pour d'abord faire l'état des lieux mondial des équilibres des forces et ensuite, identifié la place de l'Afrique dans cette reconfiguration. Par l'analyse de la théorie de Joseph Nye, il ressort que les éléments traditionnels de puissances que sont l'économie et la capacité militaire (*hard power*) ont évolué pour intégrer les aspects de la puissance par la culture, la langue, la communication, la civilisation, le sport, etc. (*soft power*). Aussi, le monde sans être unipolaire, est désormais dans un processus multipolaire où les grandes puissances essayent de combiner *soft power* et *hard power* pour en faire le *smart power*. Dans cette configuration, l'Afrique en l'absence de capacité militaire dissuasive, en l'absence d'une économie attractive, devrait alors inventer un modèle de *smart power* en s'appuyant sur ses atouts en ressources minérales, sur sa démographie et sa civilisation pour s'imposer sur la scène internationale. Face aux grands blocs

---

[25] *Ibid.*

[26] Cheikh Anta Diop, *Nations nègres et culture*, Paris, Présence Africaine, 1979, introduction.

(Union européenne, États-Unis, Chine, Inde, Russie), l'Afrique doit s'unir et s'intégrer par les peuples et non plus par les dirigeants pour mettre en branle cette révolution africaine faite de la prise en compte des valeurs et de la culture de l'Afrique précoloniale. À cet effet, Joseph Ki-Zerbo, dans la logique de la nécessité d'une prise en charge de l'Afrique, par les Africains, de son avenir, le dit si bien dans *À Quand l'Afrique* en ces termes : « Si nous nous couchons, nous sommes morts »[27]. L'éveil de l'Afrique au 21e siècle se fera uniquement par les Africains eux-mêmes.

Références bibliographiques

Ouvrages

- Bernard Badié, *Carnets d'après-Guerre froide,* Paris, CNRS Éditions le Monde.fr, 2012.
- Cheikh Anta Diop, *Nations nègres et culture*, Paris, Présence Africaine, 1979.
- Chesnot, Christian, Malbrunot, Georges, *Qatar, les secrets du coffre-fort*, Paris, Michel Lafont, 2013, p. 259-286.
- Corbucci, Theo et Fregonese, Pierre-William, « Soft power, hard power et spart power, le pouvoir selon Joseph Nye », in *Slate.fr*, 14 juin 2014 http://www.slate.fr/story/88487/soft-power-hard-power-smart-power-pouvoir-joseph-nye
- Francis, Fukuyama, *La fin de l'histoire, le dernier homme,* Paris, Flammarion, 1992.
- Joseph Ki-Zerbo, Entretien avec René Holenstein, *À Quand l'Afrique ?*, Paris, Éditions de l'Aube, 2003.
- Joseph Nye, *The futur of power*, New-York, Public Affairs, 2011.
- Joseph Nye, *Soft Power : The Means to Success in World Politics*, Public Affairs, 2004, p. 5.
- Patrice Gourdin, *Géopolitiques*, manuel pratique, Paris, Choiseul, 2010.
- Paul Kennedy, *Naissance et déclin des grandes puissances*, Paris, Payot, 1989.
- Pierre Buhler, *La puissance au XXIe siècle, les nouvelles définitions du monde,* préfacé par Hubert Védrine, Paris, CNRS éditions, 2011.
- Samuel Huntington, *Le Choc des Civilisations*, Paris, Odile Jacobs, 1996.
- Serge Sur, *Relations internationales*, Paris, Montchrestien, 2000, p. 229.

Articles

- Entretien avec Mathieu Guidère, professeur à l'université de Genève, directeur du département français de traductologie, « L'Irak offre la démonstration des limites du "soft power" américain », in Le nouvel économiste, par Philippe Plassart, le 06/10/2010, in http://www.lenouveleconomiste.fr/lirak-offre-la-demonstration-des-limites-du-soft-power-americain-4804/

---

[27] Joseph Ki Zerbo, Entretien avec René Holenstein, *À Quand l'Afrique ?*, Paris, Éditions de l'Aube, 2003, p. 171.

- Entretien avec Pierre Bulher, « Géopolitique et nouveaux visages de la puissance » par Jean-François Fiorina, ESC Grenoble, Buhler-Fiorina/Cles n° 12, mars 2012, in http://www.diploweb.com/Geopolitique-les-nouveaux-visages.html
- Fregonese, Pierre-William, « La hallyu coréenne ou l'opportunité d'un *soft power* asiatique », in *La Nouvelle Revue Géopolitique*, n° 122, août 2013.
- Joseph Nye, « Get smart, combining soft and hard power », in *Foreign Affairs*, juillet/août http://www.foreignaffairs.com/articles/65163/joseph-s-nye-jr/get-smart
- Nonfiction, Théo Corbucci, & Pierre William Fregonèse, « Soft power, hard power, smart power : le pouvoir selon Joseph Nye », in Slate Afrique, 14/06/2014, www.slate.fr
- Paulo de Sa & Gary McMahon, « Les ressources minérales un atout pour le développement de l'Afrique subsaharienne ? », in Annales des mines-responsabilité et environnement, Paris, ESKA, n° 58, 2010.
- Pierre Bulher et Jean-François Fiorina, « Pour une approche distanciée et dépassionnée de la notion de puissance », Crédits : ESC Grenoble, Copyright mars 2012-Buhler-Fiorina/Cles n° 12.

Rapports

- Le Rapport du groupe d'études internationales sur les régimes miniers de l'Afrique de la Commission économique pour l'Afrique (Union Africaine), sur les ressources minérales et le développement de l'Afrique, publié en 2011, www.uneca.org/sites/defauft/files/PublicationsFiles/mineral_report_fre.pdf
- World Population Prospects, 2017, www.esa.un.org/un

Postface

Japhet Anafak

Cette publication scientifique est le résultat d'une collaboration scientifique nord-sud, pilotée d'abord par les ressortissants du Sud. Il s'agit d'un livre diagnostic/propositions d'innovation pour l'Afrique. Il s'inscrit dans le cadre de la compréhension profonde du processus de crise permanent que vit l'Afrique indépendante dans de nombreux domaines. Elle ne vise pas à mener une réflexion sur la bonne gouvernance africaine puisque de nombreuses études ont conclu aux problèmes de ladite gouvernance. Elle ne vise pas non plus à dresser un constat basé sur les paradigmes post indépendances, marqués par la dualité colon/colonisé. Il est désormais certain que l'Afrique est singulière des autres continents par son histoire, sa sociologie et sa géographie. Elle est aujourd'hui à un niveau de développement humain peu élevé par rapport aux autres continents. Il est également établi que l'Afrique doit faire face à de nombreuses crises liées à la gestion politique, économique, écologique, religieuse et autres.

Le présent ouvrage, adopte une approche pluridisciplinaire, où interagissent plusieurs disciplines des sciences sociales et humaines, notamment l'histoire, la science politique, la géographie humaine et environnementale), avec peu d'interactions entre elles. Cette publication n'est de ce fait absolument pas multidisciplinaire c'est-à-dire qu'elle n'est pas caractérisée par la présence de plusieurs disciplines, la juxtaposition de celles-ci de façon parallèle et sans rapport apparent entre elles. Le titre en lui-même est évocateur de cette pluridisciplinarité par l'emploi du mot crises au pluriel pour déjà exprimer ce processus multiforme de crises nécessitant un cloisonnement des méthodes et des approches.

Les auteurs recensent ce qu'ils considèrent comme des priorités pour l'Afrique en l'occurrence la question de formation et du fonctionnement des États africains sans insister sur les questions institutionnelles et structurelles. Ainsi, il s'agit ici d'analyser la question de l'éducation par le prise en compte des valeurs africaines propres, des institutions étatiques africaines inadaptées à la sociologie africaine et du milieu rural africain presque abandonné après les politiques d'ajustement structurels du FMI pour revenir à des méthodes de socialisation endogène tout en gardant à l'esprit que toute culture est, par essence, ouverture. Le cas de l'autogestion du conflit des Agriculteurs/Éleveurs au nord-ouest Cameroun en est une parfaite illustration. Les médias et le secteur du travail sont revisités dans le cadre de cet objectif d'identifier clairement les secteurs prioritaires de défaillance de l'État en Afrique à savoir : éducation – emploi – ruralité – médias – traditions.

Le monde post Guerre froide est traversé par des tensions interreligieuses. L'Afrique n'échappe pas à cette configuration. Cependant, la question des églises dites pentecôtistes semble être mise au second plan par rapport aux tensions entre musulmans et chrétiens. Cet ouvrage, sans occulter les foyers de tensions religieuses, développe surtout le phénomène de déstructuration de la société par la montée des églises protestantes pentecôtistes. En ordre de priorité, cette ouvrage place la menace de l'intégrisme islamique au même degré que l'offensive de ces églises un peu sectaires qui brisent les familles et déconstruisent le minimum de lien de culture authentique africaine.

La troisième priorité selon les auteurs de cet ouvrage est la prise en compte des changements climatiques en lien avec les mouvements migratoires. Le constat des acteurs est que certaines guerres civiles africaines sont de plus en plus dues aux questions climatiques avec l'avancée du désert, le bouleversement des saisons entraînant un dérèglement de la production agricole. Le cas du Darfour développé dans cet ouvrage montre bien cette corrélation. Ce phénomène de changement climatique, de crise de l'État, de dérèglement de la structure familiale et sociétale par la montée des sectes pentecôtistes et les tensions entre chrétiens et musulmans favorise les migrations analysées dans cet ouvrage.

Dans cette analyse des processus migratoires africains, les auteurs montrent la complexité du phénomène migratoire africains, sources de conflits infra-africains et de tensions diplomatiques avec l'Occident. Le constat est fait de la difficile gouvernabilité des migrations dans le monde globalisé, de sa complexité, du fait de causes endogènes à l'instar des migrants africains en Algérie et aussi exogènes dues à la gouvernance mondiale, à l'exemple de la politique migratoire de la France en Afrique.

La prise en compte des nouveaux instruments de puissances dans le monde analyse ici l'ensemble des éléments constituant la géopolitique internationale. La redistribution des cartes sur la scène internationale depuis la fin de la Guerre froide marque la fin de l'illusion d'un monde unipolaire. On assiste à la formation de nouveaux pôles. Cet ouvrage montre la poussée de la Chine dans la géopolitique africaine en concurrence avec les États-Unis et l'Union Européenne dans l'acquisition des matières premières nécessaires au fonctionnement des industries et montre un lien entre cette course vers les matières premières et les processus de déstabilisations des États en Afrique. Par l'analyse des notions de *soft, hard* et *smart power*, le constat est vite fait que l'Afrique, sans capacité militaire, sans force économique n'a, pour le moment, pas les moyens de prétendre au *hard power ;* d'où la nécessite d'inventer un *soft power* africain basé la gestion de ses immenses richesses, sur sa culture, sa démographie galopante et prometteuse.

Cet ouvrage montre alors que l'Afrique au-delà de ses multiples crises, a les moyens d'émerger par les efforts endogènes et c'est là tout le mérite de cette publication qui, sans nier les difficultés, propose des voies et moyens pour y remédier.

Biographies des auteurs

– **Japhet A. Anafak** est chargé de cours au département d'Histoire de l'Université de Yaoundé I (UY1) où il enseigne l'Histoire des relations internationales africaines et chercheur à l'Institut d'études européennes de l'Université libre de Bruxelles. Titulaire d'un doctorat en Histoire des relations internationales de l'UYI et d'un doctorat en histoire de l'Université libre de Bruxelles, il travaille sur les questions d'histoire des relations internationales, notamment les relations Europe-Afrique, les crises et conflits en Afrique, l'immigration, les questions de coopération militaire, sanitaire et la justice internationale. Il a été chercheur invité à l'Observatoire pour la démocratie et les institutions politiques de l'Université de Québec à Montréal et Enseignant Vacataire de géopolitique à la Faculté de Droit de l'Université de Lille2 – Droit et Santé. Sa publication la plus significative est l'ouvrage intitulé La Belgique et l'Afrique centrale, diversification ou néocolonialisme, (EUE, Saarbrücken, 2010, 488 p). Il est professeur visiteur à l'Université de Lubumbashi (RDC) où il enseigne les théories de la coopération internationale aux étudiants de DEA. Il est également expert et agent de la Commission universitaire pour le développement du gouvernement belge.

– **Xavier Aurégan** est docteur en géographie de l'Institut français de géopolitique (université Paris 8), Xavier Aurégan s'est spécialisé dans les rapports géopolitiques entre les États du Sud, notamment entre la Chine et l'Afrique. Chercheur au Centre de recherches et d'analyses géopolitiques (CRAG), au Conseil québécois d'études géopolitiques (CQEG) de l'université Laval au Canada et expert auprès du Centre de coopération internationale en recherche agronomique pour le développement (CIRAD) et du *Technical Centre for Agricultural and Rural Co-operation ACP-EU* (CTA), ses recherches portent sur de nombreuses formes de présences chinoises en Afrique subsaharienne, et sur les enjeux connexes.

– **Emmanuel Babissangana** est docteur en Philosophie et Lettres de l'Université Saint-Louis de Bruxelles, titulaire d'un Master en Théorie du droit auprès de l'Académie européenne de Théorie du droit à Bruxelles, et d'un Baccalauréat canonique en philosophie auprès de l'Université Pontificale Salésienne de Rome. Il est chargé de cours à l'Université Catholique d'Afrique Centrale, Chercheur à l'Université Saint-Louis de Bruxelles et rattaché au Séminaire Interdisciplinaire d'Études juridiques. Il a été professeur invité au Collège de France, consultant pour la BBC et l'Acat. Il est président du Centre d'Analyse et de Soutien à la Coopération et l'Émergence de l'Afrique (Cascea), directeur de publication du Magazine panafricain *Notre Afrik* et Président du comité scientifique du *Rebranding Africa Forum*. Ses publications majeures sont : *L'interdit de la torture en procès,* Publications des Facultés Universitaires Saint-Louis, Bruxelles, 2006 ; et *Qu'as-tu fait de ton frère ?* Publications universitaires Africaines, Munich-Paris, 2012. Il travaille en ce moment à la publication d'un ouvrage sur les questions migratoires.

– **Achille Elvice Bella** est chargé de cours au département d'Histoire de l'École Normale Supérieure de Yaoundé, spécialiste de l'histoire de l'université. Il est titulaire d'un doctorat/Ph.D, obtenu à l'Université de Yaoundé I. Ses enseignements et ses orientations de recherche portent sur les questions épistémologiques de la discipline historique et la problématique de la gestion des savoirs, dans une perspective foucaldienne. Il s'intéresse singulièrement sur le rapport entre le savoir, le pouvoir et l'avoir dans le champ universitaire. Auteur de plusieurs articles et d'un ouvrage, en cours d'édition. Il est chercheur au Centre de Recherche Mondes Modernes et Contemporains de l'Université Libre de Bruxelles.

– **Zakaria Beine,** est docteur en Histoire de l'Université de Nantes Atlantique. Il est enseignant-chercheur à l'Université de Ndjamena et chef de département d'histoire. Il est chercheur associé au CRHIA de Nantes.

– **Boris Bertolt** est doctorant au département d'histoire de l'université de Yaoundé I. Il effectue actuellement des recherches sur les questions de migrations, d'identités et de genre à l'université de Lille 3 en France et de Cheikh Anta Diop à Dakar au Sénégal. Boris Bertolt est également journaliste politique au quotidien camerounais *Mutations* après avoir travaillé pour le quotidien *Le Jour*. Ses publications récentes sont : *Darfour, la guerre des pauvres : Origines d'un conflit (1973-2003),* Paris, Édilivre, 2015, 202 pages & *L'avion du président : enquête sur un scandale d'État,* Yaoundé, Les Éditions du Schabel, 2016.

– **Hawa Coulibaly** est chercheure associée au Centre d'études en sciences sociales sur les mondes africains, américains et asiatiques (CESSMA). Elle est membre du Laboratoire Mixte International « Reconfigurations ou Résiliences maliennes : cohésions, territoires et développement » (MACOTER). Titulaire d'un doctorat en géographie du développement de l'Université Paris Diderot, elle travaille sur les problématiques de migration, de coopération décentralisée et de développement local en Afrique de l'Ouest. Ses publications sont : H. Coulibaly, S. Soukouna, « Coopération décentralisée et stratégies de légitimation des collectivités territoriales et associations de migrants pour le développement local au Mali » in *Le Mali contemporain,* Éditions Tombouctou, IRD, 2015, pp. 117-140 ; H. Coulibaly, n° 10, école doctorale n° 131, Paris7, 2014 pp. 75-87 ; H. Coulibaly, S. Lima, « Crise de l'État et territoires de la crise au Mali », *EchoGéo,* Sur le Vif, mis en ligne le 27 mai 2013 ; H. Coulibaly, M. Lafay, « La coopération décentralisée franco-malienne : une coopération multiforme », n° 3 des cahiers de la coopération décentralisée, CUF, 2012, pp. 24-35.

– **Damien Kudada Banza** est docteur en philosophie de l'Université Libre de Bruxelles (ULB), titulaire d'un Master en Gouvernance et Développement de l'Institut Politique et de Gestion de Développement de l'Université d'Anvers, lauréat du prix de la Fondation David & Alice Van Buuren (ULB), Collaborateur scientifique au Centre de Théorie Politique (ULB), membre du Groupe Perelman de philosophie politique et de philosophie du droit (ULB), membre de la Société belge de philosophie. Il a publié un ouvrage important intitulé : *Problématique de l'intégration politique en Afrique centrale. La théorie de la justice de John Rawls à l'épreuve de la réalité africaine,* préface de Jean-Marc FERRY, Paris, L'Harmattan, 2015.

– **Daouda Kaboré** est professeur d'Histoire et de Géographie à l'Académie de Créteil (France). Il est titulaire d'une thèse en histoire des relations internationales à l'Université Paris Ouest Nanterre la Défense sur la question du rôle des organisations internationales dans la démilitarisation des pouvoirs politiques et de la construction de la démocratie en Afrique de l'Ouest, notamment en Côte d'Ivoire, au Libéria et en Sierra Léone entre 1990 et 2011, avec une soutenance prévue pour fin 2016. Ses recherches portent sur la reconstruction des États *faillis,* la gestion des crises armées, la sécurité internationale, la justice internationale et transitionnelle, le droit humanitaire international et la démocratie en Afrique. Il est également titulaire d'un master en droit international et européen, spécialité Sécurité internationale et défense, obtenu à l'Université Pierre Mendès-France-Grenoble II.

– **Messina Mvogo Ernest** est titulaire d'un doctorat/PhD en histoire des relations internationales et d'un diplôme supérieur de tourisme, Messina Ernest est chargé de cours Histoire des relations internationales à l'Université de Douala. Sa thèse portait sur : « Les diplomaties de l'Afrique

Centrale dans les négociations économiques internationales (1964-2001) » Il a publié entre autres, *Le Cameroun dans les relations Internationales, L'éducation à la citoyenneté en classes terminales,* aux éditions Proximité, Yaoundé, *2005 et* « Le Cameroun et le Nouvel ordre économique international » in *L'Afrique dans le monde contemporain,* Paris, L'Harmattan, 2014.

– **Mpegna Belmond Nicaise** est docteur en histoire des relations internationales option diplomatie culturelle de l'Université de Paris Sorbonne. Il est enseignant – Chercheur à la Neoma Business School – Rouen-Reims-Paris. Il auteur de l'ouvrage intitulé : *La politique française de coopération culturelle en Afrique : L'exemple du Cameroun,* Paris, L'Harmattan, 2014, 274 p.

– **Moussa II** est chargé de cours au département d'Histoire de l'Université de Yaoundé I (UY1) où il enseigne l'histoire politique et religieuse. Il a également enseigné la géographie économique à l'Institut Ndi Samba Supérieur de Yaoundé. Titulaire d'un doctorat en histoire des civilisations et religions de l'UYI et d'un DEA en histoire des relations internationales, il assure aujourd'hui le rôle du coordonnateur administratif et pédagogique au département d'Histoire. Il est l'animateur principal du Centre de Recherche en Civilisations Africaines (CECA) et le Secrétaire général du GERES (Groupe de recherche Joseph Marie Essomba). Il est aussi membre de la Société camerounaise d'Histoire et rédacteur en chef adjoint de la revue pluridisciplinaire du département d'histoire Habaru. Il est, par ailleurs, membre de l'Académie Olympique du Cameroun et Enseignant associé à l'INJS (Institut National de la Jeunesse et des Sports).

– **Mokeddem Khedidja** est maître de recherche au centre national de recherche en anthropologie sociale et culturelle d'Oran et chercheure associée au laboratoire méditerranéen de sociologie (LAMES. France). Elle est titulaire d'un doctorat en psychologie clinique. Elle a soutenu une Habilitation à diriger les recherches sur les questions de psychopathologie de l'enfant et l'adolescent, des conflits de familiaux, de la délinquance juvénile. Elle a été chercheure invitée à l'Observatoire pour la délinquance à la maison des sciences de l'homme d'Aix en Provence. Sa publication la plus significative est l'ouvrage intitulé *Le Projet de vie chez l'adolescent délinquant* (Dar. El. Hamed, Jordanie, 2014). Elle est également membre du Conseil national de la famille en Algérie et membre du comité de rédaction de la Revue africaine du Livre (ARB).

– **Mwayila Tshiyembe** est titulaire d'un doctorat d'État en droit de l'Université de Nice Antipolis. Il est également docteur en science politique de l'Université de Nancy 2. Il exerce comme Professeur ordinaire aux universités de Kisangani et de Lubumbashi en République Démocratique du Congo et assure la direction de l'Institut panafricain de géopolitique de Nancy en France.

– **Nadeige Laure Ngo Nlend** est titulaire d'un doctorat en Histoire du christianisme contemporain délivré en 2012 par l'Université Paul Valéry Montpellier III en France. Elle est membre de plusieurs associations savantes dont le CREDIC, Centre de Recherches et d'Études sur la Diffusion et l'Inculturation du Christianisme. Elle assure également les fonctions de Secrétaire scientifique du FOHIC, forum des Historiennes du Cameroun. Nadeige Ngo Nlend est actuellement chargée de cours à l'Université de Douala où elle dispense des cours magistraux sur des thématiques aussi différentes que l'extrémisme religieux dans le christianisme contemporain, l'initiation à l'égyptologie, les industries matérielles en Afrique. Depuis 2016, elle représente l'Université de Douala au sein d'un projet de collaborations interuniversitaires, du gouvernement suisse en direction des Universités du Sud pour favoriser la mutualisation des expériences d'enseignement et les échanges respectifs des savoirs. Sa plus récente publication porte sur la : « Les ambiguïtés du partenariat dissymétriques entre les Églises et du Nord malgré le changement des structures missionnaires », in Salvador Éyezo'o et Jean-François Zorn (dir.), *Autonomie et autochtone des Églises nées de la mission. XIXe XXIe siècles*, Clé-Karthala, Yaoundé-Paris, 2015.

– **Léonel Nguefack Kemtsop**, est titulaire d'un master en Science politique à orientation relations internationales de l'Université Catholique de Louvain. Il prépare une thèse de doctorat en histoire des relations internationales sous la codirection des professeurs Fanso Verkijika et Japhet Anafak de l'Université de Yaoundé I.

– **Claude Désiré Noumbissie** est chargé de cours au département de Psychologie de l'Université de Yaoundé1 (UY1) au Cameroun et à l'Université Catholique d'Afrique centrale (UCAC). Il dispense des cours de Psychologie et de méthodologie dans plusieurs Universités et Instituts du Cameroun. Il est docteur en Psychologie délivré par le Ministère français de l'enseignement supérieur et de la recherche et du Doctorat Ph/D en Psychologie délivré par l'Université de Yaoundé1 (Cameroun). Il est chercheur en Victimologie et Psycho-traumatologie à l'Université Libre de

Bruxelles. Il est également évaluateur des manuscrits pour le compte des revues scientifiques du CODESRIA.

– **Ranèse Tchamba Ngotom** est doctorante à l'Université de Paris 7 – Diderot et boursière du CHP (Comité pour l'histoire de la poste), du Groupe La Poste-France. Elle mène une recherche doctorale en histoire économique et sociale sur la Poste au Cameroun colonial et post-colonial sous la direction du professeur Odile Goerg.

– **Emmanuel Tchumtchou**a est professeur (MC) à l'Université de Douala. Il est titulaire d'une HDR de l'Université de Bordeaux-Montaigne. Il est responsable du laboratoire « Histoire et sciences du patrimoine » à l'école doctorale « Lettres, civilisations et sciences humaines » de l'Université de Douala. Il a été pendant plus de huit ans chef de département histoire de cette même institution. Il a publié deux ouvrages et plusieurs articles scientifiques dans des revues au Cameroun et en Europe. Il est membre de la Société française de l'histoire des Outre-mer (SFHOM). Il a par ailleurs travaillé pendant plusieurs années dans des ONG au Cameroun et en Afrique. Il continue à militer dans des structures associatives qui promeuvent un nouveau développement en Afrique, qui ne peut à son avis, qu'être axé autour du monde paysan, des jeunes et de l'écologie. Ila publié plusieurs dans un journal de l'écologie et du développement durable dénommé « ECOVOX ». Sa récente publication est : Emmanuel Tchumtchoua et Albert François Dikoumè, (dir), *Douala : Histoire et patrimoine*, Éditions CLE, 2014, 391 pages.

– **Lassané Yaméogo** est docteur en Sciences de l'information et de la communication de l'Université libre de Bruxelles en cotutelle avec l'Université de Ouaga 1 Pr Joseph Ki-Zerbo. Il est collaborateur scientifique à l'Université Libre de Bruxelles et enseigne le journalisme dans plusieurs instituts supérieurs et universités du Burkina Faso. Ses recherches portent sur les interdépendances du journalisme avec les champs politique et économique en Afrique francophone. Il s'intéresse également à l'analyse des pratiques journalistiques en contexte de crise sociopolitique. Il a publié récemment dans la revue *Le temps des médias,* « Sidwaya et la Révolution burkinabè d'août 1983 : une histoire à géométrie variable ». Il publiera en décembre prochain, dans un ouvrage collectif, un article intitulé « La régulation des médias par les citoyens : une instance profane d'émancipation d'un journalisme d'État au Burkina Faso ». Lassana Yaméogo dirige depuis 2014 une association à vocation scientifique : le Réseau des docteurs du pays du Sud diplômés de l'Université Libre de Bruxelles.